서울법대
법학총서
25

유럽계약법 원칙 제3부

The Principles of European Contract Law Part III

란도 · 클라이브 · 프림 · 짐머만 편
김재형 역

박영사

This is a translation of Principles of European Contract Law - Part Ⅲ,
published and sold by Parkyoung Publishing Co with permission
by Kluwer Law International BV, Alphen aan den Rijn,
The Netherlands, the owner of all rights to publish and sell the same.
Translated by Prof. Jae Hyung Kim

이 책은 원저작물의 출판·판매에 관한 권한을 보유한
Kluwer Law International BV(네덜란드 알펜안덴라인 소재)의 허가를 받아
박영사가 출판·판매하는 유럽계약법원칙 제3부의 번역본입니다.
번역 김재형

차 례

제11장 채권양도

제12장 채무인수와 계약이전

제13장 상 계

제14장 시 효

第15장 위법성

第16장 조 건

第17장 이자의 원본 산입

역자 서문

이 책은 유럽계약법원칙(Principles of European Contract Law: PECL) 제3부를 번역한 것이다. 2012년 제1·2부 번역본을 낸 지 13년만이다. 이로써 유럽계약법원칙 제1·2·3부 전체에 관한 번역본을 완간하게 되었다.

유럽계약법원칙은 로마법 이래 대륙법과 보통법으로 나뉘어 발전해오던 사법(私法)의 역사에서 획기적인 전환점이 되었다. 1804년 프랑스 민법전과 1896년 독일 민법전 제정 이후 새로운 법전편찬의 시대를 맞이하고 있다. 2001년 독일 채권법 개정, 2016년 프랑스 채권법 개정, 2017년 일본 채권법 개정으로 우리 민법 제정 당시 참고했던 해외의 주요 민법전이 대폭 개정되었다. 2020년에는 중국 민법전이 제정되었다. 유럽계약법원칙은 위와 같은 민법 개편작업에 중대한 계기가 되었다. 유럽계약법원칙은 유럽을 넘어서서 세계적으로 계약법의 조화와 통일에 새로운 전기를 마련하였다고 볼 수 있다.

유럽 각국의 저명한 법학자와 실무가가 참여하여 20여 년 동안 심혈을 기울여 유럽계약법원칙을 완성하였다. 이 원칙은 유럽에서 직접 적용되는 법전이 아니라서 강제적인 규범력이 없다. 그런데도 수십 명의 학자와 실무가가 수많은 회의를 거쳐 이 원칙을 만든 목적은 두 가지이다. 첫 번째 목적은 유럽의 민사법에 관한 입법 초안을 위한 기본틀을 제공하는 것이다. 유럽 연합에서는 실제로 이 원칙의 영향을 받아 2000년대에 유럽계약법을 통일하거나 조화하기 위한 작업을 시도하였다. 그러나 이 목적은 이루어지지 못하였다. 유럽계약법을 부분적으로 통일하려는 두 차례의 시도가 무산되었고 이제 더 이상 그러한 시도를 하지 않고 있다. 이 원칙의 또 다른 목적은 당사자의 합의로 계약에 명시적으로 채택될 수 있는 유용한 규정을 제공하고, 중재인이나 법원이 판단에 이용할 수 있는 기준을 제공하며, 개별 국가의 입법기관이 입법을 하는 데 모델을 제공하는 데 있다. 이 두 번째 목적은 상당한 성과를 거두었다. 유럽계약법원칙은 유럽뿐만 아니라 세계 여러 나라에서 학계의 논의를 촉발하고 계약법을 개정하는 데 커다란 영향을 미치고 있다. 최근 전세계에서 가장 주목받는 법학 저작 중 하나가 유럽계약법원칙이다. 2009년에 유럽의 사법을 통일하기 위한 사전 작업으로 공통참조기준초안(Draft Common Frame of Reference: DCFR)이라는 방대한 저작이 발간되었는데, 그중 계약법 부분은 유럽계약법원칙을 그대로 따르면서 약간의 수정과 보완을 하고 있을 뿐이다. 공통참조기준초안을 작성한 주요 법학자들이 유럽계약법원칙을 이어받아 이를 발전시키려고 하기도 하였지만, 유럽계약법원칙의 완성도가 매우 높다는 것을 방증한다.

우리나라에서도 유럽계약법원칙을 소개하고 이를 토대로 깊이 있는 비교법 연구를 하는 논문들이 많이 나왔으며 개별 논문에서 이 원칙을 인용하고 있는 경우도 많다. 특히 2009년 출범한 법무부 민법개정위원회와 2023년 출범한 법무부 민법개정위원회에서 계약법에 관한 민법개정안을 작성하면서 이 원칙을 빈번하게, 그리고 중요하게 참조하였다.

번역대상으로 삼은 책은 Ole Lando, André Prüm, Eric Clive, Reinhard Zimmerman (eds.), Principles of European Contract Law, Part Ⅲ, 2003이다. 이 책은 유럽계약법원칙 제3부에 관한 공식적인 주석서이다. 유럽계약법원칙 제1·2부와 마찬가지로 제3부의 조문, 해설과 주석을 가지런하게 정리하고 있다. 이 책을 보면, 유럽계약법원칙 제3부의 내용뿐만 아니라, 계약법에 관한 유럽 각국의 법상황과 규제규범을 일목요연하게 파악할 수 있다.

이 책을 처음부터 번역하려고 했던 것은 아니다. 제1·2부를 번역하여 편집을 해서 출간하기까지 시간이 많이 걸렸기 때문에, 제3부 번역은 엄두를 내지 못했다. 유럽계약법원칙 제1·2부의 초역을 마친 다음, 란도 교수에게 한국어 번역에 관한 출판허가를 요청했다. 그런데 란도 교수는 생면부지의 본인에게 선뜻 제1·2부뿐만 아니라 제3부의 한국어 번역에 대한 출판허가까지 내주었다. 이것이 제3부 번역을 시작한 계기가 되었다. 10여 년 전에 서울대학교 대학원에서 민법을 공부하는 학생들과 함께 이 책을 가지고 강독을 하면서 초역을 마쳤다. 그러나 본인이 제3부 번역을 수정하던 중인 2016년에 대법관으로 임명되면서 번역작업을 중단하였다. 게다가 란도 교수가 2019년 96세의 나이로 작고하였다. 2022년 대법관 임기를 마치고 이 책을 출간하는 일을 다시 시작했다. 덴마크에 있는 란도 교수의 유족을 가까스로 찾아 출판허가를 받고 네덜란드에 있는 원출판사와 출판계약을 체결하기까지 오랜 시간이 걸렸다.

이 번역본도 제1 · 2부 번역본과 마찬가지로 원문에 충실하면서도 가급적 쉽게 이해할 수 있도록 하고자 하였다. 원믄에 있는 명백한 오기는 바로잡았다. 원문에는 각주가 없으나, 이해의 편의를 위하여 최소한의 각주를 덧붙인 곳도 있다. 그렇지만 이 책의 출간 이후에 나온 독일이나 프랑스의 채권법 개정 등은 반영하지 않았다. 앞부분에는 유럽계약법원칙 제3부의 조문을 영어와 번역문을 같이 실어서 대조할 수 있도록 하였다. 조문의 번역은 양창수, "「유럽계약법원칙」 제3부," 서울대학교 법학 제44권 4호, 386-404면을 참고하였는데, 다른 표현을 사용한 부분도 있다.

이 번역서를 내는 데 많은 분들의 도움을 받았다. 먼저 편저자를 대표하여 번역을 흔쾌히 허락해 주셨던 란도 교수와 그 유족, 이 책의 출간에 기뻐해 주시며 출판허가를 받는 데 도움을 주신 공동편저자 짐머만 교수, 제1 · 2부 공동편저자 빌 교수에게 감사한다. 매주 토요일 오전에 열린 강독에 참여한 여러 학생과 번역원고를 읽고 수정해준 제자들이 없었다면 이 책을 내지 못했을 것이다. 그중에서 강혜아와 류재준은 조교로서 원고를 정리하는 일을 도와주었다. 김준영 판사와 정원선 변호사는 원문을 대조하며 수정할 부분을 세심하게 찾아주었으며, 맹준영 부장판사는 주요 용어의 번역을 검토해 주었다. 그래도 남아있는 오역이나 부적절한 번역은 전적으로 본인의 책임임은 물론이다. 이 책의 출판허가를 받고 편집을 하는 과정에서도 많은 분들의 도움을 받았다. 박영사의 김선민 이사는 꼼꼼하게 편집을 해주었다. 또한 이 책을 내는 데 서울대학교 법학연구소와 서울대학교 법학발전재단의 재정지원을 받았다.

유럽계약법원칙 제1 · 2부 번역본은 출간한 이후 다수의 저서나 논문, 연구보고서 등에 인용되었으며, 민법개정작업에도 참고자료로 활용되었다. 그동안 여러 교수들이 제3부 번역본을 낼 것인지 문의하였고 가급적 빨리 출간해달라는 요청을 받았다. 이 책이 민법학 연구와 민법개정작업에 조금이나마 도움이 된다면 무척 기쁠 것이다.

2025. 11. 3.

김 재 형

서 문

작업 완료

이 책은 유럽계약법원칙(Principles of European Contract Law)을 출판하기 위하여 20년 이상에 걸쳐 진행된 프로젝트의 세 번째이자 마지막 부분이다. 이 작업은 유럽계약법위원회(Commission on European Contract Law)에 의하여 세 단계로 수행되었다.1)

제1부와 제2부

위원회는 1982년에 유럽계약법원칙을 준비하기 시작하였다. 유럽계약법원칙 제1부는 이행, 불이행, 그리고 구제수단을 다루고 있는데, 1995년에 영어로 출판되었다.2) 프랑스어판은 1997년에 파리에서 출판되었다.3) 제1부의 조문(articles)에 대한 독일어 번역본이 유럽 사법(European private law)에 관한 주요 정기간행물에 게재되었다.4)

---

* 서문에 있는 주석(note) 13개와 구성원에 있는 주석 1개는 원문에는 미주로 되어 있으나, 이 번역서에서는 각주로 옮겼다. 역자 주.

1) 위원회는 첫 번째 단계 이후, 그리고 두 번째 단계 이후에 각각 재구성되었는데, 구성원은 다르지만 일부 중복되었다. 제1부(첫 번째 위원회)와 제2부(두 번째 위원회) 작업에 참여한 사람들의 명단은 Lando & Beale (eds), *Principles of European Contract Law, Parts I & II* (The Hague 1999), pp. xvii to xviii[란도/빌 편, 김재형 역, 유럽계약법원칙, 제1·2부, 박영사, 2012(이하 "김재형 역"이라 한다), 11-12면] 참조. 제3부(세 번째 위원회) 작업에 참여한 사람들의 명단은 이 서문 바로 다음 부분 참조.

2) Lando & Beale (eds.), *Principles of European Contract Law, Part 1: Performance, Non performance and Remedies* (Dordrecht 1995). 품절.

3) *Les Principes du droit européen du contrat. L'exécution, l'inexécution et ses suites*, Version française, Isabelle de Lamberterie, Georges Rouhette, Denis Tallon (Paris 1997).

4) (1995) 3 ZEuP 864.

1992년에 위원회는 추가 원칙을 준비하기 시작하였다. 두 번째 책인 유럽계약법원칙 제1부와 제2부(Principles of European Contract Law, Parts Ⅰ and Ⅱ)는 1999년에 영어로 출판되었다.[5] 이 책은 제1부에서 다룬 사항에 관한 개정판 외에도 계약의 성립, 유효성(validity), 해석과 내용 및 본인에 대하여 구속력이 있는 대리인의 권한을 다룬다. 제1부와 제2부에 관한 이탈리아어판은 2001년에 출판되었고,[6] 독일어판은 2002년에 출판되었다.[7] 프랑스어판과 스페인어판은 준비 중이다.

독자에 대한 안내를 위하여 제1부 및 제2부의 전체 목차가 이 책의 끝부분에 있는 색인 앞에 다시 나와 있다.

제3부

1995년 스톡홀름에서 열린 제2부에 관한 마지막 회의에서, 위원회는 다수당사자, 채권양도, 채무인수와 계약이전, 상계, 시효, 위법성, 조건, 이자의 원본산입에 관한 원칙을 포함하는 세 번째 단계로 작업을 이어가기로 합의하였다.

위원회는 1997년 12월 레겐스부르크에서 열린 회의에서 원칙 제3부의 준비를 시작하였다. 이후 1999년 1월 5일부터 9일까지 에든버러, 2000년 2월 14일부터 19일까지 그라츠, 2000년 11월 23일부터 24일까지 레겐스부르크, 2001년 2월 6일부터 10일까지 코펜하겐에서 네 차례의 추가 회의를 개최하였다. 위원회는 숙소와 시설을 제공한 주최 대학에 감사드린다.

현재의 제3부는 1999년 출판물의 연속선상에 있다. 그 두 권과 201개의 조항은 계약법 총칙의 상당 부분을 다룬다.

제3부와 함께 위원회는 작업을 마쳤다. 그러나 서론에서 언급하듯이, 크리

---

5) Lando & Beale (eds.), *Principles of European Contract Law, Parts I & II* (The Hague 1999) (이하 PECL Ⅰ & Ⅱ).

6) Castronovo (ed.), *Commissione per il diritto europeo dei contratti, Principi di diritto europeo dei contratti, Parte I e II*, Edizione italiana a cura di Carlo Castronovo (Milano 2001).

7) *Grundregeln des Europäischen Vertragsrechts, Teile I und II*, Deutsche Ausgabe von Christian von Bar und Reinhard Zimmermann (München 2002).

스티안 폰 바(Christian von Bar) 교수가 의장을 맡은 유럽민법전 연구그룹(Study Group on a European Civil Code)은 현재 매매 및 서비스와 같은 여러 중요한 특정 계약과 불법행위, 부당이득, 동산 담보 거래를 포함한 동산의 이전에 대한 원칙을 준비하고 있다. 이 작업의 결과에 대한 선택지는 열려 있지만, 유럽계약법원칙이 결국 이러한 새로운 원칙과 통합되어 미래의 유럽 민법전의 일부가 될 가능성도 있다.

원칙 제3부 작업에 참여한 위원회 구성원은 이 서문 바로 뒤에 나열되어 있다. 다른 업무의 압박으로 인하여 마르크 엘빙거(Marc Elvinger) 변호사는 1999년에 위원회를 떠났고, 낭시 대학교 교수인 룩셈부르크의 앙드레 프륌(Andre Prüm) 교수로 대체되었다. 잉글랜드 법률위원회(English Law Commission)의 구성원으로 임명된 휴 빌(Hugh Beale) 교수는 2000년에 유럽계약법위원회를 떠났고, 에든버러 대학교의 에릭 클라이브(Eric Clive) 교수로 대체되었다. 목록에서 알 수 있듯이, 위원회 구성원 대부분은 학자였다. 그러나 그들 중 몇몇은 변호사로도 활동하거나 법률 개정 또는 공공 업무에 종사하기도 하였다.

추가 정보

원칙에 관한 문헌 정보와, 원칙과 잠재적 관련성을 가지는 유럽 현장의 추가적인 발전에 관한 정보는 웹에서 유럽계약법위원회 홈페이지를 통하여 찾을 수 있다.[8)]

작업 방식

조문(articles), 해설(comments), 주석(notes)의 초안 작성은 보고자의 임무였다. 위원회 작업의 세 번째 단계를 위한 보고자들은 다음과 같다.

---

8) http://www.cbs.dk/departments/law/staff/ol/commission_on_ecl/index.html.

드니 딸롱(Denis Tallon) 교수 및 끌로드 비츠(Claude Witz) 교수(제10장 다수 당사자)
로이 구드 경(Sir Roy Goode) 교수(제11장 채권양도)
빌리발트 포쉬(Willibald Posch) 교수(제12장 채무인수 및 계약인수)
라인하르트 짐머만(Reinhard Zimmermann) 교수(제13장 상계 및 제14장 시효)
헥터 맥퀸(Hector MacQueen) 교수(제15장 위법성)
마이클 브릿지(Michael Bridge) 교수(제16장 조건)
울리히 드로브니히(Ulrich Drobnig) 교수(제17장 이자의 원본 산입)

각 보고자는 기존의 국내법에 관한 해설과 주석이 포함된 장의 초안을 위원회에 제출하였는데, 이 주석은 주로 각자의 국가의 법에 관하여 위원회 구성원이 제공한 정보를 기반으로 하였다. 회의에서 위원회는 그 원문(text)을 승인하거나, 수정하거나, 또는 추가적인 검토 및 발전을 위하여 되돌려 보냈다. 위원회의 마지막 두 회의 전에, 모든 초안은 초안작성 그룹(Drafting Group)[9]에서 검토되었다.

코펜하겐에서 마지막 회의가 끝난 후, 에릭 클라이브가 의장을 맡은 편집 그룹(Editing Group)[10]은 조문, 해설, 주석의 용어, 표현, 내적 일관성, 균형을 점검하였고, 영어로 편집된 버전을 준비하였다. 이 단계에서는 각 장의 저자들과의 소통이 이루어졌으며, 모든 저자들에게 질문과 제안의 편집에 대한 인내와 관용에 대하여 따뜻한 감사의 말씀을 드린다. 앙드레 프륌은 처음부터 프랑스어와 영어로 작성된 제10장의 조문을 제외하고 조문을 프랑스어로 번역하였다.[11] 오베르뉴 대학교(University of Auvergne)의 조르주 루에뜨(Georges Rouhette) 교수[12]는 친절하게도 그 조문이 제1·2부와 용어의 일관성을 갖추었는지 검토하기로 동의하여, 귀중한 의견을 제공하였다. 마지막 단계는 제3부 조문의 편집된 영어 텍스트를 모든 위원회 구성원에게 보내어 전체 텍스트가 출판사에 보내지기 전에 의견을 제시할 수 있는 기회를 제공하는 것이었다. 수렴된 유용한 의견에 따라 몇 가지 사소한 초안 변경이 이루어졌다.

작업의 세 번째 단계를 위한 위원회의 비서들은 레겐스부르크 대학교의 조

9) 구성원은 이 서문 바로 다음 부분에 나열되어 있다.

10) 구성원은 이 서문 바로 다음 부분에 나열되어 있다.

11) 제10장(다수 당사자)은 원래 프랑스어로 작성되었고, 관련 조문은 프랑스어와 영어로 작성되었다. 이 장은 에릭 클라이브(Eric Clive)에 의하여 영어로 번역되었다.

12) 제1부와 제2부 편집 그룹의 의장.

냐 마이어(Sonja Meier)와 콘라드 루쉬(Konrad Rusch)였다. 위원회는 비서들의 귀중한 작업에 빚지고 있다. 그들의 주요 임무는 회의록을 준비하는 것이었고, 그들은 이 임무를 높은 역량과 관심 및 주의를 기울여 수행하였다. 초안작성 그룹의 회의를 도운 마틴 레잉(Martin Laing)과 참고문헌 준비를 도운 디어드리 매킨토시(Deirdre Mackintosh)도 귀중한 지원을 하였다.

1982년부터 1995년까지 12번의 위원회 회의를 거쳐 59개 조문이 포함된 첫 번째 권이 준비되었고, 1992년부터 1999년까지 9번의 회의를 거쳐 추가로 73개 조항이 포함된 두 번째 권이 만들어졌으며, 1997년부터 2002년까지 5번의 회의를 거쳐 69개의 새로운 조문이 포함된 세 번째 부분이 출판되었다. 이러한 가속화의 이유는 여러 가지가 있을 수 있다. 그중 하나는 우리가 이러한 종류의 작업을 수행하는 데 경험을 쌓았다는 것이다.

후원자들(Sponsors)

1997년에 위원회는 독일 학술재단설립자협회(Stifterverband der deutschen Wissenschaft)를 통하여 다양한 후원자들이 제공하였던 자금을 일부 보유하고 있었다.[13] 그러나 이 자금은 위원회와 그 작업 및 초안작성 그룹의 회의비를 충당하기에는 충분하지 않았다. 이러한 회의비는 독일 연구협회(Deutsche Forschungsgemeinschaft)가 수여한 라이프니츠 상(Leibniz Prize)으로부터 라인하르트 짐머만(Reinhard Zimmermann) 교수가 제공한 자금으로 충당되었다. 이러한 지원이 없었다면 위원회는 작업을 수행할 수 없었을 것이다.

보수를 받지 않고 시간과 노력을 기울인 위원회 구성원인 동료들이 제공한 지원에 관해서도 마찬가지이다.

2002년 5월 홀테(Holte)에서

올 란도(Ole Lando)

13) 유럽계약법원칙 제1, 2부 서문 참조.

유럽계약법원칙 제3부에 관한 유럽계약법위원회 구성원

원칙과 이 책의 텍스트를 준비한 유럽계약법위원회의 구성원은 다음과 같다.*

크리스티안 폰 바(Christian von Bar) 교수
휴 빌(Hugh Beale) 교수(2000년까지)
마르크 엘빙거(Marc Elvinger) 변호사(maître)(1999년까지)
미카엘 요아힘 보넬(Michael Joachim Bonell) 교수
마이클 브릿지(Michael Bridge) 교수
까를로 까스트로노보(Carlo Castronovo) 교수
에릭 클라이브(Eric Clive) 교수(2000년부터)
울리히 드로브니히(Ulrich Drobnig) 교수
까를루스 페헤이라 드 알메이다(Carlos Ferreira de Almeida) 교수
로이 구드 경(Sir Roy Goode) 교수
아르투르 하르트캄프(Arthur Hartkamp) 교수
에바우트 혼디우스(Ewoud Hondius) 교수
콘스탄티노스 케라메우스(Konstantinos Kerameus) 교수
올 란도(Ole Lando) 교수
헥터 맥퀸(Hector MacQueen) 교수
페르난도 마르티네스 산스(Fernando Martinez Sanz) 교수
브라이언 맥마혼(Bryan McMahon) 교수
빌리발트 포쉬(Willibald Posch) 교수
앙드레 프륌(André Prüm) 교수(1999년부터)
얀 람베리(Jan Ramberg) 교수

---

* 유럽계약법위원회 작업의 처음 두 단계에 참여한 위원회 구성원과 초안작성 그룹, 편집 그룹의 구성원, 위원회 간사는 제1부 및 제2부의 pp. xvii to xix(김재형 역, 11-14면)에 나열되어 있다.

마티아스 E. 스토르메(Matthias E. Storme) 교수
드니 딸롱(Denis Tallon) 교수
토마스 빌헬름손(Thomas Wilhelmsson) 교수
끌로드 비츠(Claude Witz) 교수
라인하르트 짐머만(Reinhard Zimmermann) 교수

위원회 의장

올 란도(Ole Lando)

제3부 초안작성 그룹(Drafting Group) 구성원

휴 빌(Hugh Beale)
울리히 드로브니히(Ulrich Drobnig)
올 란도(Ole Lando)
라인하르트 짐머만(Reinhard Zimmermann)

제3부 편집 그룹(Editing Group) 구성원

에릭 클라이브(Eric Clive)(의장)
올 란도(Ole Lando)
앙드레 프륌(André Prüm)
라인하르트 짐머만(Reinhard Zimmermann)

제3부 위원회 비서(Secretaries)

조냐 마이어(Sonja Meier)

콘라드 루쉬(Konrad Rusch)

제3부 서　론

1. 제1부와 제2부의 연속

이 책(제3부)은 2000년 출판된 유럽계약법원칙, 제1·2부, 종합수정판(*Principles of European Contract Law, Part* Ⅰ *and* Ⅱ, *Combined and Revised*)에 연속된 것이다. 이것은 이전에 낸 제1·2부와 함께 사용되도록 하였다. 특히 이전 편에 실린 조문들(Articles)에 적용되었던 일반적인 정의규정 중 일부는 이 책에 실린 조문들에도 적용된다는 점을 유념할 필요가 있다.

이 책은 제1·2부와 동일한 목적을 가지고 있다. 하나는 유럽의 입법 초안을 위한 가능한 기본틀을 제공하는 것이다. 유럽계약법원칙은 유럽민법전 초안(Draft European Civil Code)의 중요한 일부를 형성할 수 있을 것이다. 이러한 초안을 위한 기초 작업(채무 및 재산법 측면)은 크리스티안 폰 바(Christian von Bar) 교수의 주도로 활발하게 진행되고 있다. 유럽의회(European Parliament)가 이 작업을 권장하였다. 현재 다른 유럽 기구들도 참여하고 있으며, 이에 따라 유럽의회의 태도는 더욱 확고해졌다. 탐페레 유럽이사회(Tampere European Council)는 이사회와 위원회에 '민사법의 보다 강화된 수렴(greater convergence of civil law)'을 달성하기 위한 견지에서 준비 작업을 수행하라고 지시하였다. 유럽위원회(European Commission)는 2001년 7월 유럽계약법에 관한 보고서(communication)를 채택하였다. 더 나아가 법무 및 단일시장 위원회(Committee on Legal Affairs and the Internal Market)의 계속된 연구에 따라, 유럽의회는 회원국들의 민법·상법 동화에 대한 결의를 채택하였다. 이 결의안에서는 다수의 국내법이 공존하고 있음으로 말미암아, 그리고 유럽법이 제대로 조율되지 못함으로 말미암아 초래되는 문제점을 지적하고, 이러한 현상에 대해 국제사법이 적절한 해결책을 제공하지 못한다고 언급하면서, 위원회에 다음과 같은 내용의 실행 계획을 제출하도록 촉구하였다. 이 실행 계획은 다양한 각도의 비교법적 분석을 시도하는 한편 개념과 전문용어를 통일하여 사용하도록 하고, 이전 발의에 따라 만들어진 공통적인 법개념과 해법을 고려하여 유럽연합 내 계약법에 관한 중심이 되는 법을 제정·채택하여 2010년을 기점으로 마무리할 수 있도록 하는 내용이다. 이러한 맥락에서 유럽계약법위원회의 작업이 특별히 언급되었다.

유럽계약법원칙의 또 다른 목적은 당사자에 의해 계약에 명시적으로 채택될 수 있는 유용한 규정을 제공하고, 중재인 또는 그 밖의 관계자들이 이용할 수 있는 국제적으로 수용되는 상인법(law merchant) 또는 상관습법(lex mercatoria)의 현대적인 형식을 제공하며, 또한 법원과 각국 입법기관으로 하여금 자국의 법을 발전시키기 위해 따를 수 있는 모델을 제공하기 위함이다. 이는 앞부분(제1·2부)에서도 언급하고 있다.

> "유럽계약법원칙은 즉각적인 그리고 장기적인 목적 모두를 가지고 있다. 이 원칙은 계약을 체결하고자 하는 당사자, 계약 분쟁을 해결하는 법원과 중재인, 또는 계약법을 기초하는 입법자가 국내 차원에서든 유럽 전체 차원에서든 이를 신속하게 사용할 수 있도록 한다. 장기적인 목적은 유럽공동체 내 일반적인 계약법의 일치를 가져올 수 있도록 돕는 것이다."

2. 규율 대상

이 책에 있는 장은 두 부분으로 나누어 볼 수 있다. 첫 번째 부분 — 다수 당사자, 채권양도, 채무인수와 계약이전, 상계와 시효 — 은 채무법에 관한 주요 주제를 다루고 있다. 이는 앞부분인 제1, 2부에 있는 흠을 보충하는 것이 아니고, 3개 부분 전체를 다루는 통합본에서라면 각각 독립된 장으로 구성될 것이다. 두 번째 부분 — 위법성, 조건, 이자의 원본 산입 — 은 앞부분에 있는 (비교적 사소한) 부족함을 보충한다. 이에 따라 3개 부분 전부를 다루는 통합본에서라면 이 부분은 독립된 장으로 구성되지 않고, 다른 장 내의 적절한 위치에 편입될 수도 있다.

새로운 장들에서 다루고 있는 대부분의 주제는 계약상 채무뿐만 아니라 일반적인 채무와도 연관되어 있다. 이 제3부의 상당부분이 단순한 계약상 채무라기보다는 채무 일반법에 초점을 두고 있다는 점에서 위원회는 제목을 어떻게 붙일지 고심하였다. 그 결과, 이 원칙 중 일부가 계약상 채무뿐만 아니라 비계약상 채무에도 적용된다는 점 등을 고려할 때 가장 일반적인 용어가 이 원칙의 취지를 제일 잘 표현할 수 있다는 인식 하에 **유럽계약법원칙**(*Principles of European Contract*

Law)이라는 제목을 유지하기로 결정하였다.

3. 자료(Sources)

제1·2부의 경우와 마찬가지로 위원회는 유럽연합 회원국들의 법체계를 널리 이용하였으며, 어느 하나의 법체계에 우선순위를 두어 그것을 논의의 출발점으로 삼거나 결정적인 영향력을 부여하지는 않았다. 모든 작업은 장래에 사용될 가장 적절한 규정을 제정한다는 목적으로 이루어졌으며, 현재 유행하고 있는 경향이나 절충안에 안주하려고 하지 않았다. 주요 국제기구를 포함하여, 유럽 외의 국가들의 자료도 적절한 경우에 사용하였다.

4. 구조와 방법

이 책에 포함된 유럽계약법원칙은 8개의 장으로 나누어지고 69개의 조항으로 이루어진 일련의 원칙과 규칙으로 구성되어 있다. 제1·2부를 다루는 책의 마지막 장이 제9장이었으므로, 제3부의 첫 장은 제10장이다. 구조는 다음과 같다.

제10장 다수 당사자(Plurality of parties)
제11장 채권양도(Assignment of claims)
제12장 채무인수(Substitution of New Debtor) 및 계약이전(Transfer of Contract)
제13장 상계(Set-off)
제14장 시효(Prescription)
제15장 위법성(Illegality)
제16장 조건(Conditions)
제17장 이자의 원본 산입(Capitalisation of interest)

이러한 구조의 이면에는 처음에 다수 당사자 관계를 먼저 다루고, 그 후에 채권양도, 채무인수 또는 계약 전체 이전의 결과로서 당사자들이 변경되는 경우를 다루는 것이 좀 더 자연스럽다는 사고가 자리하고 있다. 또한 채무가 소멸하거나 실질적으로 변경되는 경우인 상계나 시효를 다루기 이전에, 채무가 존속하는 유형을 먼저 다루는 것이 좀 더 자연스럽다. 이 제3부의 말미에 제15, 16, 17장의 주제를 다루는 이유는 이러한 주제의 내용은 장래에 제1, 2, 3부의 통합본에서 앞부분의 적절한 위치에 편입될 수 있으므로, 이때 나머지 장들의 번호 체계에 문제가 되지 않도록 하기 위한 것이다.

앞에서 본 제1·2부에서 각각의 장은 일련의 조항으로 구성되어 있고 간혹 절(section)로 묶여 있는 것을 볼 수 있다. 각 조항에는 규정의 취지, 목적, 운용 그리고 다른 규정과의 관계를 설명하는 해설(comment)이 뒤따른다. 나아가 규정의 운용은 사례(illustration)에 의해 설명되고 있다. 규정에 대한 주석(notes)은 사용된 주요 자료를 정의하고, 유럽공동체 회원국의 다양한 법체계에서 해당 주제가 다루어지는 양상을 간략하게 설명하고 있다.

이러한 모든 노력은 변호사뿐만 아니라 그들의 의뢰인도 쉽게 이해할 수 있도록 간단하고 일반적인 규정에 관한 초안을 만들기 위한 것이다. 유럽계약법원칙은 최대한 유연하게 만들어져, 적용 분야에서 향후 법적 사고의 발전이 이루어지면 그러한 변화까지 수용할 수 있도록 고안되었다. 따라서 위원회는 발생가능한 모든 특정한 경우를 다루고자 하는 의도를 억제하고 지나치게 세부적인 사항과 특수한 내용에 이르게 되거나 차후 발전을 방해할 여지가 있는 것은 배제하였다. 제1:106조에서 유럽계약법원칙은 그 목적에 따라 해석되어야 하며, 이 원칙의 적용범위 안에 있으나 이 원칙에 의해 명시적으로 해결되지 않은 문제는 가능한 한 이 원칙의 기초가 되는 이념에 따라 해결되어야 한다고 규정하고 있음을 명심해야 한다. 이는 유럽계약법원칙의 창의적 기능에 관하여 근본적인 중요성을 갖는다.

5. '채권'의 개념

이 제3부의 조항들에서 '채권(claim)'이란 명사가 자주 사용된다. 여기서 '채권'이란 채무의 이행을 청구할 권리(right to performance of an obligation)를 뜻한다. 이 용어의 의미는 그것이 많은 규정의 적용범위를 정하는 것을 도와준다는 점에서 매우 중요하다. '채권'은 예컨대 토지, 유체동산(corporeal movable property) 또는 지식재산을 포함하지 않으므로, 따라서 채권양도에 관한 장이 이와 같은 재산의 이전에 적용되지 않는다는 점은 명확하다. 이와 동일하게 '채권'이란 용어가 생명권, 자유권 또는 투표권과 같은 정치적 권리와 같이 인간의 기본권을 포함하지 않는 것은 명백하다. 또한 사법(private law) 영역에 있는 모든 권리도 포함되지 않는다. 채무의 이행을 청구할 권리 외에 어떠한 권리도 다루지 않는다. 이와 같이 제외되는 권리의 범주에는 대개 다음과 같은 권리가 포함될 수 있다(물론 제외 여부를 정확히 판단하려면 권리의 세부적인 내용까지 살펴야 한다).

- 소유자가 재산을 사용하거나 처분하는 권리와 같은 재산권
- 소송을 통해 재판을 받을 수 있는 권리와 같은 절차적 권리
- 이행거절권 또는 계약을 무효화하거나 종결할 권리와 같은 방어권 또는 보호권
- 개방된 토지를 돌아다닐 수 있는 일반적인 권리와 같이 기본적 자유(mere freedoms or liberties)에 관한 권리
- 신체의 완전성(bodily integrity) 또는 프라이버시권과 같이 고도로 인격적인 일정한 권리
- 결혼하거나 이혼할 권리와 같이 가족법 영역에 있는 일정한 권리
- 상속인 또는 유언집행자가 될 권리와 같이 상속 영역에 있는 일정한 권리

단순히 이행을 청구할 권리인 채권(claim)은 이행 의무에 대응한다. 따라서 채권에 적용되는 유럽계약법원칙의 조항은 넓은 의미에서 채무법의 일부이다. 개별 조항에서 달리 정하고 있지 않다면, 이행 의무의 발생원인은 문제가 되지 않는다. 예컨대 이행 의무의 발생원인은 계약일 수도 있고, 손해배상에 대한 권리를 부여하는 법규정(예컨대, 계약의 불이행에 대해 또는 계약이 없는 상황에서 다른 사람에 의해 야기된 손해에 대해)이거나, 부당이득에 관한 법규정일 수도 있다.

이행에 대한 전형적인 권리는 금전지급에 대한 권리이며, 그리고 상계나 양도와 같이 어떤 맥락에서 보면, 이는 단연코 채권의 가장 중요한 유형이다. 그러나 '채권'이라는 용어는 또한 물품의 인도 또는 용역에 대한 권리와 같은 이행에 대한 다른 권리도 포함한다. 이행 의무는 어떤 것을 하지 않을 채무(부작위채무)의 형태를 띠는 것도 가능하다.

6. 편집자 주

이 제3부가 통합된 하나의 책에서 세 번째 부분에 해당한다는 점에 기반하여 편집하였다. 따라서 모든 작업은 전문용어, 배치, 서식 설정, 인용의 방법과 같은 문제에서 제1·2부와 일관성을 유지하기 위해 이루어졌다. 따라서 해당 자료의 출처국가에서 흔히 통용되는 인용법에서 벗어난 형식을 취하는 경우도 있는데, 이런 점에 대해서는 차후의 통합본에서 다시 재고할 여지가 있을 것이다.

주석의 길이는 장마다 다른데, 이는 각 장에서 다루고 있는 주제가 각기 다

른 성격을 지니고 있기 때문에 그렇게 된 측면도 있다. 즉, 조항이 대부분의 유럽 법체계에서 대략적으로 동일한 방식으로 인식되는 개념을 반영하는 경우에는 주석에 국내법에 관한 자세한 설명은 불필요하다. 그러나 각국의 법이 다양한 접근법을 채택하는 경우에는 그 규정의 도입 취지를 살피는 방식으로 좀 더 자세하게 다루는 것이 적절하다.

7. 본문의 완성 이후 각국 법의 개정

위원회가 마지막으로 회의를 하고 추후 편집상 수정은 가능하다는 전제로 텍스트에 합의한 것은 지난 2001년 2월이었다. 그러므로 비교법에 관한 주석은 일반적으로 2000년 12월 말에 유효한 법을 반영하였다. 이 시점 이후 몇몇 참고자료의 편집상 업데이트를 할 수 있었지만, 국내법의 주요 개정이나 혹은 상당한 수정이 수반될 수 있는 다른 전개에 대해서는 반영할 수 없었다.

특히, 독일 민법(BGB)은 구법을 인용하였다. 즉, 2002년 1월 1일에 발효된 채권법이 개정되기 전의 법조항을 인용하였다. 이 개정은 유럽계약법원칙 제3부에서 다루고 있는 대부분의 장에 영향을 주지 않는다. 그러나 시효법은 완전히 개정되었다. 독일의 새로운 시효법은 제14장에 대한 해설과 주석에서 언급된 국제적 경향을 고려하고 있고, 그 주요 특징[3년의 상대적으로 짧은 일반 시효기간, 일반적인 기간 진행에 대한 인식가능성 기준의 중요성, 10년 또는 30년의 최장기간(long stop)]에 대하여 이 유럽계약법원칙에서 제안된 체계(뿐만 아니라 잉글랜드 법률위원회가 권고한 제소기간 제도, 즉 Law Com No 270, Limitation of Actions, 2001)와 일치한다. 그러나 세부사항에서는 많은 차이가 있다. 유럽계약법원칙 중 시효를 다루는 장(chapter)이 독일 입법부에 제공되었으며(편집되기 전 원래의 형태로), 최종 개정안을 입안하는 데 영향을 끼쳤다는 점은 주목할 만하다. 더 많은 정보와 참고자료는 제14:101조에 대한 주석 후기 참조.

제10-17장 개요

제10장 다수 당사자

(a) 일반

제10장은 채무자 또는 채권자가 다수인 상황을 다룬다. 이 상황은 계약상 채무뿐만 아니라 비계약상 채무와 관련해서도 발생할 수 있다.

제1절 다수 채무자

(b) 다수 채무의 유형

채무에 대해 다수 채무자가 있는 경우에 채무자들이 어떤 형태로 채무를 부담하는지에 따라 결과가 상당히 다양해진다. 세 가지 주요 가능성이 있다. 첫 번째는 채무자들 모두 전부를 이행해야 하고 채권자는 채무자들 중 누구에게라도 전부 이행을 청구할 수 있는 형태로 채무자들이 채무를 부담하는 경우이다. 두 번째 주요 가능성은 각각 분할된 부분만 이행하면 되고 채권자도 각각의 채무자에게 그 부분만 이행하라고 청구할 수 있는 경우이다. 세 번째는 채무자들이 전부를 이행해야 하지만 채권자는 채무자 1인에게 채무 전부를 이행하라고 청구할 수 없고 채무자 모두에게 채무 전부의 이행을 청구해야 하는 경우이다.

(c) 용어

이 세 가지 상황에 대해 국제적으로 합의된 용어는 없다. 국가마다 용어가 매우 다양하고 때로는 오해의 소지도 있다. 그러므로 위원회는 어느 국가의 체계로부터 용어를 그대로 차용하지 않고 여러 유형의 채무 성질을 좀 더 정확하게 표현하기 위한 새로운 용어를 채택하는 것을 선호하였다. 첫 번째 유형의 핵심 개념은 '연대(solidarity)'이고, 각각의 채무자는 채권자에게 문제가 되는 전체에 대해 책임이 있다. 두 번째 유형의 핵심 개념은 '분할(separateness)'이고, 각각의 채무자는 오직 부담부분에 대해서만 책임이 있다. 세 번째 유형의 핵심 개념은 '공동(communality)'이고, 이 경우 채무가 금전채무로 대체되지 않는 한 분할책임의 가능성은 없다. 이상의 내용을 조문에서는 각각 연대채무, 분할채무, 공동채무로 지칭한다.

(d) 기본규정

연대채무는 다수 채무자가 있는 경우 채무의 기본 유형이다. 이것은 제10:102조에 의해 명확해진다.

(e) 연대채무 제도

제10:105조부터 제10:111조는 (a)부터 (f)까지의 효과를 포함하여 연대채무와 관련된 다양한 행위, 사건 또는 항변의 효과에 대한 원칙을 담고 있다.

(a) 채무자 1인에 의한 이행
(b) 채무자 1인에 대한 상계 또는 혼동
(c) 채무자 1인의 채권자에 의한 면제
(d) 법원 판결로 채무자 1인이 책임이 있거나 책임이 없는 경우
(e) 채무자 1인에 대한 채권의 시효*
(f) 채무자 1인이 할 수 있는 항변

(f) 분할채무와 공동채무에 대한 특칙

제10:103조는 분할채무가 균등하다고 추정하는 경우를 정하고, 제10:104조는 공동채무가 불이행으로 인해 금전을 지급해야 하는 채무로 바뀌는 경우에 대한 특칙을 정하고 있다. 이때 채무자들은 연대채무자로서 책임을 지고 더 이상 예외적인 공동채무의 성질이 유지될 이유가 없다.

제2절 다수 채권자

(a) 다수 채권의 유형

제10장의 나머지 조항은 채권자가 다수인 상황을 다룬다. 세 가지 상황이 포함된다. 첫 번째 경우, 어느 채권자든 채무자에게 전부 이행을 청구할 수 있고 채무자는 어느 채권자에게든 이행할 수 있다. 두 번째 경우, 채무자는 각각의 채권

---

* 시효(prescription)는 소멸시효를 가리킨다. 이 용어에 관해서는 제14:101조 해설 참조.

자에게 의무를 지고 각각의 채권자는 전체 중 그 채권자의 부분에 대해서만 이행을 청구할 수 있다. 세 번째 경우, 채무자는 모든 채권자에게 동시에 이행할 의무를 지고 채권자 1인은 모든 채권자를 위해서만 이행을 청구할 수 있다.

(b) 용어

용어는 다수 채무자에 쓰였던 용어에 대응하여 반대로 된다. 위에서 기술했던 첫째 상황에서 채권자의 채권은 연대이고, 둘째 유형은 분할이며, 셋째 유형은 공동이다. 이 경우에도 현존하는 용어 중에는 채택하여 사용할 만한 만족스러운 것이 없어 새로운 용어를 사용하였다.

(c) 기본규정

명시적으로 규정하지 않는 경우 다수 채권이 자동으로 연대의 성질을 띠게 되는 경우는 없다. 즉, 계약에서 명시적인 구정을 두지 않은 경우 다수 채권이 어떤 성질을 갖는지에 대해서는 해석의 여지가 생긴다. 실제로 일반적인 경우에 채권자는 분할채권을 가진다. 연대는 채권자들에게 위험성이 있는데, 그 이유는 채무자가 채권자 중 누구에게나 지급할 수 있고 이때 그 채권자가 사라지거나 파산할 수 있기 때문이다.

(d) 연대채권 제도

연대채권을 위한 규정은 많은 부분 연대채무에 기반을 두고 만들어 필요한 수정을 한다. 채권자 간에는 균등하다고 추정한다. 자신의 정당한 몫보다 더 많이 수령한 채권자는 초과부분을 다른 채권자들에게 그 채권자들의 몫을 초과하지 않는 범위 내에서 이전하여야 한다(제10:204조). 채권자 1인에게 전부를 이행하는 경우에는 채무가 소멸되지만, 채권자 1인에 의한 (이행 없는) 면제는 다른 채권자들에게 영향을 미치지 않는다(제10:205조 제1항). 연대채무에 관한 이행, 상계, 혼동, 판결, 시효와 항변에 관한 규정이 적절한 변경을 하여 적용*된다(제10:205조 제2항).

(e) 분할채권과 공동채권에 대한 특칙

분할채권의 경우에는 균등하다고 추정한다(제10:202조). 제10:203조는 공동채권의 채무자가, 채권자 1인이 이행받기를 거절하거나 이행받을 수 없는 경우에

* 준용에 해당한다.

직면한 때 제3자에게 금전이나 재화를 공탁함으로써 채무 이행의 효과를 얻을 수 있는 특칙을 규정하고 있다.

제11장 채권양도

(a) 중요성

이행청구권('채권', 서론 5 참조)을 양도할 가능성은 모든 유럽 국가의 비즈니스계와 금융계에서 매우 중요하다. 채권, 특히 금전 지급에 관한 계약상 권리를 채무자의 동의 없이 양도하는 것을 허용하는 원칙은 상업적인 이유에서 필요하다. 그러나 이로 말미암아 채무자에게 손해를 끼칠 명백한 위험 — 예컨대, 채무자가 채권자 1인 대신 여러 명의 채권자에게 불편한 장소에서 지급해야 하는 — 이 발생할 수 있다. 또한 양수인에게도 분명한 위험이 있을 수 있는데, 예컨대 양도인과 채무자의 비밀 협약에 따라 채권이 변경될 수 있다. 이러한 이유로 유럽계약법원칙에 양도에 관하여 여러 측면을 신중히 고려한 균형잡힌 규정들이 필요하고, 제11장에는 이러한 규정들이 들어 있다.

(b) 이 장의 범위

이 장은 채권양도(진정한 양도 또는 담보목적으로 양도한 경우 포함)뿐만 아니라 양도 이외의 방법으로 채권에 담보권을 설정하는 것도 다룬다. 후자까지 다루게 된 것은 실용적인 필요성 때문이다. 양도 이외의 방법으로 채권에 담보를 설정하는 경우에 적용되는 여러 정책적 고려 중 많은 부분이 채권양도의 경우에도 유사하게 적용되고 있다. 다수의 국제협약을 보아도 이 점을 알 수 있다. 하지만 앞으로 동산담보를 분리해서 규율할 유럽민법전 초안이 나오게 된다면, 맥락상 비양도성 담보에 대한 내용을 어느 부분에 넣어 논의해야 할지 재고해야 할 것이다. 논리적이고 개념적인 관점에서 양도 이외의 방법으로 설정된 담보의 대상에 관한 것이 양도의 장에 나와야 하는지는 명백하지 않다. 또 언급해야 할 것은 제11장의 규정은 비양도성 담보에는 적절히 변경을 하여 적용될 수 있다는 점이다. 유럽계약법원칙 그 자체는 어떻게 준용해야 하는지를 상세히 설명하고 있지 않다. 그러나 유럽계약법원칙에 기반을 둔 장래 각 국가나 유럽의 담보법은 이러한 경우 어떻게 준용해야 하는지를 상세히 설명해야 할 것이다. 형식, 등록 조건, 어떤 효력이 발생하는 날과 우선권에 관한 문제가 고려되어야 한다.

(c) 일반원칙

이 장의 제1절은 양도에 적용되는 일반원칙을 다룬다. 즉,

(i) 계약상 채권은 양도가능하다.
(ii) 장래 채권은 양도가능하다.
(iii) 채권의 일부 양도도 가능하지만, 양도인은 그로 말미암아 채무자에게 발생한 증가된 비용에 대해 책임이 있다. 그리고
(iv) 특별한 형식이 필요하지 않다(제11:102조-제11:104조).

(d) 양도인과 양수인 사이의 양도로 인한 효과

이 장의 제2절은 양도인과 양수인 사이의 양도로 인한 효과를 다룬다. 이 절은 양도에 관련된 여러 문제, 즉 양도에 포함되는 것이 무엇인지, 언제 양도의 효과가 발생하는지, 그리고 양도인이 해주어야 한다고 간주되고 있는 확약(예컨대 채권을 양도할 권한이 있고 채권이 존재하며 양도 당시에 집행할 수 있다는 데에 대한 확약과 같은) 등의 사항을 규율한다(제11:201조-제11:204조). 양도가 채무자에게는 효력이 없다고 하더라도 양도인과 양수인 사이에 효력이 있다는 것도 명시하고 있다(제11:203조).

(e) 양수인과 채무자 사이의 양도로 인한 효과

제3절은 양수인과 채무자 사이의 양도효과를 다룬다. 원래의 계약에서 금지하였기 때문에 양수인과 채무자 사이의 양도가 효력이 없는 경우를 다룬다. 일반적으로 말해 양도가 금지된 경우 양도는 채무자에게 효력이 없는 것이 원칙이지만 예외도 있다. 그중 하나는 장래의 금전청구권을 양도하는 계약에 대한 특별한 예외인데, 이는 대규모 채권 매입업의 현실을 고려한 것이다(제11:301조). 제3절에는 급부의 성질 또는 채무자와 양도인 사이의 관계로 말미암아 채무자로 하여금 양도인 이외의 자에게 이행할 것을 청구할 수 없는 급부와 관련된 경우에는 채무자가 동의하지 않는 한 양도는 채무자에게 효력이 없다는 중요한 원칙이 포함되어 있다(제11:302조). 또한 제3절에서는 언제 채무자가 양도인보다 양수인을 위해 이행해야 할 책임이 생기는지에 대한 규정도 포함하고 있는데, 채무자가 양도

인 또는 양수인으로부터 양도된 채권을 적절한 방식으로 식별하고 채무자로 하여금 양수인에게 이행하라고 청구한 서면의 통지를 받은 때에만 채무자는 양수인에게 이행할 의무가 있다는 것이 일반규정이다(제11:303조). 이 절은 양수인이 양도인의 지위 이상으로 가질 수 없다는, 보편적으로 인정되고 있는 규정도 포함하고 있다. 채무자가 양도된 채권에 관한 실체적, 절차적 항변권으로 양도인에게 대항할 수 있다면, 같은 항변권을 양수인에게도 행사할 수 있다(제11:307조 제1항). 그리고 이 절에서는 이행청구가 경합한 경우와 기본계약에서 특정한 것과는 다른 장소에서 이행청구가 있는 경우에 채무자를 보호하기 위해 규정을 두고 있다(제11:305조-제11:306조).

(f) 양수인과 경합하는 청구인 사이의 우선순위

제11장의 제4절은 양수인과 경합하는 청구인 사이의 우선순위에 관한 문제를 다룬다. 몇 가지 제한이 있지만, 일반원칙은 양수인이 양도받았다는 사실을 채무자에게 먼저 통지하는 경우 우선순위를 가진다는 것이다(제11:401조).

제12장 채무인수와 계약이전

(a) 일반

양도는 이행청구권(채권)의 이전과도 관련된다. 제12장에서는 종전 채무자를 대신하여 새로운 채무자(new debtor)*로 대체함으로써 채무인수가 있는 경우와 채권과 채무 양자를 포함한 계약 전부가 이전된 경우에 대해 다룬다. 제11장 채권양도와 제12장 채무인수 또는 계약이전의 중요한 차이점은, 채권양도가 채무자의 동의 없이도 할 수 있는 반면, 채무인수나 계약이전은 세 당사자 모두의 합의를 요구한다는 것이다. 채권자의 동의 없이 새로운 채무자를 허락할 것을 강요하는 것은 채권자 입장에서는 받아들일 수 없는 것임이 명백하다.

(b) 채무인수

제12장 제1절은 종전 채무자를 새로운 채무자로 대체하는 것을 다룬다. 이

* 인수인을 가리킨다.

주제에 관한 규정은 두 개의 조문뿐이다. 이 부분은 양도에 비해서 훨씬 느슨하게 규율되어 있는 셈이다. 세 당사자 모두의 합의를 필요로 하므로 특별한 보호규정의 필요성이 덜하기 때문이다. 그러나

(i) 합의를 통해 새로운 채무자로 대체할 수 있고, 이 효과로서 종전 채무자는 채무에서 벗어날 수 있다는 것을 명백하게 하고,
(ii) 채무인수에 대한 채권자의 사전 동의가 가능하다는 것(이는 실무상 매우 중요한 문제이다)을 허용할 필요가 있다.

이 문제는 제12:101조에서 다루고 있다. 또한 채무인수의 경우에 항변과 담보에 관한 효과도 규율할 필요가 있는데, 이는 제12:102조에 있다.

(c) 계약이전

종종 계약당사자를 변경할 필요가 있다. 이러한 일은 대개 리스와 같이 장기계약의 경우에 생긴다. 또한 기업의 인수·합병의 결과로 생길 수도 있다. 제12장 제2절은 이러한 상황을 다룬다. 제12장 제2절에 따르면, 권리와 의무 양자를 포함한 계약 전부의 양도는 원래 계약의 당사자들과 양수인의 동의에 의해 가능하다는 것이 명백하다. 그 밖의 사항에 관해서는 채권이 이전된 경우 채권양도에 관한 규정을 준용하고, 채무가 이전된 경우에는 채무인수에 관한 규정을 준용한다.

(d) 경개와의 접점

제11장과 제12장에서 다루고 있는 이전이 원계약의 권리와 의무는 소멸하고 새로운 계약의 권리와 의무에 의해 대체된다는 차원에서의 경개(novation)에는 이르지 않는다는 점을 주목할 필요가 있다. 제11장과 제12장에서 제시하는 개념적인 틀에 따르면, 계약은 유지되지만 권리나 의무 또는 전체로서의 권리와 의무가 이전된다. 물론 모든 당사자가 경개에 동의하는 것은 가능하며, 이는 위 관점에 위배되지 않는다. 제11장과 제12장에도 이를 금지하는 내용이 없다.

제13장 상 계

(a) 일반

제13장에서 다루는 주제는 많은 법체제에서 라틴어인 compensatio에서 유래된 용어로 알려져 있다. 예컨대 스코틀랜드 법에서는 'compensation'이라고 부른다. 그러나 영미법상 'compensation'이라는 용어는 다른 의미를 내포하므로, '상계(set-off)'라는 용어를 사용함이 보다 명확할 것이다. '상계'라는 용어의 이점은 용어 자체만 보고도 논의되는 주제가 '어떤 대상이 다른 대상과 상계가 이루어질 수 있는 요건'과 관련된 것임을 미리 읽어낼 수 있다는 데 있다. 상계와 관련하여 법에 의한 해결이 요구되는 전형적인 문제로는 다음과 같은 것이 있다. 만일 A가 B로부터 1,000유로를 받을 권리가 있고 B는 A로부터 500유로를 받을 권리가 있다면, 두 당사자는 모두 상대방에게 지급해야만 하는가, 또는 B의 A에 대한 500유로 지급으로 모든 것이 해결된다는 결론에 이를 수 있는가? 만일 그렇다면 어떻게 가능한가? 제13장에서는 특정 제한사유를 제외하면, 이와 같은 상황 및 그 밖에 다소 불명확한 상황에서도 상계가 가능하다는 점을 분명히 할 것이다.

(b) 상계의 효과를 발생시키는 방법

제13장에서 다루는 상계는 자동적으로 이루어지는 것이 아니다. 회계처리의 투명성 또는 그 밖에 다른 이유 때문에 두 당사자가 서로 상대방에게 대가를 전부 지급하는 것을 선호하는 상황도 충분히 존재할 수 있기 때문이다. 현대에는 자금이체도 쉽게 할 수 있으므로 방법에 구애를 받지도 않을 것이다.

유럽계약법원칙에서, 상계의 효과를 발생시키기 원하는 당사자는 상대방에게 통지를 하여야 한다(제13:104조). 그러므로 위 사례에서, B가 500유로를 지급함으로써 필요한 모든 행위를 다하는 지위에 놓이기를 원한다면, B는 A에 대해 상계를 한다는 내용의 통지를 할 필요가 있다. B는 500유로를 지급할 권리가 있어야 하고 상대방에게 채무의 지급을 청구할 권리가 있어야 한다(제13:101조). 물론 채권자 B가 다수의 채권을 갖고 있는 경우, B는 그중 어떤 채권에 대하여 상계할 것인지 밝힐 필요가 있다(제13:105조).

(c) 상계가 가능한 시기

상계는 그 채권들이 같은 종류의 것일 때 가능하다(제13:101조). 전형적으로 상계가 가능한 경우는 두 채권이 모두 금전지급을 목적으로 하는 채권인 경우이다. 다만 반드시 통화가 같은 종류의 것일 필요는 없다(제13:103조). 두 당사자는 서로 상대방에 대한 채무자이면서 채권자이어야 한다. 수탁자 또는 대리인(관리인)이 된 자는 개인적으로 그/그녀가 지급받아야 하는 채무와 위임인 또는 본인에게 지급하여야 하는 채무를 상계할 수 없다. 통상 두 채권은 확정되어야 한다. 그러나 제13:102조에서는 확정되지 않은 채권이라고 하더라도 상대방에게 불리한 영향을 끼치지 않거나, 두 당사자의 채권이 동일한 법률관계에서 발생한 것이라서 상대방에게 불리한 영향을 끼치지 않는다고 추정되는 경우에는 상계할 수 있다고 정하고 있다. 제13:107조는 상계가 제외되는 경우를 다룬다. 상계는 당사자 사이의 합의에 의해서도 배제될 수 있다. 전형적으로 최저임금(subsistence al-lowance)과 같이 압류 대상이 되지 않는 채권은 상계를 허용할 경우 공공정책에 반할 수 있으므로 상계에 의해 소멸되지 않는다. 동일한 논리가 고의적 불법행위로부터 발생한 채권에 대해서도 적용된다. 채무를 전혀 이행할 가능성이 없는 채무자에게 거액의 채무를 부담하고 있는 채권자가 손해배상채권은 상계로 소멸될 수 있으니 문제없다고 생각하고 채무자를 폭행하는 것이 허용될 수는 없다.

(d) 상계의 효과

제13:106조에서는 상계의 통지가 이루어진 시기에 상호 존재하는 당사자들의 채무는 상계로 소멸한다고 정하고 있다. 유럽계약법원칙에서 상계의 효력은 장래에 향하여 발생한다는 점을 주목하는 것이 중요하다. 이것은 많은 국가의 법에서 상계의 효력이 소급하여 적용된다고 정한 것보다 더욱 간단하고 만족스러운 해결책이다.

제14장 시 효

(a) 일반

이 장은 이행을 청구할 권리('채권')와 관련하여 기간 경과의 효력에 관한 내용을 다룬다. 채권자가 자신의 채권을 행사하기 위한 어떠한 조치도 취하지 않은 채 오랜 시간이 지난 경우 해당 채권이 영향을 받게 된다는 규정은 타당한 정책적 이유에 근거한다. 이런 경우 채무자들은 모든 것이 잘 되어 가고 있다는 그릇된 믿음을 갖게 된다. 증명하기는 점점 어려워지고 비용도 증가한다. 기본적으로 두 가지 선택사항이 존재한다. 하나는 모든 것을 소송의 진행과정에 맡기는 것인데, 이 경우에는 법원이 채무자에게 불리한 판단을 하는 경우에만 권리에 불리한 영향을 끼치게 된다. 다른 하나는 임의로 기간을 정하고 그 기간이 지나면 권리가 영향을 받도록 하는 것이다. 확실성과 예측가능성이라는 측면에서, 유럽계약법원칙에서는 유럽 국가들의 법제도와 마찬가지로 후자의 접근방식을 채택한다. 다른 한편으로 유럽계약법원칙에서는 융통성이 필요하다는 점과 소송에서 원고가 직면하는 어려움도 고려한다. 따라서 유럽계약법원칙에서는 채권의 존재를 알고 있다고 합리적으로 기대할 수 없는 자에 대해서는 일반적으로 시효가 진행하지 않는다는 점을 명확히 하기 위하여 인식가능성 기준에 관한 조항을 마련하였다. 또한 유럽계약법원칙에는 시효기간 진행을 정지시키거나, 소송에서 공정성을 고려한 결과 필요하다고 인정한 경우 시효기간의 만료를 연기*할 수 있는 조항이 있다.

제14장에서 정한 규정의 중요한 특징은 다른 많은 국가의 법제도와 비교하여 시효 체제가 매우 간소하다는 것이다. 특히 판결에 따라 확정된 채권을 제외한 모든 채권에 대하여 오로지 하나의 시효기간만을 두고 있다. 많은 국가의 법제도는 현재 또는 최근까지 다양한 종류의 시효기간 및 그 한계와 관련된 문제로 말미암아 복잡한 상황이다.

(b) 범위

이 장은 계약상 이행청구권 및 계약불이행 또는 계약관계가 없는 상황에서 제3자가 야기한 피해에 대한 손해배상청구권을 포함하여 모든 채권에 적용된다 (서론 5 참조).

(c) 개념적 틀

조항들은 시효의 법적 효과를 정하는 부분과 시효기간이 지난 후 권리의 성격을 변경시키는 것에 관한 부분으로 구분된다. 시효는 특정한 시점에 적용된다.

---

* 시효완성의 유예에 해당한다.

시효기간은 시작하여 진행되고 만료된다. 시효기간의 진행은 정지될 수 있다. 그 기간의 만료는 연기될 수 있다. 일정한 사건에서는 최초의 시효기간이 도래하기 이전에 새로운 시효기간이 진행되기 시작할 수 있다.

(d) 시효의 효과

제14장에서 정하는 시효의 효과는 채무자가 채무이행을 거절할 권리를 갖는다는 것이다. 그것은 단순한 소의 제한사유로서 소송 과정에서 절차적으로 적용되는 것이 아니며, 완전히 사라지도록 하는 시효로서 권리와 의무가 자동적으로 소멸하는 것도 아니다. 채무자가 채무이행을 거절할 권리를 갖게 되는데도 채무가 계속 유지된다는 것은 용어상 모순인 것처럼 보인다. 그런데도 이러한 특성을 가진 불완전 채무 개념은 잘 알려져 있고 유용하다. 이 개념의 핵심은 만일 채무자가 채무를 이행한다면, 그러한 채무의 이행은 증여 또는 법적 근거가 없는 이행이 아니라 엄연히 존재하는 채무에 따라 이행하는 것이라는 점이다. 따라서 제14:501조가 명시하는 것처럼, 채무를 변제하기 위해 지급되거나 이전된 것은 단지 지급 또는 이전 당시 시효기간이 만료되었다는 이유만으로 반환받을 수 없게 된다. 또한 이는 채무자가 시효를 원용하지 않을 것을 선택한 경우라면, 시효기간이 만료되었다고 하더라도 채무자에 대한 채권으로 상계할 수 있다는 조항에도 반영되어 있다(제14:503조).

(e) 시효기간

유럽계약법원칙에서 일반적인 시효기간은 3년이다. 이는 판결이나 중재판정 등 그와 유사한 절차에 의해 확정되어 10년의 시효가 적용되는 채권(제14:201조-제14:202조)을 제외한 모든 채권에 적용된다. 부수적 채권의 시효기간은 적어도 주된 채권의 시효기간이 만료되면 함께 만료된다(제14:502조).

이러한 체제의 단순성은 과거에 또는 때때로 현재까지도 다양한 시효기간을 두고 있는 다른 국가들의 법제도에서 보편적으로 나타나는 복잡성과 크게 대비된다. 그러나 시효기간의 진행이 일정한 사정이 지속되는 동안 정지되거나 일정한 사정이 종료된 후 1년까지 시효기간의 만료가 연기되는 것과 같이, 시효기간이 다양한 상황에서 연장될 수 있다는 점을 주목하는 것이 중요하다. 또한 시효기간은 채무자가 소송에서 채권의 존재를 인정한 것을 비롯하여 특정한 사정 하에서 다시 진행될 수 있다.

(f) 시효기간 진행의 기산점

시효기간은 채무자가 채무를 이행해야 하는 때부터 또는 손해배상채권의 경우 그 채권을 발생시키는 행위가 있었던 날부터 진행하기 시작한다. 판결에 의해 확정된 채권의 경우 시효기간은 판결 확정의 효력이 발생하는 시점부터 진행한다. 채무자가 계속적 작위의무 또는 부작위의무를 부담하는 경우 시효기간은 각 의무의 위반이 있는 때부터 진행한다(제14:203조).

(g) 시효기간 진행의 정지

시효기간의 진행은 다음과 같은 경우 정지된다.

(i) 채권자가 채무자가 누구인지 또는 채권의 발생 사실을 알지 못하며 또한 합리적으로 알 수 없는 경우
(ii) 채권에 대한 사법적 또는 이와 동등한 절차가 진행 중인 경우
(iii) 채권자가 시효기간의 최근 6개월 내에 불가항력적 사유로 발생하고 채권자가 회피하거나 극복할 수 있다고 합리적으로 기대할 수 없는 장애사유로 채권을 행사할 수 없는 경우

이 부분에서 채권자의 무능력은 여기서 다루는 장애사유의 유형에 포함되지 않는다. 이는 별도의 규정에서 다룬다.

(h) 시효기간 만료의 연기

유럽계약법원칙에서 시효기간 만료가 연기되는 세 경우는 다음과 같다.

(i) 당사자들이 채권 또는 채권의 상황에 관하여 교섭을 개시한 경우, 교섭과정에서 최종 의사소통을 한 날부터 1년이 지나기 전에는 그 기간이 만료되지 않는다.
(ii) 무능력자가 법정대리인이 없는 경우, 무능력 상태가 종료되거나 법정대리인이 선임된 날부터 1년이 지나기 전에는 그 기간이 만료되지 않는다.
(iii) 채권자 또는 채무자가 사망한 경우, 상속인 또는 관리인이 채권을 행사할 수 있거나 상속인 또는 관리인에 대해 채권을 행사할 수 있게 된 다음부터 1년이 지나기 전에는 그 기간이 만료되지 않는다(제14:304조-제14:306조).

기간 만료의 연기에 관한 규정은 그 진행의 중단에 관한 규정과 다른 방식으로 적용된다. 중단에 따라 항상 기간을 연장하는 효과가 발생하지만, 장애사유가 종료된 이후 채권자가 조치할 수 있는 어떤 최소한의 시간을 보장하는 것은 아니다. 예컨대 장애사유가 시효기간의 첫 번째 해에 종료된다면, 기간 만료의 연기에 관한 규정은 기간을 연장해 주는 것은 전혀 아니다. 반면에 기간 만료의 연기에 관한 규정은 항상 채권자에게 장애사유의 종료 후 조치할 수 있는 1년의 시간을 보장해 준다.

(i) 기간 진행의 정지 또는 기간 만료 연기의 최대 효과

제14:307조는 명확하게 하기 위하여 시효기간은 그 진행의 정지나 기간 만료의 연기로 인해 10년을 초과하여 연장될 수 없고, 대인적 침해의 경우에는 30년을 초과하여 연장될 수 없다고 규정하고 있다. 이 조항은 사법절차의 진행 중에 시효가 정지되는 경우에서는 적용되지 않는다.

(j) 시효기간의 갱신

채무자가 채권을 승인할 경우, 통상 시효기간은 다시 진행한다(제14:401조). 판결 또는 그와 동등한 절차에 의해 확정된 채권에 대한 10년의 시효는 채권자가 집행을 위해 각각 합당한 시도를 한 경으에 다시 진행한다(제14:402조).

(k) 합의에 의한 변경

제14:601조는 채무에 대한 당사자들이 합의로 시효 요건을 변경할 수 있으나 시효기간을 1년 미만으로 단축하거나 30년을 초과하여 연장할 수 없다는 점을 명시하고 있다. 그러나 시효 요건을 변경하는 것과 당사자들이 부담하는 채무의 내용과 경계를 확정하는 것에는 차이가 있다. 제14:601조는 당사자들이 적절하다고 생각하는 단기간 혹은 장기간 동안 채무를 부담하지 못하도록 하는 규정은 아니다.

제15장 위법성

(a) 일반

이 장은 계약에 관한 위법성의 효력을 다룬다. 그것은 유럽연합 회원국 법에

서 근본적인 것이라고 인정된 원칙에 반하는 계약과 근본적이지 않은 규칙을 위반한 계약을 구별한다.

근본원칙을 위반한 계약은 자동적으로 효력이 없다(제15:101조). 예컨대, 노예 운송에 관한 계약은 유럽계약법원칙에서는 법률상 효력이 없다.

그 밖의 다른 법률을 위반한 계약은 자동적으로 효력이 없는 것은 아니지만(그 법률에서 위반행위가 자동적으로 효력이 없다고 명시적으로 정하고 있는 것이 아닌 한), 법원이나 중재재판소에서 효력이 없다고 판단할 수 있다. 유럽계약법원칙은 법원과 중재재판소가 이러한 쟁점을 해결하는 데 적용할 수 있는 확실한 지침을 정한다(제15:102조). 만일 법률에서 위법한 계약의 효력에 관하여 아무런 언급도 하지 않고 있고 법원이나 중재재판소에 그 문제를 제소한 것이 아니라면, 계약은 유효하게 존속한다.

(b) 근본원칙에 반하는 계약

제15:101조에서는 유럽연합의 회원국 법에서 근본적인 것으로 인정된 원칙에 반하는 범위에서 해당 계약은 효력이 없다고 정한다.

(c) 강행규정을 위반한 계약

강행규정을 위반한 계약은 위법성으로 인해 초래된 비난가능성의 정도에서 큰 차이가 있다. 어떤 경우는 심각하게 그리고 명백하게 불법적이며 합리적인 사람이라면 그러한 계약이 효력을 발생해서는 안 된다고 말할 정도의 것이다. 그런가 하면 단지 규제 목적의 사소한 기술적 규정을 의도치 않게 위반한 것에 지나지 않는 경우도 있다. 실제로 규정 그 자체에서는 법에 위반되더라도 계약의 효력에는 영향이 없고 오로지 제재로서 벌금만이 부과될 수 있다고 정할 수 있다. 따라서 유럽계약법원칙에서 자동적으로 효력이 없다는 내용의 규정을 두는 것은 적절하지 않다. 그 대신 제15:102조에서는 문제가 되고 있는 규정에서 명시적으로 계약의 효과에 관하여 정하고 있다면, 그 결과를 따른다고 정하고 있다. 그러므로 예컨대, 어느 강행규정에서 특정한 보호조항을 위반한 계약의 경우 소비자가 그 효력을 주장할 수는 있으나 소비자에 대해서는 그 효력을 주장할 수 없다고 정하고 있다면, 그에 따른다. 위법성의 근거 규정이 명시적으로 계약의 효과에 대하여 정하고 있지 않은 경우(대부분의 경우가 그러하다)에 관해 유럽계약법원칙은 유연한 접근방식을 채택하여, 해당 법원 또는 중재재판소가 유럽계약법원칙에서 정한 특정 지침에 비추어 계약의 전부 또는 일부가 효력이 없다고 판단하는 것이 적절하고 비례성이 있다면 법원이나 중재재판소가 그렇게 판단할 수 있도록 한다. 이러한 판단기준에는 위법성의 근거가 되는 규정의 목적, 해당 규정이 보호하고자 하는 사람의 범주, 규정 위반 시 부과될 수 있는 제재, 위법성이 고의적인지 아닌지, 위법의 정도, 그리고 법령위반과 계약 간 관계의 밀접성 등이 포함된다.

(d) 그 밖의 규정

유럽계약법원칙은 계약이 위법성으로 인하여 단지 부분적으로 효력을 잃게 될 수 있다는 점을 명확히 하고 있다(제15:103조). 이 원칙은 위법성으로 인해 효력을 잃게 된 계약에 따라 지급되거나 이전된 물건을 원상회복할 수 있다고 정하고, 위법성을 알았거나 알았어야 하는데도 위법한 계약을 체결한 자로부터 손해배상을 받을 수 있다고 정하고 있다(제15:104조-제15:105조). 이러한 두 가지 구제수단은 모든 사정을 고려할 수 있도록 유연한 방식으로 이용될 수 있다.

제16장 조 건

제16장에서는 장래 불확실한 사건(event)의 발생 또는 불발생을 조건으로 하는 계약상 의무에 관한 내용을 다룬다. 이는 전통적으로 조건이 성취된 경우에만 의무의 효력이 발생하는 정지조건과 조건이 성취된 경우 기존의 의무가 소멸하는 해제조건으로 구별된다(제16:101조). 이 장에서 가장 중요한 조항은 한쪽 당사자가 신의성실의무와 공정거래의무 또는 협조의무를 위반하여 조건의 성취를 방해하고 조건의 성취가 이를 방해한 당사자에게 불리하게 작용하는 경우, 그 조건은 성취된 것으로 간주한다는 내용의 제16:102조이다. 한쪽 당사자가 신의성실의무와 공정거래의무 또는 협조의무를 위반하여 조건을 성취시킨 경우에 대해서도 유사한 규정이 있다. 이 규정에서는, 조건의 성취가 이를 성취시킨 당사자에게 유리하게 작용하는 경우, 그 조건은 성취되지 않은 것으로 본다.

제17장 이자의 원본 산입

이 짧은 장은 채무의 이행지체에 관한 유럽계약법원칙의 종전 규정에 존재하는 공백을 메우기 위하여 마련된 것이다. 제9:508조 제1항은 이미 변제기가 지난 금액에 대해 지급해야 하는 이자에 관해 규정하였으나 이자의 원본 산입(또는 복리)에 관해서는 아무런 언급을 하지 않았다. 이제 제17:101조에서는 제9:508조 제1항에 따라 지급해야 하는 이자는 12개월마다 미지급 원본에 산입되어야 한다고 정하고 있다. 이 규정은 당사자들에 의해 배제될 수 있으며, 당사자들이 지급 시 지연이자를 제공한 경우 배제되는 것으로 취급된다.

제3부 약어표

책 말미에 있는 참고 문헌도 참조하라. 이 목록에는 표준 사전에서 찾을 수 있는 일반적인 약어['e.g.', 예를 들면(for example)]를 포함하지 않는다.

ABGB	Allgemeines Bürgerliches Gesetzbuch (Austrian Civil Code)
A.C.	Appeal Cases (1891-) (Law Reports, England and Wales)
AcP	Archiv für die civilistische Praxis
AJCL	American Journal of Comparative Law
All E.R.	All England Law Reports (1936-)
A.P.	Areios Pagos (Greek Supreme Court in civil matters)
art(s).	article(s)
BAG	Bundesarbeitsgericht
BAGE	Amtliche Sammlung der Entscheidungen des Bundesarbeitsgerichts
BGB	Bürgerliches Gesetzbuch (German Civil Code)
BGB-KE	Draft provisions of the German Civil Code, as proposed by the German Commission on Reform of the Law on Obligations
BGB-PZ	Draft provisions of the German Civil Code, as proposed in the report by Peters and Zimmermann
BGBl	Bundesgesetzblatt (Federal Law Gazette, Germany)
BGH	Bundesgerichtshof (German Supreme Court)
BGHZ	Entscheidungen des Bundesgerichtshofs in Zivilsachen
Bull.civ.	Bulletin des arrêts de la Chambre Civile de la Cour de Cassation (1792-)
BW	Burgerlijk Wetboek (Netherlands Civil Code)
C.A.	Court of Appeal
Camb.L.J.	Cambridge Law Journal (1921-)
Cass.	Cour de cassation (Belgium, France, Luxembourg); Corte di Cassazione (Italy)

Cass.civ.	Cour de cassation (Chambres civiles)
Cass.com.	Cour de cassation (Chambre commerciale et financière)
Cass.req.	Cour de cassation (Chambre des requêtes)
Cass.soc.	Cour de cassation (Chambre sociale)
CB(ns)	Common Bench (new series) (England and Wales law reports)
CC	Civil Code (Belgium, France, Greece, Italy, Luxembourg, Quebec, Portugal, Spain, Switzerland)
Chron.	Chronique
CISG	United Nations Convention on Contracts for the International Sale of Goods
Comm.C.	Commercial Code (Belgium, France, Spain, Portugal)
D.	Recueil Dalloz (France)
Danske Lov	Kong Christian den Femtis Danske Lov 1683 (Danish Code)
D.L.R.	Dominion Law Reports (Canada)
ELR	Edinburgh Law Review
ERPL	European Review of Private Law
EU	European Union
EvBl	Evidenzblatt der Rechtsmittelentscheidungen (Austria - part of Österreichische Juristenzeitung)
ff.	and following (page or pages, article or articles, etc.)
Fs	Festschrift
Foro It.	Il Foro italiano
Foro pad.	Il Foro padano
Giur. It.	Giurisprudenza Italiana
Giust.civ.	Giustizia civile
H.L.	House of Lords (United Kingdom Supreme Court in civil matters)
Hell.Dni.	Helliniki Dikaiosyni
HGB	Handelsgesetzbuch (Austrian and German Commercial Codes)
HR	Hoge Raad (Netherlands Supreme Court)
IECL	International Encyclopedia of Comparative Law
I.L.R.M.	Irish Law Reports Monthly (1981-)
I.R.	Irish Reports (1894-)

JBl	Juristische Blätter (Austria)
J.Cl.	Jurisclasseur
JZ	Juristenzeitung (Germany)
K.B.	King's Bench Division (1891-) Law Reports (England and Wales)
Lloyd's Rep.	Lloyd's List Reports (1951-)
LM	Lindenmaier/Möhring (Nachschlagewerk des BGH)
M	Macpherson (Series of Scottish law reports 1862-73)
Mass. Giur. It.	Massimario de Giurisprudenza Italiana
MLR	Modern Law Review
NGCC	La nuova giurisprudenza civile commentata
Ned.Jur	Nederlandse Jurisprudentie
NJA	Nytt Juridiskt Arkiv (Swedish Supreme Court Annual, 1874-)
NJW	Neue Juristische Wochenschrift
NoB	Nomiko Vima (Greece)
NTBR	Nederlands Tijdschrift voor Burgerlijk Recht
ÖBA	Österreichisches Bankarchiv
OGH	Oberster Gerichtshof (Austrian Supreme Court)
O.J.	Official Journal (of the European Communities)
OR	Obligationenrecht/Code des Obligations (Switzerland)
ÖRZ	Österreichische Richterzeitung
Pas.	Pasicrisie (Belgium)
Pas. Lux.	Pasicrisie (Luxembourg)
PECL	The Principles of European Contract Law
PNA	Promissory Notes Act (Nordic countries)
Q.B.	Queen's Bench Division (1891-) Law Reports (England and Wales)
Q.B.D.	Queen's Bench Division (1875-1890) Law Reports (England and Wales)
R	Rettie (Series of Scottish law reports 1873-98)
RabelsZ	Rabels Zeitschrift für ausländisches und internationales Privatrecht
Rep.Droit civ.	Répertoire Dalloz de droit civil
RIDC	Revue Internationale de Droit Comparé

Riv.dir.comm.	Rivista del diritto commerciale (1903-)
Riv. Notar.	Rivista del notariato
R.W.	Rechtskundig Weekblad
Russ	Russell (English Reports 1823-29)
S.	Recueil Sirey
SC	Session Cases (Scottish law reports)
SCR	Supreme Court Reports (Canada)
STJ	Supremo Tribunal de Justiça (Portugese Supreme Court)
STS	Sentencias del Tribunal Supremo (Spain)
SZ	Sammlung der Entscheidungen des Österreichischen Obersten Gerichtshofes in Zivil- und Justizverwaltungsachen
TPR	Tijdschrift voor Privaatrecht (The Netherlands)
TR	Tijdschrift voor Rechtsgeschiedenis (The Netherlands)
UCC	Uniform Commercial Code (United States of America)
WBl	Wirtschaftsrechtliche Blätter (Austria)
WPNR	Weekblad voor Privatrecht, Notariaat en Registratie (The Netherlands)
ZEuP	Zeitschrift für Europäisches Privatrecht
ZPO	Zivilprozeßordnung (Austria and Germany)

PRINCIPLES OF EUROPEAN CONTRACT LAW

TEXT OF ARTICLES IN PART Ⅲ IN ENGLISH AND KOREAN

유럽계약법원칙 제3부

— 조문(영어와 한글) —

CHAPTER 10: Plurality of parties

Section 1: Plurality of debtors

Article 10:101: Solidary, Separate and Communal Obligations

(1) Obligations are solidary when all the debtors are bound to render one and the same performance and the creditor may require it from any one of them until full performance has been received.

(2) Obligations are separate when each debtor is bound to render only part of the performance and the creditor may require from each debtor only that debtor's part.

(3) An obligation is communal when all the debtors are bound to render the performance together and the creditor may require it only from all of them.

Article 10:102: When Solidary Obligations Arise

(1) If several debtors are bound to render one and the same performance to a creditor under the same contract, they are solidarily liable, unless the contract or the law provides otherwise.

(2) Solidary obligations also arise where several persons are liable for the same damage.

(3) The fact that the debtors are not liable on the same terms does not prevent their obligations from being solidary.

Article 10:103: Liability under Separate Obligations

Debtors bound by separate obligations are liable in equal shares unless the contract or the law provides otherwise.

제10장 다수 당사자

제1절 다수 채무자

제10:101조 연대채무, 분할채무, 공동채무

(1) 모든 채무자들이 하나의 동일한 이행의무를 부담하고 채권자는 전부 이행을 받을 때까지 어느 채무자에게나 그 이행을 청구할 수 있는 경우, 그 채무는 연대채무이다.

(2) 각 채무자는 그 이행의 일부만을 제공할 의무를 부담하고 채권자는 각 채무자에게 그 채무자의 부담부분만을 청구할 수 있는 경우, 그 채무는 분할채무이다.

(3) 모든 채무자들이 채무를 함께 제공할 의루를 부담하고 채권자는 채무자들 모두로부터만 그 이행을 청구할 수 있는 경우, 그 채무는 공동채무이다.

제10:102조 연대채무가 발생하는 경우

(1) 다수의 채무자들이 동일한 계약 하에서 채권자에게 하나의 동일한 이행을 할 의무가 있는 경우, 그 계약이나 법에서 달리 정하지 않는 한, 연대하여 책임을 진다.

(2) 연대채무는 또한 다수의 사람이 동일한 손해에 대하여 책임을 지는 경우에도 발생한다.

(3) 채무자들이 동일한 원인에 따라 책임을 지지 않는다고 하더라도, 그 채무가 연대성을 가지는 것이 배제되지 않는다.

제10:103조 분할채무에서 책임

계약이나 법에서 달리 정하지 않는 한, 채무자들이 분할채무를 부담할 경우 각 채무자는 균등한 비율로 책임을 진다.

Article 10:104: Communal Obligations: Special Rule when Money claimed for Non-performance

Notwithstanding Article 10:101(3), when money is claimed for non-performance of a communal obligation, the debtors are solidarily liable for payment to the creditor.

Article 10:105: Apportionment between Solidary Debtors

(1) contract or the law provides otherwise.

(2) If two or more debtors are liable for the same damage under Article 10:102(2), their share of liability as between themselves is determined according to the law governing the event which gave rise to the liability.

Article 10:106: Recourse between solidary Debtors

(1) A solidary debtor who has performed more than that debtor's share may claim the excess from any of the other debtors to the extent of each debtor's unperformed share, together with a share of any costs reasonably incurred.

(2) A solidary debtor to whom paragraph (1) applies may also, subject to any prior right and interest of the creditor, exercise the rights and actions of the creditor, including accessory securities, to recover the excess from any of the other debtors to the extent of each debtor's unperformed share.

(3) If a solidary debtor who has performed more than that debtor's share is unable, despite all reasonable efforts, to recover contribution from another solidary debtor, the share of the others, including the one who has performed, is increased proportionally.

Article 10:107: Performance, Set-off and Merger in Solidary Obligations

(1) Performance or set-off by a solidary debtor or set-off by the creditor against one solidary debtor discharges the other debtors in relation to the creditor to the extent of the performance or set-off.

(2) Merger of debts between a solidary debtor and the creditor discharges the other debtors only for the share of the debtor concerned.

제10:104조 공동채무: 불이행을 이유로 금전의 지급을 구하는 경우에 관한 특칙

제10:101조 제3항의 규정에도 불구하고, 공동채무에 대한 채무불이행을 이유로 금전의 지급을 구하는 경우에는 그 채무자들은 채권자에게 연대하여 금전을 지급할 책임을 진다.

제10:105조 연대채무자들 사이의 부담부분

(1) 계약이나 법에서 달리 정하지 않는 한, 연대채무자들 사이의 부담부분은 균등하다.

(2) 2인 이상의 채무자가 제10:102조 제2항에 따라 동일한 손해에 대하여 책임을 지는 경우, 그들 사이의 부담부분은 그 책임을 발생하게 한 사건의 준거법에 따라 정해진다.

제10:106조 연대채무자들 사이의 구상

(1) 연대채무자 1인이 자신의 부담부분을 초과하여 채무를 이행한 때에는 다른 채무자들을 상대로 각자가 미이행한 부분을 한도로 하여 자신의 초과 이행분에 관한 상환을 청구할 수 있다. 이와 함께 합리적으로 발생한 비용에 관한 부담부분의 상환도 청구할 수 있다.

(2) 위 제1항의 적용을 받는 연대채무자는 또한, 다른 채무자들로부터 그가 미이행한 부분을 한도로 하여 자신의 초과 이행분을 상환받기 위하여, 채권자의 우선권과 이익을 침해하지 않는 범위 내에서 부수적 담보권을 포함하여 채권자의 권리와 구제수단을 행사할 수 있다.

(3) 자신의 부담부분을 초과하여 채무를 이행한 연대채무자가 모든 합리적인 노력에도 불구하고 다른 연대채무자로부터 구상받을 수 없는 경우에는, 이미 채무를 이행한 채무자를 포함한 나머지 채무자들의 각 부담부분은 비례적으로 증가한다.

제10:107조 연대채무에서 이행, 상계, 혼동

(1) 연대채무자 1인이 채무를 이행하거나 상계한 때 또는 채권자가 연대채무자 1인과 상계한 때에는 다른 연대채무자들도 채권자에 대하여 그 이행이나 상계의 범위 내에서 책임을 면한다.

(2) 연대채무자 1인과 채권자 사이에 혼동이 있는 때에는 그 채무자의 부담부분에 한하여 다른 연대채무자들도 책임을 면한다.

Article 10:108: Release or Settlement in Solidary Obligations

(1) When the creditor releases, or reaches a settlement with, one solidary debtor, the other debtors are discharged of liability for the share of that debtor.

(2) The debtors are totally discharged by the release or settlement if it so provides.

(3) As between solidary debtors, the debtor who is discharged from that debtor's share is discharged only to the extent of the share at the time of the discharge and not from any supplementary share for which that debtor may subsequently become liable under Article 10:106(3).

Article 10:109: Effect of Judgment in Solidary Obligations

A decision by a court as to the liability to the creditor of one solidary debtor does not affect:

(a) the liability to the creditor of the other solidary debtors; or

(b) the rights of recourse between the solidary debtors under Article 10:106.

Article 10:110: Prescription in Solidary Obligations

Prescription of the creditor's right to performance ("claim") against one solidary debtor does not affect:

(a) the liability to the creditor of the other solidary debtors; or

(b) the rights of recourse between the solidary debtors under Article 10:106.

Article 10:111: Opposability of other Defences in Solidary Obligations

(1) A solidary debtor may invoke against the creditor any defence which another solidary debtor can invoke, other than a defence personal to that other debtor. Invoking the defence has no effect with regard to the other solidary debtors.

(2) A debtor from whom contribution is claimed may invoke against the claimant any personal defence that debtor could have invoked against the creditor.

제10:108조 연대채무에서 면제 또는 화해

(1) 채권자가 연대채무자 1인의 채무를 면제하거나 그와 화해를 하면, 그 채무자의 부담부분에 한하여 다른 연대채무자들도 책임을 면한다.

(2) 채무면제나 화해를 하면서 연대채무자들이 전부 면책되는 것으로 정한 경우에는 모든 채무자들이 면책된다.

(3) 연대채무자들 사이에서, 자신의 부담부분을 면책받은 채무자는 면책 당시 그의 부담부분만 면책받을 뿐이고, 제10:106조 제3항에 따라 나중에 부담하게 될 수 있는 추가적 부담부분까지 면책받지는 않는다.

제10:109조 연대채무에서 판결의 효력

채권자에 대한 연대채무자 1인의 책임에 관한 법원의 판결은 다음의 사항에 영향을 미치지 않는다.

(a) 다른 연대채무자들의 채권자에 대한 책임

(b) 제10:106조에 의한 연대채무자들 사이의 구상권.

제10:110조 연대채무에서 시효

연대채무자 1인에 대하여 이행을 청구하는 채권자의 권리('채권')의 시효는 다음의 사항에 영향을 미치지 않는다.

(a) 다른 연대채무자들의 채권자에 대한 책임

(b) 제10:106조에 따른 연대채무자들 사이의 구상권.

제10:111조 연대채무에서 그 밖의 항변사유의 대항가능성

(1) 연대채무자는 다른 연대채무자가 채권자에게 행사할 수 있는, 그 다른 채무자의 일신전속적 항변을 제외한 모든 항변으로 채권자에게 대항할 수 있다. 항변권의 행사는 그 밖의 연대채무자들에 대해서는 효력이 없다.

(2) 구상청구를 받은 채무자는 채권자에게 행사할 수 있었던 자신의 일신전속적 항변으로 그 구상청구자에게 대항할 수 있다.

Section 2 : Plurality of creditors

Article 10:201: Solidary, Separate and Communal Claims

(1) Claims are solidary when any of the creditors may require full performance from the debtor and when the debtor may render performance to any of the creditors.

(2) Claims are separate when the debtor owes each creditor only that creditor's share of the claim and each creditor may require performance only of that creditor's share.

(3) A claim is communal when the debtor must perform to all the creditors and any creditor may require performance only for the benefit of all.

Article 10:202: Apportionment of Separate Claims

Separate creditors are entitled to equal shares unless the contract or the law provides otherwise.

Article 10:203: Difficulties of executing a Communal Claim

If one of the creditors in a communal claim refuses, or is unable to receive, the performance, the debtor may discharge the obligation to perform by depositing the property or money with a third party according to Articles 7:110 or 7:111 of the Principles.

Article 10:204: Apportionment of Solidary Claims

(1) Solidary creditors are entitled to equal shares unless the contract or the law provides otherwise.

(2) A creditor who has received more than that creditor's share must transfer the excess to the other creditors to the extent of their respective shares.

Article 10:205: Regime of solidary Claims

(1) A release granted to the debtor by one of the solidary creditors has no effect on the other solidary creditors.

(2) The rules of Articles 10:107, 10:109, 10:110 and 10:111(1) apply, with appropriate adaptations, to solidary claims.

제2절: 다수 채권자

제10:201조 연대채권, 분할채권, 공동채권

(1) 채권자들 중 누구나 채무자에게 전부의 이행을 청구할 수 있고 채무자는 채권자들 중 누구에게나 이행할 수 있는 경우, 그 채권은 연대채권이다.

(2) 채무자가 각 채권자에게 채권 중 그 채권자의 지분에 대해서만 의무를 부담하고 각 채권자는 그 지분의 이행을 청구할 수 있는 경우, 그 채권은 분할채권이다.

(3) 채무자가 모든 채권자들에 대해서 이행해야 하고 각 채권자는 채권자들 모두의 이익을 위해서만 이행을 청구할 수 있는 경우, 그 채권은 공동채권이다.

제10:202조 분할채권의 지분

계약이나 법에서 달리 정하지 않는 한, 분할채권자들은 균등한 지분을 갖는다.

제10:203조 공동채권 실현의 장애

공동채권의 채권자 가운데 1인이 이행 수령을 거절하거나 이행을 수령할 수 없는 경우, 채무자는 유럽계약법원칙 제7:110조나 제7:111조에 따라 재산이나 금전을 제3자에게 공탁함으로써 이행 의무를 면할 수 있다.

제10:204조 연대채권의 지분

(1) 계약이나 법에서 달리 정하지 않는 한, 연대채권자들은 균등한 지분을 갖는다.

(2) 자신의 지분을 초과하여 수령한 채권자는 그 초과 부분을 다른 채권자들에게 각자의 지분에 따라 이전해야 한다.

제10:205조 연대채권의 법률관계

(1) 연대채권자 1인이 채무자에 대하여 한 면제는 다른 연대채권자들에게는 효력이 없다.

(2) 제10:107조, 제10:109조, 제10:110조 및 제10:111조 제1항은 적절한 변경을 하여 연대채권에 적용된다.

CHAPTER 11: Assignment of Claims

Section 1: General Principles

Article 11:101: Scope of Chapter

(1) This Chapter applies to the assignment by agreement of a right to performance ("claim") under an existing or future contract.

(2) Except where otherwise stated or the context otherwise requires, this Chapter also applies to the assignment by agreement of other transferable claims.

(3) This Chapter does not apply:

(a) to the transfer of a financial instrument or investment security where, under the law otherwise applicable, such transfer must be by entry in a register maintained by or for the issuer; or

(b) to the transfer of a bill of exchange or other negotiable instrument or of a negotiable security or a document of title to goods where, under the law otherwise applicable, such transfer must be by delivery (with any necessary indorsement).

(4) In this Chapter "assignment" includes an assignment by way of security.

(5) This Chapter also applies, with appropriate adaptations, to the granting by agreement of a right in security over a claim otherwise than by assignment.

Article 11:102: Contractual Claims Generally Assignable

(1) Subject to Articles 11:301 and 11:302, a party to a contract may assign a claim under it.

(2) A future claim arising under an existing or future contract may be assigned if at the time when it comes into existence, or at such other time as the parties agree, it can be identified as the claim to which the assignment relates.

제11장 채권양도

제1절 일반원칙

제11:101조 적용범위

(1) 이 장은 현재 또는 장래의 계약에 따라 발생하는 이행을 청구할 권리('채권')를 합의에 의해 양도하는 경우에 적용된다.

(2) 또한 이 장은 명시적으로 달리 규정하는 경우 또는 해석상 달리 보아야 할 경우가 아닌 한, 그 밖에 양도성이 있는 채권을 합의에 의해 양도하는 경우에도 적용된다.

(3) 이 장은 다음의 경우에는 적용되지 않는다.

(a) 다른 법률이 적용되는 금융증서 또는 투자증권의 이전. 이와 같은 이전은 발행인을 위해 또는 발행인에 의해 관리되는 등록부에 기입되어야 한다. 또는

(b) 다른 법률이 적용되는 환어음 그 밖의 유통증권의 이전 또는 유가증권이나 동산권원증서 이전. 이와 같은 이전은 (필요한 경우 배서와 함께) 교부에 의하여 이루어져야 한다.

(4) 이 장에서 '양도'는 담보목적의 양도를 포함한다.

(5) 또한 이 장은 채권양도에 의한 것 외에 합의에 의한 채권에 대한 담보권의 설정에 대해서도, 적절한 변경을 하여 적용된다.

제11:102조 계약상 채권의 일반적 양도성

(1) 제11:301조 및 제11:302조를 따르는 외에, 계약의 당사자는 계약에서 발생하는 채권을 양도할 수 있다.

(2) 현재 또는 장래의 계약에서 발생하는 장래의 채권은 그 채권의 발생시점에, 또는 당사자들이 합의한 어떤 다른 시점에, 양도의 대상인 채권으로서 식별될 수 있는 경우에는, 이를 양도할 수 있다.

Article 11:103: Partial Assignment

A claim which is divisible may be assigned in part, but the assignor is liable to the debtor for any increased costs which the debtor thereby incurs.

Article 11:104: Form of Assignment

An assignment need not be in writing and is not subject to any other requirement as to form. It may be proved by any means, including witnesses.

Section 2: Effects of Assignment As Between Assignor and Assignee

Article 11:201: Rights Transferred to Assignee

(1) The assignment of a claim transfers to the assignee:

(a) all the assignor's rights to performance in respect of the claim assigned; and

(b) all accessory rights securing such performance.

(2) Where the assignment of a claim under a contract is associated with the substitution of the assignee as debtor in respect of any obligation owed by the assignor under the same contract, this Article takes effect subject to Article 12:201.

Article 11:202: When Assignment Takes Effect

(1) An assignment of an existing claim takes effect at the time of the agreement to assign or such later time as the assignor and assignee agree.

(2) An assignment of a future claim is dependent upon the assigned claim coming into existence but thereupon takes effect from the time of the agreement to assign or such later time as the assignor and assignee agree.

Article 11:203: Preservation of Assignee's Rights Against Assignor

An assignment is effective as between the assignor and assignee, and entitles the assignee to whatever the assignor receives from the debtor, even if it is ineffective against the debtor under Article 11:301 or 11:302.

제11:103조 일부 양도

분할할 수 있는 채권은 그 일부를 양도할 수 있다. 그러나 양도인은 이로 인하여 채무자에게 발생한 추가비용을 채무자에게 지급할 책임을 진다.

제11:104조 채권양도의 형식

채권양도는 서면으로 할 필요가 없고 그 형식에 관하여 어떠한 다른 요건의 제한도 받지 않는다. 채권양도는 증인을 포함하여 어떠한 방법으로든 증명될 수 있다.

제2절 양도인과 양수인 사이에서 채권양도의 효력

제11:201조 양수인에게 이전되는 권리

(1) 채권양도에 의하여 다음의 권리가 양수인에게 이전된다.

(a) 양도된 채권의 이행에 관한 양도인의 모든 권리와

(b) 그 이행의 담보에 관한 모든 부수적 권리.

(2) 계약으로부터 발생한 채권의 양도가, 동일한 계약상 양도인이 부담하는 채무에 관하여 그 채무자를 양수인으로 교체하는 것과 결합되어 있는 경우에, 이 조항은 제12:201조의 제한 아래에서 적용된다.

제11:202조 채권양도의 효력발생시기

(1) 현재 채권의 양도는 양도합의를 한 시점, 또는 양도인과 양수인이 효력발생시기로 합의한 나중의 시점에 효력이 발생한다.

(2) 장래 채권의 양도는 후에 그 채권이 성립하여야 효력이 발생한다. 그러나 그것이 성립한 경우에는, 그 양도는 양도합의를 한 시점, 또는 양도인과 양수인이 효력발생시기로 합의한 나중의 시점에 효력이 발생한다.

제11:203조 양도인에 대한 양수인의 권리 보전

양도가 제11:301조 또는 제11:302조에 따라 채무자에 대해 효력이 없는 경우에도, 채권양도는 양도인과 양수인 사이에서 유효하며, 양수인은 양도인이 채무자로부터 수령하는 것에 대하여 권리를 가진다.

Article 11:204: Undertakings by Assignor

By assigning or purporting to assign a claim the assignor undertakes to the assignee that:

(a) at the time when the assignment is to take effect the following conditions will be satisfied except as otherwise disclosed to the assignee:

  (i) the assignor has the right to assign the claim;

  (ii) the claim exists and the assignee's rights are not affected by any defences or rights (including any right of set-off) which the debtor might have against the assignor; and

  (iii) the claim is not subject to any prior assignment or right in security in favour of any other party or to any other incumbrance;

(b) the claim and any contract under which it arises will not be modified without the consent of the assignee unless the modification is provided for in the assignment agreement or is one which is made in good faith and is of a nature to which the assignee could not reasonably object; and

(c) the assignor will transfer to the assignee all transferable rights intended to secure performance which are not accessory rights.

Section 3: Effects of Assignment As Between Assignee and Debtor

Article 11:301: Contractual Prohibition of Assignment

(1) An assignment which is prohibited by or is otherwise not in conformity with the contract under which the assigned claim arises is not effective against the debtor unless:

  (a) the debtor has consented to it; or

  (b) the assignee neither knew nor ought to have known of the non-conformity; or

  (c) the assignment is made under a contract for the assignment of future rights to payment of money.

(2) Nothing in the preceding paragraph affects the assignor's liability for the non-conformity.

제11:204조 양도인의 확약

채권을 양도하거나 양도하기로 함으로써 양도인은 양수인에게 다음 사항을 확약한다.

(a) 양수인이 이와 다른 사정을 알게 된 경우를 제외하고, 양도의 효력발생시점에 다음의 요건들이 갖추어지는 것
  (i) 양도인에게 채권을 양도할 권리가 있는 것
  (ii) 채권이 존재하며, 채무자가 양도인에 대하여 주장할 수 있었던 항변 또는 권리(상계권 포함)에 의하여 양수인의 권리가 영향을 받지 않는 것, 그리고
  (iii) 채권이 제3자를 위한 선행 양도 또는 담보권의 목적이 아니며, 그 밖의 부담의 목적이 아닌 것

(b) 양도계약이 변경을 허용하고 있는 경우 또는 변경이 신의성실에 따라 이루어지고 양수인이 합리적으로 이의를 제기할 수 없는 성질의 것인 경우를 제외하고, 채권 또는 그 발생원인인 계약을 양수인의 동의 없이 변경하지 않는 것, 그리고

(c) 양도인이 양수인에게 부수적 권리가 아닌 것으로서 이행을 담보하기 위한 모든 이전가능한 권리를 이전하는 것.

제3절 양수인과 채무자 사이에서 채권양도의 효력

제11:301조 양도금지 약정

(1) 양도되는 채권을 발생시키는 계약에서 양도가 금지되거나 그 밖에 양도가 계약에 적합하지 않는 경우에는 그러한 양도는 다음의 경우가 아닌 한 채무자에 대하여 효력이 없다.
  (a) 채무자가 양도에 대하여 동의한 경우 또는
  (b) 양수인이 계약부적합에 대하여 알지 못하였거나 알아야 했던 것이 아닌 경우 또는
  (c) 양도가 장래에 발생할 금전채권의 양도에 관한 계약에 의한 것인 경우.

(2) 위 조항은 양도인의 계약부적합에 따른 책임에 영향을 주지 않는다.

Article 11:302: Other Ineffective Assignments

An assignment to which the debtor has not consented is ineffective against the debtor so far as it relates to a performance which the debtor, by reason of the nature of the performance or the relationship of the debtor and the assignor, could not reasonably be required to render to anyone except the assignor.

Article 11:303: Effect on Debtor's Obligation

(1) Subject to Articles 11:301, 11:302, 11:307 and 11:308, the debtor is bound to perform in favour of the assignee if and only if the debtor has received a notice in writing from the assignor or the assignee which reasonably identifies the claim which has been assigned and requires the debtor to give performance to the assignee.

(2) However, if such notice is given by the assignee, the debtor may within a reasonable time request the assignee to provide reliable evidence of the assignment, pending which the debtor may withhold performance.

(3) here the debtor has acquired knowledge of the assignment otherwise than by a notice conforming to paragraph (1), the debtor may either withhold performance from or give performance to the assignee.

(4) Where the debtor gives performance to the assignor, the debtor is discharged if and only if the performance is given without knowledge of the assignment.

Article 11:304: Protection of Debtor

A debtor who performs in favour of a person identified as assignee in a notice of assignment under Article 11:303 is discharged unless the debtor could not have been unaware that such person was not the person entitled to performance.

Article 11:305: Competing Demands

A debtor who has received notice of two or more competing demands for performance may discharge liability by conforming to the law of the due place of performance, or, if the performances are due in different places, the law applicable to the claim.

제11:302조 그 밖에 효력 없는 양도

채무자가 동의하지 않은 양도는, 그 양도가 이행의 성질상 또는 양도인과 채무자의 관계에 비추어 채무자가 양도인 이외의 자에게 할 것을 합리적으로 요구할 수 없는 이행과 관련되는 그 채무자에 대하여 효력이 없다.

제11:303조 채무자의 의무에 대한 효과

(1) 제11:301조, 제11:302조, 제11:307조, 제11:308조를 따르는 외에, 채무자는 양도된 채권을 합리적으로 식별하고(identify) 채무자로 하여금 그 양수인에게 이행하도록 요구하는 서면통지를 양도인 또는 양수인으로부터 받은 경우에 한하여 양수인을 위하여 이행할 의무가 있다.

(2) 그러나 그러한 통지가 양수인에 의하여 이루어진 경우, 채무자는 합리적인 기간 내에 양수인에게 그 양도에 관한 믿을 만한 증거의 제시를 요구할 수 있고, 그 동안 채무자는 이행을 유보할 수 있다.

(3) 채무자가 제1항에 따른 통지에 의하지 않고 양도를 알게 된 경우, 그 채무자는 양수인에 대한 이행을 유보할 수도 있고, 양수인에게 이행을 할 수도 있다.

(4) 채무자가 양도인에게 이행한 경우, 그 이행이 양도를 알지 못한 채 이루어진 경우에 한하여 면책된다.

제11:304조 채무자의 보호

채무자가 제11:303조에서 정하는 양도 통지에서 양수인으로 식별된 사람에 대하여 채무를 이행한 때에는, 그는 그 사람에게 이행을 청구할 권리가 없음을 모를 수 없었던 경우가 아닌 한 책임을 면한다.

제11:305조 청구의 경합

둘 또는 그 이상의 경합하는 이행청구를 받은 채무자는 적법한 이행지의 법, 또는 만일 적법한 이행지가 수개인 때에는 해당 채권의 준거법이 정한 바에 따라 책임을 지게 된다.

Article 11:306: Place of Performance

(1) Where the assigned claim relates to an obligation to pay money at a particular place, the assignee may require payment at any place within the same country or, if that country is a Member State of the European Union, at any place within the European Union, but the assignor is liable to the debtor for any increased costs which the debtor incurs by reason of any change in the place of performance.

(2) Where the assigned claim relates to a non-monetary obligation to be performed at a particular place, the assignee may not require performance at any other place.

Article 11:307: Defences and Rights of Set-Off

(1) The debtor may set up against the assignee all substantive and procedural defences to the assigned claim which the debtor could have used against the assignor.

(2) The debtor may also assert against the assignee all rights of set-off which would have been available against the assignor under Chapter 13 in respect of any claim against the assignor:

(a) existing at the time when a notice of assignment, whether or not conforming to Article 11:303(1), reaches the debtor; or

(b) closely connected with the assigned claim.

Article 11:308: Unauthorised Modification not Binding on Assignee

A modification of the claim made by agreement between the assignor and the debtor, without the consent of the assignee, after a notice of assignment, whether or not conforming to Article 11:303(1), reaches the debtor does not affect the rights of the assignee against the debtor unless the modification is provided for in the assignment agreement or is one which is made in good faith and is of a nature to which the assignee could not reasonably object.

제11:306조 이행지

(1) 양도된 채권이 특정한 장소에서 금전을 지급하기로 하는 채무에 대한 것인 경우에 양수인은 같은 나라 안의 어느 곳에서나 지급해달라고 요구할 수 있고, 그 나라가 유럽연합의 회원국이면 유럽연합 안의 어느 곳에서나 지급해달라고 요구할 수 있다. 그러나 양도인은 이행지의 변경으로 인하여 채무자에게 발생한 추가비용을 채무자에게 지급할 책임을 진다.

(2) 양도되는 채권이 특정한 장소에서 이행하여야 하는 비금전채무에 관한 것인 경우에는, 양수인은 다른 곳에서 이행할 것을 요구할 수 없다.

제11:307조 항변과 상계권

(1) 채무자는 양도된 채권에 관하여 양도인에 대하여 행사할 수 있었던 일체의 실체적 또는 절차적 항변으로써 양수인에게 대항할 수 있다.

(2) 또한 채무자는 양도인에 대한 다음의 채권에 기하여 제13장의 규정에 따라 양도인에 대하여 행사할 수 있었던 모든 상계권을 양수인에게 주장할 수 있다.

(a) 양도 통지가 제11:303조 제1항의 요건을 충족하는지에 상관없이, 그 통지가 채무자에게 도달한 때에 현존하는 채권 또는

(b) 양도된 채권과 밀접한 관련이 있는 채권.

제11:308조 권한 없는 변경은 양수인을 구속하지 않는다

양도 통지가 제11:303조 제1항의 요건을 충족하는지와 상관없이, 그 통지가 채무자에게 도달한 후에 양도인과 채무자 사이의 합의로써 채권에 가한 변경은, 양수인의 동의가 없는 한, 채무자에 대한 양수인의 권리에 영향을 미치지 않는다. 그러나 양도계약에 변경조항이 들어있는 경우 또는 변경이 신의성실에 맞게 행하여져서 양수인이 합리적으로 이의를 제기할 수 없는 것인 경우에는 그렇지 않다.

Section 4: Order of Priority between Assignee and Competing Claimants

Article 11:401: Priorities

(1) Where there are successive assignments of the same claim, the assignee whose assignment is first notified to the debtor has priority over any earlier assignee if at the time of the later assignment the assignee under that assignment neither knew nor ought to have known of the earlier assignment.

(2) Subject to paragraph (1), the priority of successive assignments, whether of existing or future claims, is determined by the order in which they are made.

(3) The assignee's interest in the assigned claim has priority over the interest of a creditor of the assignor who attaches that claim, whether by judicial process or otherwise, after the time the assignment has taken effect under Article 11:202.

(4) In the event of the assignor's bankruptcy, the assignee's interest in the assigned claim has priority over the interest of the assignor's insolvency administrator and creditors, subject to any rules of the law applicable to the bankruptcy relating to:

(a) publicity required as a condition of such priority;

(b) the ranking of claims; or

(c) the avoidance or ineffectiveness of transactions in the bankruptcy proceedings.

제4절 양수인과 경합 채권자 사이의 우선순위

제11:401조 우선권

(1) 동일한 채권이 중복하여 양도된 경우에는, 채무자에게 양도사실이 최초로 통지된 채권양도의 양수인이 선행하는 채권양도의 양수인에 우선한다. 다만, 후행 양도 당시 양수인이 선행하는 양도가 존재하는 것을 알았거나 알았어야 하는 경우에는 그렇지 않다.

(2) 제1항이 적용되는 것을 전제로, 여러 채권양도 사이의 우선순위는 그 대상이 현재의 채권인지 장래의 채권인지를 불문하고 양도가 이루어진 순서에 따라 결정된다.

(3) 양도 채권에 대한 양수인의 권리는 제11:202조에 따라 양도의 효력이 발생한 시점 이후에 재판절차 또는 그 밖의 방법을 통하여 그 채권을 압류한 양도인의 채권자의 권리에 우선한다.

(4) 양도인이 파산한 경우에는 양도 채권에 대한 양수인의 권리가 양도인의 파산관재인 및 채권자의 권리에 우선하되, 다음 사항과 관련해서는 파산에 적용되는 법의 규정에 따른다.

(a) 그러한 우선권의 조건으로서 요구되는 공시

(b) 채권의 순위, 또는

(c) 파산절차에서의 거래의 부인 또는 효력불발생.

CHAPTER 12: Substitution of New Debtor: Transfer of Contract

Section 1: Substitution of New Debtor

Article 12:101: Substitution: General rules

(1) A third person may undertake with the agreement of the debtor and the creditor to be substituted as debtor, with the effect that the original debtor is discharged.

(2) A creditor may agree in advance to a future substitution. In such a case the substitution takes effect only when the creditor is given notice by the new debtor of the agreement between the new and the original debtor.

Article 12:102: Effects of Substitution on Defences and Securities

(1) The new debtor cannot invoke against the creditor any rights or defences arising from the relationship between the new debtor and the original debtor.

(2) The discharge of the original debtor also extends to any security of the original debtor given to the creditor for the performance of the obligation, unless the security is over an asset which is transferred to the new debtor as part of a transaction between the original and the new debtor.

(3) Upon discharge of the original debtor, a security granted by any person other than the new debtor for the performance of the obligation is released, unless that other person agrees that it should continue to be available to the creditor.

(4) The new debtor may invoke against the creditor all defences which the original debtor could have invoked against the creditor.

제12장 채무인수와 계약이전

제1절 채무인수

제12:101조 채무인수: 일반규정

(1) 제3자는 채무자와 채권자가 합의하면 채무를 인수할 수 있고, 그에 따라 종전 채무자는 채무를 면한다.

(2) 채권자는 장래의 채무인수에 대해 사전 동의할 수 있다. 그 경우에 채무인수는 새로운 채무자가 자신과 종전 채무자의 합의 사실을 채권자에게 통지하였을 때에만 그 효력이 발생한다.

제12:102조 채무인수가 항변과 담보에 미치는 효과

(1) 새로운 채무자는 자신과 종전 채무자 사이의 관계로부터 발생하는 권리 또는 항변을 채권자에게 원용할 수 없다.

(2) 종전 채무자의 면책은 채무의 이행을 위하여 채권자에게 제공된 종전 채무자의 담보에도 효력이 미친다. 다만 그 담보가 종전 채무자와 새로운 채무자 사이의 거래의 일부로서 새로운 채무자에게 이전된 자산에 대해 설정된 것인 경우에는 그렇지 않다.

(3) 새로운 채무자가 아닌 제3자가 채무의 이행을 위하여 제공한 담보는 종전 채무자의 면책과 함께 소멸한다. 다만 제3자가 채권자에 대한 담보제공을 계속하기로 합의한 경우에는 그렇지 않다.

(4) 새로운 채무자는 종전 채무자가 채권자에게 주장할 수 있었던 모든 항변을 채권자에게 원용할 수 있다.

Section 2: Transfer of Contract

Article 12:201: Transfer of Contract

(1) A party to a contract may agree with a third person that that person is to be substituted as the contracting party. In such a case the substitution takes effect only where, as a result of the other party's assent, the first party is discharged.

(2) To the extent that the substitution of the third person as a contracting party involves a transfer of rights to performance ("claims"), the provisions of Chapter 11 apply; to the extent that obligations are transferred, the provisions of Section 1 of this Chapter apply.

제2절 계약이전

제12:201조 계약이전

(1) 계약의 한쪽 당사자는 제3자와 그 제3자가 자신의 계약상 지위를 대체하기로 합의할 수 있다. 이때 대체의 효력은 상대방의 동의로 종전 당사자가 면책되는 경우에만 발생한다.

(2) 제3자가 계약당사자의 지위를 대체함에 따라 이행청구권('채권')이 이전되는 한도에서는 제11장의 규정이, 채무가 이전하는 한도에서는 본장 제1절의 규정이 각각 적용된다.

CHAPTER 13: Set-Off

Article 13:101: Requirements for Set-Off

If two parties owe each other obligations of the same kind, either party may set off that party's right to performance ("claim") against the other party's claim, if and to the extent that, at the time of set-off, the first party:

(a) is entitled to effect performance; and

(b) may demand the other party's performance.

Article 13:102: Unascertained Claims

(1) A debtor may not set off a claim which is unascertained as to its existence or value unless the set-off will not prejudice the interests of the other party.

(2) Where the claims of both parties arise from the same legal relationship it is presumed that the other party's interests will not be prejudiced.

Article 13:103: Foreign Currency Set-Off

Where parties owe each other money in different currencies, each party may set off that party's claim against the other party's claim, unless the parties have agreed that the party declaring set-off is to pay exclusively in a specified currency.

Article 13:104: Notice of Set-Off

The right of set-off is exercised by notice to the other party.

第13장 상　계

第13:101조 상계의 요건

양쪽 당사자가 서로 같은 종류의 의무를 부담하고 있는 경우, 각 당사자는 상계 시점에 자신이 다음의 요건을 갖춘 경우 그 한도에서 자신의 이행청구권('채권')으로 상대방의 채권과 상계할 수 있다.

(a) 이행을 할 권리가 있을 것, 그리고

(b) 상대방의 이행을 청구할 수 있을 것.

第13:102조 불확정 채권

(1) 채권의 존재 여부나 그 가액이 불확정한 경우 채무자는 그 채권으로 상계할 수 없다. 그러나 상계가 상대방의 이익을 침해하지 않는 때에는 그렇지 않다.

(2) 양쪽의 채권이 동일한 법률관계로부터 발생한 것인 때에는 상대방의 이익을 침해하지 않는 것으로 추정한다.

第13:103조 외화채권의 상계

당사자들이 서로 다른 통화로 금전 지급의무를 부담하는 경우, 각 당사자는 자신의 채권으로 상대방의 채권과 상계할 수 있다. 그러나 상계를 하는 당사자가 특정한 통화로만 지급하기로 하는 약정이 당사자 사이에 있었던 때에는 그렇지 않다.

第13:104조 상계의 통지

상계권의 행사는 상대방에 대한 통지로써 한다.

Article 13:105: Plurality of Claims and Obligations

(1) Where the party giving notice of set-off has two or more claims against the other party, the notice is effective only if it identifies the claim to which it relates.

(2) Where the party giving notice of set-off has to perform two or more obligations towards the other party, the rules in Article 7:109 apply with appropriate adaptations.

Article 13:106: Effect of Set-Off

Set-off discharges the obligations, as far as they are coextensive, as from the time of notice.

Article 13:107: Exclusion of Right of Set-Off

Set-off cannot be effected:

(a) where it is excluded by agreement;

(b) against a claim to the extent that that claim is not capable of attachment; and

(c) against a claim arising from a deliberate wrongful act.

제13:105조 다수의 채권과 채무

(1) 상계의 통지를 하는 당사자가 상대방에 대하여 둘 이상의 채권을 갖는 경우에는 그 통지는 상계의 대상인 채권을 특정한 때에만 효력이 있다.

(2) 상계의 통지를 하는 당사자가 상대방에 대하여 둘 이상의 채무를 부담하는 경우에는 제7:109조의 규정이 적절한 변경을 하여 적용된다.

제13:106조 상계의 효과

상계는 그 통지가 있는 때부터 양 채무를 대등액에서 소멸시킨다.

제13:107조 상계권의 배제

다음의 경우에는 상계를 할 수 없다.

(a) 합의에 의하여 배제한 경우,

(b) 압류할 수 없는 채권을 수동채권으로 하는 경우, 그리고

(c) 고의적인 위법행위에 의하여 발생한 채권을 수동채권으로 하는 경우.

CHAPTER 14: Prescription

Section 1: General Provision

Article 14:101: Claims subject to Prescription

A right to performance of an obligation ("claim") is subject to prescription by the expiry of a period of time in accordance with these Principles.

Section 2: Periods of Prescription and their Commencement

Article 14:201: General Period

The general period of prescription is three years.

Article 14:202: Period for a Claim Established by Legal Proceedings

(1) The period of prescription for a claim established by judgment is ten years.

(2) The same applies to a claim established by an arbitral award or other instrument which is enforceable as if it were a judgment.

Article 14:203: Commencement

(1) The general period of prescription begins to run from the time when the debtor has to effect performance or, in the case of a right to damages, from the time of the act which gives rise to the claim.

(2) Where the debtor is under a continuing obligation to do or refrain from doing something, the general period of prescription begins to run with each breach of the obligation.

(3) The period of prescription set out in Article 14:202 begins to run from the time when the judgment or arbitral award obtains the effect of res judicata, or the other instrument becomes enforceable, though not before the debtor has to effect performance.

제14장 시 효

제1절 일반규정

제14:101조 시효에 걸리는 채권

채무의 이행을 청구할 수 있는 권리('채권')는 이 원칙에 따른 일정한 기간의 만료로 시효가 완성된다.

제2절 시효기간과 그 기산점

제14:201조 일반기간

시효의 일반기간은 3년이다.

제14:202조 법적 절차에 의하여 확정된 채권의 시효기간

(1) 판결에 의하여 확정된 채권의 시효기간은 10년이다.

(2) 중재판정 또는 그 밖에 판결과 동일하게 집행력 있는 문서에 의하여 확정된 채권에 대해서도 동일한 기간이 적용된다.

제14:203조 기산점

(1) 일반 시효기간은 채무자가 이행하여야 하는 때 또는 손해배상채권의 경우에는 그 채권을 발생시키는 행위가 있었던 때부터 진행한다.

(2) 채무자가 일정한 작위 또는 부작위를 목적으로 하는 계속적인 채무를 부담하는 경우, 일반 시효기간은 각 위반행위가 있었던 때부터 진행한다.

(3) 제14:202조에 규정된 시효기간은 판결이나 중재판정이 기판력을 가지게 된 때 또는 그 밖의 문서가 집행력을 가지게 된 때부터 진행한다. 그러나 채무자가 이행하여야 하는 때가 도래하기 전에는 진행하지 않는다.

Section 3: Extension of Period

Article 14:301: Suspension in Case of Ignorance

The running of the period of prescription is suspended as long as the creditor does not know of, and could not reasonably know of:

(a) the identity of the debtor; or

(b) the facts giving rise to the claim including, in the case of a right to damages, the type of damage.

Article 14:302: Suspension in Case of Judicial and Other Proceedings

(1) The running of the period of prescription is suspended from the time when judicial proceedings on the claim are begun.

(2) Suspension lasts until a decision has been made which has the effect of res judicata, or until the case has been otherwise disposed of.

(3) These provisions apply, with appropriate adaptations, to arbitration proceedings and to all other proceedings initiated with the aim of obtaining an instrument which is enforceable as if it were a judgment.

Article 14:303: Suspension in Case of Impediment beyond Creditor's Control

(1) The running of the period of prescription is suspended as long as the creditor is prevented from pursuing the claim by an impediment which is beyond the creditor's control and which the creditor could not reasonably have been expected to avoid or overcome.

(2) Paragraph (1) applies only if the impediment arises, or subsists, within the last six months of the prescription period.

Article 14:304: Postponement of Expiry in Case of Negotiations

If the parties negotiate about the claim, or about circumstances from which a claim might arise, the period of prescription does not expire before one year has passed since the last communication made in the negotiations.

제3절 기간의 연장

제14:301조 무지인 경우의 정지

시효기간의 진행은 채권자가 다음의 사항을 알지 못하고 또한 알지 못한 데 합리적인 이유가 있는 한도에서 정지된다.

(a) 채무자의 신원, 또는

(b) 손해배상청구권의 경우에는, 손해의 유형을 포함하여 채권 발생의 원인이 되는 사실.

제14:302조 재판 그 밖의 절차에서 정지

(1) 시효기간의 진행은 채권에 관한 재판절차가 시작된 때부터 정지된다.

(2) 정지는 기판력 있는 판결이 있는 때까지 또는 그 사건이 다른 방법으로 종결될 때까지 계속된다.

(3) 제1항, 제2항은 중재절차, 그리고 판결과 동등한 효력이 있는 문서를 취득하는 것을 목적으로 하여 시작된 그 밖의 모든 절차에도 적절한 변경을 하여 적용된다.

제14:303조 채권자의 지배를 벗어난 장애가 있는 경우의 정지

(1) 채권자가 그 지배를 벗어난 것으로서 회피하거나 극복할 것을 합리적으로 기대할 수 없는 장애로 인하여 채권을 행사할 수 없는 동안에는 시효기간의 진행이 정지된다.

(2) 제1항은 시효기간의 마지막 6개월 내에 장애가 발생하거나 존속하는 경우에만 적용된다.

제14:304조 교섭의 경우 기간 만료의 연기

당사자들이 채권 또는 채권을 발생시킬 수 있는 사정에 관하여 교섭하고 있는 경우, 시효기간은 교섭에서 마지막 의사소통이 있었던 때부터 1년이 지나기 전에는 만료하지 않는다.

Article 14:305: Postponement of Expiry in Case of Incapacity

(1) If a person subject to an incapacity is without a representative, the period of prescription of a claim held by or against that person does not expire before one year has passed after either the incapacity has ended or a representative has been appointed.

(2) The period of prescription of claims between a person subject to an incapacity and that person's representative does not expire before one year has passed after either the incapacity has ended or a new representative has been appointed.

Article 14:306: Postponement of Expiry: Deceased's Estate

Where the creditor or debtor has died, the period of prescription of a claim held by or against the deceased's estate does not expire before one year has passed after the claim can be enforced by or against an heir, or by or against a representative of the estate.

Article 14:307: Maximum Length of Period

The period of prescription cannot be extended, by suspension of its running or postponement of its expiry under these Principles, to more than ten years or, in case of claims for personal injuries, to more than thirty years. This does not apply to suspension under Article 14:302.

Section 4: Renewal of Periods

Article 14:401: Renewal by Acknowledgement

(1) If the debtor acknowledges the claim, vis-à-vis the creditor, by part payment, payment of interest, giving of security, or in any other manner, a new period of prescription begins to run.

(2) The new period is the general period of prescription, regardless of whether the claim was originally subject to the general period of prescription or the ten year period under Article 14:202. In the latter case, however, this Article does not operate so as to shorten the ten year period.

제14:305조 무능력의 경우 기간 만료의 연기

(1) 무능력자에게 대리인이 없는 경우, 무능력자의 채권 또는 무능력자에 대한 채권의 시효기간은 그 무능력상태가 종료한 때 또는 대리인이 선임된 때부터 1년이 지나기 전에는 만료하지 않는다.

(2) 무능력자와 그 대리인 사이의 채권의 시효기간은 그 무능력상태가 종료한 때 또는 새로운 대리인이 선임된 때부터 1년이 지나기 전에는 만료하지 않는다.

제14:306조 기간 만료의 연기: 상속재산

채권자 또는 채무자가 사망한 경우에 상속재산에 속하는 채권 또는 상속재산에 대한 채권의 시효기간은 상속인이나 상속재산 관리인이 채권을 행사할 수 있는 때 또는 그에 대하여 채권이 행사될 수 있는 때부터 1년 내에는 만료되지 않는다.

제14:307조 시효기간의 최대한도

시효기간은 이 원칙에서 정하여진 진행 정지 또는 만료 연기가 있더라도 10년을 초과하여 연장될 수 없고, 인신손해로 인한 채권의 경우에는 30년을 초과하여 연장될 수 없다. 이는 제14:302조에 의한 정지에 대해서는 적용되지 않는다.

제4절 기간의 갱신

제14:401조 승인에 의한 갱신

(1) 채무자가 일부 변제, 이자의 지급, 담보의 제공 그 밖에 다른 방법으로 채권자에 대하여 채무를 승인하면 새로운 시효기간이 진행되기 시작한다.

(2) 새로운 기간은 채권이 본래 일반 시효기간의 적용을 받는 것이었는지 또는 제14:202조에 의한 10년의 시효기간의 적용을 받는 것이었는지 묻지 않고 일반 시효기간에 따른다. 그러나 후자의 경우 이 조항은 10년의 기간을 단축하는 것으로 작용하지는 않는다.

Article 14:402: Renewal by Attempted Execution

The ten year period of prescription laid down in Article 14:202 begins to run again with each reasonable attempt at execution undertaken by the creditor.

Section 5: Effects of Prescription

Article 14:501: General Effect

(1) After expiry of the period of prescription the debtor is entitled to refuse performance.

(2) Whatever has been performed in order to discharge a claim may not be reclaimed merely because the period of prescription had expired.

Article 14:502: Effect on Ancillary Claims

The period of prescription for a right to payment of interest, and other claims of an ancillary nature, expires not later than the period for the principal claim.

Article 14:503: Effect on Set-Off

A claim in relation to which the period of prescription has expired may nonetheless be set off, unless the debtor has invoked prescription previously or does so within two months of notification of set-off.

Section 6: Modification by Agreement

Article 14:601: Agreements Concerning Prescription

(1) The requirements for prescription may be modified by agreement between the parties, in particular by either shortening or lengthening the periods of prescription.

(2) The period of prescription may not, however, be reduced to less than one year or extended to more than thirty years after the time of commencement set out in Article 14:203.

제14:402조 집행 시도에 의한 갱신

제14:202조에 규정된 10년의 시효기간은 채권자가 착수하는 합리적인 강제집행 시도가 있을 때마다 매번 새롭게 진행되기 시작한다.

제5절 시효의 효과

제14:501조 일반적 효력

(1) 시효기간이 만료되면 채무자는 이행을 거절할 권리가 있다.

(2) 시효기간이 만료되었다는 이유만으로 채무를 변제하기 위해 이행한 것의 반환을 청구할 수는 없다.

제14:502조 부수적 채권에 대한 효과

이자의 지급을 청구할 권리와 그 밖에 부수적 성질의 채권에 대한 시효기간은 적어도 주된 채권의 시효기간이 만료됨으로써 함께 만료한다.

제14:503조 상계에 대한 효과

시효기간이 만료된 채권으로도 상계할 수 있다. 다만 채무자가 그 이전에 시효를 원용하거나 상계의 통지를 받은 후 2개월 이내에 시효를 원용하면 그렇지 않다.

제6절 합의에 의한 변경

제14:601조 시효에 관한 합의

(1) 당사자 사이의 합의로써 시효의 요건을 변경할 수 있고, 특히 그 기간을 단축하거나 연장할 수 있다.

(2) 그러나 시효기간을 제14:203조에 의한 기산점으로부터 1년 미만으로 단축하거나 그로부터 30년을 초과하여 연장하는 것은 허용되지 않는다.

CHAPTER 15: Illegality

Article 15:101: Contracts Contrary to Fundamental Principles

A contract is of no effect to the extent that it is contrary to principles recognised as fundamental in the laws of the Member States of the European Union.

Article 15:102: Contracts Infringing Mandatory Rules

(1) Where a contract infringes a mandatory rule of law applicable under Article 1:103 of these Principles, the effects of that infringement upon the contract are the effects, if any, expressly prescribed by that mandatory rule.

(2) Where the mandatory rule does not expressly prescribe the effects of an infringement upon a contract, the contract may be declared to have full effect, to have some effect, to have no effect, or to be subject to modification.

(3) A decision reached under paragraph (2) must be an appropriate and proportional response to the infringement, having regard to all relevant circumstances, including:

(a) the purpose of the rule which has been infringed;

(b) the category of persons for whose protection the rule exists;

(c) any sanction that may be imposed under the rule infringed;

(d) the seriousness of the infringement;

(e) whether the infringement was intentional; and

(f) the closeness of the relationship between the infringement and the contract.

Article 15:103: Partial Ineffectiveness

(1) If only part of a contract is rendered ineffective under Articles 15:101 or 15:102, the remaining part continues in effect unless, giving due consideration to all the circumstances of the case, it is unreasonable to uphold it.

(2) Articles 15:104 and 15:105 apply, with appropriate adaptations, to a case of partial ineffectiveness.

제15장 위법성

제15:101조 근본원칙에 반하는 계약

계약은 유럽연합의 회원국의 법에서 근본적인 것으로 인정되는 원칙에 반하는 한도에서는 효력이 없다.

제15:102조 강행규정을 위반한 계약

(1) 계약이 이 원칙 제1:103조에 따라 적용되는 강행규정을 위반한 경우, 그 강행규정에서 강행규정 위반이 계약에 미치는 효력을 명시적으로 정하고 있다면 해당 규정을 따른다.

(2) 강행규정에서 강행규정 위반이 계약에 미치는 효력을 명시적으로 정하지 않은 경우에는, 그 계약은 전부 유효이거나, 일부 유효이거나, 전부 무효이거나, 수정되어야 하는 것 중 하나로 선언될 수 있다.

(3) 제2항에 따라 내려지는 결정은, 다음을 포함하여 모든 관련 사정을 고려한 그 위반에 대한 적절하고도 균형 있는 대응이어야 한다.

(a) 위반된 규정의 목적

(b) 규정이 보호하고자 하는 자의 범주

(c) 규정 위반에 따라 부과될 수 있는 제재

(d) 위반의 심각성

(e) 위반의 고의성 유무, 그리고

(f) 위반행위와 계약 사이의 연관의 긴밀성.

제15:103조 일부무효

(1) 제15:101조 또는 제15:102조에 따라 계약의 일부만이 무효가 된 경우, 나머지 부분은 그대로 효력을 유지한다. 그러나 사안의 제반 사정을 적절히 고려할 때 해당 부분의 효력을 유지하는 것이 불합리한 경우에는 그렇지 않다.

(2) 제15:104조와 제15:105조는 일부무효의 경우에 적절한 변경을 하여 적용한다.

Article 15:104: Restitution

(1) When a contract is rendered ineffective under Articles 15:101 or 15:102, either party may claim restitution of whatever that party has supplied under the contract, provided that, where appropriate, concurrent restitution is made of whatever has been received.

(2) When considering whether to grant restitution under paragraph (1), and what concurrent restitution, if any, would be appropriate, regard must be had to the factors referred to in Article 15:102(3).

(3) An award of restitution may be refused to a party who knew or ought to have known of the reason for the ineffectiveness.

(4) If restitution cannot be made in kind for any reason, a reasonable sum must be paid for what has been received.

Article 15:105: Damages

(1) A party to a contract which is rendered ineffective under Articles 15:101 or 15:102 may recover from the other party damages putting the first party as nearly as possible into the same position as if the contract had not been concluded, provided that the other party knew or ought to have known of the reason for the ineffectiveness.

(2) When considering whether to award damages under paragraph (1), regard must be had to the factors referred to in Article 15:102(3).

(3) An award of damages may be refused where the first party knew or ought to have known of the reason for the ineffectiveness.

제15:104조 원상회복

(1) 제15:101조 또는 제15:102조에 의하여 계약이 무효가 된 때에는 각 당사자는 자신이 해당 계약에 따라 제공한 것의 반환을 청구할 수 있다. 다만 자신이 수령한 것을 반환하는 것이 적절한 경우에는 이를 동시에 반환하여야 한다.

(2) 제1항의 반환청구를 인정할 것인지 여부, 또한 동시에 자신이 수령한 것을 반환을 하도록 하는 것이 적절한지 여부를 정함에 있어서는 제15:102조 제3항에서 정하여진 사항을 참작하여야 한다.

(3) 무효사유가 있음을 알았거나 알았어야 했던 당사자의 반환청구는 이를 인용하지 않을 수 있다.

(4) 어떠한 사유로든 반환을 현물로 할 수 없는 경우에는 수령한 것에 갈음하여 합리적인 가액을 지급하여야 한다.

제15:105조 손해배상

(1) 제15:101조 또는 제15:102조에 따라 계약이 무효가 된 경우, 각 당사자는 그 무효사유가 있었음을 알았거나 알았어야 했던 상대방에 대하여 계약이 체결되지 않았다면 있었을 상태에 가장 근접한 상태가 되게끔 하는 손해배상을 청구할 수 있다.

(2) 제1항의 손해배상청구를 인정할 것인지 여부를 결정할 때에는 제15:102조 제3항에서 정해진 사항이 고려되어야 한다.

(3) 무효사유가 있음을 알았거나 알았어야 했던 자의 손해배상청구는 이를 인용하지 않을 수 있다.

CHAPTER 16: Conditions

Article 16:101: Types of Condition

A contractual obligation may be made conditional upon the occurrence of an uncertain future event, so that the obligation takes effect only if the event occurs (suspensive condition) or comes to an end if the event occurs (resolutive condition).

Article 16:102: Interference with Conditions

(1) If fulfilment of a condition is prevented by a party, contrary to duties of good faith and fair dealing or co-operation, and if fulfilment would have operated to that party's disadvantage, the condition is deemed to be fulfilled.

(2) If fulfilment of a condition is brought about by a party, contrary to duties of good faith and fair dealing or co-operation, and if fulfilment operates to that party's advantage, the condition is deemed not to be fulfilled.

Article 16:103: Effect of Conditions

(1) Upon fulfilment of a suspensive condition, the relevant obligation takes effect unless the parties otherwise agree.

(2) Upon fulfilment of a resolutive condition, the relevant obligation comes to an end unless the parties otherwise agree.

제16장 조　건

제16:101조 조건의 종류

계약상의 의무는 장래의 불확실한 사건 발생을 조건으로 할 수 있다. 그리하여 해당 사건이 발생함으로써 비로소 의무의 효력이 발생하거나(정지조건) 해당 사건이 발생함으로써 의무가 소멸할 수도 있다(해제조건).

제16:102조 조건에 대한 방해

(1) 조건의 성취로 불이익을 받게 되는 당사자가 신의성실 및 공정거래 또는 협력 의무에 반하여 조건의 성취를 방해한 경우에는 그 조건은 성취된 것으로 본다.
(2) 조건의 성취로 이익을 얻게 되는 당사자가 신의성실 및 공정거래 또는 협력 의무에 반하여 조건을 성취시킨 경우에는 그 조건은 성취되지 않은 것으로 본다.

제16:103조 조건성취의 효력

(1) 당사자 사이에 다른 합의가 없는 한, 정지조건이 성취된 때 해당 채무의 효력이 발생한다.
(2) 당사자 사이에 다른 합의가 없는 한, 해제조건이 성취된 때에 해당 채무가 소멸한다.

CHAPTER 17: Capitalisation of Interest

Article 17:101: When Interest to be Added to Capital

(1) Interest payable according to Article 9:508(1) is added to the outstanding capital every 12 months.

(2) Paragraph (1) of this Article does not apply if the parties have provided for interest upon delay in payment.

제17장 이자의 원본 산입

제17:101조 이자를 원본에 산입하는 시점

(1) 제9:508조 제1항에서 정하는 바에 따라 지급해야 하는 이자는 매 12개월마다 원본 잔액에 산입된다.

(2) 본조 제1항은 당사자 사이에 지연이자의 지급에 관한 합의가 있는 때에는 적용되지 않는다.

제10장 다수 당사자

제1절 다수 채무자

제10:101조 연대채무, 분할채무, 공동채무

(1) 모든 채무자들이 하나의 동일한 이행의무를 부담하고 채권자는 전부 이행을 받을 때까지 어느 채무자에게나 그 이행을 청구할 수 있는 경우, 그 채무는 연대채무이다.
(2) 각 채무자는 그 이행의 일부만을 제공할 의무를 부담하고 채권자는 각 채무자에게 그 채무자의 부담부분만을 청구할 수 있는 경우, 그 채무는 분할채무이다.
(3) 모든 채무자들이 채무를 함께 제공할 의무를 부담하고 채권자는 채무자들 모두로부터만 그 이행을 청구할 수 있는 경우, 그 채무는 공동채무이다.

해 설

A. 일 반

제10:101조는 다수 채무자에 관한 모든 경우를 포함하려는 것은 아니다. 유럽계약법원칙은 실제적인 중요성 또는 이론적인 어려움으로 말미암아 규율이 요청되는 경우만을 다루고 있다. 따라서 유럽계약법원칙은 고객의 수요를 충족시키기 위하여 상인이 다수의 공급자에게 주문하는 것과 같이, 하나의 목적을 만족시키기 위하여 체결된 서로 다른 여러 계약에서 발생하는 다수의 채무를 다루고 있지 않다. 다수 채무자가 개별 계약에서 발생하는 병행 채무들에 구속된다는 사실은 각 채무의 법률적 성격에 영향을 주지는 않는다.

유럽계약법원칙은 제10:101조에서 정의된 세 가지 유형의 다수 채무, 즉 연대채무, 분할채무와 공동채무를 다루고 있다. 연대채무와 분할채무는, 용어와 세부사항에서는 차이가 있어도 모든 법체계에 존재하는 개념이지만, 공동채무의 경우 단지 일부 법에서만 명시적으로 인정하고 있다. 공동채무를 인정하지 않는 법체계에서는 '불가분채무(indivisible obligations)'라는 항목을 두는 경우도 있는데, 이것도 대체로 비슷한 내용이다. 프랑스 법과 같은 일부 법체계에서는 불가분성이 상속법에서 특별한 역할을 한다. 즉, 불가분채무는 연대채무와는 달리 상속인들 사이에 분할되지 않는다. 계약이 유럽계약법원칙에 의하여 규율된다고 하더라도, 상속법에 따라 허용되는 범위 내에서라면, 당사자가 상속과 관련하여 특별한 효과를 얻기 위해 유럽계약법원칙이 다루는 연대 조항을 불가분 조항으로 보충하는 것을 막을 수 없음은 물론이다.

B. 연대채무

제10:101조 제1항은 실무상 가장 빈번하게 접하게 되는 다수 채무인 연대채무(solidary obligations)를 정의하고 있다. 이 정의규정은 연대채무의 특성을 반영한다. 채권자는 채무자들 가운데 누구에 대해서도 전부 이행을 청구할 수 있는데, 모든 채무자들을 포함시켜야 하거나 심지어 그들에게 통지(warn)하여야 할 의무를 지지 않는다. 그 청구의 상대방인 채무자는 채권자로 하여금 그 청구를 분할하도록 요구할 수 없다.

사례 1: A는 B와 C에게 10,000유로를 빌려준다. 그 계약은 연대 조항을 포함하고 있다. A는 선택에 따라 B 또는 C에게 그 대여금의 반환을 청구할 수 있다.

채권자는 채무자들 가운데 누구를 상대로든 전부 이행을 청구할 수 있는 선택권을 가짐으로써, 그 채무자가 불이행한 경우 유럽계약법원칙이 규정하는 불이행에 대한 다양한 구제수단을 즉각 실행할 수 있는 지위에 있다. 따라서 선택한 채무자의 불이행이 본질적이라면, 채권자는 제9:301조에 따라 계약을 해제할 수 있다. 마찬가지로, 선택한 채무자가 이행 또는 이행제공을 하지 않는 한, 채권자는 제9:201조의 규정들에 따라 이행을 유보할 수 있다. 그러나 그 밖의 다른 채무자들은 계약의 해제 또는 이행의 유보를 정지시키기 위하여 불이행 채무자를 대신하여 이행할 수 있다(제7:106조 참조).

C. 분할채무

제2항은 분할채무(separate obligations)를 정의하고 있다. 분할채무는 각 채무자들이 이행의 일부에 대하여만 책임이 있다는 점에서 연대채무와 구별된다. 따라서 채권자는 채무자들 가운데 한 명으로부터 전부 이행을 청구할 수 없고, 반

드시 분할하여 청구해야 한다.

> **사례 2**: A는 B와 C에게 10,000유로를 빌려준다. 계약상 B가 8,000유로를, C가 2,000유로를 갚는 것으로 되어 있다. A는 각자에게 합의된 부분만을 청구할 수 있다.

이 경우 채무자 중 한 사람의 불이행이 채권자의 계약 해제권 또는 이행 유보권 행사에 미치는 영향은 다른 경우와 매우 다르다. 채무자들 가운데 한 사람이 불이행하면 원칙적으로 단지 일부만 해제할 수 있다. 분할채무들을 발생시키는 계약은 분할된 부분으로 이행되는 계약에 해당하므로 유럽계약법원칙 제9:302조('분할 이행하여야 할 계약'의 본질적 불이행을 이유로 하는 해제에 관한 규정)가 적용된다. 이와 마찬가지로, 일반규정으로, 채권자는 이행의 일부에 대한 유보는 할 수 있으나 이행의 전부를 유보할 수는 없다(제9:201조 제1항 제2문 참조). 그러나 채권자에 의한 이행이 불가분인 경우 채무자들은 단지 공동의 권리(communal right)만을 갖게 되므로 그 이행의 유보는 반드시 전체에 대한 것이 된다.

> **사례 3**: 세 명의 농장주 A, B, C는 종묘업자 D로부터 가을밀(winter wheat) 씨앗 12부대를 9,000유로에 주문한다. 그 계약서는, 각 매수인이 단지 1/3 지분(3,000유로)만을 책임진다고 규정하고 있다. A가 파산한다. D는 단지 계약을 일부 해제할 수 있을 뿐이다.

> **사례 4**: 두 명의 농장주 A와 B는 제조자 C에게 농기계를 주문한다. 그 계약은 두 매수인이 인도와 동시에 그 대금에 대하여 분할채무를 지는 것으로 되어 있다. A와 B는 C에 대하여 그 기계의 인도에 관해 공동의 권리(communal right)를 가지므로(제10:201조 제3항 참조), C는 A가 대금 중 A의 부분을 지급하지 않는다면 인도를 유보할 수 있다.

D. 공동채무

제3항은 공동채무(communal obligations)를 정의한다. 공동채무란 다수 채무자를 구속하는 채무의 일체성을 특징으로 하는 채무를 말한다. 공동채무는 실무상 드문 유형이다. 공동채무는 성질상 다수의 채무자가 하나의 계약에 따라 공동으

로 이행하여야 하고, 채무자들은 하나의 계약에 기초하여 의무를 부담한다.

공동채무는 공동채무의 채권자가 모든 채무자에 대하여 한꺼번에 권리행사를 하여야 한다는 점에서 연대채무와 구별된다. 공동채무는 각 채무자가 이행하여야 하는 것이 독립적인 이행에 국한되지 않는다는 점에서 분할채무와 구별된다. 공동채무는 단순히 개별 채무들의 집합이 아니다. 각각의 채무자는 공동의 이행을 제공하기 위하여 다른 채무자들과 협력할 의무가 있다. 따라서 공동채무는 하나의 결과를 실현하기 위하여 체결된 별개의 계약들로부터 발생한 독립적인 다수 채무와 혼동해서는 안 된다.

유럽계약법원칙에서 정의하고 있는 공동채무는, 다양한 법체계에서 부부 공동재산제(matrimonial community property regimes)와 관련하여 사용하는 용어인 공유채무(community debts)와 혼동해서는 안 된다. 그러한 맥락에서는 공유채무는 분할채무와 대조되는데, 배우자가 부담하는 채무에 대해 책임 있는 재산의 성격이 공유재산인지 분할재산인지에 따라 정해진다. 유럽계약법원칙에서 사용하고 있는 용어인 공동채무는 총재산(patrimony) 또는 채무자가 공유하는 재산의 존재를 전제로 하지 않는다. 채무의 공동성은, 채무변제에 대한 책임이 일정한 재산의 집합과 결부되어 있다는 사실이 아니라, 채무자들이 집합적으로 관여되고 있다는 사실을 가리킨다.

사례 5: 음반 회사가 음반을 만들기 위해 교향곡을 연주하는 다수의 음악가와 하나의 계약을 체결한다. 불이행의 경우, 음반 회사는 모든 음악가 전부를 상대로 소를 제기해야 할 것이다.

사례 6: 1필의 토지 소유자들이 집을 건축하기를 희망한다. 만일 그들이 복수의 건축업자와 교섭하여 하나의 이행(즉, 집의 건축)을 의뢰하였고 각 건축업자가 공동작업을 하여 집을 짓기로 동의하였다면, 그 채무는 공동채무가 된다.

공동채무에서 채무자들 가운데 한 사람이 불이행하면 반드시 그 계약 전체에 영향을 미친다. 따라서 설령 그 불이행이 채무자들 가운데 단지 1인에게만 책임을 귀속시킬 수 있는 것이라도, 채권자는 제9:301조에 따라 본질적 불이행을 이유로 계약을 해제할 수 있다. 이와 마찬가지로 채권자는 채무자의 불이행 또는 이행 미제공이 채무자들 가운데 단 1인에 의해 발생한 것이라도, 제9:201조에 따라 이행 전부를 유보할 수 있다.

주 석

1. 일반

유럽계약법원칙은 법체계에서 가장 널리 인정되고 있는 두 가지 유형의 채무인 연대채무와 분할채무를 채택하고 있다. 유럽계약법원칙에서는 공동채무를 명문화하고 그와 다른 유형의 다수 채무들, 즉 유럽법에서 불가분채무(indivisible obligation) 또는 부진정연대채무(obligation *in solidum*)라는 명칭으로 흔히 발견된 것들을 채택하지 않고 있다는 점에서 독창적이다(아래 참조). 독일 법은 공동채무(*Gemeinschaftliche Schuld*)에 대한 여지를 발견할 수 있는 유일한 법체계이다. 독일 민법이 공동채무를 명시적으로 인정하고 있지는 않지만, 판례와 다수설은 이를 인정하고 있다.

다수의 법체계는 연대채무와 불가분채무를 함께 나란히 다루고 있다. 오스트리아(민법 제890-895조), 스페인(민법 제1149-1151조), 프랑스, 벨기에, 룩셈부르크(민법 제1217-1224조. 제1220조에 따르면 연대채무의 경우에도 법률에 따라 상속인들 사이에 채무의 가분성 원칙이 적용된다), 그리스(민법 제494-495조), 이탈리아(민법 제1316-1320조), 네덜란드(민법 제6:6조 제2항), 포르투갈(민법 제535조)이 그 예이다. 독일 민법은 연대책임을 발생시키는 것으로서 불가분채무를 언급한다(민법 제431조 참조). 위에서 인용한 조문들 중 일부는 성질상 불가분성과 약정상(conventional) 불가분성을 언급한다. 반면, 북유럽과 보통법 국가에서는 불가분성과 관련해 특별히 주목할 만한 진전이 있었던 것 같지 않다.

프랑스, 벨기에, 룩셈부르크의 법은 공동으로 야기된 손해와 관련하여 부진정연대채무를 인정하고 있는데, 이는 통상적인 연대채무와는 구별되는 제도이다. 채무자들 가운데 1인에게 형식에 맞게 통지를 한 경우 다른 채무자에 대한 관계에서 동일한 효과를 가진다는 사실과 같이, 위와 같은 법체계에서 통상적인 연대채무의 2차적 효과가, 부진정연대채무에서는 인정되지 않는다. 유럽계약법원칙에는 대응하는 것이 없는 이러한 2차적 효과는 연대채무자에 대하여 인정되는 이해관계의 공통이라는 관념으로부터 나왔는데, 이러한 관념은 여러 사람에 의하여 동일한 피해가 야기된 경우에는 존재하지 않는 것이 일반적이다.

2. 연대채무

대부분의 유럽 법전들은 연대채무를 인정하고 있고 제10:101조와 유사하게 정의하고 있다. 독일 민법 제421조 이하, 오스트리아 민법 제891조, 스페인 민법 제1137조, 프랑스,

벨기에, 룩셈부르크 민법 제1200조 이하, 그리스 민법 제481조, 이탈리아 민법 제1292조 이하, 네덜란드 민법 제6:1조 이하, 포르투갈 민법 제512조 참조. 북유럽 국가의 학설은 동일한 정의를 채택하고 있고, 통일 북유럽 약속어음법(Nordic Promissory Note Act)(덴마크, 핀란드, 스웨덴)은 이를 사용하고 있다. 잉글랜드 법에서는 '연대적(joint and several)' 채무의 유형이 연대채무에 대응한다(*Chitty*, chap. 18). 아일랜드 법에서는 전부에 대하여(*in solidum*)로 표현되어 있는 연대채무를, 다수의 사람에 의하여 야기된 손해배상에 대한 책임을 다루고 있는 1961년 민사책임법(Civil Liability Act 1961) 제3편에서 명시적으로 규정하고 있다. 그 규정들은 본문 속의 그것들과 매우 유사하다. 스코틀랜드 법 역시 '연대적(joint and several)' 또는 전부에 대하여(*in solidum*)라는 용어를 사용하여 연대채무를 인정하고 있다(*Gloag & Henderson* 61).

3. 분할채무

분할채무를 의미하는 용어들은 다양한데, 그중 일부는 오해의 소지가 있는 것들이다. 분할채무는 연대의 추정이 없는 경우 따르는 규칙이다. 경우에 따라서는 심지어 다수 채무자가 있기만 하면 채무가 분할인 것으로 추정되기도 한다. 예컨대 스페인 민법 제1138조 참조. 분할채무의 개념은 종종 가분채무(divisible obligation)의 개념과 연관되기도 한다. 각국의 법에 따라서는 가분채무를 불가분채무에 대한 언급을 통하여 정의하기도 하고(프랑스 민법 제1217조), 가분채무를 그 자체의 개념으로 언급하기도 한다(독일 민법 제420조, 오스트리아 민법 제889조, 그리스 민법 제480조, 이탈리아 민법 제1314조, 네덜란드 민법 제6:6조 제1항).

4. 공동채무

공동채무의 개념은 대부분 국가의 법에는 존재하지 않는다. 공동채무의 효과는 성질상 불가분인 채무의 효과와 부분적으로 겹친다. 그러나 독일의 학설과 판례는 이를 인정한다(*Palandt* BGB § 420 no. 7 ff. 참조). 이탈리아의 학설 역시 공동으로 이행되어야 하는 불가분채무에 관하여 언급하고 있다. 그 밖의 다른 국가의 일부 학자들도 이 개념을 인정해야 한다고 주장한다(프랑스에 관해서는 *Briand* Thèse, "Eléments d'une théorie de la cotitularité des obligations", Nantes, 2000 참조).

제10:102조 연대채무가 발생하는 경우

(1) 다수의 채무자들이 동일한 계약 하에서 채권자에게 하나의 동일한 이행을 할 의무가 있는 경우, 그 계약이나 법에서 달리 정하지 않는 한, 연대하여 책임을 진다.
(2) 연대채무는 또한 다수의 사람이 동일한 손해에 대하여 책임을 지는 경우에도 발생한다.
(3) 채무자들이 동일한 원인에 따라 책임을 지지 않는다고 하더라도, 그 채무가 연대성을 가지는 것이 배제되지 않는다.

해 설

A. 일반

이 조항은 연대채무가 발생하는 경우를 정하고 있는데, 계약상 채무가 연대적 성질을 갖는지는 채무가 분할적 또는 공동적 성질을 갖는 경우와 마찬가지로, 주로 당사자들의 의사에 따라 결정된다.

B. 계약상 채무에서 연대성의 원칙

제1항은 계약의 당사자들이 채무의 성질에 관하여 명시적으로나 묵시적으로 정하지 않은 경우 유용하다. 다수 채무자가 동일한 계약에 기하여 동일한 이행의무를 부담하는 경우, 제1항은 채무는 연대관계에 있다는 원칙을 정한다. 이러한 원칙을 세우지 않고 다른 원칙을 따르게 된다면 채권자들에게 손해가 될 수 있어 형평성을 잃게 된다.

사례 1: 여러 명의 친구들이 임대인과 프랑스 남부에 있는 휴양 별장에 관하여 임대차계약을 체결한다. 임대인은 제10:102조 제1항의 규정에 따라 임차인들 가운데 1인에 대하여 차임 전체를 청구할 수 있다.

이 조항에 따라 부여된 연대성은 당사자들의 합의 또는 법률로 대체될 수 있는 일반적 원칙에 지나지 않는다.

사례 2: A와 B는 하나의 계약으로 다른 탱크에 일정량의 연료를 배달할 것을 주문한다. 주문을 합쳐서 한 이유는 가격 인하 혜택을 받기 위해서이다. 당사자가 달리 합의하지 않는 경우 연대성이 추정되지만, 만일 A와 B가 명시적으로 분할채무들에 의해서만 구속된다는 그들의 의사를 표시하는 경우 연대적 성질을 잃게 된다. 만일 당사자들이 공급자가 A와 B에게 분할된 청구서를 보내기로 합의하는 경우에도 이것은 당사자들이 연대성을 선택하지 않기로 희망하였다는 묵시적인 표시가 되므로 동일한 결론에 이르게 될 것이다.

C. 동일한 손해에 대하여 다수의 사람이 책임을 지는 경우의 연대성

제2항은 다수의 사람에 의하여 하나의 피해를 입은 피해자를 보호하기 위하여, 그러한 피해들에 대한 손해배상채무는 연대적이라고 규정한다. 따라서 피해자는 그에 대한 책임을 지는 어느 누구에게나 손해배상을 청구할 수 있다. 이러한 연대성은 문제된 책임의 성격이 무엇이든지 간에 적용된다. 책임을 부담하는 자 가운데 1인은 계약상 채무를 부담할 수도 있고 비계약상 채무를 부담할 수도 있다(공동채무자들 사이의 구상에 관해서는 제10:106조 참조).

사례 3: 고용주인 A와 피용자인 B가 합법적인 제한약정(restrictive covenant)을 포함하는 근로계약을 맺는다. C가 B를 고용하는데, C는 이 행위가 위의 계약을 위반하는 것임을 알고 있다. 이 경우 B와 C는 A에 대하여 연대하여 책임을 진다. B는 제한약정을 위반한 것에 대하여 계약상 책임을 지고, C는 부당하게 계약 위반을 야기한 것에 대하여 책임을 진다.

D. 동일한 원인에 따라 책임을 지지 않는 채무자들의 경우

제3항은 연대성에 대하여 요구되는 조건들이 충족되었으나 채무자들의 하나 또는 그 이상의 채무가 조건(condition) 또는 기한(time limit)과 같은 제한(qualification)들을 따르는 경우를 다룬다. 이러한 자격요건의 존재는 연대성을 방해하지 않는다. 채무들 중 하나만 담보부이고 나머지는 무담보부인 경우에도 동일한 규칙이 적용된다.

사례 4: A, B, C는 D로부터 건물을 구입하기 위한 자금을 차용한다. B의 채무는 1년 안에 B가 현재 소유하고 있는 주택에 대한 매수인을 찾을 것을 조건으로 하여 존속한다. B의 의무에 영향을 주는 이러한 조건은 A, B, C 전원의 채무가 연대성을 갖는 데 방해되지 않는다. 이와 마찬가지로, 그 의무의 연대적 성격은, 만일 A의 채무가 담보부이고 B와 C의 채무가 무담보부인 경우에도 유지된다.

주 석

1. 계약상 채무에서 연대의 추정

국가에 따라 해법이 다양한데 크게 세 가지 종류로 분류할 수 있다. 첫째, 독일 법(민법 제427조), 이탈리아 법(민법 제1294조, 상속 문제는 제외) 그리고 북유럽 국가들은 그 조항이 언급하고 있는 상황들에서 연대성을 일반적으로 추정하고 있다. 둘째, 그리스(민법 제480조), 네덜란드(민법 제6:6조 제1항), 스코틀랜드(*Gloag & Henderson* 61), 스페인(민법 제1137, 1138조)을 비롯한 국가들의 경우, 계약상 채무에서 연대성은 추정되지 않고, 따라서 달리 정함이 없는 한 연대성은 없다. 셋째, 일부 법체계에서는 민사 채무는 연대성이 추정되지 않는 것으로, 상사 채무는 연대가 추정되는 것으로 두 가지를 구분하고 있다(예컨대 민법 제1202조는 상관습에 의하여 대체될 수 있다. 포르투갈 민법 제513조와 상법 제100조 참조). 잉글랜드 법에서는 이 문제를 계약의 해석에 달린 것으로 판단한다(*Treitel*, Contract 527).

2. 공동불법행위자 사이의 연대성

동일한 피해에 대하여 책임이 있는 자 사이의 연대성은 매우 널리 인정되고 있다. 예컨대, 독일 민법 제840조 제1항, 오스트리아 민법 제1304조, 스페인 민법 제107조, 그리스 민법 제926-927조, 아일랜드 1961년 민사책임법(Civil Liability Act 1961) 제11조 제1항, 제12조 제1항과 제21조, 이탈리아 민법 제2053조, 네덜란드 민법 제601조, 포르투갈 민법 제497조 제1항과 제507조 제1항, 잉글랜드 1978년 민사책임(분담)법(Civil Liability (Contribution) Act 1978) 제1조 제1항, 스코틀랜드 1940년 법개혁(기타규정)법(Law Reform (Miscellaneous Provisions) (Scotland) Act 1940) 제3조 제1항 등 참조. 동일한 피해에 대한 책임 있는 자 사이의 부진정연대책임은, 프랑스, 벨기에, 룩셈부르크에서 판례로 널리 인정되고 있다. 책임 있는 자 사이의 손해배상책임에 대한 분배는 나라마다 다른 방식으로 이루어지고 있다는 점이 주지되어야 한다. 아래 제10:105조 제2항 참조.

3. 동일한 원인에 따라 책임을 지지 않는 채무자들의 경우

제3항에서 채택된 내용은 매우 널리 받아들여지고 있어서 국가마다 법조문에 규정되어 있지 않다면 학설에서라도 언급되고 있다. 예컨대 스페인 민법 제1140조, 프랑스 민법 제1201조, 이탈리아 민법 제1293조, 포르투갈 민법 제512조 제2항 참조.

제10:103조 분할채무에서 책임

계약이나 법에서 달리 정하지 않는 한, 채무자들이 분할채무를 부담할 경우 각 채무자는 균등한 비율로 책임을 진다.

해 설

이 조항은 계약이나 사안의 정황으로부터 각 채무자의 책임 비율에 관한 당사자의 의사를 확정할 수 없을 경우에 적용된다. 제10:102조 제1항의 규정으로 인하여 다수의 채무자가 분할채무를 부담하는 경우는 드물고, 실제로 이 조문의 적용범위는 제한적이다.

사례: A와 B는 C에게 합계 10,000유로를 상환하기로 약정한다. 계약에는 채무자들 사이의 채무의 연대성을 배제하는 조항이 포함되어 있다. A와 B는 각각 5,000유로씩을 상환해야 할 것이다.

주 석

이 규칙은 각국의 법전 내에서도 흔히 발견할 수 있다. 예컨대, 독일 민법 제420조, 오스트리아 민법 제889조, 스페인 민법 제1138조, 그리스 민법 제480조, 네덜란드 민법 제6:6조 제1항, 포르투갈 민법 제534조 참조. 다른 나라들에서도 이 규칙은 법리상 무리 없이 인정되고 있다.

제10:104조 공동채무: 불이행을 이유로 금전의 지급을 구하는 경우에 관한 특칙

제10:101조 제3항의 규정에도 불구하고, 공동채무에 대한 채무불이행을 이유로 금전의 지급을 구하는 경우에는 그 채무자들은 채권자에게 연대하여 금전을 지급할 책임을 진다.

해 설

이 규정은, 공동채무를 부담하는 채무자들이 채무의 전부 또는 일부의 불이행을 이유로 금전의 지급을 청구하는 경우 연대하여 채권자에게 금전을 지급할 책임을 부담한다는 원칙을 명백히 선언하고 있다. 여기에서 채권자가 채무자들 가운데 어느 한 사람에게라도 손해배상을 청구할 수 있다는 것이 나온다. 이러한 규칙의 근거로 두 가지를 들 수 있다. 첫째, 이는 공동채무 원칙의 연장선 위에 있다는 점이다. 채무자들이 집합적으로(collective) 책임을 부담하고 있다면, 채무자 중 1인의 행위로 인하여 채무를 이행하지 않은 경우에도 채무자들 모두 그로 인한 모든 책임을 부담하는 것이 논리적이다. 둘째, 공동채무의 불이행으로 인한 손해배상청구권이 본래의 이행청구권과 달리 가분적인 것은, 그것이 금전에 대한 권리로 구성되어 있기 때문이라는 점이다. 따라서 채무자들 가운데 1인 혼자서도 그 손해배상채무 전부를 만족시킬 수 있다. 그렇다면 각 채무자가 손해배상채무 전부에 관한 책임을 부담함이 마땅하다.

자기 부담부분을 이미 이행하였거나 이행할 준비가 완료된 채무자는, 적어도 유럽계약법원칙 제8:108조에 따라 면책받지 못한 이상, 제8:101조에 따라 불이행에 책임 있는 다른 채무자를 상대로 불이행에 관한 구제수단을 가진다. 이 경우 그 채무자는 자신이 입은 손해 전부(제9:502조)를 회복하기 위해 손해배상을 청구할 수 있을 것이다(제9:501조). 그 손해배상이 불이행 채무자가 채권자에게 지급하였어야 할 본래 금액을 초과하는 경우도 있을 수 있다.

사례 1: A는 전원주택 건축을 위하여, 석공과 배관을 업무로 하는 회사인 B 및 목수인 C와 계약을 체결한다. B와 C는 전체 채무이행에 관하여 공동채무를 부담하기로 한다. B는 자신의 일을 마쳤으나 C는 마치지 못한다. A가 손해배상을 청구하는 소송에서, B로서는 자신이 맡은 일을 다하였다는 사실을 주장할 수 없다. 반면, B가 C를 상대로 구제수단을 행사할 경우에는 위와 같은 사실을 주장할 수 있다.

사례 2: 사실관계는 제10:101조에 관한 사례 5에서와 같다. 음악가 가운데 1인이 나타나지 않는다. 모든 음악가가 있어야만 녹음 작업을 진행할 수 있으므로, 채권자가 음악가들을 상대로 채무불이행에 따른 책임을 묻는 경우, 약정한 날에 나와서 연주를 준비한 채무자들도 자신들이 연주할 준비를 완료하였음을 내세워 주장할 수 없다. 그러나 위 연주자들이 나타나지 않은 음악가를 상대로 손해배상을 구하는 경우(제8:101조, 제9:502조)에는 위와 같은 사정을 원용할 수 있을 것이다.

주 석

대부분 국가의 법에서 공동채무라는 개념이 사용되지 않기 때문에, 공동채무가 적용되는 경우는 거의 없다. 그러나 제10:104조가 정하고 있는 규칙은 대부분 국가의 법에서 불가분채무와 관련하여 발견된다. 위 제10:101조에서 서술한 부분 참조. 독일의 판례는 이 문제와 관련하여 견해가 갈린다. 독일 연방대법원(BGH)은 채무불이행에 관하여 채무자들이 연대책임을 부담한다고 판단하였다(독일 연방대법원 1951. 10. 18. 판결, LM § 278 no. 2/3). 다른 한편 독일 연방노동법원(BAG)은 채무불이행에 대하여 책임 있는 채무자만이 채권자에게 책임을 부담한다고 판단하였다(독일 연방노동법원 1974. 4. 24. 판결, BAGE 26, 130).

제10:105조 연대채무자들 사이의 부담부분(apportionment)

(1) 계약이나 법에서 달리 정하지 않는 한, 연대채무자들 사이의 부담부분은 균등하다.
(2) 2인 이상의 채무자가 제10:102조 제2항에 따라 동일한 손해에 대하여 책임을 지는 경우, 그들 사이의 부담부분은 그 책임을 발생하게 한 사건의 준거법에 따라 정해진다.

해 설

A. 균등의 추정

부담부분 균등의 원칙을 규정함에 있어, 제1항은 분할채무에 관한 제10:103조 규정과 합치하도록 자연스럽고 논리적인 규칙을 채택하고 있다.

사례 1: A는 B와 C에게 10,000유로를 대여한다. 계약에는 연대 조항이 포함되어 있다. B가 채권자에게 10,000유로 전부를 변제하였다면, B는 C로부터 5,000유로를 구상받을 수 있을 것이다.

이러한 부담부분 균등의 원칙은 단지 일반적인 규칙으로 정해진 것이다. 계약상 명시적 또는 묵시적 조항에 따라 서로 다른 부담부분이 정해질 수 있다.

사례 2: A와 B는 연대 조항이 포함되어 있는 계약에 따라 C에게 정해진 양의 연료를 두 개의 서로 다른 용량의 탱크에 인도해 줄 것을 주문한다. 10,000리터는 A에게, 5,000리터는 B에게 각각 인도된다. C의 지급 청구에 따라 A가 연료대금 전액을 지급한다. 이 경우 A는 B에 대하여 구상권을 가지게 되나, 그 정황상 계약에는 구상액수가 5,000리터에 상응하는 금액일 뿐이라는 묵시적인 조항이 있다고 할 것이다.

사례 3: D는 A, B, C에게 60,000유로를 대여하고, A, B, C는 D에 대하여 연대채무를 부담하기로 약정한다. A의 차용금액은 30,000유로이다. B와 C의 차용금액은 각각 15,000유로씩이다. A가 차용금 전액(60,000유로)을 D에게 변제하고 B와 C에게 구상권을 행사할 수 있다. 그러나 이 계약에는 정황상 A가 B와 C로부터 그들의 차용 부분에 상응하는 금액, 즉 20,000유로씩이 아닌 15,000유로씩만을 구상할 수 있다는 내용의 묵시적인 조항이 포함되어 있다고 할 것이다.

B. 손해배상 사건에 대한 규칙

제2항은 동일한 손해를 야기함으로써 생기는 배상책임의 부담부분을 정하는 문제를 그 책임을 발생시키는 사건에 관한 준거법에 맡기고 있다. 관련된 규칙은 각국의 국내법 또는 향후 제정될 가능성이 있는 타인에 대한 민사상 손해배상책임에 관한 통일법을 규정하는 국제 문서(international instruments)에 규정될 수 있다. 손해에 대하여 책임지는 자의 책임은 계약에 따른 책임일 수도 있고 계약 외의 책임일 수도 있다.

사례 4: 독일 회사인 A와 프랑스 회사인 B가 그들이 프랑스 시장에 공급한 상품과 관련한 불공정 경쟁행위로 인하여 프랑스 회사인 C에 대하여 손해배상책임을 부담한다. 세 회사는 사건에 관하여 중재를 신청하는데, 그 중재 신청에는 중재인이 적당하다고 판단하는 법률을 준거법으로 적용해야 한다고 규정되어 있다. 중재인은 유럽계약법원칙 제10:102조 제2항을 근거로 하여 A와 B가 C에 대하여 연대하여 손해배상책임을 부담한다고 결정할 수 있을 것이다. 한편, 제10:105조 제2항에 따르면, 손해배상책임을 발생시킨 사건이 일어난 국가 또는 관련 시장을 관할하는 국가의 법으로서 프랑스의 민사책임법에 따라 A와 B 사이의 부담부분을 결정해야 한다. 결국, 중재인은 A와 B 각각 위법행위의 중대성 정도에 따라 그 책임의 부담부분을 정할 것이다.

주 석

1. 균등의 추정

부담부분 균등 추정은 일부 국가의 민법에 수록되어 있다. 예컨대, 독일 민법 제426조 제1항, 오스트리아 민법 제896조, 프랑스 민법 제1213조, 그리스 민법 제487조, 이탈리아 민법 제1298조, 네덜란드 민법 제6:1조, 포르투갈 민법 제516조 참조. 다른 나라에서는 법리(doctrine)로 이를 인정하기도 한다. 예컨대, 잉글랜드 법에 관해서는 *Chitty* para. 18.027 참조. 아일랜드 법에서는 그러한 추정이 인정되지 않는다.

2. 위법행위로 인한 손해

동일한 손해에 대하여 책임을 지는 자들 사이의 손해배상책임의 부담부분은 법체계마다 다른 방식으로 규정되어 있다. 이는 때때로 관련당사자의 위법행위가 중대한 정도에 따라 정해진다. 예컨대, 프랑스 판례, 덴마크 불법행위법 제25조, 그리스 민법 제926조를 들 수 있는데, 다만 이는 비계약적 문제에 한정된다. 다른 나라에서는 인과적 기여(causal participation)를 중시한다. 독일 민법 제254조, 오스트리아 민법 제1302조, 이탈리아 민법 제2035조, 스페인 판례 참조. 마지막으로, 잉글랜드의 1978년 민사책임(분담)법(Civil Liability (Contribution) Act 1978) 제2조와 스코틀랜드의 1940년 법개혁(기타규정)법(Law Reform (Miscellaneous Provisions) Act 1940) 제3조 제1항에서는 이 문제를 판사의 재량에 맡겨 놓고 있다. 아일랜드 법에서도 1961년 민사책임법(Civil Liability Act 1961) 제21조 제2항에 따라 마찬가지이다.

제10:106조 연대채무자들 사이의 구상

(1) 연대채무자 1인이 자신의 부담부분을 초과하여 채무를 이행한 때에는 다른 채무자들을 상대로 각자가 미이행한 부분을 한도로 하여 자신의 초과 이행분에 관한 상환을 청구할 수 있다. 이와 함께 합리적으로 발생한 비용에 관한 부담부분의 상환도 청구할 수 있다.
(2) 위 제1항의 적용을 받는 연대채무자는 또한, 다른 채무자들로부터 그가 미이행한 부분을 한도로 하여 자신의 초과 이행분을 상환받기 위하여, 채권자의 우선권(prior right)과 이익을 침해하지 않는 범위 내에서 부수적 담보권(accessory securities)을 포함하여 채권자의 권리와 구제수단(actions)을 행사할 수 있다.
(3) 자신의 부담부분을 초과하여 채무를 이행한 연대채무자가 모든 합리적인 노력에도 불구하고 다른 연대채무자로부터 구상받을 수 없는 경우에는, 이미 채무를 이행한 채무자를 포함한 나머지 채무자들의 각 부담부분은 비례적으로 증가한다.

해 설

A. 일반

제10:106조는 자신의 부담부분을 초과하여 의무를 이행한 연대채무자에게, 다른 연대채무자들을 상대로 그들이 미이행한 부분의 한도 내에서 구상권을 행사할 수 있는 권리를 부여한다. 유럽계약법원칙은 사전구상권을 인정하지 않고 있다. 그러나 다른 연대채무자들은, 경우에 따라서는 채권자로부터 이행청구를 받은 특정 연대채무자가 그 채권을 만족시키기 전이라도 채무 변제에 협력할 의무가 있다는 신의성실의 일반적인 의무를 부담한다.

제10:106조는 제10:107조 내지 제110조와 함께 해석되어야 한다.

B. 대인적 구상권

제1항은 채무자 개인의 구제수단을 규정하고 있는데, 이는 각국의 법에 따르며 위임, 사무관리(*negotiorum gestio*) 또는 부당이득을 근거로 하여 일반적으로 인정되고 있다. 채무를 이행하는 데 든 합리적 비용도 주채무(principal)를 청구하면서 함께 청구할 수 있다는 것을 문언상 명백히 인정하고 있다.

C. 변제자대위

제2항은 연대채무자가 구상권을 행사하는 경우에 채권자의 권리와 구제수단(actions)을 행사하는 것을 허용하고 있다. 이는 다수의 국가에서 변제자대위(subrogatory recourse)라고 알려진 원칙인데, 이에 따라 자신의 부담부분을 초과하여 채무를 이행한 채무자는 채권자가 취득한 담보로부터 이익을 얻을 수 있다. 채무자로서는 자신에게 가장 유리한 구제수단을 선택할 수 있다. 다만, 이 조문은 이와 같은 구상권 대위행사로 인하여 채권자의 권리가 침해되어서는 안 된다는 점을 분명히 하고 있다. 그러한 침해는 아직 채권에 관하여 완전히 만족받지 못한 채권자와 채권자의 권리를 대위하는 채무의 잠재적 경합 때문에 발생할 수 있다. 이 원칙은 대위권이 피대위자의 이익에 반하여 행사되어서는 안 된다는 격언, 즉 '*nemo contra se subrogare censetur*'를 구현한 것이다.

> **사례 1**: A 은행은 고객 B에게 200,000유로를 대출해 준다. 위 대출채무는 부동산 담보와 C의 연대채무로 담보된다. C가 150,000유로를 변제하고, 이에 관하여 C는 A를 대위한다. B가 지급불능 상태에 있는데, 위 담보목적물인 건물이 100,000유로에 매각된다면, 위 매각대금은 A와 C 사이에 분배될 것이다. 제2항이 정한 규칙에 의하면, C가 이미 채무를 이행한 채무자로서 채권자의 권리를 대위행사할 수 있다고 하더라도 위 매각대금 중 50,000유로를 분배받을 채권자 A의 권리 또는 이익을 침해할 수는 없다. 만일 위 규칙이 없다면, 매각대금은 위 2인의 부동산 담보권자들 사이에 안분되었을 것이고, 따라서 A에게 25,000유로, C에게 75,000유로가 분배되었을 것이다. 그리고 A는 25,000유로의 손실을 입게 되었을 것이다.

D. 구상불능의 효과

제3항은 형평상의 고려에 근거하고 통상적으로 인정되는 것이다. 연대채무자 가운데 1인의 채무불이행 위험은 지급능력 있는 채무자들 간에 비율적으로 안분되어야 한다. 그로 인한 위험의 부담이 채권자가 어느 채무자를 상대로 청구하는지에 좌우되어서는 안 된다.

> **사례 2**: A, B, C는 합계 12,000유로를 상환할 연대채무를 부담하고 있다. A의 부담부분은 6,000유로, B, C의 부담부분은 각 3,000유로씩이다. 채권자가 A를 상대로

전액의 상환을 청구하여 A는 12,000유로 전액을 변제한다. B는 지급불능상태이다. 이 경우 지급능력 있는 A와 C의 부담부분은 각자의 기존 부담부분에 비례하여 늘어난다. A의 C에 대한 부담부분의 비율은 2:1이다. 따라서, B가 부담했던 3,000유로 중 2,000유로는 A에게, 1,000유로는 C에게 각 분배된다. 결국, A의 부담부분은 8,000유로로, C의 부담부분은 4,000유로로 각각 늘어난다.

주 석

1. 대인적 구상권

각국의 법률에서는 합리적인 비용에 관한 규정까지 항상 두고 있지는 않지만, 종종 구상권에 대하여 규정하고 있다. 예컨대, 독일 민법 제426조 제1항, 오스트리아 민법 제896조, 북유럽 약속어음법(Nordic Promissory Notes Act) 제2조 제2항, 스페인 민법 제1145조 제2항, 프랑스 민법 제1214조, 이탈리아 민법 제1299조 제1항, 네덜란드 민법 제6:10조, 포르투갈 민법 제524조 참조. 잉글랜드와 스코틀랜드에서는 구상권이 일부는 성문법에 따라, 그리고 일부는 판례법에 따라 인정된다. 스코틀랜드의 1940년 법개혁(기타규정)법(Law Reform (Miscellaneous Provisions) Act 1940) 제3조(공동불법행위자에게 적용된다)와 잉글랜드의 1978년 민사책임(분담)법(Civil Liability (Contribution) Act 1978)(손해배상책임에 적용된다) 참조. 위 두 법 모두 법원에 상당한 재량권을 부여하고 있다. 아일랜드에 관해서는 1981년 민사책임법 참조. 그리스에서는 구상권이 법리로 인정된다.

2. 변제자대위

변제자대위권은 다수 국가의 법에 규정되어 있다. 독일 민법 제426조 제2항, 오스트리아 민법 제896조, 스페인 민법 제1210조 제3항, 프랑스 민법 제1251조 제3항 및 제1252조 제2항(후자의 조항에는 또한 대위권 행사가 채권자의 권리를 침해해서는 안 된다는 것도 규정되어 있다), 그리스 민법 제488조, 이탈리아 민법 제1203조 제3항, 네덜란드 민법 제6:12조 제1항. 또한 이는 잉글랜드 법과 아일랜드 법(1981년 민사책임법)에서도 인정되고 있다.

3. 구상불능의 효과

제3항이 정한 규칙은 매우 광범위하게 채택되고 있다. 독일 민법 제426조 제1항 제2문, 오스트리아 민법 제896조, 스페인 민법 제1145조, 프랑스 민법 제1214조 제2항, 그리스 민법 제487조 제2항, 이탈리아 민법 제1299조 제2항, 네덜란드 민법 제6:13조, 포르투갈 민법 제526조 참조. 북유럽 국가들 및 아일랜드의 법도 이와 유사하다. 잉글랜드와 스코틀랜드 법에서는 위에서 열거한 법률들이 적용되지 않는 사례에 대해서도 동일한 결론을 이끌어내기 위하여 부당이득법의 원칙이 사용될 수 있다.

제10:107조 연대채무에서 이행, 상계, 혼동

(1) 연대채무자 1인이 채무를 이행하거나 상계한 때 또는 채권자가 연대채무자 1인과 상계한 때에는 다른 연대채무자들도 채권자에 대하여 그 이행이나 상계의 범위 내에서 책임을 면한다.

(2) 연대채무자 1인과 채권자 사이에 혼동이 있는 때에는 그 채무자의 부담부분에 한하여 다른 연대채무자들도 책임을 면한다.

해 설

A. 이행 또는 상계의 효과

제1항의 규칙은 이행이나 이에 준하는 행위, 즉 상계 등으로 인한 의무 소멸의 결과이다. 이행의 범위 또는 상계 금액만큼 채권자와의 관계에서 책임을 면하는 효과가 있는데, 물론 이행한 채무자에게는 구상권이 생긴다. 당사자 중 누군가가 파산한 경우에는 그에 적용되는 파산 관련 법률에 따라 이행이나 상계를 제한하는 규정을 적절한 경우에 고려할 필요가 있을 것이다.

사례 1: A가 하나의 금융집단으로 결집된 B, C, D에게 2,500,000유로를 대여한다. B가 A에 대한 500,000유로의 채권이 생겨, 상계의 의사를 표시한다(제13:104조 참조). 연대채무는 2,000,000유로로 감소할 것이다. 상계의 효과는 다른 채무자들에게도 미친다.

B. 혼동의 효과

제2항의 규칙은 어느 채무자가 채권자를 상속하거나 채무자인 회사와 채권자인 회사가 합병하는 경우에 적용될 것이다. 채무의 혼동(*confusio*)이 채권자와 어느 채무자 사이에 일어나면, 다른 채무자들이 부담하는 전체 채무도 감축된다. 만일 채무자들 가운데 한 사람이 무자력이면, 그 채무자의 부담부분은 제10:106조 제3항에 따라 혼동 당사자를 포함한 다른 모든 채무자들이 부담해야 한다.

사례 2: B, C, D는 A에 대하여 12,000유로의 연대채무를 부담하는데, 채무자들의 부담부분은 동일하다. 합병에 따라 B는 A의 권리를 가지게 된다. B가 취득한 권리는 혼동에 의해 B에 대한 관계에서는 소멸하나, C와 D에 대한 관계에서는 8,000유로만큼 존속한다. 만일 C가 무자력이라면, B와 D는 제10:106조 제3항에 의하여 C의 부담부분을 책임져야 한다. B는 D에 대하여 6,000(= 4,000 + 2,000)유로를 청구할 수 있을 것이다.

주 석

변제나 다른 이행과 관련한 규정들은 기본적으로 '연대'라는 개념에서 출발한다. 제10:101조 참조. 상계는 통상 변제의 한 형태로 취급된다. 독일 민법 제422조 제1항, 오스트리아 민법 제896조, 북유럽 약속어음법 제2조, 스페인 민법 제1143조 제1항, 그리스 민법 제483조, 이탈리아 민법 제1302조 제1항, 네덜란드 민법 제6:7조 제2항, 포르투갈 민법 제523조 참조. 잉글랜드 법에서도 같은 효과를 부여하고(*Owen* v. *Wilkinson* (1858) 5CB (ns) 526), 아일랜드 법에서도 마찬가지이다(1961년 민사책임법 제16조, 제17조). 프랑스 법의 태도는 상계(set-off 또는 compensation)가 원칙적으로 자동적으로 이루어지는 특별한 성질 때문에 좀 더 복잡하다(*Terré, Simler, Lequette* n. 1158).

채무의 혼동(*confusio*)은 각국의 법률 군언에서 항상 언급되는 것은 아니지만 다른 형태의 채무소멸 규정이 있는 경우 그것으로부터 도출해 낼 수 있다. 스페인 민법 제1142조, 프랑스 민법 제1209조, 그리스 민법 제488조, 이탈리아 민법 제1303조 참조. 독일 민법 제425조 제2항은 혼동을 다른 채무자들에게 영향을 미치지 않는 사유의 하나로 명시적으로 규정하고 있다.

제10:108조 연대채무에서 면제 또는 화해

(1) 채권자가 연대채무자 1인의 채무를 면제하거나 그와 화해를 하면, 그 채무자의 부담부분에 한하여 다른 연대채무자들도 책임을 면한다.
(2) 채무면제나 화해를 하면서 연대채무자들이 전부 면책되는 것으로 정한 경우에는 모든 채무자들이 면책된다.
(3) 연대채무자들 사이에서, 자신의 부담부분을 면책받은 채무자는 면책 당시 그의 부담부분만 면책받을 뿐이고, 제10:106조 제3항에 따라 나중에 부담하게 될 수 있는 추가적 부담부분까지 면책받지는 않는다.

해 설

A. 면제 또는 화해의 효력

제1항의 규칙은 제10:107조 제2항의 채무의 혼동에 관한 규칙과 같다. 그 규칙은 지금 논의하는 상황에 관해서도 마찬가지로 타당하다. 그러나 제1항에서 규정한 면책이 반드시 부분적인 것이어야만 한다는 공공정책적 요청은 없다. 면제나 화해의 당사자는, 계약자유의 원칙에 따라, 자신이 원한다면 다른 채무자도 완전히 책임을 면하게 할 수 있다. 이는 제2항에 반영되어 있다. 다만 그러한 의사는 반드시 명백히 표시되어야 한다.

B. 추가적 부담부분에 관한 사후적 책임에 대한 효과

면책받은 채무자라고 하더라도 다른 채무자들 가운데 1인의 지급불능에 따른 적절한 추가적 부담(제10:106조 제3항)을 져야 하는 것이 공정하다.

> **사례**: A는 B, C, D를 조합원으로 하는 조합과 상사 리스계약을 체결하였는데, 그 조합원들은 준거법에 따라 조합의 채무에 대하여 연대채무를 부담한다. 연체 리스료가 60,000유로에 이르렀다. A는 B에 대하여 면제한다. C와 D는 40,000유로에 한하여 의무를 부담한다. 만일 D가 지급불능이 된다면 B는 채무면제에도 불구하고 10,000유로를 지급할 의무가 있다.

주 석

1. 면제와 화해의 효력

면제와 화해 두 가지를 모두 명문화하고 있는 국가의 법률은 거의 없지만, 제10:108조의 해법은 일반적으로 받아들여지고 있다. 이 규칙은 채무를 면제하는 채권자나 화해에 합의한 당사자들이 그 문제에 관한 의사를 명시하지 않았을 경우에 한하여 적용되는 것으로 어느 곳에서나 인정되고 있다. 독일 민법 제423조(채무면제에 대한 규정으로, 판례에 의하면 화해는 원칙적으로 그 당사자가 아닌 사람에게 효력이 없다), 오스트리아 민법 제894조와 판례, 스페인 민법 제1143조 제1항(채무면제), 프랑스 민법 제1285조(채무면제. 판례는 Cass.req. 3.12.1906, S. 07.1.269 이후 화해가 다른 채무자들에게 유리한 경우에는, 대리의 효과에 의해, 그들에게 효력이 미치는 것으로 인정하고 있다), 그리스 민법 제484조(채무면제), 이탈리아 민법 제1301조(채무면제) 및 제1304조(화해. 이는 다른 연대채무자들이 화해에 의하여 이익을 얻는 것을 원하지 않는다고 명시하지 않는 한 다른 연대채무자들에게 이익으로 작용한다), 네덜란드 민법 제6:14조(채무면제) 참조. 또한 포르투갈 민법 제864조 제1항도 참조. 잉글랜드 법에서는 채무면제는 달리 해석되어야 하지 않는 한 모든 채무자에게 이익으로 작용한다. 이는 단순한 '부제소약정'이 다른 채무자에 대한 채권자의 권리에 영향을 주지 않는 것과 대비된다(*Chitty* para. 18-017). 아일랜드 법은 제10:108조의 규칙과 실질적으로 같다(1981년 민사책임법 제17조 제1항 및 제2항).

2. 추가적 부담에 대한 효과

제3항의 규칙은, 알려진 범위 내에서는, 어느 국가의 법에서도 보이지 않는다.

제10:109조 연대채무에서 판결의 효력

채권자에 대한 연대채무자 1인의 책임에 관한 법원의 판결은 다음의 사항에 영향을 미치지 않는다.
(a) 다른 연대채무자들의 채권자에 대한 책임
(b) 제10:106조에 의한 연대채무자들 사이의 구상권.

해 설

A. 연대채무자 1인의 책임에 관한 법원 판결이 다른 채무자들의 책임에 대하여 갖는 효력

법원이라는 용어는 제1:301조 제2항에 따라 중재인을 포함하는 것임을 기억할 것이다. 신의성실과 공정거래에 관한 규정(제1:201조)도 유의할 필요가 있다. 채권자와 1인의 채무자가 다른 채무자들을 해할 목적으로 사기적으로 공모할 위험이 있기 때문이다.

각국의 법은 채무자 1인의 책임에 관한 법원 판결의 문제에 대하여 다른 해

법을 채택하고 있다. 즉, 다른 채무자들에 대한 효력을 인정하지 않는 경우도 있고, 다른 채무자들에게 유리하면 효력을 전부 인정하되, 불리하면 효력을 부정하는 경우도 있다. 유럽계약법원칙은 소송당사자가 아니었던 다른 채무자들에 대해서는 판결의 효력이 미치지 않는 방식을 채택한다. 상호대리(reciprocal representation)라는 관념은 받아들여지지 않는다. 각 채무자는 자유롭게 자신의 방어수단을 최대한 활용할 수 있어야 한다. 소송당사자 이외에는 기판력(*res judicata*)이 미치지 않는다.

B. 채무자 1인의 책임에 관한 법원 판결이 구상권에 대하여 갖는 효력

제b호 규칙은 주로 채무자 1인의 책임을 부정한 법원 판결이 다른 채무자들의 구상권에 어떠한 효력을 갖는지를 분명히 밝히기 위한 것이다. 법원 판결에 대한 확장효를 부정(absence of wider effects)하는 규칙은 이 경우에도 적용된다. 다른 채무자들은 그들의 구상권을 보유한다. 물론 채무자 1인의 책임을 인정한 법원의 판결이 있더라도 그 채무자가 다른 채무자들에게 구상권을 행사하는 것을 방해받지는 않는다. 이러한 경우도 제b호에 의하여 다루어진다.

주 석

각국의 법은 이 조항이 규율하는 문제에 대하여 나누어져 있다.

몇몇 법에 따르면, 채무자 1인의 책임에 관한 법원 판결은 공동채무자들에게 효력이 없다. 이러한 예로는 독일 법(민법 제425조 제2항), 오스트리아 판례, 그리스 민법 제486조, 북유럽의 학설이 있다. 잉글랜드 법(*Chitty* para. 18.016)과 아일랜드 법(1981년 민사책임법 제18조) 역시 같다.

스페인 민법 제1252조 제3항은 소송당사자가 아니었던 공동채무자들에 관하여도 판결의 모든 효력을 인정한다.

다른 법률에서는 그러한 효력이 단지 부분적이다. 이탈리아 민법 제1306조 참조(원칙적으로는 효력이 부정되나 다른 채무자들은 채권자에 대항하여 그 판결을 주장할 수 있으며, 다만 그 판결이 소송당사자였던 채무자의 인적 사유에 근거한 경우에는 그렇지 않다). 포르투갈 법도 유사하다(민법 제522조). 반면 프랑스 판례는, 다른 채무자들에 대항하여 판결을 주장할 수 있다고 보는데, 다만 그 판결이 사기적 공모(fraudulent collusion)에 의한 것이거나 그 판결로써 대항을 받는 다른 채무자가 인적 항변사유나 면책사유를 주장할 수 있는 경우는 제외한다.

제10:110조 연대채무에서 시효

연대채무자 1인에 대하여 이행을 청구하는 채권자의 권리('채권')의 시효는 다음의 사항에 영향을 미치지 않는다.

(a) 다른 연대채무자들의 채권자에 대한 책임

(b) 제10:106조에 따른 연대채무자들 사이의 구상권.

해 설

제a호에 따르면 시효의 효력은 해당 채무자 개인에게 미치며, 다른 채무자들의 채권자에 대한 책임에는 영향을 미치지 않는다. 다른 채무자들에 대한 채권이 시효에 걸리지 않았는데도, 채무자 1인에 대한 채권의 시효에 따라 그들이 이익을 받아야 할 근거는 없다. 이러한 규칙은 유럽계약법원칙 제14장에 따른 시효의 효과에도 잘 부합한다. 시효는 채권을 자동적으로 소멸시키는 것이 아니라 단지 채무자에게 이행거절권을 부여할 뿐이다.

제b호의 규정은 주로 (채무가 시효에 걸린 채무자가 아닌) 자신의 부담부분 이상을 지급한 채무자의 보호 필요성 때문에 정당화된다. 채권자가 권리행사를 하지 않았다고 하더라도, 그러한 채무자는 채무의 시효가 걸린 채무자에 대하여 가지는 구상권을 박탈당해서는 안 된다. 제b호는 또한 자기 채무의 시효가 완성되었는데도 지급을 한 채무자를 보호한다. 유럽계약법원칙에서 시효는 채무를 소멸시키는 것이 아니기 때문에(제14:501조 참조), 그러한 채무자는 현존하는 의무를 이행하는 것이고 공동채무자들에 대한 구상권을 갖게 된다.

사례: A가 연대채무자인 B와 C에게 20,000유로를 대여한다. 3년 후 B에 대한 채권의 시효가 완성되었으나, C는 채권을 승인하였기 때문에, C에 대해서는 아직 시효기간이 만료하지 않았다. 이러한 상태에서 A는 B에 대해서는 지급을 강제할 수 없으나, C에 대해서는 전액에 대해 소송을 제기할 수 있다. 제b호의 규칙에 따라, 만일 C가 전부를 지급하면 그는 B에게 10,000유로를 구상할 수 있다.

주 석

1. 채무자 1인에 대한 채권의 시효가 다른 채무자들에게 미치는 효력

각국 법의 해법은 다르다. 이는 시효나 제소기간이 각 법체계에서 작용하는 다른 방식을 어느 정도 반영한다. 다른 채무자들에 대한 효력을 부정하는 입장으로는 독일 민법 제425조 제2항, 오스트리아 법(오스트리아 민법 제894조에서 도출되는 결론), 그리스 민법 제486조, 포르투갈 민법 제521조가 있다. 덴마크 법도 이러한 취지이고, 잉글랜드 법(1980년 시효법 제31조 제6항)도 같다. 모든 효력을 인정하는 입장으로는 스코틀랜드 법(1983년 스코틀랜드 시효와 제소기간법 제6조), 스페인 법(민법 제1148조), 핀란드 법(1868. 11. 9. 시효령), 프랑스와 벨기에의 판례, 이탈리아 학설(시효 중단에 관한 민법 제1319조 제1항에 근거)이 있다.

2. 채무자 1인에 대한 채권의 시효가 구상권에 미치는 효력

독일 판례는 제b호의 규칙과 같은 취지이다(RG 16 November 1908, RGZ 69, 422 ff.). 이탈리아 민법 제1310조 제3항과 포르투갈 민법 제521조도 참조. 네덜란드 민법 제6:11조 제3항은 특별한 규칙을 가지고 있다. 부담부분에 대한 구상청구를 당한 채무자는, 그 구상채무가 발생한 당시 그 채무자와 부담부분의 구상을 청구하는 자가 모두 채권자에 대해 시효항변을 할 수 있었던 경우에 한하여, 그 시효를 이익으로 원용할 수 있다.

제10:111조 연대채무에서 그 밖의 항변사유의 대항가능성(opposability)

(1) 연대채무자는 다른 연대채무자가 채권자에게 행사할 수 있는, 그 다른 채무자의 일신전속적(personal) 항변을 제외한 모든 항변으로 채권자에게 대항할 수 있다. 항변권의 행사는 그 밖의 연대채무자들에 대해서는 효력이 없다.

(2) 구상청구를 받은 채무자는 채권자에게 행사할 수 있었던 자신의 일신전속적 항변으로 그 구상청구자에게 대항할 수 있다.

해 설

제1항은 채무 자체에 고유한 항변과 채무자들 각자의 일신전속적 항변 사이의 전통적 구분을 인정하고 있다. 첫 번째 유형의 항변만 모든 채무자들이 행사할 수 있다. 일신전속적 항변은 해당 채무자에게 배타적으로 주어진다.

채무에 고유한 항변은, 예컨대 위법성 또는 형식적 요건 흠결에 따른 무효와 같은 것인데, 이는 계약 자체로부터 나온다. 일신전속적 항변은, 예컨대 자유로운 동의의 결여 또는 행위무능력과 같은 것인데, 이는 채무자들 가운데 1인의 인적 상황과 관련된 것이다. 확실히 제4:103조(착오), 제4:107조(사기), 제4:108조(강박)에 따른 동의의 하자를 이유로 한 계약의 취소가능성은, 하자 있는 동의를 한 사람에게 주어지는 필연적으로 일신전속적인 사유이다.

> **사례 1**: A, B, C는 D로부터 50,000유로를 이자율 12%로 빌린다. 계약은 프랑스어로 체결된다. 프랑스어를 하지 못하는 C는 진정한 동의가 결여된 채 착오에 빠져 있다. B는 채권자에 의하여 이행의 청구를 당하더라도 이러한 사유로 대항할 수 없다.

제2항은 일신전속적 항변은 공동채무자 1인에게 구상청구를 하는 채무자에 대하여 행사할 수 있다고 정하는데, 이는 그 구상청구가 인적 소송(personal action)(제10:106조 제1항)에 근거한 것이든 변제자대위(제10:106조 제2항)에 근거한 것이든 묻지 않는다.

> **사례 2**: 사실관계는 사례 1과 같다. B는 D에게 전액을 지급하고 C에게 구상권을 행사한다. C는 진정한 동의가 없었음을 이유로 B의 청구에 대항할 수 있다.

주 석

1. 채권자에 대한 항변권 행사

일신전속적(personal) 항변과 채무 자체에 고유한 항변의 구분은 일반적인 것인데, 약간의 차이는 있다. 일반적 규칙은 때로는 특정한 항변(예컨대 시효 또는 기판력)에 관한 특별규정에 의해 수정될 수 있다. 그 구분은 독일 민법 제422-425조, 오스트리아 민법 제1148조, 스페인 민법 제1148조, 프랑스 민법 제1208조, 그리스 민법 제486조(주관적 효력이 있는 일정한 예외들을 언급하고 있다), 이탈리아 민법 제1297조, 포르투갈 민법 제514조 제1항에서 발견된다. 그 구분은 잉글랜드 법에서 당연하게 받아들여지며 아일랜드 법에서도 적용된다. 제1항 제2문은 각국의 법에서 때로는 규정되지 않은, 그리고 논란의 대상이 되는 사항을 규율하고 있다.

2. 구상권을 행사하는 다른 채무자에 대한 항변권 행사

제2항의 규칙은 각국의 법에서 일반적인 모습으로는 나타나지 않으며(다만 그러나 포르투갈 민법 제525조 참조) 그 개별적인 적용례만 찾아볼 수 있다. 그러나 일반적으로 이에 대한 의문의 여지는 없다. 다만 스페인 민법 제1148조(상반되는 내용)와 네덜란드 민법 제6:11조(약간 다른 내용) 참조.

제2절 다수 채권자

제10:201조 연대채권, 분할채권, 공동채권

(1) 채권자들 중 누구나 채무자에게 전부의 이행을 청구할 수 있고 채무자는 채권자들 중 누구에게나 이행할 수 있는 경우, 그 채권은 연대채권이다.
(2) 채무자가 각 채권자에게 채권 중 그 채권자의 지분에 대해서만 의무를 부담하고 각 채권자는 그 지분의 이행을 청구할 수 있는 경우, 그 채권은 분할채권이다.
(3) 채무자가 모든 채권자들에 대해서 이행해야 하고 각 채권자는 채권자들 모두의 이익을 위해서만 이행을 청구할 수 있는 경우, 그 채권은 공동채권이다.

해　　설

A. 일반

제10:201조는 채권자가 다수인 모든 경우를 다루려고 하는 것은 아니다. 유럽계약법원칙은 예컨대 여러 고객이 하나의 판매자에게 상품을 주문하는 것과 같이, 다수의 채권자가 한 사람과 체결한 다수의 계약으로부터 발생하는 권리들의 집합을 다루고 있지는 않다. 그러한 병행 계약의 존재는 그들의 법적 성격에 영향을 미치지 않는다.

다수 채권의 유형화는 다수 채무의 유형화(제10:101조)에 따른다. 그러므로 연대채권, 분할채권, 공동채권은 넓게 보면 연대채무, 분할채무, 공동채무의 반대에 해당한다고 말할 수 있다. 그러나 이 장에서 나오는 다음의 조항들은 다수 채무자 조항들의 단순한 반영에 불과한 것은 아니다.

'채권'은 이행을 청구하는 권리를 뜻한다(제10:110조 참조). 이는 채무에 대응한다(서론 5 참조).

B. 연대채권

채권의 연대성은 항상 그러한 취지의 계약상 합의를 내포한다.* 채권의 연대성에 내재된 위험(특히, 한 명의 채권자가 금전 전액을 청구하여 낭비할 수 있다는 것) 때문에, 유럽계약법원칙은 연대의 추정을 규정하지 않는다. 같은 이유에서, 당사자들이 채권의 연대성을 약정하는 경우도 드물다. 그러나 은행 계좌, 특히 예금주들이 은행에 대한 연대채권자들인 공동 계좌에서는 연대채권 약정을 자주 볼 수 있다.

유럽계약법원칙에서 내린 연대채권의 정의는 연대채권의 독특한 특성을 반영한다. 각 채권자는 채무자로부터 채무 전체의 만족을 얻을 수 있고 채무자는 이를 분할해야 한다고 주장할 수 없다. 다른 한편, 채무자는 자신의 선택에 따라 채권자들 중 누구에게나 채무 전체를 이행할 수 있고, 이렇게 함으로써 모든 채권자들과의 관계에서 책임을 면한다. 채권자들 전부 또는 일부로부터 이행을 청구받은 경우에도 채무자는 이러한 선택권을 보유한다.

채권자 가운데 한 명이 이행을 청구하였으나 채무자가 불이행한 경우, 그 채권자는 유럽계약법원칙에서 규정한 불이행에 대한 여러 구제수단을 행사할 수 있으며, 다른 채권자들과 공동하여 행위를 할 의무는 없다. 따라서 채무자의 중대한(substantial) 불이행이 있다면, 그 채권자는 제9:301조에 따라 계약을 해제할 수 있다. 이와 유사하게, 채권자는 채무자가 이행하거나 이행을 제공할 때까지 제9:201조에 규정된 조건에 따라 이행을 유보할 수 있다.

C. 분할채권

분할채권은 실무에서 가장 빈번하다. 따라서 채권자가 다수인 경우와 채무자가 다수인 경우 각 범주의 상대적인 실무상 중요성은 서로 다르게 나타난다.

D. 공동채권

공동채권은 원칙적으로 당사자들의 의사에 달려 있다. 공동채권은 또한 채무의 성질 자체에서 비롯될 수도 있다. 이행이 불가분적인 경우와 이행이 모든

* 연대채권이 되기 위해서는 항상 그러한 취지의 계약상 합의가 있어야 한다는 뜻이다.

채권자들의 이익을 위해서만 행해질 수 있는 경우가 그러하다. 공동채권이 적용되는 일반적 영역 중 하나가 공동의 불가분 은행 계좌(joint and indivisible bank account)이다. 또 다른 사례로는 준거법에 따라 발생할 수 있는 것으로서, 신탁법 또는 상속법에 따라 공동의 불가분인 재산 소유자들에 의해 체결된 계약이다.

채권의 실행이 모든 채권자들에게 맡겨져 있다는 점이 공동채권의 본질이다. 그러나 채권자 가운데 한 사람이 다른 채권자로부터 금전이나 이행을 수령하는 권한이나 위임을 받는 것은 가능하다.

> **사례 1**: A와 B는 법인격을 갖지 못한 조합 또는 단체의 구성원들로서, 그 구성원들의 자격으로 공동 은행 계좌를 개설한다. 이들은 그 은행에 대한 공동채권자이다.

> **사례 2**: A는 결혼한 부부를 관리인으로 고용하고 관리인 아파트를 그들이 이용할 수 있도록 한다. 이들은 각각 임차권의 공동채권자이다.

> **사례 3**: 한 무리의 친구들이 단체 여헝을 위하여 운전자가 있는 자동차를 빌린다. 운전자의 이행은 전체 집단의 이익을 위해서만 행해질 수 있고, 따라서 구성원들은 공동채권의 채권자이다.

공동채권의 채무자가 그 채무를 이행하지 않는 경우, 채무자에 대하여 채권자들이 공동하여 행위를 해야 하는지 또는 채권자들 중 한 사람이 모든 채권자의 이익을 위하여 행위를 하면 충분한지의 문제가 발생한다. 제10:201조 제3항은 '각 채권자는 채권자들 모두의 이익을 위해서만 이행을 청구할 수 있다'고 정함으로써 채권 회수를 용이하게 하고 또한 이 규정이 없었다면 채권자들 중 한 명의 부작위로 인해 발생할 마비 상태를 채권자들이 피할 수 있도록 해준다.

> **사례 4**: A는 B와 C가 보유한 공동채권의 채무자이다. 채무의 이행기가 되었으나 지급이 되지 않았다. C는 A를 상대로 두 채권자 모두에게 채무를 지급하라고 청구하는 소를 제기할 수 있다.

공동채권의 경우 채무자의 불이행은 필연적으로 계약 전체에 영향을 미친다. 채권의 성격과 이에 상응하는 채무의 성격을 고려하면, 채권자들 중 한 명 또는 일부만에 의한 해제나 유보(suspension)는 생각할 수 없다. 채권자들 모두는 제

9:301조에 따라 계약을 해제하기 위해 공동으로 행위를 하거나 제9:201조에 따라 그들의 이행을 유보해야 할 것이다.

> **사례 5**: 사실관계는 사례 3과 동일하다. 운전자가 합의된 날짜에 나타나지 않는다. 친구들은 계약을 해제하고 미리 지급한 돈을 되찾기를 원한다. 그들은 채무자에게 해제의 통지를 공동으로 하거나 그들 중 한 사람에게 모두를 대표하여 통지할 권한을 주어 통지하여야 한다.

주 석

1. 일반

채권자가 다수인 경우는 각국의 법에서 항상 다루어지는 것은 아니며(잉글랜드, 스코틀랜드, 아일랜드의 경우처럼), 때로는 채무자가 다수인 경우에 대한 규정에 따라 다루어진다. 대부분의 국가에서 공동채권이라는 개념은 이론상 논의되는 것과는 별개로 법에 규정되어 있지는 않다. 오직 독일 법만 이를 명시적으로 규정한다(독일 민법 제432조 제1항). 일부 국가의 법들은 채권자 측면의 불가분성이라는 개념을 갖고 있는데, 그 규정들은 공동채무의 규정들과 유사하다. 이러한 불가분성 유형은 이탈리아 민법 제1314-1320조, 그리스 민법 제495조, 오스트리아 민법 제891조, 제892조, 제895조에 언급되어 있다.

2. 연대채권

이 조항의 개념 요소와 이 조항을 규율하는 규정들을 일부 국가들의 법전에서 찾아볼 수 있다. 예컨대, 독일 민법 제428조, 스페인 민법 제1147-1143조, 프랑스, 벨기에, 룩셈부르크 민법 제1197조와 제1198조, 그리스 민법 제489-493조, 이탈리아 민법 제1292-1310조(각 조항은 적극적 연대와 소극적 연대를 연속하여 다룬다), 포르투갈 민법 제512조 제1항과 제528조 제1항 참조. 북유럽 법들에서 연대채권에 대해 언급한 예도 있다(*Gomard*, 14-16). 잉글랜드 법이 연대채권을 별개의 법적 범주로 인식하고 있는지는 명확하지 않다(*Treitel*, Contract 533-537).

3. 분할채권

분할채권은 원칙적 규범(background norm)이고 때로는 심지어 가분성의 추정에 근거하므로(포르투갈 민법 제513조, 네덜란드 민법 제6:15조), 개별 국가의 법전에서는 분할채권의 정의가 주어지지 않는 경우도 있다. 그러나 프랑스 민법 제1217조, 이탈리아 민법 제1314조, 네덜란드 민법 제6:15조와 포르투갈 민법 제534조와 같은 예외적인 입법례 참조. 독일 민법은 가분채권을 정의하지 않고 그 존재를 상정한다. 상속인들 사이에 적용되는 법에 따른 가분성을 규정하는 프랑스 민법 제1220조와 제1221조도 참조.

4. 공동채권

독일 법을 제외하고는 공동채권을 불가분채권과 구별하여 직접적으로 명시하고 있는 경우는 없다. 간혹 유추에 따라 인정되는 예가 있다(오스트리아 민법 제890조 제2문과 제892조). 다른 국가의 법에서는 불가분성 규정에 따라 인정될 수 있다. 이러한 규정들의 적용은 명시적으로 규정되어 있는 경우도 있다(네덜란드 민법 제6:16조).

제10:202조 분할채권의 지분

계약이나 법에서 달리 정하지 않는 한, 분할채권자들은 균등한 지분을 갖는다.

해 설

이 조항은 채무자가 다수인 경우에 대하여 유사한 원칙을 규정한 제10:103조에 상응한다. 제10:202조에 규정된 일반적 원칙은 계약이나 법에 따라 발생하는 동일한 예외가 적용된다.

사례: A와 B는 10,000유로를 C에게 빌려준다. 다른 특별한 조항이 없는 경우, C는 각 채권자에게 5,000유로의 채무를 부담한다. 그러나 예컨대 채권자 가운데 한 명이 다른 채권자에게 부담하는 채무를 이유로, 계약 조항을 통해 지분을 달리 정하는 것도 생각할 수 있다.

주 석

이 원칙은 명시적으로 규정된 경우가 드물다. 독일 민법 제420조, 그리스 민법 제493조, 포르투갈 민법 제534조 참조. 이 원칙에 관해서는 다툼이 없다.

제10:203조 공동채권 실현의 장애(difficulties)

공동채권의 채권자 가운데 1인이 이행 수령을 거절하거나 이행을 수령할 수 없는 경우, 채무자는 유럽계약법원칙 제7:110조나 제7:111조에 따라 재산이나 금전을 제3자에게 공탁함으로써 이행 의무를 면할 수 있다.

해 설

이 규정은 채권자 가운데 1인이 이행 수령을 거절하거나 이행을 수령할 수 없는 경우 이러한 규정이 없다면 유효하게 채무에서 벗어날 수 없는 채무자를 보호하기 위한 것이다. 상술한 것처럼 채무자는 채권자 전원에게 이행해야 한다(제10:201조 제3항). 제10:203조의 규정 때문에, 이러한 요건에 의해 야기되는 어려움이 발생할 경우, 채무자는 유럽계약법원칙 제7:110조와 제7:111조에 규정된 조치를 사용할 수 있다.

사례: A와 B는 중고차를 C로부터 매수하는데, 계약에서 그들이 공동채권을 갖는다는 것을 분명히 한다. B는 병원에 입원하고, 그의 상태 때문에 이행을 수령할 수 없거나 A에게 권한을 부여할 수 없다. C는 합의된 시기에 차를 인도하기를 원한다. A와 B가 공동채권을 가지고 있기 때문에, C는 오로지 A의 이익을 위해서만 차를 인도할 수는 없다. C는 유럽계약법원칙 제7:110조에 규정된 규칙에 따라 A와 B의 이익을 위하여 제3자에게 차를 공탁할 수 있다.

주 석

오직 독일 법만 제10:203조와 비슷한 규정을 두고 있다(독일 민법 제432조 제1항 제2문). 다른 국가의 법들에서는 (이러한 유형의 상황에서) 일반적인 공탁 제도와 위탁 제도를 적용함으로써 유사한 결과를 얻을 수 있다. 유럽계약법원칙 제7:111조와 제7:112조의 주석 참조.

제10:204조 연대채권의 지분

(1) 계약이나 법에서 달리 정하지 않는 한, 연대채권자들은 균등한 지분을 갖는다.
(2) 자신의 지분을 초과하여 수령한 채권자는 그 초과 부분을 다른 채권자들에게 각자의 지분에 따라 이전해야 한다.

해 설

제10:204조 제1항은 연대채무자들 사이의 부담부분을 규율하는 제10:105조 제1항에 상응하는 규정이다. 연대성을 정하는 약정은 일반적으로 채권자들의 개별적인 지분도 특정할 것이다. 그러한 조항이 없을 때 지분은 균등하게 될 것이다.

제2항도 당연한 규정을 정하고 있다. 자신의 지분보다 많이 수령한 채권자가 그 초과부분을 그대로 보유하도록 허용될 수 없음은 명백하다. 그것은 다른 채권자들에게 양도되어야 한다.

사례: A와 B는 C에 대한 10,000유로의 연대채권자이다. C가 B에게 10,000유로를 지급한다. A는 B를 상대로 5,000유로의 구상권을 가진다.

주 석

다수 국가의 법에서 제1항과 같은 규정은 발견되지 않고, 다만 연대채무에 관한 규정과의 유사성으로부터 도출된다. 그러나 독일 민법 제430조, 스페인 민법 제1143조 제1항, 그리스 민법 제493조, 이탈리아 민법 제1298조, 포르투갈 민법 제516조, 제533조에서는 위 규정이 발견된다.

제10:205조 연대채권의 법률관계

(1) 연대채권자 1인이 채무자에 대하여 한 면제는 다른 연대채권자들에게는 효력이 없다.
(2) 제10:107조, 제10:109조, 제10:110조과 제10:111조 제1항은 적절한 변경을 하여 연대채권에 적용된다.

해 설

A. 연대채권자 1인에 의한 면제

제1항에 따르면 연대채권자 가운데 1인이 채무면제에 동의하더라도 다른 채권자들에게는 효력이 없다. 이러한 규정은 연대채무자의 경우에 유럽계약법원칙이 정한 규정과 차이가 있다(제10:108조). 제1항은 실질적으로 채권자 1인은 다른 채권자나 채권자들에게 불리하게 채권을 처분할 수 없음을 뜻한다.

사례 1: A와 B는 C에 대한 10,000유로의 연대채권자이다. A가 C에 대하여 전액 면제를 인정했고, 이에 따라 C는 A에 대한 관계에서는 채무를 면한다. 따라서 A는 더 이상 채권의 만족을 위해 소송을 할 수 없을 것이다. B는 여전히 10,000유로 전부에 대하여 C에 대한 채권자로 남아 있다.

이 규정은 단지 채무면제만 상정하고 있고, 화해와는 구분된다. 화해에서 일부 지급을 정하는 부분은 지급에 관한 규정(제10:107조 제1항과 함께 제10:205조 제2항 참조)에 따르게 되고, 면제와 관계된 부분은 이 조항의 규정에 따르게 될 것이다.

사례 2: A와 B는 C에 대한 10,000유로의 연대채권자이다. A는 C에 대하여 소를 제기하고, 채무의 절반을 지급하는 대신 나머지 절반을 면제하기로 하는 화해계약을 체결한다. 그 화해에 따라 C는 A에게 5,000유로를 지급한다. 그 화해는 C에 대하여 소를 제기할 권리를 가진 B에게는 대항할 수 없다. 그러나 일부 변제가 이루어졌으므로 B는 단지 5,000유로만 청구할 수 있다(유럽계약법원칙 제10:107조와 함께 제10:205조 제2항 참조).

B. 연대채무에 관한 일부 규정의 적용

제2항의 형식은 애초에 다수 채무자와 다수 채권자 사이의 유사성을 염두에 두고 만들어진 것으로서, 채무자가 다수인 사안에 대해 적용되는 관련 규정을 반복하지 않도록 한다. 그 효과는 다음과 같다.

제10:107조 제1항의 적용에 따라 채무의 변제 및 이행기가 도래한 채무자의 채무와 해당 채권 사이의 상계는 공동채권자에 대한 관계에서도 채무자를 면책시킨다. 이는 혼동(*confusio*)의 경우에도 마찬가지인데, 채무는 소멸되지만 제10:204조 제2항이 규정하는 것처럼 채권자의 지위를 취득한 채무자에 대해서 다른 채권자가 구상권을 행사할 수 있다.

> **사례 3**: A와 B는 C에 대한 10,000유로의 연대채권자이다. B는 사망하고 그 유일한 상속인인 C가 이를 승계하였다. 제10:204조 제2항에 의하여 A는 새로운 공동채권자인 C에게 5,000유로를 청구할 수 있다.

동일한 방식으로, 제10:109조에 따라 법원 판결은 단지 소송당사자 사이에서만 효력을 가진다.

연대채권에도 적용되는 제10:110조 제1항에 따르면, 채권 가운데 하나가 시효가 완성되더라도 다른 채권자들은 그 권리를 유지한다. 제10:110조 제2항에 따르면 채권자는 시효가 완성되더라도 자신의 정당한 지분을 초과하여 변제받은 채권자에 대하여 (제10:204조 제2항에 따라) 구상권을 행사할 수 있다.

> **사례 4**: A와 B는 C에 대한 10,000유로의 연대채권자이다. B의 채권은 시효가 완성되었으나, A의 채권은 그렇지 않다. A는 C에 대하여 소송을 진행하여 채권 전액을 상환받을 수 있다. 그러면 B는 A에 대하여 (제10:104조 제2항에 따라) 5,000유로의 범위 안에서 구상권을 행사할 수 있다.

마지막으로, 제10:111조 제1항에 따라 채무자는 채권자에 대하여 일신전속적 항변이나 해당 채무에 고유한 항변 중 어느 항변으로도 대항할 수 있으나, 다른 연대채권자에게만 적용되는 일신전속적 항변을 가지고 대항할 수 없다.

사례 5: A와 B는 C에 대한 10,000유로의 연대채권자이다. C는 A에 대하여, 해당 계약이 적법한 계약의 목적이 될 수 없는 사항과 관련되어 있어 위법하다는 이유로 채권의 근거가 되는 계약의 무효를 주장할 수 있다. 이것은 채무에 고유한 항변이 될 것이다.

사례 6: 공동은행계좌가 A와 B의 명의로 개설되어 있다. B는 정신적 무능력(mental incapacity) 상태여서 법적으로 계약을 체결할 수 없다. A는 예금인출을 원한다. 은행은 B의 정신적 무능력을 이유로 A에게 대항할 수 없다. 이것은 은행이 단지 B에 대한 관계에서만 원용할 수 있는 일신전속적 항변이다.

제10:111조 제2항은 연대채권에 유추 적용되지 않는다. 전부 변제를 받아 채무자가 면책되도록 한 채권자는 공동채권자의 구상청구를 받게 되고 채무자가 공동채권자에게 주장할 수 있었던 항변으로 그들에게 대항할 수 없다. 채권 금액의 분배는 전적으로 연대채권자들 사이의 합의에 따라 규율되어야 한다.

사례 7: A와 B는 C에 대한 10,000유로의 연대채권자이다. A는 C에 대하여 소를 제기하고, C는 10,000유로를 지급한다. C는 B에 대하여 동의의 하자(vice of consent)를 이유로 대항할 수 있었다. A는 C가 B에게 대항할 수 있었던 동의의 하자를 원용하지 못하고 B에게 5,000유로를 지급하여야 할 것이다.

주 석

1. 연대채권자 1인에 의한 면제

이 조항의 규정은, 연대채권자 가운데 1인이 면제한 경우에도 채권이 부분적으로 감축되는 것을 명시적으로 지지하는 여러 다른 법제와 차이가 있다. 스페인 민법 제1143조, 프랑스 민법 제1198조 제2항, 그리스 민법 제491조 제1항, 이탈리아 민법 제1301조 제2항, 포르투갈 민법 제864조 제3항 참조. 화해에 관해서는 이탈리아 민법 제1304조 참조(이 규정에 따르면 채권자 가운데 1인과 채무자 사이의 화해는 다른 채권자들이 화해로부터 이익을 얻겠다는 수익의 의사표시를 한 때에만 그들에 대해서도 효력이 있다). 명시적 규정이 없는 경우에 연대채무(passive solidarity)를 유추하여 부분적 감축의 해법을 채택하고 있는 입법례도 있다.

2. 연대채무에 관한 일부 규정의 적용

연대채무에 관한 규정을 준용하는 입법 기술은 다수의 법에서 발견된다. 독일 민법 제429조 제3항(같은 조 제2항은 혼동을 다루고 있다), 스페인 민법 제1137조 참조. 다른 법들은 연대채권과 연대채무를 함께 다루거나(이탈리아 민법 제1300-1306조), 별도의 규정을 두고 있다(그리스 민법 제491조, 제492조, 포르투갈 민법 제532조, 제869조, 제530조, 제514조 제2항). 명시적인 규정이 없는 경우, 연대채무에 관한 규정이 유추 적용될 가능성이 높다. 나아가 스페인 민법은 제1141조에서 각 공동채권자가 다른 채권자들에게 도움이 되는 행위는 할 수 있고, 그들에게 손실이 되는 행위는 할 수 없다고 규정하고 있다.

제11장 채권양도

제1절 일반원칙

제11:101조 적용범위

(1) 이 장은 현재 또는 장래의 계약에 따라 발생하는 이행을 청구할 권리('채권')를 합의에 의해 양도하는 경우에 적용된다.

(2) 또한 이 장은 명시적으로 달리 규정하는 경우* 또는 해석상 달리 보아야 할 경우가 아닌 한, 그 밖에 양도성이 있는 채권을 합의에 의해 양도하는 경우에도 적용된다.

(3) 이 장은 다음의 경우에는 적용되지 않는다.

(a) 다른 법률이 적용되는 금융증서(financial instrument) 또는 투자증권의 이전. 이와 같은 이전은 발행인을 위해 또는 발행인에 의해 관리되는 등록부에 기입되어야 한다. 또는

(b) 다른 법률이 적용되는 환어음 그 밖의 유통증권(negotiable instrument)의 이전 또는 유가증권(negotiable security)이나 동산권원증서(document of title to goods)의 이전. 이와 같은 이전은 (필요한 경우 배서와 함께) 교부에 의하여 이루어져야 한다.

(4) 이 장에서 '양도'는 담보목적의 양도를 포함한다.

(5) 또한 이 장은 채권양도에 의한 것 외에 합의에 의한 채권에 대한 담보권의 설정에 대해서도, 적절한 변경을 하여 적용된다.

해 설

A. 일반

계약상 채권은 대표적으로 거래할 수 있는 재산이다. 계약상 채권은 전형적으로는 채권매입(팩토링) 거래를 통해 매도되거나 대출이나 다른 채무에 대한 담보방식으로 양도될 수 있다. 이 장의 목적은 한편으로는 개별적이든 대량이든 채

* 이 장의 일부 규정, 즉 제11:102조, 제11:201조 제2항, 제11:204조 제b호는 계약상 채권에 한정하여 규정되어 있다.

권양도를 촉진시키고, 다른 한편으로는 동시에 채무자의 권리가 채권양도에 의해 침해되지 않도록 하기 위한 원칙과 규칙을 설정하는 것이다. 계약상 채권의 양도는 이행청구권, 대체로 금전지급청구권의 이전이다. 이것에는 양도인 의무의 이전이 전혀 포함되지 않는다. 계약에 따른 채무자의 고유한 채권은 오로지 양도인에 대해서만 계속 존재한다. 채권양도는 계약당사자의 어느 쪽도 면책시키지 않기 때문에, 해당 계약에서 달리 정하지 않는 한 채무자의 동의가 필요하지 않다. 따라서 채권양도는 제3자가 채무자를 대체하는 상황과 구별되어야 하는데, 그 경우 채무자는 책임으로부터 해방되고 그러한 변경은 세 당사자 전원의 동의가 필요하다(제12:101조 참조). 또한 이것은 제3자가 한쪽 계약당사자를 완전히 대체하는 상황과도 구별되어야 하는데, 이 경우는 권리와 의무를 모두 인수하는 것이다. 이것도 세 당사자 전원의 동의가 필요하다(제12:201조 참조).

B. 적용범위

(ⅰ) '양도'

이 장은 채무의 이행을 청구할 권리('채권')의 보유자가 또 다른 사람에게 채권 또는 채권적 권리를 양도하는 것과 같은 방법으로 처리하는 상황을 다룬다. 그와 같은 거래는 다음 3가지 방식 중 하나를 취할 것이다. 첫째, 완전한 이전이다. 예컨대 채권의 매매계약에 따르는 경우이다. 둘째, 담보목적의 이전이다. 예컨대 채권 양도담보이다. 셋째, 이전 이외의 다른 방법으로 담보를 설정하는 것이다. 여기서 세 번째 유형은 이전을 수반하지 않는 채권에 대한 모든 담보방식을 포함한다. 본조 제5항에 반영되어 있는 이러한 담보에 대한 포괄적 접근방식은 일정한 법제나 법계에만 특유한 비이전 담보의 방식, 예컨대 질권(대륙법계에서 이는 법률요건이 충족되는 경우 관념적 점유 이전*에 기초하여 심지어 무체재산에 대해서도 인정되는 반면, 보통법계에서는 오로지 유체동산에 대해서만 이용될 수 있다) 그리고 형평법상 담보(이것은 보통법 이외에서는 발견되지 않는 담보방식이다)와 같은 것에 대한 언급을 피하고 있다. 이 장의 내용은 그러한 이전 이외의 담보권 설정에 대하여 적절한 변경을 하여 적용된다. 가장 일반적으로 준용되는 것은 (이 조항과 해설 모두에서) 채권양도를 언급할 경우 담보권 설정을 언급하는 것을

* 점유개정을 가리킨다.

포함한다고 보는 것이고, 이는 '양도인'과 '양수인'에 대해서도 마찬가지이다. 좀 더 본질적인 성질을 가진 필연적인 변경도 존재한다. 예컨대, 제11:201조(양수인에게 이전되는 권리)는 이전 이외의 방법에 의한 담보권 설정에는 적용될 수 없다.

계약 전부가 이전(즉, 계약상 권리뿐만 아니라 의무까지도 이전하는 것)된 경우, 이 장은 제12장과 함께 해석해야 하고 제12장을 우선적으로 따라야 한다.

(ii) '채권'

'채권'이라는 단어는 채무의 이행을 청구할 권리를 뜻한다. 이는 다른 장에서도 사용되며 적용범위를 확정하는 중요한 효과가 있다(서론 5 참조). 이 장에서 중요한 것은, 이는 이미 지급할 수 있거나 장래 지급할 수 있는 채무, 그리고 건물을 신축한다거나 물건을 인도하는 것, 그리고 용역의 제공과 같은 비금전적 이행을 청구할 권리를 포함하고 있음에 유의해야 한다는 점이다. 한편 일부 특정 유형의 채권(예컨대 금융증서, 투자증권 또는 유통증권에 화체되어 있거나 증명되는 채권 등)의 경우 이 장의 조항을 적용하는 것이 반드시 적절하지만은 않은 경우도 있다(아래 (v) 참조).

(iii) 합의에 의한 이전에만 적용

이 장은 합의에 의한 채권양도에만 한정된다. 법률 규정에 의한 채권의 이전(예컨대 법정 대위의 방식에 의한 채권 이전) 또는 단독행위에 의한 채권양도(예컨대 신탁 선언)에는 적용되지 않는다.

(iv) 비계약적 채권

실무상 채권양도가 가장 큰 중요성을 갖는 경우가 계약상 채권(contractual claim)과 관련된 경우이기 때문에 이 장은 계약에 따른 금전지급이나 그 밖의 이행청구권을 주로 염두에 두고 작성되었다. 그러나 이 장의 내용은 명시적으로 달리 규정하는 경우 또는 해석상 달리 보아야 할 경우가 아닌 한, 그 밖에 양도가능한 채권, 예컨대 일방적 약속에 따른 지급청구권, 계약의 불이행에 대한 손해배상청구권, 부당이득법에 따른 지급청구권 또는 반환청구권 등을 합의에 의해 양도하는 경우에도 적용된다. 유럽계약법원칙에 따라 중재에 회부된 분쟁에서는 다양한 형태의 채권이 경합하게 될 것이고, 계약에 따른 이행청구권의 양도에만 적용되는 일련의 규칙이 있고 그 밖에 밀접한 관련이 있는 채권의 양도에는 또 다른 일련의 규칙을 적용해야 한다면 이런 상황은 불편하고 정당화될 수 없을 것이다.

'양도가능성'이라는 용어는, 이 장의 적용범위에서 채권의 성질상 그것을 규율하는 법에 의해 양도할 수 없는 비계약적 채권들을 배제한다. 예컨대, 일정한 사회보장 지급청구권을 부여하는 법에서 금전지급청구권은 양도할 수 없다고 정하는 것은 당연하다. 또한 절대적 강행규정(제1:103조 제2항)과 양도인에 대한 일신전속적 이행(제11:302조)에 관한 규정은 계약상 또는 비계약적 채권 여부를 떠나 채권의 양도성을 제한하거나 영향을 줄 수 있다는 점에도 유의하여야 한다. 아래 제11:102조에 대한 해설 C와 주석 참조.

"명시적으로 달리 규정하는 경우가 아닌 한"이라는 용어는 이 장의 일부 규정들(제11:102조, 제11:201조 제2항, 제11:204조 제b호 참조)이 명시적으로 계약상 채권에 한정되어 있다는 사실을 반영하고 있다. "또는 해석상 달리 보아야 할 경우"라는 용어는 일부 규정(예컨대 제11:301조)이 비록 명시적으로 그렇게 제한하고 있지 않지만, 오로지 계약상 채권에서만 적용된다는 사실을 반영한다.

(v) 금융증서 또는 투자증권, 유통증권(negotiable instrument) 그리고 이와 유사한 증서

주식 그리고 일정한 채권(bond, 債券)과 같은 금융증서 또는 투자증권은 발행인의 등록부(register) 또는 발행인을 위하여 제3자가 보관하는 등록부에 기재함으로써 이전되는데, 이는 이 장의 적용범위가 아니다. 필요한 경우 배서를 함께 하는 교부에 의하여 양도할 수 있는 무형의 증권부 채권(documentary intangibles)(즉, 유통증권, 유가증권 또는 동산권원증서 등에 화체되어 있는 채권)의 이전에도 동일하게 적용된다. 이러한 적용배제는 본조 제3항에 의하여 이루어진다.

(a) 금융증서와 투자증권

등록된 금융증서나 투자증권의 성질상, 채권(bond)이나 주식의 소지자는 발행인에 대한 지급청구권('채권')이 있을 것이지만, 그러한 증서나 증권은 채권법에 의해 규율되는 통상의 권리와 주요한 점에서 차이가 있다. 즉, 그러한 증서나 증권의 이전은 일반적으로 발행인의 등록부에 기재되는 등 특별한 규칙에 의해 규율될 것이다. 따라서 그러한 증서나 증권은 이 장의 적용범위에서 배제된다.

(b) 유통증권(negotiable instrument)

환어음 그 밖의 유통증권이 일련의 계약관계를 발생시킬 수 있더라도, 유통증권에 따른 권리는 통상 채권양도가 아니라, 필요한 경우 배서와 함께, 그 교부에 따라 이전의 효과가 생긴다. 이러한 증서상 책임이 있는 당사자 또는 당사자들의 채무는 현재 소지자(본래의 수취인이 아닐 것이지만)에게 지급해야 하는 의무이기 때문에, 채권양도의 경우와 같이 이전의 통지가 채권양도가 성립하기 위한 요건은 아니다. 그리고 그 증서의 소지자가 아닌 양수인에게 지급하는 채무자는 소지자에 대한 책임이 남아 있다. 더구나 유통증권은 그 성질상 엄격한 규칙에 따라 규율되며, 그러한 규칙은 여러 측면에서 채권양도에 적용되는 규칙과 큰 차이가 있다. 예컨대, 인도인의 권원에 존재하는 하자를 통지받지 않고 유통증권을 유상으로 취득한 사람은, 그러한 하자 또는 인도인에 대하여 주장할 수 있었던 항변으로 영향을 받지 않는 반면, 채권양수인은 그러한 사항에 영향을 받는다.

그러한 유통증권이 이 장의 적용범위를 벗어난 경우, 이는 기초가 되는 채권의 양도를 반드시 배제하는 것은 아니다. 이는 유통증권의 인도를 포함하지 않는 자산에 대한 포괄적 채권양도에서 대부분 발생하는 것 같다. 유통증권에 화체된 채무가 양도되는 경우, 유통증권에 관한 법은 보통 양수인에 대한 유통증권의 소지자에게 우선권을 부여할 것이다. 이것도 이 장에서 다루지 않는 사항이다. 제4절에서 정하는 우선권 규정은 채권양도의 경합에 국한된다.

(c) 유가증권(negotiable security)

유가증권은 무기명주식, 지분, 채권 또는 시장에서 발행된 어음 등의 권원에 관한 증서이다. 유통증권의 경우와 같이, 그 상품에 화체된 권리는 교부에 의하여 이전된다. 유통증권에 관하여 위에서 한 설명은 유가증권에 똑같이 적용될 수 있다.

(d) 동산권원증서

동산권원증서에 대하여도 유사한 고려를 할 수 있다. 비록 권원증서는 채권(claim) 그 자체는 아니지만, 동산인도청구권의 증거가 될 수 있다. 그와 같은 서면을 발행하는 운송인이나 보관자의 의무는 현재 소지자에 대한 것인데, 현재 소지자가 반드시 최초의 송하인이나 임치인(depositor)인 것은 아니며, 그래서 동산

인도청구권은 선하증권, 창고증권, 또는 그 밖의 권원증서의 교부에 의하여 이전된다.

(vi) 양도 합의(agreement to assign)보다 양도(assignment)에 중점

이 장의 채권양도는 양도하기 위한 합의에서 유래한다. 일부 사례에서 이러한 채권양도의 합의는 양도와 구별되며, 양도에 선행하는 것이며, 그리고 채권양도가 그 일부로 구성될 수 있는 좀 더 광범위한 사업거래 또는 사업관계를 규율한다. 채권양도의 합의와 채권양도가 하나의 계약서에 화체되어 있는 사례도 있다. 실제로는, 명시적인 계약상 합의나 그 밖의 계약 조항이 전혀 없고 단순히 양도로만 구성되는 채권양도가 있을 수 있는데, 그러한 경우 계약상 의무는 오로지 묵시적으로 또는 법률 규정에 따라서만 발생될 것이다. 어떤 경우든 양도의 계약적 측면을 이전으로서의 양도의 효력과 구별할 필요가 있다. 이 장은 주로 후자를 논의할 것이나, 양도인에 의하여 이루어진 확약은 논의 대상에 포함될 것이다(제11:204조 참조). 따라서 계약으로서의 양도의 형식적이고 실체적인 효력은 이 장이 아니라, 제2장과 제4장에 따라 규율된다.

일부 법체계에서는 약정 채권양도는 계약에 기초하여 효력이 발생하는 것이어서, 만일 계약이 무효라면 이전 자체도 무효가 된다. 다른 일부 법체계에서 채권양도는 채권양도를 발생시키는 계약과는 단절되며 계약의 실효에 따라 원칙적으로 영향을 받지 않는 별개의 법률행위로 간주된다. 그런가 하면 또 다른 법체계에서는 채권의 이전이 계약과는 별개로 간주되지만, 계약의 효력 여부에 따라 영향을 받을 수도 있다. 이 장은 이러한 문제에 대하여 어떠한 입장을 채택하지는 않는다. 그러나 채무자를 보호하기 위하여 제11:304조는 만일 채권양도의 통지를 받은 이후에 채무자가 양도 통지에서 양수인으로 정해진 사람을 위하여 이행한 경우, 채무자가 그 사람이 이행에 대한 어떠한 권원도 부여받은 사람이 아니라는 점을 알 수 있었던 것이 아니라면 채무자는 면책된다는 점을 정하고 있다.

이 장은 양도의 모든 측면을 다루는 것은 아니다. 예컨대 채권에 대한 담보권의 집행을 다루지 않는다. 이러한 문제는 준거법의 몫으로 남겨져 있다.

주 석

이 장은 금전채권과 비금전채권의 양도 모두를 다룬다. 따라서 이 장은 국제거래에서 채권양도에 관한 UN 협약(UN Convention on Assignment of Receivables in International Trade. 이하 'UN 협약'이라 한다)보다 적용범위가 훨씬 넓은데, UN 협약은 그 성질상 금전의 지급을 구하는 채권에만 한정되기 때문이다(제2조). 대다수 유럽 법체계에서 약정 채권양도(consensual assignment)는 합의에 기초한 것으로 간주되며 합의의 유효성에 의존한다. 그러나 독일, 그리스, 스위스 법에서는 추상성 원칙(principle of abstraction)*을 채택하고 있어 이에 따라 양도는 양도 합의와 독립된 것으로 간주되고, 따라서 대부분의 경우에는 영향을 미치겠지만 후자의 흠결은 양도의 유효성에 반드시 영향을 미치는 것은 아니다. 비교법적 논의에 대해서는 *Kötz*, IECL para 67 참조. 이는 *Zweigert and Kötz* 446에서 재인용된다. 프랑스와 독일의 비교는 *Cashin-Ritaine* 참조. 독일 법은 Larenz 571; *Münchener Kommentar* (-*Roth*) § 398, n. 2와 23-25 참조. 그리스 법은 A.P. 481/1960, Note 1961.297 참조. 잉글랜드 법에서 현재 채권의 완전한 양도는 단순한 양도 합의 또는 장래 채권의 양도와 달리 재산권의 이전으로 보며, 따라서 약인처럼 유효한 계약의 조건을 충족할 필요가 없다. 이에 관해서는 *Holt* v. *Heatherfield Trust Ltd.* [1942] 2 KB 1, 5; *Chitty* paras. 20-018, 20-027; *Goode*, Commercial Law 680-681 참조.

오스트리아 민법 제1392조는 채권양도를 새로운 채권자로의 교체에 의한 경개의 한 형태로 규정하되 양수인에게 채무자에 대한 어떤 책임도 부과하지 않는 것으로 보고 있다(제1395조). 벨기에, 룩셈부르크, 프랑스 민법에서 약정 채권양도 관련 규정은 매매에 관한 장에 있지만 다른 형태의 채권양도에도 확대하여 적용된다. 덧붙여 프랑스 민법 제3편 제17장은 채권질권을 포함하는 규정이 있다. 이와 비슷하게 독일 법은 계약에 관한 일반규정으로 규율되는 채권양도(민법 제398조 이하)와 물권법 규정으로 규율되는 담보(민법 제1273조 이하)를 구별한다. 이탈리아 법에서 약정 채권양도(*cessioni di crediti*)를 규율하는 규정은 민법 제1260-1267조와 1991년 2월 21일 법률 제52호에 나타난다. 룩셈부르크 민법은 제1689-1691조와 제1295조에서 채권양도를 다루고 있다. 법률요건을 완화하기 위하여 1994년 12월 21일 법률로 기존 조항의 핵심적인 부분을 개정하였다.

네덜란드에서는 민법 제3:94조의 채권양도에 관한 조항은 소유권 이전에 관한 일반규정(민법 제3:83조 이하)의 일부를 구성한다. 네덜란드 법은 신탁적 소유권의 완전한 이전을 무효로 간주하지만(HR 19th May 1995, *NJ* 1996, 119 판결의 해석에 따른 민법 제3:84조 제3항에 기초하여), 2가지 방식의 채권담보를 인정하고 있다. 첫 번째 방식은 통상적인 담보인데, 이는 성격상 점유를 수반하며, 그 설정을 위해서는 담보가 양도인이 서명한 서면에 의하고 채무자에 대한 통지가 있어야 한다. 제3:236조 제2항, 제3:94조, 제3:98

* 무인성 원칙에 해당한다.

조. 두 번째 방식은 이른바 '숨은(silent)'(또는 비점유) 질권인데, 이는 채무자에 대한 통지에 달려 있는 것이 아니라, 적절히 공인된 사람(예컨대 공증인)에 의해 공증된 서면을 포함하거나 과세당국에 의해 인증된 서명일자와 공중에게 공개되지 않는 등기부에 기재된 인증의 사실이 있는 서면을 포함하여야 한다. 포르투갈 법은 채권양도를 채무법에서 다루는데, 이전(민법 제577조 이하)과 담보(제679조 이하)를 구분한다. 완전한 양도와 담보방식에 의한 양도 모두를 포괄하는 법제는 북유럽 통일 약속어음법(Nordic Uniform Promissory Notes Acts)(덴마크의 PNA 1938, 핀란드의 PNA 1947, 스웨덴의 PNA 1936)인데, 그중 일부 조항은 비증서적(non-documentary), 비유통성(non-negotiable) 채권의 양도에도 적용된다. *Björn* 107.

제11:102조 계약상 채권의 일반적 양도성

(1) 제11:301조 및 제11:302조를 따르는 외에, 계약의 당사자는 계약에서 발생하는 채권을 양도할 수 있다.
(2) 현재 또는 장래의 계약에서 발생하는 장래의 채권은 그 채권의 발생시점에, 또는 당사자들이 합의한 어떤 다른 시점에, 양도의 대상인 채권으로서 식별될 수 있는(identified) 경우에는, 이를 양도할 수 있다.

해 설

A. 현재의 계약

현재의 계약에서 발생하는 채권은 비록 그 이행기가 되지 않더라도 이를 양도할 수 있다는 점은 보편적으로 인정되고 있다. 그러므로 현재의 계약에서 발생하는 현재 및 장래의 채권은 모두 양도될 수 있다. 실제로, 많은 법체계에서 현재의 계약에서 발생하는 이행청구권은 장래의 이행기가 도래하지 않았거나 반대급부의 이행 또는 어떠한 다른 정해진 사건과 결부되어 있더라도 현재의 채권으로 취급된다(*debitum in praesenti, solvendum in futuro*: 현재의 채무, 미래에 갚아야 할 것).

사례 1: C 회사는 E와 공장건설 계약을 체결하였는데, 공사대금은 건축사의 증명서에 따라 단계별로 지급받기로 하였다. C는 장래에 지급받을 수 있는 권리가 계약상 작업의 수행 정도에 따르고 있다고 하더라도 그 권리를 유효하게 양도할 수 있다.

B. 장래의 계약

장래의 계약에서 발생하는 채권의 양도에 관해서는 좀 더 어려운 문제가 제기되어 왔다. 그 어려움은 부분적으로는 장래의 자산과 잠재적 생계수단을 처분할 경우 양도인이 받을 경제적 영향에 관한 우려에서, 다른 한편으로는 채권양도는 채무자에 대한 통지 또는 채무자의 승낙과 함께, 양도시점에 양도목적물의 특정이 필요한데, 장래채권 양도의 경우 종종 이것이 불가능하다는 인식에서 비롯된다. 그러나 매출채권 금융(예컨대 금전채권 그 밖의 매출채권의 매입 또는 그러한 채권을 담보로 한 대출에 의한 금융 제공)의 상업적 중요성과 양도시점에 채권이 개별적으로 특정되어 있거나 특정될 수 있어야 한다는 요건의 비현실성 때문에, 채권의 발생 이후 양도인의 어떠한 새로운 이전행위도 필요 없는 장래채권의 양도가 점점 더 일반적으로 허용되었다. 국제적인 차원에서는 이러한 요건 완화가 1988년 '국제적 팩토링에 관한 UNIDROIT 협약'과 '국제거래에서 채권양도에 관한 UN 협약'에 명시되었다. UNIDROIT 협약 제5조는 채권은 그 발생시점에 양도대상 채권으로서 식별될 수 있으면(identifiable) 충분하다고 규정하였다. 현재의 규정은 좀 더 유연하게 변경되어 당사자들이 식별성(identification) 요건을 충족하는 시기에 관하여 합의하는 것을 허용하고 있다.

사례 2: S는 목재상에게 목재를 공급하는 회사로서, 팩토링회사* F와 팩토링 계약을 체결한다. S는 이 계약에 따라 F에게 S의 영국에서 영업하는 고객들과 체결하였거나 체결할 예정인 매매계약에서 발생하는 현재 그리고 장래의 채권 전부를 매매 형식으로 양도한다. 이것은 유효한 채권양도이다. 왜냐하면 어떠한 장래채권에 관해서도 장래채권이 발생할 당시 그 채권이 S의 영국 구매자로부터 지급받을 수 있는 채권으로서 팩토링 계약에 포함되는 것인지가 확인될 수 있기 때문이다. 그 채권이 F에게 귀속되는 시기는 제11:202조를 참조하여 결정된다.

사례 3: S는 가구 제작업체로서 소매점과 백화점에 가구를 공급한다. S는 팩토링회사 F에게, S가 F에게 수시로 송부하는 명세서에 변제일정에 따라 기재된 현재 및

---

* 채권매입업자를 가리킨다.

장래의 채권을 매각하기로 합의한다. 그 매매계약은 위와 같이 기재된 모든 채권에 대하여 유효하다.

사례 4: 신용카드발행자 C는 B 은행으로부터 거액의 대출을 받고, 자신이 카드소유자에 대하여 가지는 채권을 대출금의 액수를 초과하지 않는 범위에서 B에게 양도하기로 합의한다. 이러한 합의는 계약으로서는 완벽하게 유효하지만, 유효한 채권양도는 되지 못한다. 왜냐하면 그 계약은 양도채권을 식별할 수 있는 방법을 제공하고 있지 않기 때문이다.

C. 절대적 강행규정

이 조항은 강행규정의 제한을 받는다. 강행규정은 국제사법의 관련 규칙에 따라 채권양도 계약을 규율하는 준거법과 상관없이 적용되고(제1:103조 제2항), 그러므로 준거법 선택조항으로 배제될 수 없다는 점에서 우선적 효력을 갖는 규정이다. 국제사법의 관련 규칙은 법정지법인데, 법정지 국가는 자국의 절대적 강행규정을 적용하거나 제3국의 절대적 강행규정을 적용할 수 있다.

사례 5: 개인인 H는 자신의 모든 장래 수입과 재산을 대출에 대한 담보로서 A에게 양도하려고 한다. 지금 강제를 위한 절차가 잉글랜드에서 제기된다. 잉글랜드 법에서 그 양도는 실질적으로 양도인의 모든 생계수단을 박탈한다는 점에서 공공정책에 반하여 무효이다. 이러한 잉글랜드 법의 강행규정은 제11:102조를 배제할 것이다.

주 석

유럽의 모든 법체계에서 현재의 계약에서 발생하는 계약상 권리(채권)를 양도할 수 있다는 것은 일정한 예외, 예컨대 양도가 공공정책에 위반되거나 채권자의 일신전속적 권리인 경우 등을 제외하고는 인정되고 있다. *Kötz*, IECL, paras. 68 ff. 개인이 장래채권을 포괄적으로 양도하는 것은 양도인의 생계수단의 박탈을 초래하기 때문에 대부분의 법체계에서 공공정책에 반하는 것으로 인정된다. 많은 법역에서, 예컨대 판사와 같은 공무원의 급여를 양도하는 것, 그리고 분쟁 중인 채권을 양도하는 것 역시 공공정책에 반하는 것으로 본다. 유럽계약법원칙은 이 점에 관하여 명확한 규정을 두고 있지는 않고 제1:103조 제2항에서 모든 절대적 강행규정에 효력을 부여한다는 일반적인 규정을 두고 있을 뿐이다. 채권자의 일신전속적 권리의 양도 불가능성에 관해서는 좀 더 일반적인 규정인 제11:302조에서 다루어진다.

보통법 국가들은 오래전부터 장래의 계약에서 발생하는 채권의 양도를 인정하였는데, 그 요건으로 제11:102조 제2항과 마찬가지르 특정성(specificity)이 아니라 식별가능성(identifiability)을 요구하고 있다. *Goode*, Commercial Law 676-677 참조. UNIDROIT 협약도 제9조 제1항 제b호에서 동일한 입장을 채택하고 있다. 그러나 잉글랜드 법에서 법률상 채권양도(양수인이 자신의 명의로 소를 제기할 수 있다)는 채무자에게 통지가 이루어진 현재 채권의 양도에 국한된다. 대륙법 국가에서는 장래의 계약에서 발생하는 채권의 양도에 대하여 비우호적인 경향을 보여 왔는데, 일부 국가는 특정성이 없다는, 즉 장래의 채권이 양도 당시에 '특정'될 수 없다는 사실을 근거로 하며, 일부 국가는, 몇몇 입법례의 경우에, 채권양도는 채무자에게 통지되거나 채무자의 승낙이 있기 전까지는 완결(complete)되지 않는다는 법규정에 근거하는데, 이러한 통지나 승낙을 하기 위해서는 물론 채무자가 식별될 수 있어야 한다. 많은 대륙법계 국가가 지금은 장래의 계약에서 발생하는 채권의 양도가 허용된다는 원칙을 수용하였지만, 채권의 특정가능성 요건을 충족할 필요가 있는 시점을 언제로 볼 것인지에 관해서는 차이가 있다. 일부 법체계에서는 채권이 발생한 시점에 특정될 수 있으면 충분하다. 이것이 오스트리아 법(OGH EvBl 1969/15; JBl 1984, 85; SZ 61/74; OGH SZ 55/170)의 입장이다. 독일 법은 채권양도에 관해서는 같은 입장이지만(*Kötz*, IECL para 82), 질권 설정에 관해서는 그렇지 않다(*Münchener Kommentar* (-*Roth*) § 398, nn. 81과 82; *Staudinger* (-*Kaduk*) § 398, n. 43 ff.). 다른 법체계에서는 채권양도 당시에 채권이 특정될 수 있어야 한다는 원칙이, 명시적으로, 또는 채권양도의 유효요건으로 채무자에 대한 통지 또는 채무자의 식별가능성을 요구함으로써, 유지되고 있다. 이것이 벨기에 법의 입장이다(*Dirix*, De vormvrje cessie 27). 통상적인 질권 설정에 관해서는, 스코틀랜드 법, 네덜란드 법(민법 제3:84조 제2항), 그리고 아마 룩셈부르크 법도 이러한 입장을 채택한다. 프랑스 법은 장래 계약에서 발생하는 채권의 양도를 원칙적으로는 인정하지 않는다(*Terré, Simler, Lequette* n. 1181). 그러나 은행 또는 그 밖의 금융기관에게 채권을 양도할 경우 1981년 1월 2일 다이이법(Loi Dailly)은 양도되는 채권을 식별할 수 있게 해주는 채권명세서의 교부를 허용하고 있는데, 여기에는 채권액과 채무자가 아직 특정되지 않은 장래의 거래에 따른 채권도 포함될 수 있다(제1조). 이와 유사한 규정이 '숨은' 질권 설정에 관한 네덜란드 법에 존재하지만(민법 제329조 제1항, *Verhagen & Rongen* Chap. 4 참조), 통상적인 질권 설정에 관해서는 채무자에 대한 통지 요건이 장래 채권의 양도 가능성을 제한한다. 이탈리아에서는 현재 계약에서 발생하는 채권(장래에 변제기가 도래하는 채권도 포함)만이 양도될 수 있다는 것이 지배적인 견해이다(*Bianca*, Ⅳ 589; *Perlingeri*, Cessione n. 3421). 그러나 팩토링에 관해서는 장래 계약에서 발생하는 채권을 팩토링회사(factor)에 양도할 수 있도록 허용하는 특별한 규정(1991년 2월 21일 법 제52호, 제3조)을 두고 있다. *Bassi* 1993 참조.

제11:103조 일부 양도

분할할 수 있는 채권은 그 일부를 양도할 수 있다. 그러나 양도인은 이로 인하여 채무자에게 발생한 추가비용을 채무자에게 지급할 책임을 진다.

해 설

A. 분할가능성

채권자는 채권 전부가 아닌 채권양도의 상업적 목적을 달성하는 데 필요한 부분만 양도하는 것을 원할 수도 있다. 예컨대 어느 회사가 제3자에 대하여 가지고 있는 2억 유로의 채권을 담보로 하여 은행으로부터 3천만 유로를 차입하고자 할 때, 그 회사는 은행 대출금에 대한 적절한 담보가 되는 정도의 채권만을 은행에 양도하고자 할 것이다. 마찬가지로 어떤 도매상이 상당량의 대체가능한 물건(fungible goods)을 매수하는 계약을 체결하며 그 물건에 대해 각각 따로 대금을 지급하는 두 개의 개별 배송물로 나누어 배달받기로 하고, 다시 두 명의 소매인으로부터 그 전체 매수물량의 절반씩에 대한 주문을 각각 받은 경우, 그 도매상은 첫 번째 배송물에 대한 권리를 한 명의 소매인에게 양도하고 두 번째 배송물에 대한 권리를 다른 한 명의 소매인에게 양도하고 싶어 할 수도 있다.

어떤 채권의 일부를 양도할 수 있는지는, 계약의 명시적 또는 묵시적 내용에 따라, 그 채권이 분할 가능한지에 달려 있다.

(i) 금전채권

금전채권은 분할가능한 것으로 추정된다. 이러한 추정은 보통 계약의 이행에 관한 어떠한 실제상 어려움도 초래하지 않는다. 이러한 추정에 따라 채무자의 비용이 증가할 수 있다고 하더라도, 채무자는 이 규정에 따라 그 비용증가분을 상환받을 수 있다(해설 B 참조). 금전채권의 분할가능성의 추정은 계약내용에 의해서 배제될 수 있다.

사례 1: L은 B에게 1만 유로를 빌려준다. L은 1만 유로의 채권의 일부인 4천 유로에 대한 권리를 A에게 양도할 수 있다. 만일 B가 두 번에 걸쳐 나누어 지급하게 됨에 따라 은행 수수료를 추가로 부담한다면, B는 이를 L로부터 상환받거나 L에 대한 채무와 상계할 수 있다.

(ii) 비금전채권

비금전적 이행에 관한 채권은 채무자가 양도된 부분의 채권을 별도로 이행할 수 있는 경우에만 분할가능한 것으로 추정된다. 그렇지 않은 경우 채무자에게 전체 계약의 분리이행을 요구하는 것은, 분할이행에 의하여 급부와 반대급부의 관계가 채무자에게 불리한 방식으로 변경될 수 있기 때문에, 채무자에게 불공정할 것이다. 예컨대, 한 동의 아파트 건설과 같은, 전체적인 작업을 위한 계약의 경우, 한 개의 호실에 영향을 미치는 하자가 있다고 하더라도 이는 도급인(employer)에 의한 해제를 정당화하기 위한 그 계약 전체에 관한 본질적인 불이행을 구성하지는 않을 것이다. 그러나 만일 그 호실이 매도되고 그에 관한 도급인의 권리가 매수인에게 이전된다면 그 하자는 그 계약의 양도된 부분에 관한 본질적인 불이행이 될 수 있다. 이러한 경우 건설계약이 양도된 부분에 관해서는 양수인에 의하여 해제될 수 있고 양도되지 않은 나머지 아파트에 관해서는 그대로 효력을 갖는 불합리한 결과가 발생할 수 있다. 따라서 이러한 경우에는 일부 양도가 불가능하다. 계약 전체에 대한 단일한 가격이 분할지급되는 경우에도 마찬가지이다. 계약에서 양도된 부분에 대한 별도의 지급을 위한 규정을 명시하고 있는 경우에는 상황이 다르다. 왜냐하면 그 규정의 효과는 채권양도 시 계약 내에서 또 하나의 계약을 성립시키는 것이고, 따라서 각 부분이 별개로 취급되어 그 부분의 양수인은 양도인이 그에 관하여 가졌을 권리보다 더 큰 권리를 행사하지 못하기 때문이다.

사례 2: S는 B에게 컴퓨터 100대를 매도하는 계약을 체결하고, 물건인도는 함부르크에 있는 B에게 각 25대씩 4번에 나누어 하기로 한다. B는 함부르크에서 인도받을 수 있는 권리의 1회차, 2회차, 또는 3회차 부분을 A에게 양도할 수 있지만, 각 분할인도분의 일부에 관한 권리는 양도할 수 없다. 왜냐하면 이를 허용할 경우 S에게 계약을 분리하여 이행하라고 요구하는 것이 되는데, 계약의 내용상 각각의 분할인도분을 분리할 수 없기 때문이다.

사례 3: F는 공구 창고를 포함한 공장의 건축을 2천만 유로에 C에게 맡기고, 그

대금은 건축 증명서 제출과 동시이행으로 단계별로 지급하기로 한다. 만일 F가 그 공장의 나머지 부분은 보유하면서 그 공구 창고를 5만 유로에 A에게 매도한다고 하더라도, F는 공구 창고에 관한 위 계약상 권리를 A에게 양도할 수 없다. 왜냐하면 그 계약은 C의 이행이 분할될 수 없는 전체로서 하나의 계약이기 때문이다.

사례 4: 나머지 사실관계는 사례 3과 같고, 다만 계약에서 공구 창고에 관하여 별도의 대금을 책정하고 그 대금의 변제기는 그 완공 시에 도래한다고 정한다. 공구 창고를 매각할 때에 F는 공구 창고 건축에 관한 권리를 양도할 수 있다.

B. 담보 또는 그 밖의 부수적 권리

이 조항에 따라 채권이 일부 양도되면, 채무자의 의무 이행을 확보하기 위한 모든 담보권 또는 그 밖의 부수적 권리도 비례적으로 이전되고(제11:201조 제1항 제b호), 양도인은 양수인에게 이전 가능한 독립한 권리들을 이전할 의무를 부담한다(제11:204조 제c호).

C. 채무자 보호

채무자의 관점에서 보면 일부 양도는 채권의 복수화에 따른 비용과 불편함을 초래하는 불리한 면이 있다. 실제로는 채권자가 많은 일부 양도를 할 가능성은 낮으며, 일부양도에 따라 채무자에게 추가적인 비용이 발생한다면 채무자는 이 조항에 따라 양도인으로부터 이를 상환받을 권리가 있다. 선택적 대안으로 채무자는 상환받을 권리와 채무를 제13장에 의해 상계할 수도 있다.

그러나 추가적인 비용을 상환받을 권리로는 채무자를 충분히 보호하지 못하는 경우가 있을 수 있다. 그 하나의 예는 채권자가 매우 많은 일부 양도를 하기로 결정하고 그 변제가 채무자에게 영업의 혼란 또는 다른 받아들이기 어려운 정도의 불편을 초래하는 경우이다. 보다 발생 가능성이 높은, 어떤 면에서는 좀 더 심각한, 위험은 전체로서의 채권이 분쟁중에 있는 경우에 발생하는데, 이때 채무자는 하나의 사건에서 변론하고 증거를 제출하였음에도 불구하고 나머지 다른 사건의 후속 절차들에서 그와 같은 행위를 처음부터 다시 반복해야 하는 부담을 지게 될 수 있다. 이 절차들에서 어느 한 사건에서는 채무자의 항변이 받아들여지고 다른 사건에서는 배척되면, 모순된 판결이 선고될 위험도 있다. 이러한 사례 유형의 경우 채무자 보호는 적용되는 절차법에 따라 이루어져야 한다.

주 석

대부분의 유럽연합 회원국 법에서 분할가능한 채권은 일부* 양도될 수 있다. 그리스나 네덜란드 법에는 일부 양도에 관한 특별한 규정은 없으나 판례에 의하여 일부 양도가 명시적으로 인정되어 왔다. HR 19th December 1997, Ned. Jur. 1998, 690 (Zuidgeest/Furness) 참조. 나아가 *Verhagen & Rongen* chap. 8 참조. 이 국가들은 이 조항에서 규정한 것과 같은 채무자 보호를 특별히 규정하고 있지는 않은 것으로 보이며, 다만 독일 학자들은 그러한 규칙을 주장하고 있다. *Nörr, Scheying & Pöggeler* 104 참조. 그리스 법은 채권양도가 채무자에게 불리하지 않아야 한다는 것을 요구하고 있는 것으로 이해된다. *Georgiadis* 409, no. 16 참조.

제11:104조 채권양도의 형식

채권양도는 서면으로 할 필요가 없고 그 형스에 관하여 어떠한 다른 요건의 제한도 받지 않는다. 채권양도는 증인을 포함하여 어떠한 방법으로든 증명될 수 있다.

해 설

A. 형식적 요건의 부존재

채권양도(즉, 계약으로서가 아닌, 이전으로서의 채권양도)의 형식은 법역마다 상당히 다양하다. 어떤 곳은 채권양도가 서면으로 이루어질 것을 요구한다. 어떤 곳은 말로써 채권양도가 이루어지는 것을 허용하거나, 예컨대, 채권자가 은행으로부터 받은 대출에 대한 담보설정 목적으로 계약서를 은행에 의무적으로 맡기는 경우와 같이 일정한 행동으로부터 채권양도가 이루어졌음을 추정한다. 세 번째의 가능성은 양도인과 양수인 사이에서는 말로써 이루어진 채권양도의 효력을 인정하지만, 채권양도의 효력이 채무자, 그리고 채무자의 파산관재인과 일반채권

* 원문에 없으나 이해의 편의를 위해 추가한 것임.

자를 포함한 제3자를 구속하기 위해서는 채권양도가 서면에 의하여 이루어져야 한다고 규정하는 것이다. 실제로는, 채권양도는 거의 예외 없이 서면으로 이루어진다. 이 조항은(이 조항의 초안은 제2:101조 제2항의 방침을 따른다) 말로써 이루어지는 채권양도 또는 행동으로부터 추정된 채권양도를 인정한다. 그러나 (a) 양도의 형식적 유효요건, (b) 채무자가 양도인에게 이행해서는 안 되는 상황(예컨대, 양도 통지의 수령), (c) 양수인이 채무자에게 이행청구를 하기 위하여 선결적으로 충족되어야 하는 조건, 그리고 (d) 양수인이 우선권을 갖기 위한 요건을 구분할 필요가 있다. 이 조항은 단지 (a)만을 다룬다. (b)와 (c)의 쟁점은 제11:303조에서 다루는데, 제11:303조는 채무자에 대한 서면의 양도 통지를 요구한다. (d)는 제11:401조에서 다루는데, 제11:401조는 선행 양도에 대한 통지를 받지 못한 후행 양수인과의 관계에서 양수인이 우선권을 갖기 위한 요건으로, 채무자에 대한 통지(서면에 의한 통지일 필요는 없다)를 요구한다. 이 조항은 양도에 관한 어떠한 형식도 요구하고 있지 않지만, 채권양도의 통지를 한 것이 양수인인 경우 채무자는 양도의 통지를 한 양수인에게 양도하였다는 증거를 요구할 권리를 갖는다(제11:303조 제2항 참조).

B. 채무자에 대한 통지는 성립요건이 아니다

일부 법체계에서는 채무자에게 양도의 통지를 하지 않거나, 다른 명백한 조치, 예컨대 양도인의 회계장부에 양도를 기입하는 등의 조치를 하지 않으면, 그러한 통지나 조치가 있을 때까지, 양도의 당사자 이외에서는 채권양도가 유효하게 성립하지 않는다고 규율한다. 그러한 통지나 이에 상응하는 조치를 하지 않으면, 양도인의 파산 시 무담보 채권자들에 대해서도 양도는 효력이 없고, 양도인과 양수인 사이에서는 유효하다고 하더라도 이는 악의를 가지고 행위를 한 후행 양수인과 같이 그 양도에 따라 영향을 받는 제3자가 최소한 한 부류 이상 존재하지 않는다면, 재산법적 관점에서는 거의 의미가 없다. 또 다른 법체계에서는 채무자에게 양수인에 대한 변제의무를 부과하기 위한 요건, 또는 후행 양수인에 대한 양수인의 우선권을 인정하기 위한 요건으로서 채무자에 대한 통지를 요구하는데, 양도인이 파산할 경우 양도의 유효성을 인정하기 위한 전제조건으로 그 통지를 요구하는 것은 아니다. 이 조항과 제11:201조부터 제11:203조까지의 조항은 후자의 입법례를 따르고 있다. 그 이유는 두 가지이다. 첫 번째 이유는, 통지 요건이 과연 유용한 실익이 있는가라는 문제와 관련되어 있다. 채무자에 대한 통지는 오로지 채무자만 볼 수 있으므로, 일반 공중에 대한 통지(예컨대 등록에 의한 경우)와 같은 의미가 없다. 통지 요건은 예컨대 편파행위를 규제하는 파산법령을 회피할 목적으로 당사자들이 공모하여 양도 일자를 앞당기는 행위를 하는 것을 방지할 수는 있을 것이나, 양도 일자는 문제가 되는 경우가 드물며 다른 방법으로 쉽게 증명될 수 있는 것이다. 통지를 채권양도의 성립요건에서 제외하는 두 번째 이유가 좀 더 중요한데, 통지를 성립요건으로 요구하면 현재와 장래의 계약에서 끊임없이 발생하는 채권의 양도를 수반하는 현대의 채권금융에 방해가 되기 때문이다. 당연한 말이지만, 양도의 시점에서는 보통 장래의 채무자가 식별될 수 없는 것이다. 게다가 최근 특히 팩토링 분야에서, 통지하는 방식보다는 청구서 할인으로 알려진 통지를 하지 않는 금융기법이 유행하는 뚜렷한 추세가 감지되고 있다. 이러한 금융기법은 양도인-공급자와 그 고객 즉 채무자 사이에 발생하는 복잡한 관계를 피하기 위하여, 양도인이 양수인을 위하여 채권을 대신 회수할 수 있도록 하기 위한 것이다. 통지하지 않는 금융기법의 이용은 양도인으로부터 양수인에게 이르는 채권이전의 유효성에 크게 의존한다. 따라서 양도의 성립요건으로 채무자에 대한 통지를 요구하면 처권금융 일반은, 특히 통지하지 않는 금융기법은, 큰 어려움에 부딪힐 수 있다.

주 석

이 주석은 양도인과 양수인 사이에서의 채권양도의 형식적 유효요건만 논한다. 다른 측면의 문제들은 제11:303조와 제11:401조에 대한 주석에서 다룬다.

UN 협약은 실체적 규칙을 두고 있지는 않지만 제8조에서 채권양도는 그 형식에 있어서 양도인이 거주하는 국가의 법상 요건 또는 국제사법에 따른 준거법상 형식적 요건을 충족하면 유효하다고 규정하고 있다. UNIDROIT 팩토링 협약은 매출채권의 양도에 관한 형식적 요건을 규정하고 있지 않지만, 채무자에 대하여 서면 통지를 해야 하는 채권양도만을 규율대상으로 하고 있다. 유럽연합의 대부분의 회원국들의 법은 양도인과 양수인 사이의 무상이 아닌 채권양도의 형식적 효력요건에 대한 규정을 두고 있지 않다. 오스트리아, 벨기에, 잉글랜드, 독일, 그리스, 이탈리아, 룩셈부르크, 포르투갈, 스코틀랜드, 스페인, 그리고 북유럽 국가들이 이에 해당한다. 프랑스 법은 채권을 증명하는 서류의 교부를 요구하지만(민법 제1689조) 당사자들이 합의하여 이 요건을 배제할 수 있다. 다만 다이이법(*Loi Dailly*)이 적용되는 경우는 그렇지 않은데, 이 경우는 채권명세서와 관련된 형식적 요건들을 준수해야 한다. 네덜란드에서는 채권양도 및 질권 설정을 하려면 언제나 양도인의 서명이 있는 서면으로 하는 것이 요건이고(민법 제3:94조, 제3:236조 제2항), 나아가 양도인과 양수인 사이에서의 문제라 하더라도 채권양도가 효력을 갖기 위해서는 채무자에 대하여 통지를 하여야 한다(민법 제3:94조). 다만 이러한 규정에 대한 비판이 계속되고 있어서 이에 관한 법개정이 곧 이루어질 것으로 보인다. '숨은', 즉 비점유의 채권 질권을 설정하기 위해서는, (예컨대 공증인에 의하여) 공증된 증서를 갖추거나, 그러한 증서를 갖추지 못한 경우에는 그 설정 일자를 공적으로 증명하여야 한다.

위 대부분의 국가는 특별한 형식을 갖추지 않은 이전도 양도인과 양수인 사이에서는 유효한 것으로 규정하지만, 양수인에게 더 중요한 문제는 해당 채권양도를 제3자, 특히 후행 양수인, 양도인이 파산할 경우의 채권자들에게 대항할 수 있는지이다. 이와 관련된 규정은 일반적으로 좀 더 엄격하다(제11:401조의 주석 참조).

제2절 양도인과 양수인 사이에서 채권양도의 효력

제11:201조 양수인에게 이전되는 권리

(1) 채권양도에 의하여 다음의 권리가 양수인에게 이전된다.

(a) 양도된 채권의 이행에 관한 양도인의 모든 권리와

(b) 그 이행의 담보에 관한 모든 부수적 권리.

(2) 계약으로부터 발생한 채권의 양도가, 동일한 계약상 양도인이 부담하는 채무에 관하여 그 채무자를 양수인으로 교체하는 것과 결합되어 있는 경우에, 이 조항은 제12:201조의 제한 아래에서 적용된다.

해 설

A. 주된 권리의 이전

채권양도의 첫 번째 효과는 양도된 채권(또는 일부 채권. 제11:103조 참조)에 대한 지급이나 그 밖의 이행에 관한 모든 권리를 양수인에게 이전시키는 것이다. 양수인은 채권의 새로운 보유자가 된다. 그러나 이 조항은 양도인과 양수인 사이의 관계에만 영향을 미친다. 채권양도에 의하여 양도된 채권은, 당사자 사이의 합의에 따라, 양수인에게 완전히 귀속되거나 담보의 목적으로 귀속된다. 그러나 채권양도 자체에 의하여 채무자가 양수인에게 이행해야 하는 의무를 부담하는 것은 아니다. 이러한 의무는 제11:303조에 구정된 요건이 충족되었을 때만 발생하고, 그 경우에도 제11:304조에 따른 채무자의 항변권과 상계권을 포함한 이 장의 다른 규정이 적용된다. 게다가 이 조항은 우선권에 관한 문제는 다루지 않는다. 이 장에서는 위법한 이중양도를, 두 번째 양도의 효력에 관한 문제로 다루기보다는, 제11:401조에 따라 규율되는 우선권에 관한 문제로서 논의한다(제11:401조에 대한 해설 A 참조). 마찬가지로, 양도인이 파산할 경우 양수인의 권리에 부여되는 우선권은 제11:401조 제4항에서 규율된다.

B. 구제수단의 이전

채권양도는 장래의 채무불이행에 대한 양도인의 손해배상청구권과 지연이자 청구권까지 묵시적으로 이전시킨다. 양수인이 이제 채권자가 되었다는 사실에서 이러한 결론이 도출된다. 이미 발생한 채무불이행에 관한 권리까지 양도에 따라 이전되는지는 양도의 내용에 따라 달라진다.

C. 부수적 권리의 이전

채권이 양도되면 채무자의 이행을 담보하는 모든 부수적 권리(제11:103조에 의한 일부양도가 이루어진 경우 양도된 채권의 비율에 안분비례한 부수적 권리), 예컨대 준거법상 채권이 만족되면 함께 소멸하는 부수적 권리로 간주되는 보증과 물적 담보에 관한 권리까지 이전된다. 많은 법체계에서 부수적 권리의 이전을 양도에 내재한 효과로 간주하여 약정으로 이를 배제할 수 없도록 하고 있다. 왜냐하면 그렇지 않을 경우 양도인에게 더 이상 속하지 않는 채권에 관한 담보권만 양도인에게 남게 되어, 양도인뿐만 아니라 양수인도 그러한 담보권을 실행할 수 없게 될 것이기 때문이다.

그러나 이행담보를 위한 것이라 하더라도, 성질상 부수적 권리가 아닌 것이 있다. 예컨대, 요구불보증과 보증신용장은 특정 서류를 구비하면 채무자에 의한 채무불이행이 실제로 일어났는지 여부와는 관계가 없이 그 지급을 청구할 수 있다. 그러한 채무불이행의 요건은 채무자와 채권자 사이의 내부적 관계에서만 문제되고, 지급보증을 한 은행에 대한 관계에서는 문제되지 않는다. 마찬가지로 물적 담보 중에서 성질상 무인성을 지닌 것들이 있는데, 예컨대 독일의 토지채무(Grundschuld)는 담보 기능을 하지만 채무자에 의한 채무불이행을 조건으로 하지 않는다. 이러한 권리는 부수적 권리가 아니므로 채권양도에 의하여 당연히 이전되지는 않으며, 양수인이 이러한 권리를 취득하기 위해서는 별도로 이를 이전받는 약정을 해야 한다. 제11:204조 제c호 참조.

D. 채권양도와 채무자 지위를 양수인으로 교체하는 것

양도인이 채무자에게 지급해야 하는 채무에 관하여, 양도인을 대신하여 양수인이 그 책임을 인수하기로 하는 약정이 채권양도와 결합되어 있으면, 제12:201조에 따르는 외에 이 조항이 적용된다. 제12:201조는 양수인이 양도인의 부담을 유효하게 인수하기 전까지는 양도된 채권의 이익을 취할 수 없도록 보장하고자 한 것이므로 이러한 약정을 체결하려면 계약상대방의 동의가 필요하다.

주 석

이 조항은 대부분의 국가의 입법례를 반영하고 있다. *Kötz*, IECL para. 91. 제1항 제a호는 거래의 본래적 특성을 반영한다. 제1항 제b호는 대부분의 유럽국가 법전이나 법리와 합치하는데, 부수적 권리는 별도의 이전행위를 하지 않아도 이전된다. 오스트리아에서는 이러한 내용이 민법 제1393조에 내재되어 있는 것으로 본다. OGH SZ 60/46; ÖRZ 1992/26, RdW 1993, 362 참조. 마찬가지로 벨기에(*van Malderen* para. 3216), 북유럽 국가들, 프랑스(민법 제1692조와 다이이법(*Loi Dailly*) 제4조 제3항), 독일(민법 제398조, 제401조), 그리스(민법 제458조, 아테네 항소법원 459/1993, NoB 42 [1994] 206 at 207), 이탈리아(민법 제1263조 제1항), 룩셈부르크(민법 제1692조), 네덜란드(민법 제6:142조와 제3:82조), 포르투갈(민법 제482조)과 스페인(민법 제1528조). 제2항에 관해서는 제12:201조의 주석 참조.

제11:202조 채권양도의 효력발생시기

(1) 현재 채권의 양도는 양도합의를 한 시점, 또는 양도인과 양수인이 효력발생시기로 합의한 나중의 시점에 효력이 발생한다.
(2) 장래 채권의 양도는 후에 그 채권이 성립하여야 효력이 발생한다. 그러나 그것이 성립한 경우에는, 그 양도는 양도합의를 한 시점, 또는 양도인과 양수인이 효력발생시기로 합의한 나중의 시점에 효력이 발생한다.

해 설

이 조항은 채권양도의 효력발생시기에 대해 다루고 있다. 이것은 양도가 경합된 경우 우열관계(priorities)를 규율하는 것이 아니고, 이러한 우열관계는 제11:401조에 따라 규율된다.

A. 현재 채권의 양도

양도합의를 한 시점에 채권이 존재하는 경우 그 시점에 양도의 효력이 발생하나, 당사자들이 효력발생시기를 미루기로 합의한 경우는 그렇지 않다. 금전채권 양도의 경우 이행기가 도래하였을 필요는 없다. 이행기가 장래 도래하는 현재의 채권(*debitum in praesenti, solvendum in futuro*)과 같이, 채권이 현재 이미 존재하는 계약에 따라 발생하는 것이면 충분하다.

사례 1: C는 5월 1일 O와 2,000,000유로에 공장을 건설하고 대금은 건축사의 증명서(certificates)에 따라 분할지급받기로 하는 계약을 체결한다. C는 6월 1일 자신의 권리를 A에게 양도한다. 첫 증명서는 8월 12일 발행된다. 양도의 효력은 6월 1일에 발생한다.

B. 장래 채권의 양도

채권은 성립 전에 양수인에게 결코 귀속될 수 없지만, 일단 성립한 이후에는 채권양도 합의 시점부터 양도의 효력이 발생한다. 제2항에서 정하고 있는 이러한 소급효는 주로 우열관계(제11:401조)에 관한 쟁점과 관련이 있지만, 양도가 유상인지 무상인지를 결정하는 데에도 중요할 수 있는데, 양도 이후 채권 성립 전에 주어진 대가는 과거의 대가가 아닌 새로운 대가이기 때문이다.

제1항에서와 마찬가지로 제2항의 경우에도 당사자들은 양도의 효력발생시기를 이 조항에서 정한 것보다 후의 시점으로 합의할 수 있다. 장래채권의 양도에 관해서는 제11:102조의 해설 B도 참조.

사례 2: 부동산 개발업자 X는 9월 1일 거래은행 Y에게 현재 건설 중인 부동산에 관하여 장래에 그 매수인들과 체결하게 될 매매계약으로부터 발생하는 모든 권리를 양도한다. 그다음 해에 공사를 마치고 X는 그해 8월 10일 P에게 그 재산 중 하나를 매도한다. X의 대금채권 양도는 매매가 성립해야 효력이 발생하나, 효력발생시기는 그 전 해 9월 1일이다.

사례 3: 목재 공급자인 S는 F와 팩토링(채권매입) 계약을 체결하여 매달 S의 고객에게 목재 판매에서 발생하는 채권을 일괄하여 판매하기로 합의한다. 당사자들은 F

가 매출채권 매매에 대한 청약을 승낙하는 경우 매매의 효력이 발생하는 것으로 합의한다. 5월 15일 F에게 채권에 대한 청약이 있고 F는 5월 20일 이를 승낙한다. 이 채권에 대한 양도의 효력은 5월 20일에 발생한다.

주 석

이 조항은 UN 협약 제10조에 상응하며 또한 장래의 계약으로부터 발생하는 채권의 양도를 승인하는 국내법들을 반영한다. *Kötz*, IECL para. 104 참조. 이러한 채권들은 양도계약 시점에 발생 중인 것으로 다루어진다.

제11:203조 양도인에 대한 양수인의 권리 보전

양도가 제11:301조 또는 제11:302조에 따라 채무자에 대해 효력이 없는 경우에도, 채권양도는 양도인과 양수인 사이에서 유효하며, 양수인은 양도인이 채무자로부터 수령하는 것에 대하여 권리를 가진다.

해 설

제11:301조와 제11:302조에서 정하고 있는 원칙은 채무자 보호를 위한 것인데, 채무자는 단지 양도인과 거래할 적법한 이익을 가지고 있으며 양도인과 양수인의 관계에 대해서는 아무런 이해관계도 없다. 가령 양도금지특약이 있는 경우와 같이 채무자에게 구속력을 갖지 않는 양도의 효력이 양도인에게 부정되어야 할 이유는 없다. 이행청구권이 대개 채무자와의 거래(dealings)를 수반하기 때문에, 이 조항의 주된 목적은 채무자가 양도인에게 이행한 경우 양도인이 양도된 채권과 관련하여 채무자로부터 수령한 것은 무엇이든지 양수인에게 이전되어야 한다는 것을 명백히 하는 것이다. 이 조문은 양수인이 파산한 경우의 지위에 대해서는 다루고 있지 않다. 그 해결은 준거법이 되는 파산법에 맡겨져 있다.

사례: S는 지방자치단체 L을 위해 400,000유로에 도로 개설 공사를 수행하기로 합

의한다. S와 L 사이의 계약에는 S에 의한 양도금지특약이 포함되어 있다. 그런데도 S는 거래은행 B에 그의 권리를 1,000,000유로의 대출에 대한 담보로 양도한다. S는 도로 개설 공사를 마친다. L은 양도를 무효인 것으로 취급할 수 있는 자신의 권리를 행사하면서 400,000유로를 지급한다. B는 이 금액을 S로부터 상환받을 권리를 가진다.

주 석

유럽연합의 대다수 국가의 법은 채무자에 대하여 효력이 없는 채권양도(이에 대해서는 제11:301조와 제11:302조 참조)가 양도인과 양수인 사이에서는 효력을 가질 수 있는지에 대해 침묵하고 있다. 독일 법에서는 이 쟁점에 대해 논란이 있다. 판례와 대다수의 학설은 양도인에 대해서도 채권양도가 무효라고 하였다. BGH 31 Oct. 1990, BGHZ 112, p. 387, 389; BGH 27 May 1971; BGHZ 56, 228, 230; *Staudinger* (-*Kaduk*) §§ 399, nn. 85 ff. 그러나 일부 학설은 양도인과 채무자 사이의 관계에서만 무효인 것으로 제한하려고 하였다. *Nörr, Scheying & Pöggeler* 31. 잉글랜드 법의 입장은 확립되어 있지 않다. 한 사건에서 양도금지를 위반한 채권양도는 전적으로 무효라고 판단하였으나(*Helstan Securities Ltd. v. Hertfordshire County Council* [1978] 3 All ER 262), 이 사건은 오직 양수인이 채무자로부터 채권을 회수할 수 있는지에 관한 것이었기 때문에 위와 같은 판단은 판결에 필요한 범위를 넘어선 것이었고, 양도인이 채무자로부터 받은 금액을 처분하는 것을 채무자가 유효하게 금지할 수 없다는 취지의 이 사건에 대한 후속 평석(*Goode*, "Inalienable Rights?")은 *Linden Gardens Trust Ltd.* v. *Lenesta Sludge Disposals Ltd.* [1994] AC 85, 104에서 귀족원(House of Lords)에 의하여 호의적으로 고려되었는데, 이는 판결에 필수적인 것으로 인정되지는 않았다. 이탈리아 법에는 위 조문에 상응하는 명시적인 규정은 없으나, 파기원(*Corte di Cassazione*)은 부당이득 원칙을 적용하여 양도인이 양수인에게 양도 이후에 채무자로부터 받은 이행의 이익을 이전하도록 하였다(Cass. 29th October 1971, n. 3087, in *Foro It.* 1972, I, 58). 룩셈부르크와 네덜란드(민법 제6:36조 참조)의 입장도 유사하다.

제11:204조 양도인의 확약

채권을 양도하거나 양도하기로 함으로써 양도인은 양수인에게 다음 사항을 확약한다.

(a) 양수인이 이와 다른 사정을 알게 된 경우를 제외하고, 양도의 효력발생시점에 다음의 요건들이 갖추어지는 것

(i) 양도인에게 채권을 양도할 권리가 있는 것
(ii) 채권이 존재하며, 채무자가 양도인에 대하여 주장할 수 있었던 항변 또는 권리(상계권 포함)에 의하여 양수인의 권리가 영향을 받지 않는 것, 그리고
(iii) 채권이 제3자를 위한 선행 양도 또는 담보권의 목적이 아니며, 그 밖의 부담(incumbrance)의 목적이 아닌 것
(b) 양도계약이 변경을 허용하고 있는 경우 또는 변경이 신의성실에 따라 이루어지고 양수인이 합리적으로 이의를 제기할 수 없는 성질의 것인 경우를 제외하고, 채권 또는 그 발생원인인 계약을 양수인의 동의 없이 변경하지 않는 것, 그리고
(c) 양도인이 양수인에게 부수적 권리가 아닌 것으로서 이행을 담보하기 위한 모든 이전가능한 권리를 이전하는 것.

해 설

A. 일반

채권양도는 빈번하게 양도인의 확약(undertakings) 또는 보장(warranties)을 포함하는데, 이는 양수인이 거래의 이익을 얻도록 보장하기 위해 고안된 것이다. 종종 이는 채무자에 대한 양도인의 법적 권리에 대한 보장과 양수인의 권리를 완전하게 하기 위해 필요한 추가적 행위의 이행에 대한 확약에 한정된다. 때로는 그러한 확약은 이를 넘어 채무자가 불이행하는 경우 양도인이 이행에 대한 책임을 지거나 양도된 채권을 환매할 것을 규정한다. 그러한 규정이 없는 경우 일반적인 규칙과 이 조항에서 채택한 규칙은 양도인이 채무자의 불이행에 대한 책임을 부담하지 않는다는 것이다. 그러나 이 조항의 효과는 양도된 채권이 법적으로 무가치한 것으로 판명되거나 선행 당사자의 이익에 종속되거나 그 발생원인이 된 계약의 변경으로 인하여 그 가치가 감소하는 경우에 양수인을 보호하기 위하여 고안된 양도인의 일련의 확약을 양도에 포함시키려는 것이다. 다수의 관할에서 법은 무상 양도인에게는 이러한 종류의 의무를 부과하지 않으나, 유상에 대한 또는 무상이라고 여겨져야 하는 것에 대한 통일된 개념이 있는 것은 아니다. 따라서 이 조항은 유상 양도와 무상 양도를 구별하지 않는다.

B. 양도할 권리

첫째, 본조 제a호는 양도인에게 채권을 양도할 권리가 있다는 점에 대한 확약을 정하고 있다. 이는 양도인이 채권자가 아니거나 채무자와 양도금지특약을 하였던 한 경우 파기된다. 제11:301조 제1항*이 양도하지 않기로 하는 확약을 위반한 양도에 대하여 일정한 요건 하에 효력을 부여하는 반면, 제11:301조 제2항**은 이것이 계약위반에 대한 양도인의 책임에 영향을 주지 않는다는 점을 명백히 하고 있다.

사례 1: C는 X에게 D에 대한 채권(debts)을 집합적으로 매매하는 방식으로 양도한다. 그 후 C는 A에게 동일한 채권을 대출에 대한 담보로 양도하고자 한다. C는 이로써 이 조항 제a호에 함축되어 있는 확약을 위반한 것이다.

C. 채권의 존재와 실행가능성(enforceability)

둘째, 제a호에 의해 양도인은 양도의 효력발생시점에 관련 채권이 존재하며 양도인에 대한 항변이나 상계권의 제한을 받지 않을 것이라는 점을 확약하는 것으로 간주된다. 이 확약은 다음과 같은 다수의 문제를 포함한다.

(i) 채권의 사실적 기초

(ii) 그 실체적 유효성

(iii) 그 형식적 유효성과 실행가능성, 그리고

(iv) 양도인에 대한 일체의 실체적 항변이나 상계권의 부존재.

확약은 채무자의 양도인에 대한 모든 형식의 항변과 상계권을 포함한다.

사례 2: C는 A에게 D에 대한 것이라고 하는(purported) 채권을 매매계약에 따라 매도되고 인도되었다는 물품의 가격에 양도한다. 그러나 그러한 계약은 체결된 적이 없었다. C는 A에게 채권의 사실적 존재에 관한 확약 위반에 대해 책임을 진다.

사례 3: C는 A에게 D에 대한 것이라고 하는 채권을 매매계약에 따라 매도되고 인도된 물품의 가격에 양도한다. A가 D를 상대로 대금 미지급을 이유로 소를 제기

* 원문에는 제2항이라고 되어 있으나, 제1항의 오기인 것으로 보인다.
** 원문에는 제3항으로 되어 있으나, 제2항의 오기인 것으로 보인다.

하자 D는 물품이 인도되지 않았다고 항변하고 이러한 항변이 받아들여진다. C는 A에게 D가 채권에 대한 항변을 가지지 않는다는 확약 위반에 대해 책임을 진다.

사례 4: C는 A에게 C가 채권자로서 채무자 D와 체결한 소비자신용 약정에 따른 C의 모든 권리를 양도하였다. C는 신용제공에 대한 연간 수수료율을 명시해야 한다는 법정 요건을 준수하지 않았다. 법은 그러한 경우 D는 아니더라도 C는 합의의 이행을 강제할 수 없다고 정하고 있다. A는 C를 상대로 채무자에게 합의의 이행을 법적으로 강제할 수 있다는 묵시적 확약 위반을 이유로 소를 제기할 수 있다.

사례 5: C는 A에게 D에 대한 10,000유로의 대출금 채권을 양도한다. D는 대출을 상환해야 한다는 점은 다투지 않고 20,000유로의 자동채권(cross-claim)*으로 상계를 주장하는데, 위 자동채권은 D가 C와의 사이에서 별도의 계좌로 보유하고 있는 대출채권이라고 판결된다. 상계권의 존재는 C의 A에 대한 묵시적 확약 위반을 구성한다.

그러나 이러한 확약은 양수인에게 영향을 주지 않는 상계권의 존재로 인하여 깨어지지 않는데, 예컨대 채무자가 양도 통지를 수령한 이후에 양도인과의 거래로 발생한 양도인에 대한 채무자의 자동처권으로 상계하는 경우(제13:101조 참조)가 그러하다. 나아가 확약은 채무자의 도피 또는 파산으로 인해 양수인이 이행을 확보할 수 없는 경우까지 포함하지는 않는다.

D. 선행하는 권리들로부터의 자유

제a호의 세 번째 확약은 채권이 전에 양도되었거나 담보권(security interest) 또는 그 밖의 부담의 목적이 된 적이 없었다는 점에 대한 것이다. 예컨대, 양도인이 동일한 채권을 앞선 양수인에게 양도한 적이 있었다면 확약은 깨어진 것이고, 이는 후행 양도가 제11:401조 또는 준거법의 우열관계 규정에 따라 우선권을 가지는 경우에도 그렇다. 이는 약정담보권으로부터의 자유에 국한되지 않으며, 법정담보권 그 밖의 법정부담의 경우에도 적용된다.

---

* 반대채권으로 번역할 수도 있으나, 민법에서 사용하는 자동채권으로 번역한다.

E. 동의 없는 변경의 금지

원칙적으로, 채권이 양도되고 나면, 채권양도계약에서 변경에 대하여 규정하거나 양수인이 변경에 동의하지 않는 한, 양도인과 채무자는 채권 또는 그 발생원인인 계약의 변경에 합의할 수 없다. 그러나 이러한 원칙을 엄격하게 고수하는 것은 상당한 상업적 불편을 초래한다. 특히 양도가 건설계약과 같이 양도인에 의한 계속적인 행위를 포함하는 미이행계약에 따른 권리와 관련이 있는 경우에는 더욱 그러하다. 예컨대, 건설계약의 이행과정에서, 합리적으로 예상할 수 없었던 추가 작업이 필요한 경우와 같이, 당사자들이 계약상 변경가능 조항 외의 변경에 합의할 필요성이 있다고 판단하는 상황이 발생할 수 있다. 또한, 변경이 양도되는 채권과는 관련이 없는 계약 부분에 대한 것일 수도 있다. 이에 따라 제b항은 변경이 신의성실에 따라 이루어지고, 양수인이 그러한 변경에 합리적으로 반대할 가능성이 없는 경우에는 양수인의 동의 없는 변경을 허용한다.

> **사례 6**: 건설업자인 C는 은행인 D와, D의 고객들의 유가증권 및 다른 귀중품을 보관하기 위한 금고를 건설하기로 합의한다. 이후 D는 자신의 은행영업을 E에게 매도한 후, 건축계약에 따른 D의 권리도 E에게 양도한다. 이후 건축을 진행하면서, 건설부지 관련한 어떠한 도면에도 나타나지 않았던 물줄기가 금고가 위치할 층 바로 밑을 흐른다는 사실이 발견되고, 물이 유입되는 것을 방지하기 위해서는 추가 비용을 지불하여 지하에 물을 퍼내기 위한 펌프를 설치할 필요가 있다. 이러한 상황이 계약의 변경 조항의 범위에 포함되지 않는 경우라고 하더라도, 건축설계사는 금고가 쓸모없게 되는 것을 피하기 위하여 펌프의 설치를 고려하고 이를 건축가에게 발주하여 펌프 및 용역에 따른 비용이 계약금액에 추가되도록 지시할 수 있다. 이러한 계약의 변경은 E의 동의 없이 이루어지더라도 E를 구속한다.

F. 비부수적(non-accessory) 권리의 이전

부수적 권리는 제11:201조 제1항 제b호에 따라 양수인에게 자동적으로 이전되고, 별개의 양도를 요구하지 않는다(제11:201조의 해설 C 참조). 반면, 채권에 부수되지 않고 독립적인 권리는 별도의 이전을 요구한다. 이러한 비부수적* 권리

* 원문에는 'non-possessory'(비점유적)로 되어 있는데, 이는 'non-accessory'의 오기로 보인다.

의 예는 제11:201조의 해설 C에 제시되어 있다. 이에 따라 이 조항 제c호는 그러한 권리가 이전 가능한 것일 경우에는 양도인 측에서 이를 이전한다는 내용의 확약을 포함한다. 이러한 의무는 합의로 배제될 수 있으며, 이전 가능한 비부수적 권리의 경우에만 적용된다. 만일, 예컨대, 어떠한 양도가 이전 가능하지 않은 신용장(신용거래는 명시적으로 다르게 지정되지 않는 한 이전 가능하지 않다. 신용장통일규칙(Uniform Customs and Practice for Documentary Credits) 제48조 제b호 참조)에 의하여 담보되는 경우에는, 이 조항은 양도인에게 해당 신용거래를 이전하는 내용의 확약을 포함하지 않으나, 양도인은 해당 신용거래에 따른 수익금(신용장통일규칙 제49조 참조)을 이전할 것을 요구받을 수 있다.

G. 그 밖의 의무

이 조항은 양도인에게 부과될 수 있는 양수인에 대한 의무를 모두 포괄하여 규정하고 있지 않다. 특히, 이 조항은 양도인이 채무자의 변제능력을 의심할만한 어떠한 사정도 알고 있지 않다는 양도인의 어떠한 확약을 포함하지는 않는다. 다만, 신의성실 및 공정거래에 관한 제1:201조와 같은 다른 조항에 의해, 양도인이 채무자가 도산상황에 빠질 수 있음을 알리는 지표 등을 알고 있는 경우에는 이를 공개할 것이 요구될 수 있다. 양도 당시 채무자에게 지급능력이 있다거나 추후 채무자가 의무를 이행할 것이라는 점에 대한 보장이 이 조항에 포함되지는 않으며, 일반적으로 유럽의 법체계는 위와 동일한 접근방식을 채택하고 있다.

주 석

제11:204조와 유사한 규정이 UN 협약 제14조에 포함되어 있다. 독일 법은 본조 제1항과 유사한, 매매에서의 보장에 관한 독일 민법 규정을 적용한다. 유사한 보장이 포르투갈 법(민법 제587조, 제892조 이하, 제957조 이하; *Varela* 331 ff., 602 ff.; *Lima & Varela* 602 ff.), 프랑스 법(민법 제1693조), 이탈리아 법(민법 제1266조), 룩셈부르크 법(민법 제1693조와 제1694조), 그리고 숨은 질권(민법 제3:239조 제2항)과 채권의 매매 및 교환(민법 제7:47조, 제7:17조)에 관한 네덜란드 법에서도 발견된다. 핀란드 및 스웨덴의 물품매매법(Sale of Goods Act) 제41조 또한 이러한 방식으로 해석될 수 있다. 반면, 북유럽 PNA 제9조에 의하면 채권의 매도인은 그 유효성을 보장하여야 한다. UN 협약과 독일 민법은 유상 양도와 무상 양도 사이에 차이를 두고 있지 않으나 대부분의 다른 법률들은 보장을 유상 양도의 경우로 국한시킨다. 스페인 법에 의하면 양도인은 양도시점에 채권의 존재 및 적법성을 보장하나(민법 제1529조), 일반적으로 추가적인 보장을 하지는 않는다. 그러나 만일 양도시점에 채무자가 지급불능 상태였고, 이를 양도인은 알고 양수인은 몰랐다면, 채무자의 채무불이행에 대하여 양도인은 책임이 있다. 잉글랜드 법에서는 양도에서의 묵시적 보장에 관해 보고된 사례는 나타나지 않으며 계약 관련 교과서에서 논의되고 있지도 않다. 이는 아마도 양도계약에서 보장 관련 규정을 두는 것이 일반적인 관행이기 때문인 것으로 보인다. 일반적으로 적어도 본조 제a항과 제b항에서 논의되는 보장 규정은 포함되는 것으로 생각된다. 오스트리아 법(민법 제1397조)에서는 더 나아가, 양도가 유상으로* 이루어진 경우 양도인은 해당 채권이 만기에 지급될 것이라는 점을 보장하는데, 그 책임은 양도인이 양수인으로부터 지급받은 금액으로 제한된다.

* 오스트리아 민법 제1397조(양도인의 책임)는 채권을 무상으로 양도하는 경우와 채권을 유상으로 양도하는 경우로 구분하여 양도인의 책임을 정하고 있다.

제3절 양수인과 채무자 사이에서 채권양도의 효력

제11:301조 양도금지 약정

(1) 양도되는 채권을 발생시키는 계약에서 양도가 금지되거나 그 밖에 양도가 계약에 적합하지 않는 경우에는 그러한 양도는 다음의 경우가 아닌 한 채무자에 대하여 효력이 없다.

(a) 채무자가 양도에 대하여 동의한 경우 또는

(b) 양수인이 계약부적합(non-conformity)에 대하여 알지 못하였거나 알아야 했던 것이 아닌 경우 또는

(c) 양도가 장래에 발생할 금전채권의 양도에 관한 계약에 의한 것인 경우.

(2) 위 조항은 양도인의 계약부적합에 따른 책임에 영향을 주지 않는다.

해 설

A. 양도금지 약정에 대한 존중

계약이 채권자로 하여금 계약상 채권을 양도하는 것을 금지하는 조항을 포함하고 있는 경우, 그러한 금지는 원칙적으르 존중되어야 한다. 채무자는 양도금지 조항을 포함하는 것에 상당한 이해관계를 가진다. 첫째, 채무자는 양도인보다 더 엄격할 수 있는, 모르는 채권자와 거래해야 하는 것을 원치 않을 수 있다. 둘째, 채무자는 양도 통지를 간과하고 양도인에게 채무를 변제하여, 추후 양수인에게 이중으로 변제 또는 다른 이행을 하여야 할 위험을 피하고자 할 수 있다. 셋째, 채권자와 지속적인 상호거래를 하는 것을 기대하고 있는 채무자의 경우에는 양도 통지를 받은 후에 발생한 자동채권에 대해서는 더 이상 행사할 수 없게 되는 상계권을 보유하기를 원할 것이다. 넷째, 양수인이 법제 또는 세제가 거래에 불리한 법역에 설립되거나 주된 사무소가 있을 수 있다. 따라서 일반적으로 양도금지 조항을 위반한 양도는 채무자에 대하여 효력이 없으며, 이러한 원칙은 계약이 양도를 전면적으로 금지하거나, 채무자의 동의를 얻도록 하는 방법 등으로 채

권자의 양도권을 제한하는 조항을 포함하는 경우에 적용된다. 양도제한의 효과로, 채무자는 양수인의 지위를 인정하여야 할 필요가 없으며, 양도 통지를 무시하고 양도인에게 채무를 이행할 수 있다. 그러나 양도금지가 채무자에게 효력이 없는 경우에도, 이는 양도인과 양수인 사이의 관계에는 영향을 미치지 않는다(제11:203조 참조).

B. 예외

본조 제1항 본문에서 정하고 있는 일반적인 원칙은 채권을 양수하고자 하는 자가 양도 대상 채권을 발생시키는 계약을 살펴보고 양도금지 조항의 존재를 발견하는 것이 상업적으로 실행가능한 상황에서는 충분히 잘 작용한다. 그러나 양수인이 그러한 금지 규정을 모르는 경우, 즉 예컨대, 양수인이 알지 못하는 별도 합의에 양도금지 조항을 포함하고 있는 경우가 있을 수 있다. 따라서 채무자가 양도에 동의하는 본조 제1항 제a호의 명백한 경우 외에, 본조 제1항 제b호는 양수인이 금지조항을 알지 못하였거나 알아야 했던 것이 아닌 경우에도 양도가 채무자에게 효력이 있다고 규정하고 있다.

추가적인 예외는 장래의 금전채권(이는 현재의 계약에 따라 장래에 지급하게 될 채권과는 달리 장래의 계약에 따라 발생할 금전채권을 말한다)과 관련이 있다. 이러한 경우에도 양도는 효력이 있다. 특히 이러한 예외가 필요한 것은, 예컨대 채권매입계약에 따라 공급자가 팩토링회사(factor)에 채권을 양도하는 경우처럼, 채권양도가 계속적인 일련의 장래 채무와 관련된 경우이다. 이러한 유형의 거래에서는 팩토링회사(factor)가 양도를 제한하는 규정이 있는지를 확인하기 위하여 수백 개에 달하는 개별 계약의 내용을 면밀히 조사하는 것을 기대하기가 명백히 불가능하다. 일반적으로 그러하듯이, 계약이 양도금지 규정이 없는 약관으로 체결된 경우에서조차, 그중 하나의 계약을 검토한 양수인이 추후 양도인이 양수인에 대한 통지 없이 위 계약을 변경하지 않을 것이라고 확신할 수 없다. 이에 본조 제1항 제c호는 장래 금전채권의 양도에 관한 계약에 따른 것일 경우 그 양도는 효력이 있다고 정한다. 이 예외에 따라 양도금지 조항을 무시하는 결정을 하는 것이 채무자에게 가혹해 보일 수 있으나, 이러한 양도금지 조항을 주장할 수 있는 채무자는 대부분 예외 없이 좀 더 유리한 협상 위치에 있는 경우가 많으므로 우선적으로 보호해야 할 필요성이 있는 것이 아니라는 점을 유념하여야 한다. 이러한 상황에서 채무자는 채권자의 신용장이나 은행보증과 같은 지급담보의 제공 요청을 거절할 수도 있다. 만일 채권자가 비소구 채권매입 계약(non-recourse factoring agreement)에 따라 매출채권을 팩토링회사(factor)에 양도함으로써 위험을 해소하는 것까지 금지된다면, 채권자는 극심한 손해를 입을 수 있다. 양도금지 조항이 전형적으로 문제를 발생시키는 것은 매출채권금융(receivable financing) 영역이므로, 이러한 두 번째 예외는 금전채권을 양도하는 것에 국한된다. 비금전적 이행에 관한 채권은 본조 제1항 제c호의 범위에 포함되지 않는다.

양도금지 조항의 효력에 대한 이러한 예외는 꾸준히 받아들여지고 있는 상업적 수요에 대한 대응을 나타내고 있다. 예컨대 미국 통일상법전(American Uniform Commercial Code) 제9-401조 제1항 제b호, 1988년 국제적 팩토링에 관한 UNIDROIT 협약(UNIDROIT Convention on International Factoring) 제6조 제1항 및 UN 협약 제11조 참조.

C. 양도인의 계약위반에 대한 책임의 존속

제11:301조 제1항에 의한 예외는 양수인의 보호를 위한 것일 뿐 금지된 양도를 함으로써 계약을 위반한 양도인의 책임에 영향을 미치지 않는다. 이는 제2항에 명확히 지적되어 있다.

D. 양도인에 대한 양수인의 권리에는 영향이 없음

본조에 따라 양도가 채무자에 대하여 효력이 없다고 하더라도, 양도인이 채무자로부터 수령하는 모든 이익에 대한 권리는 양수인에게 이전된다. 제11:203조와 그에 대한 해설 참조.

주 석

본 조항은 현행 미국 통일상법전 제9-401조 제1항 제b호* 및 UNIDROIT 팩토링 협약 제6조 제1항에서 가장 먼저 규정된 바 있는 방식을 채택하고 있다. 양도인과 양수인에 관한 양도금지 조항에 관한 각국의 법에 대해서는 제11:203조의 주석 참조. 양수인의 채무자에 대한 권리에 양도금지 조항이 끼치는 효력은 나라마다 다르다. 이탈리아 민법 제

---

* 2001년 개정전의 9-318조를 가리킨다.

1260조 제2항에 따르면, 양도금지 조항은 양도 당시 양수인이 악의였음이 증명되지 않는 한 양수인과 채무자 사이에 효력이 없다. 그리스 민법 제466조 제2항도 유사한 규정을 두고 있고(다만 증명책임은 다르게 분배되어 있다), 포르투갈 민법 제577조 제2항도 마찬가지이다. 스페인 법에 따르면, 양수인이 악의가 아닌 이상 양도금지는 효력이 없는 것으로 보는 것이 일반적이나(*Díez-Picazo* Ⅱ, 4th edn. 813), 비록 양수인이 양도금지 조항에 대해 선의를 주장하더라도 채무자가 양도에 동의하지 않은 이상 특약은 유효하다는 견해도 있다(*Pantaleón* 1023). 잉글랜드의 경우, 비록 양수인과 채무자의 관계에 국한된 것이지만, 양도금지 조항이 공공정책에 반한다는 주장을 귀족원이 기각한 바 있다(제11:203조의 주석 참조). 북유럽 법은 채무자가 양수인으로 하여금 양수가능하다고 믿게 하고, 양수인은 선의로, 그리고 합리적으로 채무자의 언행을 신뢰한 드문 사례를 제외하고는(민법 제3:36조), 채무자에게 양도금지 조항의 효력을 전적으로 인정하고 있다(*Ussing*, Aftaler 229, 네덜란드 민법 제3:83조 제2항 참조). 프랑스에서는, 최근 파기원의 중요 판결에 따르면, 양수인이 특약 당사자가 아닌 이상 양도금지특약에 구속되지 않고 채무자로부터 변제를 받을 수 있다(Cass.com. 21st November 2000, D. 2001, p. 123, obs. *Valérie Avena-Robardet*). 룩셈부르크 법은 본조에 대응하는 명시적인 규정을 두고 있지 않으나, 프랑스 민법과 매우 비슷하다는 점을 고려할 때, 동일한 결론을 내려도 무방할 것이다.

제11:302조 그 밖에 효력 없는 양도

채무자가 동의하지 않은 양도는, 그 양도가 이행의 성질상 또는 양도인과 채무자의 관계에 비추어 채무자가 양도인 이외의 자에게 할 것을 합리적으로 요구할 수 없는 이행과 관련되는 그 채무자에 대하여 효력이 없다.

해 설

A. 채권자에 대한 일신전속적 권리

어떤 의미에서 모든 권리의 양도는 어느 정도 채무자의 지위를 변화시킨다. 채무자는 다른 사람을 위하여 이행해야 하는데, 그 사람은 원래의 채권자보다 권리의 이행강제에 관하여 보다 강력한 태도를 취할 수도 있다. 그것 자체만으로는 그 양도를 금지할 충분한 고려사항이 되지 않는다.

그러나 그 목적의 성질이나 당사자들 사이의 관계에 비추어 권리가 채권자에 대해 일신전속적인 경우 채무자로 하여금 양수인을 위하여 이행하도록 하는 것이 부당할 수 있다(특정이행에 관하여 제9:102조 제c호 참조). 법체계에 따라 이러한 개념의 기초를 이루는 원칙을 각기 다른 형태(formulations)로 표현한다.

일부 법체계에서는 이 원칙이 일신전속적 계약 또는 일신전속적 용역에 관한 계약은 양도할 수 없다고 표현된다. 다른 법체계에서는 양도가 그 이행의 본질이나 내용을 중대하게 변화시키거나 반대급부의 이행가능성을 낮게 만들 경우 권리는 양도될 수 없다고 한다. 이러한 모든 표현들은 이 조항에 구체화된 위 원칙에 의하여 포섭되는 것으로 보인다. 왜냐하면 이들은 모두 양도인이 되려는 자가 누구인지가 채무자에게 중요한 것임을 상정하고 있기 때문이다. 채무자의 부담이나 위험을 실질적으로 증가시키는 양도의 전형적인 예는, 양도인이 양수인에게 매도하는 물품에 관한 보험계약의 양도와 관련된 것이다. 피보험자의 일신전속적 성격이 보험자의 위험에 중요한 것이므로, 양도를 허용하는 것은 보험자를 당초 수용하기로 합의한 것과는 다른 종류의 위험에 노출시키는 것이 된다. 양수인에 대한 부담의 증가는 단순히 해당 보험증권의 이익이 피보험자에 대하여 일신전속적이도록 의도되었음을 나타내는 요인이다.

사례: P는 W가 집필하는 책을 출판하기로 합의한다. P가 W로부터 책을 요청할 수 있는 권리를 A에게 양도하였다고 주장하는데, 이러한 양도는 W에 대한 관계에서는 효력이 없다. 왜냐하면 저자에게 출판사의 특성이나 평판은 중요한 문제이고 저자의 동의 없이 출판자가 변경될 수 없기 때문이다.

고용계약에 따라 이행을 청구할 수 있는 고용주의 권리도 양도불가능 채권의 범주에 속한다. 왜냐하면 양 당사자에 대하여 그 관계는 원칙적으로 계약에 대한 상대방의 동의 없이는 채권자를 새로운 당사자로 대체하는 것을 허용하지 않는 일신전속적인 것이기 때문이다.

제11:301조의 사례에서와 같이, 이 조문에서의 양도는 단지 채무자에 대한 관계에서만 효력이 없다. 양수인은 여전히, 양도인이 채무자로부터 수령한 모든 급부에 대한 권리를 갖는다. 제11:203조와 그 해설 참조.

B. 강행규정

본조 및 전조와는 별개로, 절대적 강행규정에 따라 양도가 무효로 될 수 있다. 제11:102조에 대한 해설 C 참조.

주 석

독일 법에서는, 채권양도의 효력이 채무자의 급부의 실질을 변경하는 것인 경우 또는 그 권리가 채권자에 대하여 일신전속적일 경우 채권은 양도될 수 없다(독일 민법 제399조). 그러한 입장은 벨기에, 프랑스, 룩셈부르크, 그리스 그리고 네덜란드 법에서도 비슷하다. 이와 유사하게 이탈리아 민법 제1560조 제1항은 전적으로 일신전속적인 특성을 갖는 권리의 양도성을 배제함을 명시하고 있다. 보험계약 또는 고용계약에 기한 권리와 같이 특정한 채권자에게 이행하는 것이 채무자에게 중요성을 갖는 경우도 여기에 포함된다. 잉글랜드 법 또한 책을 저작하기로 하는 저자의 계약상의 이익(benefit)이나 자동차 보험증권의 양도와 같이 채권자에게 일신전속적인 권리의 양도의 유효성을 인정하고 있지 않다. *Treitel*, Contract 639-641.

제11:303조 채무자의 의무에 대한 효과

(1) 제11:301조, 제11:302조, 제11:307조, 제11:308조를 따르는 외에, 채무자는 양도된 채권을 합리적으로 식별하고(identify) 채무자로 하여금 그 양수인에게 이행하도록 요구하는 서면통지를 양도인 또는 양수인으로부터 받은 경우에 한하여 양수인을 위하여 이행할 의무가 있다.

(2) 그러나 그러한 통지가 양수인에 의하여 이루어진 경우, 채무자는 합리적인 기간 내에 양수인에게 그 양도에 관한 믿을 만한 증거의 제시를 요구할 수 있고, 그 동안 채무자는 이행을 유보할 수 있다.

(3) 채무자가 제1항에 따른 통지에 의하지 않고 양도를 알게 된 경우, 그 채무자는 양수인에 대한 이행을 유보할 수도 있고, 양수인에게 이행을 할 수도 있다.

(4) 채무자가 양도인에게 이행한 경우, 그 이행이 양도를 알지 못한 채 이루어진 경우에 한하여 면책된다.

해 설

본조는 채무자가 양수인에 대하여 이행할 의무를 부담하게 하는 요건들과 적정한 양도 통지를 통하지 않고 양도의 사실을 알게 된 채무자의 선택권에 대하여 규정하고 있다.

A. 서면에 의한 채권양도 통지

양도 통지가 없는 경우 채무자는 양수인에게 지급하도록 요구받지 않는다. 그리고 통지가 이루어졌는지에 관한 논란을 피하기 위하여 본조 제1항*은 통지를 서면으로 할 것과 양도된 채권과 양수인을 합리적으로 식별할 것을 요구한다. 통지는 양도인 또는 양수인이 할 수 있지만, 양수인이 통지할 경우에는 채무자는 양수인으로 하여금 그러한 양도가 이루어졌음을 뒷받침하는 합리적인 증거의 제시를 요구할 수 있다(해설 B 참조). 양도의 통지는 채무자가 양도된 채권을 식별하는 데 주어져야 하는 것일 뿐만 아니라, 그 통지는 채무자가 양수인에게 이행하도록 요구하는 것이어야 한다. 이러한 이행강제의 전제요건은 여러 법역에서 도입되었는데, 양도 통지를 받은 채무자는 양수인에게 이행하여야 한다는 명시적인 지시가 없는 경우 그 양도가 채무에 미치는 효과를 잘 모를 수 있다는 사실을 고려한 것이다.

B. 양도의 증거

양도 통지를 양수인으로부터 받은 경우 채무자는 양수인에게 그러한 양도가 이루어졌음을 뒷받침하는 신뢰할 만한 증거의 제시를 요구할 권리가 있다. 이는 양도인으로부터 나오고 양도가 발생하였음을 보여주는 모든 서면들을 포함한다. 채무자는 그 증거가 제시될 때까지 이행을 유보할 수 있다.

C. 절차에 결함이 있을 경우 채무자의 선택권

채무자가 양수인으로부터 양도 통지를 받았으나 그 통지가 서면이 아닌 경

---

* 원문에는 sub-paragraph (a) of this Article로 되어 있는데, 본조에서 제a호는 존재하지 않고 제1항의 내용이 이에 부합하므로, 제1항으로 기재한다.

우 또는 그 채무자가 다른 출처를 통하여 양도를 알게 된 경우, 그러한 통지나 인식은 채무자로 하여금 양수인에게 이행하도록 의무를 지우는 것은 아닌 반면, 채무자는 자유로이 양수인에게 이행할 수 있다. 채무자가 할 수 없는 것은 양도인에게 이행하는 것이다. 제4항에서 명시하고 있듯이, 어떠한 수단을 통해서건 어떠한 출처로부터이건 간에 일단 채무자가 양도사실을 알게 된 경우, 채무자는 양도인에게 이행할 수 없게 되고, 양도인에게 이행한 채무자는 양수인에게 중복해서 이행해야 하는 위험에 처하게 된다.

사례 1: C는 구두로 D에 대한 채권을 A에게 양도한다. A는 D에게 양도 통지를 하였으나 D가 그 양도의 증거를 요구하였을 때 이에 대해 응답하지 못한다. D는 A에게 지불할 수 있고, 이 경우 D는 면책된다. 또는 D는 A가 양도가 있었다는 점에 관해 믿을 만한 증거를 제시할 때까지 이행을 유보할 수 있다.

사례 2: C는 D에 대한 채권을 A에게 양도한다. C와 A는 양도 통지를 하지 않았으나 D는 다른 출처를 통해서 그 사실을 알게 된다. D는 C에게 지불할 수는 없고, 제1항에 따라 양도의 통지를 받을 때까지 지급을 유보할 수 있다.

주 석

1. 일반

모든 법체계에서는 양도의 사실을 알지 못하는 채무자는 양도인에게 이행함으로써 면책을 얻게 되는 반면, 요구되는 형식에 맞추어 통지를 받은 경우 또는 (대부분의 법체계에서) 양도를 승인한 경우 채무자는 양수인에게 이행하여야 한다. 그러나 대부분의 법체계에서 통지에 명시되어야 하는 것은 특정된 채권이 양도되었다는 것뿐이다. 본조는 채무자가 오해하는 것을 피하기 위하여 이행이 양수인에게 이루어져야 한다는 점 또한 요구한다.

통지가 채무자에 대하여 이루어졌으나 결함이 있는 때 또는 아무런 통지가 없었으나 채무자가 다른 출처를 통해 양도 사실을 알게 된 때, 이렇게 둘 중 어느 경우나 채무자가 양도를 승인하지 않았을 때 어려움이 발생한다. 실제로는 네 가지 구별되는 쟁점, 즉 (1) 채무자가 양수인에게 이행할 의무가 있는 요건, (2) 채무자가 양수인 또는 양도인에게 이행을 할 수 있는 요건, (3) 채무자가 양수인에게 이행할 권리는 있으나 의무는 없으며 양도인에게 이행할 수 있는 것이 중단되는 요건, (4) 채무자가 양도인에게 이행할 의무를 부담하게 되고 이에 따라 양수인에게 이행할 권리가 없는 요건을 분리해서 다룰 필요가 있다.

2. 채무자가 양수인에게 이행할 의무를 부담하는 경우

대부분의 법체계에서, 채무자가 서면에 의한 통지(때로는 통지에 추가된 형식에 의하여 강화된다)를 받거나 그 양도를 승인하지 않는 이상 채무자는 양수인에게 이행할 의무가 없다는 원칙에 의하여 채무자를 보호하고자 한다. 따라서 채무자는 흠결이 있는 통지를 받은 이후 또는 단지 다른 출처를 통하여 양도의 사실을 알게 되었다는 점에 기대어 양수인에게 이행함으로써 면책될 수 있게 되는 반면, 채무자는 그러한 이행을 할 것을 강제당하지 않는다. 채무자의 악의(양도 사실을 알게 되는 것)가 실제로 통지와 동일시되는 예외들로는 포르투갈 법(*Lima & Varela* 602 ff.)과 스페인(*Díez-Picazo* Ⅱ, 4th edn. 815-816)이 있는데, 양도사실을 알게 된 채무자는 심지어 통지가 없는 경우에도 양수인에게 이행하여야 한다. 잉글랜드 법에서는 1925년 재산법 제136조에 따라, 그 양도가 양도인이 서명하거나 양도인을 대리하여 서명된 서면으로 체결되었고 양도의 서면통지가 채무자에게 이루어지지 않는 한, 양수인은 자신의 이름을 내세워 단독으로 소를 제기할 수 없고 단순한 형평법상의 양수인으로서 양도인을 권리자로 포함시켜야 한다. 그럼에도 불구하고 양도 사실을 알게 된 채무자는 아무런 위험 없이 양도인에게 지급할 수는 없다. 그리고 형평법상의 양수인이 자신의 이름으로 독립적으로 소를 제기하지 못하게 되는지 여부의 문제는 여전히 불확실한 상태로 남아 있는데, 이에 대한 해답은 양도인의 참가라는 요건을 실체법에 관한 원칙으로 볼 것인지 단순한 실무적 원칙으로 볼 것인지 여부에 의해 결정되는 경우도 있다. *Furmston* para. 6.273 참조.

3. 양수인 또는 양도인에게 이행할 권리가 있는 경우

대부분의 법체계에서 채무자가 양도 사실에 관하여 인식하고 있는 경우, 채무자가 양도인에게 이행하는 것은 신의칙에 반하는 것으로 보이므로, 심지어 통지가 없더라도 채무자가 양도인에게 이행하는 것이 금지된다. 그러나 스코틀랜드 법에서는 단순히 인식하고 있다고 해서 채무자가 양도인에게 이행하는 것이 금지되지는 않고(*McBryde*, 12.112), 채무자는 양도인이나 양수인 양자 중 어느 쪽에게 이행할 것인지에 관한 선택권을 갖는다. 이는 북유럽 법(PNA 제29조)과 네덜란드(민법 제6:37조)에서도 동일하다. 벨기에 법의 경우 학설대립이 있는데, 단순히 양도를 알게 된 것만으로는 채무자가 양도인을 위하여 이행하는 것이 금지되지 않는다는 입장이 있는가 하면(*Dirix* nos. 15-11; *Cornelis*, handboek no. 335), 양도사실을 알게 된 이후 양도인을 위하여 이행한 채무자를 악의로 행동한 것으로 보는 입장도 있다(예컨대, *Herbots* n. 309).

4. 양수인에게 이행할 선택권은 있으나 양도인에게 이행할 권리가 없는 경우

유럽연합 회원국 중 대다수의 법체계에서는 본조의 제3항에 구체화된 원칙, 즉 단순히 양도를 알게 된 경우 채무자는 양수인에게 이행할 권리가 있으나 더는 양도인에게 이행할 수 없다는 원칙을 선호한다. 이는 이탈리아(민법 제1262조 제2항), 오스트리아(민법 제1396조), 독일(민법 제407조 제1항), 네덜란드(민법 제6:37조), 북유럽 국가들(PNA 제29조), 잉글랜드(*Tolhurst v. Associated Portland Cement Manufacturers (1900) Ltd.* [1902] 2 K.B. 660, 668), 그리고 한 학설에 따르면, 벨기에(앞서 (3) 참조) 그리고 룩셈부르크(민법 제1691조)에서 취하는 입장이다.

5. 채무자가 양도인을 위하여 이행할 의무를 부담하는 것으로 남아 있는 경우

프랑스와 네덜란드 법은, 미리 정해진 형식에 따른 통지 또는 채무자에 의한 양도 승인이 없는 경우에는 심지어 채무자가 양도사실을 알게 되었더라도 채무자는 양도인에게 이행할 것을 요구한다.

프랑스에서 파기원의 법리는, 양도의 인식만으로는 채무자가 양수인에게 지급할 책임을 지도록 하는 효력이 없을 뿐만 아니라 채무자가 양도인에 대하여 양도를 주장하지 못하도록 하고 있다. *Ghestin para.* 390; *Malaurie & Aynès* no. 279. 그러한 입장은, 채무자의 양도에 대한 승인이 양도를 완료하는 데 충분하지 않다는 점을 제외하고는, 네덜란드도 같다(민법 제3:94조, 제3:236조 제2항). 숨은 질권(이는 채무자에 대한 통지를 요구하지 않는다)은 채무자에게 양수인에 대한 의무를 부과하지 않고, 그 청구가 통지에 의하여 일반 질권으로 전환되지 않는 한 오로지 양도인만이 수령할 수 있다.

다른 국가에서는 통지하기 위한 요건은 채무자의 이익을 위한 것이다. 반면, 그러한 요건이 없는 경우 일부 국가에서는 채무자가 자유로이 성실한 이행을 할 수 있도록 남겨놓고 있다. 그러나 그렇게 할 의무가 있는 것은 아니다.

본조 제2항에서 기재된 것과 유사한 원칙이 네덜란드(민법 제3:94조 제3항), 독일(민법 제410조), 오스트리아를 포함한 일부 법체계에서 발견된다(불분명한 상황에서 채무자는 양도의 증거를 제시하도록 양수인에게 요구할 수 있으나, 양도를 채무자에게 알릴 의무가 있는 사람은 통상적으로 양도인이라는 것이 학설상 인정된다).

제11:304조 채무자의 보호

채무자가 제11:303조에서 정하는 양도 통지에서 양수인으로 식별된(identified) 사람에 대하여 채무를 이행한 때에는, 그는 그 사람에게 이행을 청구할 권리가 없음을 모를 수 없었던 경우가 아닌 한 책임을 면한다.

해 설

이 조항은, 채무자가 그 사람이 이행을 제공받을 자격이 있는 사람이 아니라는 것을 모를 수 없었던 경우가 아닌 한, 양도 통지에 응하여 양수인으로 식별된 사람에게 이행을 제공한 채무자를 보호하기 위하여 제정되었다. '모를 수 없었던'('알아야 했던'이 아니라)이라는 문구는 채무자가 조사하거나 의문을 가져야 하는 의무를 암시하는 것을 피하기 위해 사용된다. 이는 권리 없음이 사정에 비추어 명백하였기 때문에 채무자가 알고 있었다는 사실이 충분히 추론될 수 있음을 뜻한다. 그러한 실제의 또는 추정적인 인식이 없었다면, 양도사실이 없거나 주장된 양도가 어떤 이유로 효력이 없을지라도 채무자는 보호된다. 불확실한 경우 채무자는 제11:303조 제1항 제b호에 따라 양수인에게 양도사실에 관한 신뢰할 만한 증거를 제공할 것을 요구할 수 있다.

주 석

여러 국가에서는 신의성실에 따른 채무자의 행위는 보호되어야 한다는 원칙을 적용하여 이 조항에 따른 결과가 달성된다.

제11:305조 청구의 경합

둘 또는 그 이상의 경합하는 이행청구를 받은 채무자는 적법한 이행지의 법, 또는 만일 적법한 이행지가 수개인 때에는 해당 채권의 준거법이 정한 바에 따라 책임을 지게 된다.

해 설

채무자는 양수받은 채권과 관련된 청그를 하는 둘 또는 그 이상의 당사자들로부터 경합하는 이행청구에 직면할 수 있다. 비록 흔하게 발생하는 것은 아니지만, 양도인은 양도를 다툴 수도 있다. 다소 더 일반적인 상황으로는, 양도인이 정직하지 않거나 첫 번째 채권양도가 오직 담보를 위하여 이루어졌고, 그 채권양도가 양도된 채권의 가치에 상당히 하회하는 채무를 위한 것이어서 하나 또는 그 이상의 양도가 가능한 범위가 있기 때문에, 양도인이 같은 채권을 둘 또는 그 이상의 양수인에게 양도하는 경우가 있다. 또한 채권의 양수인, 그리고 양도인이 진 채무의 지급을 위하여 채권을 압류하려는 양도인의 채권자 사이에 경합이 있을 수 있다. 최선순위 권리를 부여받지 못한 청구권자에게 이행한 채무자는 최선순위 권리를 부여받은 청구권자에게 다시 이행해야 할 수도 있다. 각국의 법은 보통 채무자를 보호하기 위한 원칙, 예컨대 돈을 법원 또는 어떤 기관에 예치할 수 있도록 하거나, 또는 채무자가 법원에 이러한 분쟁을 판단해 달라고 신청하고 법원의 결정을 따르도록 하는 등의 원칙을 통하여 이러한 문제를 다루고 있다. 이 조항에 따라, 둘 또는 그 이상의 경합하는 이행청구를 받은 채무자는 둘 또는 모든 경합하는 채권자에게 적용되는 이행지가 같다면, 적법한 이행지의 법에 따를 의무를 지거나, 또는 만일 적법한 이행지가 수개인 때에는 해당 채권의 준거법이 정한 바에 따라 책임을 지게 된다.

유럽계약법원칙 제7:101조는 적법한 이행지가 계약으로 확정되지 않았거나 계약으로부터 결정되지 않을 경우에 이를 정한다.

주 석

조사된 모든 제도에서는 청구 경합에 직면한 채무자의 보호를 위한 몇몇 원칙을 가지고 있다.

제11:306조 이행지

(1) 양도된 채권이 특정한 장소에서 금전을 지급하기로 하는 채무에 대한 것인 경우에 양수인은 같은 나라 안의 어느 곳에서나 지급해달라고 요구할 수 있고, 그 나라가

유럽연합의 회원국이면 유럽연합 안의 어느 곳에서나 지급해달라고 요구할 수 있다. 그러나 양도인은 이행지의 변경으로 인하여 채무자에게 발생한 추가비용을 채무자에게 지급할 책임을 진다.

(2) 양도되는 채권이 특정한 장소에서 이행하여야 하는 비금전채무에 관한 것인 경우에는, 양수인은 다른 곳에서 이행할 것을 요구할 수 없다.

해 설

A. 금전채무의 이행지에 대한 양도의 효력

채무자가 채권자에게 채권자의 근무지에서 지급하거나 채권자의 은행계좌로 이체해 주는 방법으로 지급하여야 하는 경우, 채권의 양도는 필연적으로 이행지의 변경을 수반할 수밖에 없다. 상당 부분의 지급이 은행 간의 이체로 이루어지고, 그런 경우 채무자가 양수인의 계좌로 지급하는 것이 양도인의 계좌로 지급하는 것과 마찬가지로 손쉽기 때문에, 같은 나라 안에서 이행지란 통상 별로 중요하지 않다. 반면에 이행지가 다른 나라로 변경된다면 그 밖에 고려할 사항이 많아진다. 비용이 증가하는 것을 제외하더라도(이런 경우 본조 제1항에 따라 채무자는 양도인으로부터 보상받을 권리가 있다), 채무자는 통화관리, 증가된 송금 위험 및 송금을 위한 많은 시간 소요에 따라 영향받을 수 있다. 이런 이유로 계약 자체에 의하여 이행지가 특정되었든지, 유럽계약법원칙 제7:101조에 따라 이행지가 결정되었든지 간에 양수인이 계약상 이행지와 다른 나라에서 지급을 요구하는 것은 금지되어 있고, 이와 같은 일반원칙이 제1항에 규정되어 있다. 하지만 원래 계약상 이행지가 유럽연합 회원국 내에 있는 경우 이 원칙은 수정되고, 이러한 경우 양수인은 그 국가에서 지급해달라고 요구할 수도 있고 그 외 유럽연합 회원국 중 다른 특정국가에서 지급해달라고 요구할 수도 있다. 그러므로 사실상 본조 제1항에서 유럽연합은 하나의 나라로 취급된다. 이것은 유럽연합이 통합된 동일시장이라는 관념을 반영할 뿐 아니라, 유럽통화동맹의 출범 및 유럽통화동맹 아래 의무화된 단일화폐로서의 유로화의 도래를 반영하고 있다.

사례 1: 함부르크에 있는 S가 파리에 있는 B에게 물품을 판매하고, 물품대금은 함부르크에 있는 S의 은행계좌로 계좌이체하여 지급하기로 한다. S는 채권을 밀라노에 있는 A에게 양도한다. 양도 통지를 한 후 A는 B에게 밀라노에 있는 A의 은행계좌로 지급해달라고 요구할 수 있다.

사례 2: S가 뉴욕에 있고 B가 뉴욕에서 S에게 지급하기로 되어 있는 것을 제외하고 사례 1에서의 사실관계와 같다. 밀라노에 있는 양수인인 A는 B에게 미국에 있는 어느 곳에서든지 지급을 요구할 수 있으나, 그 이외의 나라에서 지급해 줄 것을 요구할 수 없다.

B. 비금전채무의 이행지는 바꿀 수 없다

비금전채무는 같은 나라 안이라고 하더라도 새로운 이행지로 변할 경우 기본적으로 의무의 성질이 달라질 수 있기 때문에 상당히 다른 고려사항이 발생한다. 예컨대, 물품을 사우샘프턴 선적조건(F.O.B. Southampton)으로 배로 운송해야 하는 계약상 채무가 있는 경우, 선적 장소는 계약의 본질적 내용이며, 양도를 이유로 그 의무가 리버풀 선적조건으로 전환되어서는 안 된다. 따라서 제2항은 비금전적 채무에 대한 이행청구권의 양수인이 채무자의 이행지를 변경할 수 없다고 규정한다.

주 석

금전채권의 양도는 거의 모든 경우 채무자의 이행지의 변동, 즉 양도인의 근무지로 또는 양도인의 은행계좌로의 지급에서, 양수인의 근무지로 또는 양수인의 은행계좌로의 지급으로의 변동을 수반한다. 양수인이 양도인을 대신하여 양수인 자신에게 금전지급을 요구할 수 있는 것은 금전채권의 양도에 당연히 내재되어 있는 권리이다. 따라서 대부분의 법체계에 양수인에 대한 지급에 관한 명시적인 규정이 없음에도 불구하고, 적어도 같은 나라 안에서 이루어지는 금전지급에 있어서는 비록 양도인이 채무자에게 발생한 비용의 증가분을 부담하게 될지라도 양수인이 양수인의 근거지에서 금전지급을 요구할 수 있는 것으로 일반적으로 받아들여지고 있다. 북유럽 법은 이러한 내용을 명시적으로 규정한 몇 안 되는 법 중 하나다(PNA 제3조). 그리스에서는 학설이 나뉘는데, 일부는 채무자는 양도인의 거주지에서 지급할 자격을 보유한다는 견해를 취하고(예컨대, *Georgiades & Stathopoulos* art. 455, no. 60), 반면에 다른 학설은 양수인의 거주지에서 지급하여야 한다고 주장한다(*Georgiades* 421, note 57). 독일 법은 거주지를 변경한 채권자에게 증가된 비용 또는 송금의 위험을 부과하는데(민법 제270조 제3항), 이러한 원칙은 네덜란드 법

(민법 제6:116-117조) 및 국제물품매매계약에 관한 UN 협약(CISG) 제57조에서도 찾아볼 수 있으며, 채권양도의 경우에도 유추 적용될 수 있다고 보고 있다. 국제물품매매계약에 관한 UN 협약에서는 유추 적용에 반대하는 견해도 있지만, 원래의 이행지에서 지급하는 것이 채무자의 권리라고 주장하는 것은 채권의 양도성에 부합하지 않는다고 보는 것이 더 합당한 견해이다.

제11:307조 항변과 상계권

(1) 채무자는 양도된 채권에 관하여 양도인에 대하여 행사할 수 있었던 일체의 실체적 또는 절차적 항변으로써 양수인에게 대항할 수 있다.
(2) 또한 채무자는 양도인에 대한 다음의 채권에 기하여 제13장의 규정에 따라 양도인에 대하여 행사할 수 있었던 모든 상계권을 양수인에게 주장할 수 있다.
  (a) 양도 통지가 제11:303조 제1항의 요건을 충족하는지에 상관없이, 그 통지가 채무자에게 도달한 때에 현존하는 채권 또는
  (b) 양도된 채권과 밀접한 관련이 있는 채권.

해 설

A. 항변

이 조항은 유효한 양도가 있음을 전제한다. 만일 양도라고 하는 것이 없었거나 무효로 된다면, 채무자는 양수인이라고 주장한 자에게 금전을 지급하거나 이행을 할 의무가 없다. 그런데도 채무자가 양수인이라고 주장한 자가 이행을 청구할 권리가 없음을 모를 수 없었던 경우가 아닌 한, 제11:304조에 의하여 양수인이라고 주장한 자에게 이행을 한 채무자는 면책된다.

이 조항에서는 '양수인은 양도인보다 좋은 지위에 있을 수 없다'는 일반적인 원칙을 채택하고 있다. 따라서 양수인은 채무자가 양도인에 대하여 행사할 수 있었던 모든 항변이 부착된 상태로 채권을 취득한다. 이것은 항변의 기초되는 사실이가 양도의 통지보다 전에 발생하였는지, 후에 발생하였는지를 불문하고 그러하다. 이러한 맥락에서 '항변'은 계약 하에서 발생하는 절차적 항변을 포함한다.

사례 1: S는 물품을 B에게 매도하여 인도하고, 매도인의 권리를 A에게 양도한다. 물건은 매매계약에 부합하지 않는다. B는 물품을 거절하고, A에게 대금 지급을 거부할 수 있다. 그 대신에 B는 이를 수령하고 가격의 감손에 대하여 손해배상을 주장할 수 있다.

사례 2: S는 B에게 물건을 매도하고, 한 달 안에 인도하기로 계약한다. S는 그 후 매도인의 권리를 A에게 양도하나 물건을 인도하지 못한다. B는 A에게 대금지급을 거절할 수 있다.

사례 3: S는 B에게 물건을 매도하는 것에 동의하고, A에게 매도인의 권리를 양도한다. 이 계약에는 모든 분쟁은 중재로 해결하기로 하는 조항이 포함된다. 제품의 수량에 대하여 분쟁이 발생하고, B가 A에게 대금지급을 거절한다. A는 B에게 대금을 달라고 소송을 한다. B는 그 계약에 따라 분쟁을 중재에 의하도록 요청할 수 있다.

B. 양수인에게 적극적인 계약상 책임이 발생하지 않는다

양수인은 채무자와 사이에 아무런 계약적 관계가 없기 때문에 양수인은 양도인이 이행을 하지 않았다는 이유로 채무자에 대하여 계약상 책임이 없다. 채무자가 할 수 있는 것은 양수인의 청구에 대하여 이행이 없었음을 주장하고, 양도인에게 분리된 청구를 하는 것뿐이다.

C. 상계권

(ⅰ) 일반

상계에 대해서는 다소 다른 원칙이 적용된다. 채무자가 양도 통지가 이루어진 때 있었던 자동채권으로 양도인에 대하여 주장할 수 있었던 것과 같이 양수인에 대하여도 상계권을 행사하는 것이 허용되어야 한다는 것, 그리고 그러한 교차청구를 위하여 비록 자동채권이 같은 계약에서 발생하지 않았고, 계약과 밀접하게 관련된 것이 아니라고 하더라도 상계권이 허용된다는 것이 일반적으로 받아들여진다.

사례 4: 건축공사 관련비용으로 인해 O에 대하여 100,000유로의 채권을 가진 C가 건축계약상 발생하는 권리를 A에게 양도하고, A는 O에게 양도 통지를 한다. 나중에

O는 건축계약과 관련이 없는 금전소비차계약에 따라 C에게 40,000유로를 빌려준다. O는 대여금 반환청구로 A에 대한 채무에 대하여 상계할 수 없다.

사례 5: S는 B에게 기계를 판매하면서 1,000,000유로를 200,000유로씩 5년에 나눠 지급받기로 계약한다. S는 별도의 계약을 맺어 5년 동안 이 기계를 정비하기로 한다. S는 자신이 이 두 개의 계약상 갖는 모든 권리를 A에게 양도한다. A가 할부금 지급을 청구할 때 B는 S의 기계정비계약 위반으로 인해 갖는 손해배상채권으로 상계할 수 있다.

(ii) 상계적상에 있지 않은 채무

상계권을 행사하는 데 채무자가 양도 통지를 받을 당시 자동채권이 이미 상계적상에 있을 필요는 없다. 그것이 현재 존재하고 있고 장래에 지급할 것(*debitum in praesenti, solvendum in futuro*)인 상태에 있으면 충분하다. 그렇지 않으면, 양도로 인하여 채무자가 해를 입어서는 안 된다는 기본적인 원칙에 반하게 되고, 채무자가 채권자에 대하여, 채권자가 청구할 당시에 상계적상에 있을 자동채권으로 상계할 잠재적인 권리가 채권자의 채권양도에 의하여 없어질 수 있다. 그러나 제13:101조에 따라 채무자에게는 자동채권을 앞당겨서 상계할 자격이 부여되지는 않기 때문에, 자동채권은 채무자가 양도된 채권의 이행을 요청받았을 당시에 이미 상계적상에 있어야 한다. 채무자가 양도 통지를 받은 이후 채무자가 채무자와 양도인 사이의 새로운 거래로 인하여 발생한 독립된 채권으로 상계함으로써 양수인의 이익을 감소시키거나 없애는 것은 양수인에게 불공평한 것이 될 수 있다. 하지만, 새로운 채권이 양도된 채권과 밀접하게 관련이 있는 경우 양수인은 그것을 수인하는 것이 합리적이다.

사례 6: 6월에 S는 B에게 10,000유로에 물품을 공급하고, 대금은 12월 31일까지 지급하기로 한다. 8월에 B는 S에게 11월 1일까지 대여금을 반환하기로 하는 금전소비대차계약에 기하여 4,000유로를 빌려준다. 10월에 S는 A에게 B에 대한 10,000유로 채권을 양도하고, A는 즉시 B에게 양도사실을 통지하며, 10,000유로는 12월 31일까지 지급해달라고 요청한다. B는 4,000유로의 대여금을 반환받을 수 있는 때에 이르면 4,000유로의 대여금으로 상계할 수 있고, 이는 B가 A로부터 양도 통지를 받았을 때 4,000유로의 대여금을 반환받을 수 있었던 것인지와 무관하다.

사례 7: 4,000유로의 대여금을 이듬해 2월 1일까지 반환받을 수 없다. 그 밖에는 사례 6의 사실관계와 같다. 이듬해 1월 15일에 B가 A에게 10,000유로를 지급하지 못하자, A는 전액을 지급해달라고 요구한다. B는 4,000유로의 대여금에 대한 반환시기가 아직 도래하지 않았으므로 대여금채권으로 상계하지 못한다.

주 석

양수인이 채무자가 양도인에 대하여 주장할 수 있었던 모든 항변을 전제로 채권을 양수한다는 원칙은 모든 유럽 법체계에 일반적이고, 이는 채무자가 양도에 의하여 해를 입어서는 안 된다는 원칙을 반영한 것이다(*Kötz*, IECL para. 97). 그러나 채무자가 양도 통지를 수령한 시점에 항변의 기초가 실제로 또는 잠재적으로나마 반드시 존재해야 하는가에 관해서는 법체계마다 입장이 다르다. 프랑스(민법 제1690조), 룩셈부르크(민법 제1690조), 독일(민법 제404조), 벨기에(*Cornelis*, Handboek para. 335) 및 포르투갈(민법 제585조)은 해당 시점에 항변의 기초가 존재해야 하는 것을 요건으로 한다. 다른 대부분의 국가 및 UN 협약 제20조 제1항에서는 항변의 기초가 양도 통지 전에 또는 후에 발생하였는지가 중요하지 않다. 상계의 경우는 더 복잡하다. 어떤 국가에서는, 만일 양도가 채무자의 승인 하에 이루어졌다면, '통지'와는 대조적으로, 채무자가 채권양도를 승인할 당시 상계권을 보류해두지 않는 한, 상계권은 모두 배제된다. 이것은 프랑스(민법 제1295조), 룩셈부르크(민법 제1295조), 이탈리아(민법 제1248조 제1항; Cass. 15th October 1997, no. 4416; Cass. 1980, no. 1484) 및 스페인(민법 제1198조)의 입장이다. 대부분의 제도에서는 양도인에 대한 채무자의 권리가 양도채권과 밀접하게 관련되었는지 아니면 양도채권과 독립되었는지의 여부에 따라 상계가능성이 달라진다. 전자의 경우 상계는 양도 통지가 이루어진 후에 발생한 채권에 대하여도 가능하다. 후자의 경우에는 상계가 양도 통지 이전에 충분히 성숙된 채권에 한정되고(다만 프랑스 법에서는 다이이법 제4조 제2항에 따라 관련 날짜가 양도일이다), 양도 통지 당시에 채권이 발생하였으나 아직 성숙되지 않았고 양수인이 지급을 요구하는 때에 성숙되는 채권에 한정된다(예컨대, 룩셈부르크 민법 제1295조). 유럽계약법원칙에서는 이 조항과 제13:101조의 결합으로부터 같은 결과가 도출된다. *Kötz*, IECL para. 98 참조.

제11:308조 권한 없는 변경은 양수인을 구속하지 않는다

양도 통지가 제11:303조 제1항의 요건을 충족하는지와 상관없이, 그 통지가 채무자에게 도달한 후에 양도인과 채무자 사이의 합의로써 채권에 가한 변경은, 양수인의 동의가 없는 한, 채무자에 대한 양수인의 권리에 영향을 미치지 않는다. 그러나 양도계약에 변경조항이 들어있는 경우 또는 변경이 신의성실에 맞게 행하여져서 양수인이 합리적으로 이의를 제기할 수 없는 것인 경우에는 그렇지 않다.

해 설

이 조항은 제11:204조 제b호에 따라 양도인이 한 것으로 간주된 확약을 보완한다. 그러나 양도사실을 아직 인식하지 못한 채무자의 경우 계약 변경에 대한 어떤 제약이 있음을 생각할 만한 아무런 이유가 없다. 따라서 채권양도 이후 채무자가 양도사실을 알게 되기 전까지 채권에 가한 변경은 양수인을 구속한다. 하지만 양수인은 양도인에게 제11:204조 제b호에 따라 확약 위반을 주장할 수 있다. 양도 통지를 받은 후에라도, 양도계약에 변경조항이 들어있는 경우 또는 변경이 신의성실에 맞게 행하여져서 양수인이 합리적으로 이의를 제기할 수 없는 것인 경우에는 채무자는 계약 변경을 자유롭게 할 수 있다. 제11:204조에 대한 해설 E 및 그 사례 참조.

주 석

채무자가 양도 통지를 받은 후에 이루어진 계약 변경에 의하여 양수인은 구속되지 않는다는 일반원칙은 모든 유럽연합 회원국에서 공통적으로 나타난다. 이에 대한 예외는 통일상법전 제9-405조에 기초한다.

제4절 양수인과 경합 채권자(competing claimants) 사이의 우선순위

제11:401조 우선권

(1) 동일한 채권이 중복하여 양도된 경우에는, 채무자에게 양도사실이 최초로 통지된 채권양도의 양수인이 선행하는 채권양도의 양수인에 우선한다. 다만, 후행 양도 당시 양수인이 선행하는 양도가 존재하는 것을 알았거나 알았어야 하는 경우에는 그렇지 않다.

(2) 제1항이 적용되는 것을 전제로, 여러 채권양도 사이의 우선순위는 그 대상이 현재의 채권인지 장래의 채권인지를 불문하고 양도가 이루어진 순서에 따라 결정된다.

(3) 양도 채권에 대한 양수인의 권리는 제11:202조에 따라 양도의 효력이 발생한 시점 이후에 재판절차 또는 그 밖의 방법을 통하여 그 채권을 압류한 양도인의 채권자의 권리에 우선한다.

(4) 양도인이 파산한 경우에는 양도 채권에 대한 양수인의 권리가 양도인의 파산관재인 및 채권자의 권리에 우선하되, 다음 사항과 관련해서는 파산에 적용되는 법의 규정에 따른다.

(a) 그러한 우선권의 조건으로서 요구되는 공시

(b) 채권의 순위, 또는

(c) 파산절차에서의 거래의 부인 또는 효력불발생.

해 설

이처럼 본조는 양도 채권에 대하여 권리를 주장하는 다른 당사자에 대한 양수인의 우선권을 다루고 있다. 이와 같은 권리는 양도의 경합, 재판이나 그 밖의 수단을 통한 압류, 또는 양도인의 파산에 의해 발생할 수 있다. 특정한 양도에 우선권을 부여하는 효과는 그 양도가 진정한 것인지(absolute) 혹은 담보 목적인지에 따라 달라진다. 진정한 양도의 경우에는 경합하는 권리가 소멸하고, 담보 목적 양도의 경우에는 경합하는 권리는 후순위가 될 뿐이고 피담보채무가 변제되면 경합하는 권리는 유효하게 발생하게 된다.

A. 양도의 경합

(i) 최초 통지의 원칙

법체계들은 양도의 경합에 관한 접근을 달리한다. 어떤 법체계에서는 '누구도 자신이 보유하지 않은 것을 양도할 수 없다(*nemo dat quod non habet*)'는 원칙이 적용된다. 채권자는 제1 양도를 함으로써 더 이상 양도할 것이 남아 있지 않다. 따라서 제2 양도는 효력이 없고, 채무자는 제1 양도 사실을 알지 못하는 제2 양수인에게 의무를 이행함으로써 유효하게 채무변제를 하게 되는 반면, 제2 양수인은 자신이 수령한 일체의 이행을 제1 양수인에게 지급하여야 한다. 다른 법체계에서는 이와 같은 문제를 유효성이 아닌 우선순위의 문제로 보고, 제1 양도가 존재함을 알았거나 이를 알았어야 했던 상황이 아닌 이상, 그 양도사실이 (양수인에 의해서든 양도인에 의해서든) 채무자에게 가장 먼저 통지되었다면 제2 양수인에게 우선권을 부여한다. 본조에서는 후자의 접근법을 취하고 있다. 여기에는 두 가지 별개의 생각이 반영되어 있다. 첫째는 유체동산의 경우 점유가 우선권을 취득하는 것으로 인정되는 방법인데, 양도 통지가 점유하는 것에 상응하는 가장 가까운 행위라는 것이다. 둘째는 양수인이 되려고 하는 자는 대가를 지급하기 전에 채무자에게 그가 사전에 통지받은 양도 사실이 있는지 확인할 수 있다는 것이다. 만일 제1 양수인이 채무자에게 통지하지 않았다면, 제2 양수인은 다른 방법을 통하여 선행 양도사실을 알게 되었거나 예컨대 공적인 등록부에 등록되었다는 이유 등으로 선행 양도사실을 알아야만 했던 상황에 있었던 것이 아닌 한, 선행 양도가 존재하지 않는 것으로 가정할 수 있어야 한다.

사례 1: S는 A1에게 D에 대한 채권을 양도한 뒤 동일한 채권을 A2에게도 양도하였는데, A2가 가장 먼저 D에게 양도 사실을 통지한다. 만일 A2가 자신의 채권 양수 당시에 선행 양도에 대하여 알았거나 알았어야 하는 경우가 아니라면, A2가 우선권을 가진다. 이는 채권양도들 또는 그중 하나의 양도가 완전한 양도이든 담보 목적에 불과하든 마찬가지이다. 그러나 A2에 대한 채권양도가 완전한 양도라면, A1의 권리는 단순히 후순위가 되는 것이 아니라 완전히 소멸된다.

(ii) '통지'

여기서 통지란 단순히 통지를 발송하는 것이 아니라 채무자가 그 통지를 받는 것을 뜻한다. 제11:303조 참조, 통지가 효력을 발생하는 시기에 관해서는 제1:303조 제2항 참조.

(iii) 어느 당사자도 통지하지 않았을 때

어느 당사자도 양도사실을 통지하지 않았을 경우에는 '시간 순서에서 앞선 자가 권리에도 앞선다(*qui prior est tempore potior est jure*)'는 일반적인 원칙이 적용된다. 그러나 제1 양수인의 우선권은 잠정적인 것일 뿐인데, 선행하는 양도사실을 알지 못한 제2 양수인이 제1 양수인의 통지에 앞서 자신의 양도사실을 통지하면 우선권이 역전되는 것이다.

B. 양수인 대 압류채권자

제3항에 따르면, 일단 채권양도의 효력이 발생하면 양도는 그 후에 나타난 양도인의 압류채권자에 대해 우선권을 가지는데, 그 압류가 재판 전 법원의 명령, 판결 후 압류 또는 집행으로 이루어진 것이든, 그 밖에 어떠한 방식의 채권압류 방식으로 이루어진 것이든 불문한다. 제11:202조는 양도의 효력 발생 시점에 대하여 다루고 있다. 제11:202조 제2항에 규정된 소급효는 여기서는 별다른 의미를 가지지 못하는데, 채권자는 어차피 아직 성립하지 않은 채무에 대해서는 압류를 할 수 없으므로 기존에 존재하던 채무에 대하여만 우선권을 다툴 수 있기 때문이다.

사례 2: D는 3월 1일에 기존 채권을 A에게 완전한 양도 목적으로 이전한다. D의 채권자 C는 3월 10일에 채무자에게 D 대신 자신에게 채무를 변제하라는 법원의 명령을 구한다. 그 채권은 더 이상 D가 소유하지 않기 때문에 청구는 기각되어야 한다.

사례 3: A에게 이루어진 양도가 담보 목적이라는 사실을 제외하고는 사례 2의 사실관계와 같다. 그 양도에 의하여 담보된 채무가 이행되지 않는 한, 그 시점까지, 효력 발생을 위한 어떠한 명령도 내려질 수 없다.

사례 4: D로부터 100,000유로를 지급받도록 판결을 받은 C는, 2월 25일 D에게 150,000유로의 채무를 지고 있는 T에 대하여 그중 100,000유로를 D 대신 C에게 지급하라는 법원의 명령을 구하여 받아들여진다. D는 3월 10일에 A에게 T에 대한 채권을 양도한다. 그 양도는 위와 같은 법원 명령의 제한에 따라 효력을 발생하므로, A는 법원의 명령을 따른 뒤 50,000유로의 잔액 범위에서만 채권 금액을 지급받을 수 있다.

C. 파산

(i) 일반원칙: 양수인의 우선권

어떠한 양도가 채권 이전으로서의 실질적인 의미를 가지려면 원칙적으로 양도인의 파산관재인과 일반채권자들에 대하여 양수인에게 우선권을 부여하는 것이 유효하게 인정되어야 한다. 그러한 우선권의 효과로서, 완전한 양도 목적의 채권양도의 경우라면 양도된 채권은 파산재단을 전혀 구성하지 않게 되고, 반면 담보 목적의 양도의 경우라면 파산재단의 권리는 피담보채무가 변제되고 난 후 남은 잉여분(만일 존재한다면)에 한정될 것이다.

(ii) 양수인 우선권의 요건

양수인의 우선권은 세 가지 요건을 전제로 한다. 첫째, 만일 파산에 적용되는 법 자체에서 또는 다른 법을 준용하여 양도인의 파산 시 양도인의 대표자와 일반채권자에 대한 양도의 우선권 조건으로서 등록과 같은 공시 요건을 부과하는 경우, 해당 요건을 준수하지 못하면 양도인의 파산채권자에 대하여 양도가 무효가 되고, 양수인은 양도인의 파산재단에 대하여 다른 일반채권자들과 같은 순위(*pari passu*)를 가진 일반채권(personal claim)을 가지게 될 뿐이다. 둘째, 본조는 채권의 순위와 관련된 파산법의 어떠한 특별규정에도 영향을 미치지 않는다. 예컨대, 파산법에 의해 특정 종류의 물권이 세금이나 근로자의 보수와 같은 우선적 채권보다 후순위로 다루어질 수도 있다. 셋째, 본조는 파산절차에서 거래 부인이나 무효에 관한 파산법상 원칙에도 영향을 미치지 않는다. 예컨대, 만일 어떠한 양도가 양수인에 대한 양도인의 기존 채무를 변제하거나 변제를 위하여 이루어졌는데 당시 양도인이 파산 상태였기 때문에 그 양수인이 양도인의 다른 채권자들에 비해 유리하게 취급되었다면, 그 양도는 편파행위(unfair preference)로서 무효가 될 수 있다. 이러한 모든 경우에 본조 제3항에서 규정하고 있는 우선권 원칙에 대한 특별법(*lex specialis*)으로서 파산법이 더 우선한다.

주 석

본조 제1항은, 세부적으로는 일정한 차이가 있기는 하지만 유럽 대다수 국가들이 취하고 있는 원칙을 대변한다. 잉글랜드(*Dearle v. Hall* (1828) 3 Russ. 1), 프랑스(*Terré, Simler, Lequette* n. 1189), 북유럽 국가들(PNA 제31조 제2항에 근거함), 그리스(*Stathopoulos* 2, (1992) 599), 이탈리아(민법 제1265조 제1항), 포르투갈(민법 제584조), 스코틀랜드(*McBryde* 12.100(2), 12.104-12.106; *Wilson para.* 27.5(a))에서 이 원칙을 찾을 수 있다. 반면 오스트리아 법(OGH SZ 54/104; JBl 1986, 235; JBl 1996, 251)과 독일 법은 제1 양수인에게 우선권을 주는데, 이는 제2 양도에 대해 법적 효력을 전혀 부여하지 않는 위 국가들의 원칙에 따른 당연한 귀결이다. 네덜란드에서는 통지 없이는 양도가 무효이다. 따라서 모든 경합하는 양수인이 통지했을 경우에만 우선권 문제가 발생한다. 그러한 경우 '누구도 자신이 보유하지 않은 것을 양도할 수 없다(*nemo dat quod non habet*)'는 원칙에 따라 제1 양수인에게 우선권이 부여된다.

제2항과 제3항, 그리고 제4항은 양도의 유효 조건으로 채무자에 대한 통지를 요하지 않는 나라들에서의 원칙을 규정한다. 그러나 프랑스나 네덜란드와 같이 채무자가 그 양도를 승인하지 않았다면 채무자에 대한 통지가 양도의 필수적인 요소인 나라에서는, 중복된 양도가 이루어진 경우 통지가 있거나 양도가 승인되기 전에는 모든 양도의 효력이 발생하지 않은 채로 유지된다. 이는 파산절차가 개시된 후에는 이루어질 수 없으나, 다만 네덜란드에서는 질권이 숨은 질권인 경우에 대하여 예외가 있다. 나아가 네덜란드에서는 파산절차가 개시되면 장래 채권의 양도는 당시에 존재하지 않는 채권에 관한 것으로 양도인에 대한 효력이 중단된다. 파산법 제35조 제2항 참조.

유효한 양도의 요건은 다양하지만, 어느 곳에서나 그 요건이 충족되면 양수인이 양도채권을 그 후에 압류한 채권자에 대하여 우선권을 가지는 것이 원칙이다. 따라서 양도가 이러한 원칙들에 의해 규율되고 제11:202조에 의하여 효력이 발생하였다면, 본조 제3항에 의하여 양수인은 그 후에 나타난 압류채권자에 대하여 우선권을 가진다.

제12장 채무인수와 계약이전

제1절 채무인수

제12:101조 채무인수: 일반규정

(1) 제3자는 채무자와 채권자가 합의하면 채무를 인수할 수 있고, 그에 따라 종전 채무자는 채무를 면한다.
(2) 채권자는 장래의 채무인수에 대해 사전 동의할 수 있다. 그 경우에 채무인수는 새로운 채무자가 자신과 종전 채무자의 합의 사실을 채권자에게 통지하였을 때에만 그 효력이 발생한다.

해 설

A. 적용범위

제12:101조는 새로운 채무자가 종전 채무자를 위하여 채무를 인수함으로써, 종전 채무자로 하여금 채무를 면하게 하는 경우만을 규정하고 있다. 종전 채무자 외에 새로운 채무자가 추가되는 경우는 따로 규정하고 있지 않다. 왜냐하면, 제3자가 종전 채무자와 함께 종전 채무자의 채무를 부담하기로 합의를 한 경우에는 특별한 문제가 발생하지 않기 때문이다. 이와 같은 경우에 다수의 채무자가 생기며, 그 주제에 대해서는 이미 유럽계약법원칙 제10장에서 다루었다.

B. 채무인수의 개념

어떤 사람('제3자' 또는 '새로운 채무자')이 다른 사람('채무자' 또는 '종전 채무자')의 채무를 인수함으로써 채무자가 변경될 수 있다는 점은 널리 인정되고 있는 원칙이다. 새로운 채무자와 종전 채무자의 합의만으로는 종전 채무자로 하여금 채권자에 대한 채무를 면하게 할 수 없다. 채무를 면하게 하기 위해서는 채무인수에 대한 채권자의 동의가 필요하다.

종전 채무자를 새로운 채무자로 변경하기 위하여 새로운 채무자와 채권자 사이에 약정을 한 경우에, 종전 채무자의 동의가 채무인수 효과를 발생시키기 위한 요건에 해당하는지에 대해서는 유럽 각국의 법체계에서 통일된 입장은 없다. 제12:101조에 따르면, 종전 채무자의 동의가 없으면, 새로운 채무자와 채권자 사이의 합의만으로 채무인수의 효과가 발생하지 않는다. 물론, 그렇다고 하여 권리 포기에 관한 자국의 준거법에 따라 채권자가 일방적으로 종전 채무자의 채무를 면제시켜 주는 행위를 할 수 없는 것은 아니다. 그러나 이와 같은 경우에 제12:101조에 따른 채무인수라는 한 개의 법률행위가 있다기보다는 두 개의 법률행위, 즉 채권자와 새로운 채무자 사이의 계약 및 채권자의 별도 면제 행위가 있다고 할 수 있다.

C. 다른 개념과의 관계

(i) 채권양도

채무인수는 어떤 의미에서는 채권양도의 정반대 개념이라고 할 수 있다. 채권양도로 인하여 새로운 채권자가 생기는 반면, 채무인수로 인하여서는 새로운 채무자가 생긴다. 그러나 채권양도는 세 당사자 모두의 동의를 필요로 하지 않는다.

(ii) 경개

경개(novation)는 다양한 법체계에서 서로 다른 의미로 사용되고 있다. 경개는 일반적으로 종전 계약을 새로운 계약으로 대체하는 것을 의미하며, 종종 같은 당사자 사이에 이루어진다. 반면, 제12:101조가 적용되는 채무인수는 채무자의 변경을 수반하는 것으로, 계약 그 자체는 계속 유효하며, 다른 면에서는 아무런 변화가 없는 것이다.

(iii) 제3자를 위한 약정

제12:101조가 적용되는 채무인수는 세 당사자 모두의 합의가 필요하다. 이 점에서 제6:110조가 규정하고 있는 제3자를 위한 약정과 구별된다.

(iv) 제3자에 의한 이행

'제3자에 의한 이행'을 규정하고 있는 유럽계약법원칙 제7:106조는 채무자의 변경을 수반하지 않는다. 제7:106조는 채무자 이외의 제3자에 의한 이행이 채권자가 그 수령을 거절할 수 없는 '적당한 이행'으로 볼 수 있는지 여부에 관한 해답을 정하고 있다.

D. 채권자 동의의 중요성

제12:101조는 문언 그 자체로 채무인수에 대한 채권자의 동의가 채무인수 효과의 발생에 있어서 필수 요건이라는 점을 명확히 하고 있다. 채무인수는 채무자와 제3자 사이의 합의에 기초하여 이루어지는 경우가 많은데, 이 경우 채무자가 채무를 면하기 위해서는 위 합의에 대한 채권자의 동의가 필요하다.

동의의 표시는 명시적일 필요는 없으나, 확정적이고 명확해야 한다. 채권자의 동의가 표시되지 않는 한, 위 합의만으로 종전 채무자가 새로운 채무자로 변경되는 채무인수의 효과가 발생하지 않는다. 그렇지 않다면 채권자는 새로운 채무자가 종전 채무자에 비하여 변제자력이 약하거나, 신뢰성이 떨어지는 경우에도 그러한 새로운 채무자를 억지로 받아들여야 한다는 과중하고 불합리한 위험을 부담하게 될 것이다.

> **사례 1**: A는 B 은행으로부터 100,000유로를 빌렸다. 그 직후 C는 A로부터 120,000유로에 빌딩을 매수하면서, A와 사이에 매매대금의 일부 지급을 위하여 A의 B 은행에 대한 채무를 인수함으로써 A 대신 채무자가 되기로 약정한다. B 은행이 위 약정에 대한 동의의 의사표시를 한다. 그 결과 C는 A의 B 은행에 대한 채무를 인수한다.

만일 채권자가 채무자와 제3자와의 합의에 동의하지 않은 경우에, 그 합의는 채무자와 제3자 사이에서만 법적 효과가 있다. 그러나 그렇다고 하여 제3자가 자동적으로 채무자의 채권자에 대한 채무를 부담하게 되고, 채권자가 두 사람 모두를 상대로 이행을 청구할 권리를 취득하는 것은 아니다. 채권자가 제3자를 상대로 권리를 취득하는지는 1차적으로 채무자와 제3자 사이에 체결된 계약의 내용에 따라 판단하여야 한다. 만일 채권자가 해당 계약에 있어서 '제3자를 위한 약정의 제3자'에 해당하면, 제3자를 위한 약정에 관한 제6:110조의 규정이 적용될 것이다.

제12:101조 제2항은 채권자가 사전에 동의할 수 있음을 명백히 하고 있다. 이러한 경우, 종전 채무자와 새로운 채무자가 채무인수에 관하여 합의를 하였고, 새로운 채무자가 채권자에게 위와 같은 사실을 통지하였을 때에 비로소 채무인수의 효과가 발생한다. 채권자는 채무인수의 효력 발생 여부 및 발생 시기를 알아야만 하므로, 채권자에 대한 통지 요건은 사전 동의 당시 새로운 채무자가 특정되지 않은 경우에만 요구되는 것은 아니다.

> **사례 2**: A는 C에게 빌딩을 매각하려는 차에, B 은행으로부터 대출이 긴급히 필요하다. A는 B 은행에게 '빌딩에 관한 매매계약 체결 시 C가 A의 위 대출금 채무를 인수하는 방안'에 미리 동의해 줄 것을 요청한다. B 은행이 동의한다. 나중에 C 또한 동의하고, 이에 따라 B에게 통지한다. 이러한 경우 매매계약 체결 시부터 C는 A의 채무를 인수한 것이다.

E. 명문화되어 있지 않은 사항들

제12:101조는 새로운 채무자가 계약상 채무의 일부만을 인수한 경우에 대해서는 명백히 규정하고 있지 않다. 그러나 위 조항이 이러한 경우를 배제하고 있는 것은 아니며, 채무가 가분적이라면, 채무인수는 분할채무로 볼 수 있는 채무 일부에 대하여 이루어질 수 있다. 채권 일부양도의 경우 제11:103조는 특별한 보호방안을 마련하고 있는데, 채무인수의 경우 채권자가 채무인수에 동의하여야만 효과가 발생하므로 이에 상응하는 보호방안은 필요하지 않다.

제12:101조는 채무인수 계약에 있어서 어떠한 형식 요건을 규정하고 있지 않다. 일반 조항이라 할 수 있는 제2:101조에 따라, 형식 요건을 요구하지 않는다고 할 것이다.

주 석

1. 채무인수의 개념은 널리 인정되고 있다

종전 채무자를 새로운 채무자로 변경하는 채무인수의 기본 개념은 각국의 법체계에서 널리 인정되고 있고, 다만 용어를 달리할 뿐이다.

오스트리아(민법 제1405-1410조), 독일(민법 제414-418조), 포르투갈(민법 제595-600조) 및 네덜란드(민법 제6:155-158조) 민법전에는 각각 채무인수(assumption of debts)

또는 채무 넘겨받기(taking over of debts)라는 뜻을 갖는 제목으로 명시적 규정을 두고 있다. 그리스 법(민법 제471조)에서도 제3자는 채무를 인수함으로써 종전 채무자로 하여금 채무를 면하게 할 수 있다고 규정하고 있다. '채무인수(assumption of debt)'는 명백히 인정되는 개념이다(*Kerameus-Kozyris* 89 참조). 이러한 법제에서 채무인수는 경개와 구별된다.

비록 일부 국가에서 학설상 경개와 구별되는 채무인수의 독자적 개념을 인정하고 있지만, 다수의 유럽 법체계에서는 경개라는 표제 하에 채무인수를 규정하고 있다. 예컨대, 프랑스 민법은 경개가 이루어지는 방식의 하나로 종전 채무자가 새로운 채무자로 변경되어 종전 채무자가 채권자에 의하여 채무를 면하는 경우를 규정하고 있다(제1271조 제2항). 그러나 학설상으로는 채무인수(*cession de dette*)의 개념도 발전되었다(*Terré, Simler, Lequette* n. 1211 참조. 다만 일부 학자들은 이러한 개념의 인정에 관하여 회의적임에 주의하여야 한다. *Malaurie & Aynès* no. 310; *Aubert* no. 1 참조). 이탈리아 민법은 종전 채무자가 새로운 채무자로 변경되어 종전 채무자가 채무를 면하는 경우를 경개의 일종으로 규정하고 있다(주관적 경개, 제1235조 참조). 스페인 민법은 경개라는 일반 제목으로 제1203조 제2항에서 채무자가 교체됨으로써 채무가 변경될 수 있다고 규정하고 있다. 그러나 채무인수(*asunción de deuda*)의 개념 또한 판례나 학설에서 널리 인정되고 있다. 잉글랜드와 아일랜드 법에서 경개는 계약을 다른 계약으로 교체하는 것을 의미하며, 그러한 계약의 교체는 동일 당사자 사이에도 가능하고, 종전 당사자 중의 한 명을 교체하여 제3자가 계약당사자가 되는 경우에도 가능하다(*Treitel*, Contract 647; *Chitty* para. 20-084). 핀란드 법에서는 종전 채무자를 새로운 채무자로 변경하는 채무인수에 관하여 대체로 경개라는 일반 표제 하에서 짧게 언급할 뿐이다. *Bärlund, Nybergh, Petrell* 216; *Aurjärvi & Hemmo* 179 참조. 스코틀랜드에서는 '채무이행의 위임'(delegation)이라는 용어가 채무인수, 즉 종전 채무자가 새로운 채무자로 교체되어 종전 채무자가 채권자에 의하여 채무를 면하는 경우를 표현하기 위하여 사용되고 있다. 그러나 채무이행의 위임(delegation)은 간혹 경개의 하위개념으로 여겨지기도 한다. *Gloag & Henderson* 189, 190 참조.

덴마크 법에서는 '채무자의 변경'을 뜻하는 *debitorskifte*라고 부르는 법제도가 있다. 기능적으로 이 개념은 채무인수에 해당한다(*Gomard* Ⅲ, 143-156 참조). 스웨덴에서는 채무인수는 인정되며 경개와 구별된다. 경개는 경개의사(*animus novandi*)를 필요로 하는데, 채무가 본질적으로 동일성을 유지하고 있는 경우에는 경개의사가 인정되지 않는다(*Rodhe* 639 ff.).

2. '중첩적' 채무인수와 '면책적' 채무인수

많은 유럽의 민법전은 명시적으로 두 종류의 채무인수를 규정하고 있다. 첫 번째 유형은 종전 채무자가 그대로 존속하면서 새로운 채무자가 추가되는 경우이고(중첩적 채무인수), 두 번째 유형은 종전 채무자는 채무를 면하고 새로운 채무자가 전적으로 채무를 인수하는 경우이다(면책적 채무인수). 오스트리아 민법 제1405조, 제1406조, 독일 민법 제305조, 제414-418조, 그리스 민법 제471조, 제477조, 이탈리아 민법 제1268-1273조, 포르투갈 민법 제595조 제2항 참조. 프랑스 민법은 명시적으로 제1275조에서 중첩적 채무인수의 가능성을 인정하고 있다. 스페인에서 중첩적 채무인수에 관해서는 *Díez-Picazo* Ⅱ 4th edn. 852 참조.

네덜란드 민법 제6:155조는 '종전 채무자로부터 새로운 채무자로의 채무 이전'만을 규정하고 있는데, 채권자가 동의의 의사표시를 하는 경우에 면책적 채무인수의 효과가 발생한다.

중첩적 채무인수와 면책적 채무인수의 구별은 불문법 국가에서도 인정된다. 예컨대, 스코틀랜드에서는 채권자의 명시적인 의사가 인정될 때에 한하여 종전 채무자는 채무이행의 위임(delegation)에 의하여 채무를 면하게 된다. 종전 채무자는 채무를 면할 수 없는 것으로 추정된다(*Gloag & Henderson* 189 참조).

3. 형식 요건

명시적으로 채무인수를 규정하고 있는 법전에서는 통상 형식 요건에 대하여 규정하고 있지 않다. 독일 법이 한 예이다. 하지만, 채무의 발생 원인이 된 계약에 있어서 특정한 형식 요건이 요구되는 경우 채무인수를 위한 약정에 있어서도 같은 요건이 적용된다(*Münchener Kommentar* (-*Möschel*) § 414 n. 4).

4. 다른 유형의 합의와 구별

채무인수에 관하여 명시적인 규정을 두고 있는 모든 법체계에서, 채무인수는 여러 가지 방식으로 이루어질 수 있다. 먼저 채권자와 새로운 채무자 사이에 합의를 하여 채무인수가 이루어질 수 있는데, 이 경우에 종전 채무자가 그 합의에 동의를 해야만 채무인수의 효과가 발생하는 법제가 있고, 종전 채무자가 동의를 하지 않아도 채무인수가 발생하는 법제가 있다. 다음으로 종전 채무자와 새로운 채무자 사이에 합의를 하여 채무인수가 이루어질 수 있는데, 이 경우에 채무인수의 효과가 발생하기 위해서는 채권자의 동의를 요한다. 모든 나라에서 채권자의 동의는 종전 채무자가 면책되기 위한 필수적인 요건이다. 그러나 종전 채무자의 동의가 채무인수의 효과를 발생시키기 위한 필수 요건에 해당하는지에 관해서는 나라에 따라 입장이 다르다.

독일 민법은 채무인수의 효과 발생에 관하여 두 가지 규정을 두고 있다. 제414조는 채권자와 새로운 채무자가 되는 제3자 사이의 합의에 관한 규정으로, 종전 채무자의 협력이나 동의를 요하지 않는다. 그리고 제415조는 실제에 있어서 보다 중요한 계약인 종전 채무자와 새로운 채무자 사이의 합의에 관하여 규정하고 있다. 이 경우 채무인수의 효과가 발생하기 위해서는 채권자의 동의가 필요하다(*Münchener Kommentar* (-*Möschel*) § 414 n. 3, § 415, nn. 3, 6; *Larenz* 601 ff. 참조).

오스트리아 민법 제1405조는 종전 채무자와 새로운 채무자 사이에 채무인수에 관한 합의가 있는 경우를 규정하고 있는데, 이 경우 채무자 변경을 위해서는 채권자의 동의가 필요하다고 규정하고 있다. 반면, 제1406조 제1항은 새로운 채무자와 채권자 사이의 합의에 의한 채무인수에 관하여 규정하고 있는데, 채무인수가 효력을 발생하기 위해서 종전 채무자의 동의가 필요한 것은 아니다.

프랑스 민법 제1273조는 채권자와 새로운 채무자 사이에 합의가 있는 경우에 관하여 규정하고 있다. 위 조항은 종전 채무자의 동의가 없더라도 채무자의 변경에 따른 경개의 효과가 발생한다고 규정하고 있다. 제1274조는 채무이행의 위임(delegation)에 관하여 규정하고 있는데, 이에 의하여 새로운 채무자가 채권자에 대한 의무를 부담하게 된다. 하지만 채권자가 명시적으로 종전 채무자에 대한 면제의 의사표시를 표시하지 않는 한, 경개에 의하여 종전 채무자는 면책되지 않는다. 채무인수(*cession de dette*)는 종전 채무자, 새로운 채무자, 채권자 사이의 삼자 합의에 의하서도 가능하다(*Terré, Simler, Lequette* n. 1211 참조).

포르투갈 민법 제595조 제1항에 따라 채무인수는 종전 채무자와 새로운 채무자 사이의 계약 및 이에 대한 채권자의 추인에 의하여 이루어질 수 있다. 혹은 새로운 채무자와 채권자 사이의 계약에 의하여도 이루어질 수 있는데, 종전 채무자는 이에 대해 동의할 수도 있고 그렇지 않을 수도 있다.

그리스 민법 제471조도 유사하게 규정하고 있다. 채권자와 새로운 채무자 사이의 쌍방 합의만으로 채무인수의 효과를 발생하기에 충분하며, 종전 채무자가 반드시 위 합의의 당사자가 되어야 하는 것은 아니다.

덴마크 법에서는 채무인수를 위해서 채권자, 채무자, 제3자 사이의 3자 합의가 요구된다(*Gomard* Ⅲ, 143 ff. 참조).

이탈리아 민법 제1268-1271조는 중첩적 채무인수(*delegazione cumulativa*, 종전 채무자가 채권자에 대한 채무를 이행할 새로운 채무자를 추가하는 것)를 규정하고 있고, 제1272조는 채무대행(expromission, *expromissione*, 종전 채무자의 위임 없이 제3자가 채무를 떠안는 것)을 규정하고 있다. 어느 경우이든 채권자가 명시적으로 면제를 허락하지 않는 한 종전 채무자는 채무를 면할 수 없다. 제1273조는 종전 채무자와 새로운 채무자 사이의 합의에 의한 채무인수(*accollo*)를 규정하고 있는데, 채권자는 위 합의에 관여할 수 있다. Accollo는 일종의 제3자를 위한 계약으로 간주된다(Cass. 7/8/1941, n. 2776, in *Foro It.*, Ⅰ, 916 참조, 반대의견으로는 Cass. 23/9/1971, n. 2663, in Giur. It., 1971, Ⅰ, 1, 302 참조). 종전 채무자를 면책시키는 것이 계약의 명시적 조건이 되었거나 채권자가 명시적으로 면책의 의사표시를 한 경우에 한하여, 채권자의 관여는 종전 채무자의 면책을 뜻한다(일반적으로 *Bianca*, 665-666; *Mancini* 512; *Gazzoni*, 618 참조. 또한 Cass. 7/7/1976, n. 2525, in *Foro It.* 1977, Ⅰ, 708; Cass. 21/2/1983, n. 6935, in Giust. Civ. 1983, 2376도 참조).

잉글랜드와 아일랜드 법에서는 경개에 의한 채무인수가 이루어지려면 세 당사자 모두의 동의가 필요하다.

제12:102조 채무인수가 항변과 담보에 미치는 효과

(1) 새로운 채무자는 자신과 종전 채무자 사이의 관계로부터 발생하는 권리 또는 항변을 채권자에게 원용할 수 없다.
(2) 종전 채무자의 면책은 채무의 이행을 위하여 채권자에게 제공된 종전 채무자의 담보에도 효력이 미친다. 다만 그 담보가 종전 채무자와 새로운 채무자 사이의 거래의 일부로서 새로운 채무자에게 이전된 자산에 대해 설정된 것인 경우에는 그렇지 않다.
(3) 새로운 채무자가 아닌 제3자가 채무의 이행을 위하여 제공한 담보는 종전 채무자의 면책과 함께 소멸한다. 다만 제3자가 채권자에 대한 담보제공을 계속하기로 합의한 경우에는 그렇지 않다.
(4) 새로운 채무자는 종전 채무자가 채권자에게 주장할 수 있었던 모든 항변을 채권자에게 원용할 수 있다.

해 설

A. 채무인수의 일반적 효과

새로운 채무자에게 채무가 단순하게 이전된 경우에 채무의 내용은 바뀌지 않는다. 민법상 전통적인 개념의 '경개'와는 대조적으로, 채무의 내용은 새로운 채무자가 종전 채무자의 채무를 인수함에 의해 영향을 받지 않고 그대로 유지된다. 새로운 채무자에게 이전되는 것은 종전에 존재한 것과 동일한 내용과 동일한 부수적 권리(예컨대, 이자에 대한 권리)를 포함한 원래의 채무이다.

그러나 종전 채무자, 새로운 채무자 그리고 채권자 사이의 계약상 당사자가 아닌 자가 채무를 위해 제공한 물적 또는 인적 담보는 종전 채무자의 면책과 함께 소멸한다. 그러나 담보를 제공한 자가 채무자 변경에도 불구하고 담보의 존속에 동의한 경우 담보는 여전히 유효할 것이다.

채권자는 그가 채무자에 대해 갖는 부수적 권리를 여전히 행사할 수 있고 이는 채무인수에 의해 영향을 받지 않는다. 새로운 채무자가 채무인수를 동의하기 전에 채권자에게 담보를 제공했던 경우, 그 담보는 채권자에게 여전히 유효하며, 채권자는 새로운 채무자가 그 당시 또는 그 이후 제공한 추가적인 담보에 대해서도 권리행사를 할 수 있다.

B. 채무인수 합의에서 발생한 항변에 대한 효과

제12:102조 제1항은 제3자와 채무자의 합의 내용에서 비롯된 어떠한 권리나 항변사유도 채권자에게는 영향이 없음을 명확히 하고 있다. 종전 채무자와 새로운 채무자의 채무인수 합의에서 합의의 무효 또는 취소 사유가 되는 하자가 있더라도 채권자와의 관계에서 새로운 채무자의 지위에는 변동이 없다. 종전 채무자와 새로운 채무자 사이의 관계에 있어서 당사자들의 동의가 없다거나 새로운 채무자가 종전 채무자에 대항할 수 있는 사유가 존재한다거나 하는 등으로 하자가 존재한다는 사실을 채권자가 알았거나 알 수 있었던 경우라도 채권자는 새로운 채무자에 대하여 여전히 권리행사를 할 수 있다. 채무인수는 이 한도에서 '추상성을 갖는다(abstract).' 즉, 종전 채무자와 새로운 채무자 사이의 기본 관계에 존재하는 하자로부터 독립성을 갖는다. 이는 채권자를 보호하기 위한 것이다. 채권자가 종전 채무자와 새로운 채무자 사이의 법률관계 하자에 대하여 우려해서는 안 되기 때문이다.

> **사례 3:** A는 C에게 진품으로 알려진 중세 중국의 예술품을 20,000유로에 판매하고, 그 대신 B 은행에 대한 A의 채무를 C가 인수하기로 합의한다. A가 통지하고, B 은행은 채무인수에 동의한다. 그로부터 얼마 지나지 않아 A(그 사이에 파산하였다)가 C에게 모조품을 판매하였음이 밝혀진다. 이것은 채무인수에 영향을 주지 않는다.

C. 담보에 관한 종전 채무자와 제3자의 면책

제12:102조 제2항에 따르면 채무의 이행을 위하여 담보를 제공한 종전 채무자는 일반적으로 채무인수의 효력이 발생하면 곧바로 그 담보에 관하여 면책된다. 제12:102조 제3항에 따르면 종전 채무자의 채무이행을 위해 담보를 제공한 제3자도 일반적으로 면책된다. 유럽 법체계에서 이러한 규칙을 갖고 있는 국가가 명백히 다수를 차지한다.

그러나 이러한 규칙에는 예외가 있다. 종전 채무자가 제공한 담보의 경우, 이 규칙은 종전 채무자와 새로운 채무자가 된 제3자 사이에서 이루어진 거래의 일부로서 이전된 자산에 대해 설정된 담보에 관해서는 적용되지 않는다. 이는 재화에 대하여 소유권 유보 조항이 있고, 해당 재화의 가격을 종전 채무자가 채권자에게 지급해야 하는 사안에서 실무상 중요성이 있다.

채무이행을 위해 다른 사람이 제공한 보증(surety)과 질권(pledge) 등의 담보에서, 담보제공자는 채권자를 위하여 담보를 계속 제공하는 데 동의할 수 있지만, 동의하지 않는 경우에는 담보가 소멸한다.

D. 종전 채무에서 발생한 항변

새로운 채무자가 종전 채무자의 채무를 인수하는 것은 새로운 채무자가 종전 채무자와 동일한 법적 지위를 갖게 됨을 뜻한다. 따라서 새로운 채무자는 종전 채무자가 채권자와 체결한 종전 계약관계에서 가질 수 있었던 채권자에 대한 실체법상 및 절차법상 모든 항변(일부 예외가 있다)을 주장할 수 있다. 예컨대 이것은 시효항변에도 적용된다.

항변을 주장하는 데 기준이 되는 시점은 새로운 채무자가 종전 채무자의 채무를 인수하기로 하는 계약을 체결하는 순간이다. 새로운 채무자는 종전 채무자가 이 시점 이전에 제기할 수 있었던 모든 항변 또는 이 시점까지 발생했던 사유에 기초한 모든 항변을 주장할 수 있다. 새로운 채무자는 채무인수의 효력이 발생한 이후에 종전 채무자에게 발생한 항변을 주장할 수 없다.

그러나 새로운 채무자는 상계의 효과를 얻기 위해 종전 채무자의 채권을 행사할 수는 없는데, 이는 항변의 이용 범위를 넘는 것이고, 일반적으로 새로운 채무자는 종전 채무자의 동의 없이 종전 채무자의 채권을 처분할 권한이 없기 때문이다.

새로운 채무자가 종전 채무자의 항변을 주장할 수 있다는 이 규칙에는 일부 예외가 존재한다. 이 규칙은 새로운 채무자가 종전 채무로부터 독립적으로 존재하는 채무를 인수하는 경우에는 적용될 수 없다. 또한 새로운 채무자는 종전 채무자와 새로운 채무자 사이의 계약관계에서 유래한 항변을 채권자에 대하여 주장할 수 없다.

주 석

독일 법의 경우 민법 제417조는 제12:102조 제4항과 대체적으로 상응하고, 민법 제418조는 제12:102조 제3항과 상응한다. 제3자는 채권자와 제3자 사이의 법적 관계에서 비롯된 항변을 채권자에 대하여 제기하는 것이 허용된다. 그러나 채무인수에서 의무부담의 측면과 처분적 측면을 분리한 결과 제3자는 채권자에 대하여 종전 채무자와의 의무부담 행위에서 비롯되는 항변을 주장할 수 없고, 오로지 처분적 측면에서 비롯되는 항변만을 주장할 수 있다. 제3자는 상계의 효과를 위해 채무자의 채권을 행사하는 것이 허용되지 않는다(*Münchener Kommentar* (-*Möschel*) § 417, n. 2 ff.; *Larenz*, 606 ff. 참조). 민법 제418조는 채무인수의 경우 채무자가 바뀌었을 때 부수적 담보권은 소멸한다고 규정한다(*Münchener Kommentar* (-*Möschel*) § 418, n 1). 다만 담보를 제공한 사람이 채무자가 바뀌어도 담보를 유지한다는 내용에 동의한 경우에만 담보는 존속한다(*Münchener Kommentar* (-*Möschel*) § 418, n. 6 ff.). 민법 제418조는 담보제공자가 자신이 알지 못하는 채무자에 대해 법적 책임을 부담하지 않도록 하겠다는 취지이므로 동일한 규칙은 비종속적 담보권에도 적용된다(*Nörr, Scheying & Pöggeler* 250, *Staudinger* (-*Kaduk*) § 418, n. 6 참조).

오스트리아 민법 제1407조 제2항에 따르면, 채권에 관한 기존의 권리는 일반적으로 채무자의 인적 변화에 영향을 받지 않는다. 그러나 오스트리아 법은 민법 제1407조 제2항 제2문에서 제3자의 동의에 의해 그의 보증과 질권은 유지된다고 규정하고 있다는 점에서 제12:102조 제3항과 동일하다. 그리고 민법 제1407조 제1항에 따르면 구 채무자가 채권자에 대항할 수 있었던 모든 항변사유를 새로운 채무자가 원용할 수 있다는 점에서 제12:102조 제4항과 유사하다(OGH SZ 55/132 참조).

스페인 법에서는 채권자와 새로운 채무자 사이의 관계에 기반한 항변을 제기할 수 있다는 점에 대해서는 문제의 여지가 없지만 다른 항변사유와 담보에 대해서는 다소 불확실하다(*Díez-Picazo* Ⅱ, 4th edn. 848-849).

이탈리아에서는 채무대행(*espromissione*)의 사안에서 제3자는 채권자에 대하여 종전 채무자와 제3자의 관계에서 비롯된 항변을 주장할 수 없다(민법 제1272조 제2항). 그러나 만일 이러한 항변이 종전 채무자에게 일신전속적인 경우 또는 채무대행(expromission) 이후의 행위로부터 발생한 경우가 아니라면, 제3자는 채권자에 대하여 종전 채무자가 채권자에게 제기할 수 있었던 모든 항변사유를 제기할 수 있다. 민법 제1272조 제3항에 따르면, 제3자는 비록 종전 채무자가 채무인수 전에 상계(compensation)할 수 있었다고 하더라도 채권자를 상대로 이러한 상계의 항변을 할 수 없다. 유사한 내용을 포르투갈 민법 제598조에서도 찾을 수 있다. 이탈리아에서 채무인수(*accollo*)의 경우에, 제3자는 언제나 그 제3자가 인수한 채무의 상한에 이를 때까지 그 약정을 관여하는 채권자에게 구속되고, 인수가 이루어지는 기초가 되는 계약에 관련한 항변을 채권자에 대하여 주장할 수 있다. 담보에 관해서 민법 제1275조는 채권자가 종전 채무자를 면책하는 모든 경우에 있어서, 해당 청구권에 부수하는 모든 보증은 그 제공자가 그 존속에 대해 동의하지 않는 한 소멸된다고 규정한다.

계약관계에서 인적 변화는 관련된 사람들 누구에게도 불리한 영향을 주어서는 안 된다는 덴마크 법상 규칙에 따라, 새로운 채무자는 구채무자가 채권자에 대하여 행사할 수 있었던 모든 항변사유를 채권자에게 주장할 수 있다.

스웨덴 법은 종전 채무자 또는 다른 사람에 의해 제공된 담보가 효력을 유지하는지는 그들 사이의 합의에 달려있다고 본다.

잉글랜드와 아일랜드 법에서는 계약에 의한 모든 채무는 경개에 의해서 소멸되기 때문에, 새로운 채무자가 담보의 부담을 안은 채로 자산을 인수하는 경우를 제외하고는, 채무에 대한 담보와 같이 채무자에 의해 주어진 부수적 권리도 역시 소멸된다. 보증에 대한 동의가 있는 경우 또는 경개의 경우에 있어서 보증책임을 유지하겠다는 계약조건이 존재하는 경우가 아닌 한 경개는 또한 종전 계약의 보증을 소멸시키는 의도치 않은 결과를 가져올 수 있다.

제2절 계약이전

제12:201조 계약이전

(1) 계약의 한쪽 당사자는 제3자와 그 제3자가 자신의 계약상 지위를 대체하기로 합의할 수 있다. 이때 대체의 효력은 상대방의 동의로 종전 당사자가 면책되는 경우에만 발생한다.
(2) 제3자가 계약당사자의 지위를 대체함에 따라 이행청구권('채권')이 이전되는 한도에서는 제11장의 규정이, 채무가 이전하는 한도에서는 본장 제1절의 규정이 각각 적용된다.

해 설

A. 일반

채권양도는 그 이전의 대상이 채권에 한정되고, 채무인수는 채무를 부담하는 사람을 종전 채무자에서 새로운 채무자로 변경하는 것에 지나지 않는다. 반면에 이 조항은 계약상 권리와 의무 전체를 계약당사자로부터 제3자에게 이전하는 것을 다룬다. 장기간의 계약과 기업의 인수 또는 합병이 유럽에서 흔하다는 점을 고려하면 계약 전체의 이전에 관한 규정은 실무적으로 매우 중요하다. 따라서 유럽계약법원칙에서 이 주제에 관한 조항을 규정하는 것은 필요하다고 여겨졌다.

계약이전의 합의는 부동산 임대차 계약, 대출 약정, 근로 계약을 비롯한 다른 유형의 장기간의 계약과 관련하여 종종 체결된다.

계약 전체의 이전을 경개와 혼동해서는 안 된다. 경개는 종전 계약관계를 소멸시키고 다른 목적물 또는 다른 원인으로 새로운 계약관계를 형성하는 것을 의미하는 반면, 계약이전에서는 계약관계가 그대로 유지된다. 계약의 구속력(bond)은 동일하고, 다만 이것이 종전 당사자로부터 새로운 제3자에게 이전되는 것이다.

B. 계약관계 전체에서 당사자의 대체

계약의 각 당사자는 필수적 요건인 상대방의 동의가 있으면 계약으로부터 발생하는 관계 전체를 제3자에게 인수하도록 할 수 있다. 그 결과 제3자는 종전 당사자를 대신해서 계약의 이익과 부담을 인수한다. 제3자는 종전 당사자의 이행청구권과 계약상 이행의무 모두를 인수한다.

사례 1: A는 B 회사와 일정한 가격에 조립식 주택 건설계약을 체결하고 1회 할부금을 지급한다. 그런데 그 후 머지않아 B 회사가 파산한다. A가 동의한다면, C 회사가 B 회사 대신 계약에 참여하여 B 회사의 모든 계약상 권리와 의무를 대신할 수 있다.

C. 상대방 동의의 중요성

종전 당사자가 상대방에 대한 모든 의무를 면하기 때문에 그 상대방의 동의가 반드시 필요하다. 동의를 사전에 받을 수도 있는데, 실제로 이러한 경우가 흔하며 그 중요성도 크다.

만일 상대방이 동의하지 않는다면 계약이전은 효력이 없다. 의무나 권리 중 어느 것도 이전되지 않는다. 물론 종전 당사자가 (a) 제3자에게 (상대방의 동의가 필요하지 않은) 권리를 양도하고 (b) 상대방에게 의무의 이행을 맡기는 경우도 종종 가능할 것이다. 하지만 후자는 유럽계약법원칙 제8:107조에 따르는 경우에만 유효하고, 그러한 경우에도 종전 당사자는 의무의 적절한 이행에 대한 책임이 있다.

D. 채권양도 및 채무인수 규정의 적용가능성

계약이전은 채권양도와 새로운 채무자로의 교체를 단순히 결합한 것이 아니라 그 이상이다. 계약이전은 권리와 법적 지위, 의무의 구조 전체를 이전하는 통일적 거래이며, 채권과 의무를 이전하는 개별적인 행위의 단순한 결합 이상으로 보는 것이 적절하다. 그러나 실제로는 부수적 채권을 포함하여 모든 계약상의 채권과 채무가 새로운 당사자에게 이전된다.

위와 같은 이유로 채권양도 및 채무인수에 관한 조항이 적절한 변경을 하여 적용되는 것이다. 그러므로 부수적 권리는 채권양도와 관련해 제11:201조 제1항에 규정되어 있는 것과 같은 방식으로 다루어져야 한다. 상대방의 사전동의가 있었던 경우에는 계약이전이 효력을 가지려면 (제12:101조 제2항과 같이) 새로운 당사자에 의한 통지가 필요하다. 또한 (제12:102조 제1항과 같이) 새로운 당사자는 상대방에게 종전 당사자와 자신 사이의 관계에 기반을 둔 어떠한 권리나 항변도 원용할 수 없다.

주 석

1. 최근 법전에 있는 규정

일부 최근 법전에서는 계약 전체의 이전을 명시적으로 인정하고 있다. 예컨대, 이탈리아 민법 제1406-1410조, 포르투갈 민법 제424-427조, 네덜란드 민법 제6.159조(*Asser-Hartkamp* Ⅰ, nos. 610-612에서 논의된다) 참조.

이탈리아 민법 제1406조는 "의무를 상호 이행해야 하는 계약의 각 당사자는, 아직 그 이행을 하지 않은 경우에, 상대방의 동의를 요건으로 그 계약으로부터 발생하는 관계에서 자신의 지위를 제3자가 대체하도록 할 수 있다."라고 규정한다. 이것은 다자간 계약이고, 이러한 계약에 참여하게 되는 세 당사자의 동의는 필수적이다(Cass. 14/5/1962, n. 999, in Giust. Civ. 1962, I 1906; Cass. 18/10/1971, n. 2929 in Riv. Notar. 1972, 278 참조). 이탈리아 민법 제1408조 제1항과 제2항은 이전이 유효한 경우에, 양도인은 원래의 계약당사자가 양도인에 대한 면제를 거부하지 않는 한 원래의 계약당사자에 대한 의무를 면한다고 규정하고 있다. 제1409조는 원래의 계약당사자에게 그 계약으로부터 발생한 모든 항변사유를 양수인에 대해서 주장할 수 있는 권한을 부여하고 있지만(예컨대, 불이행에 근거한 항변), 양도인과의 다른 관계에 기초한 항변의 경우에는, 계약이전에 동의할 때에 명시적으로 이러한 항변을 주장할 권한을 유보해 둔 경우가 아닌 한, 이를 주장할 수 없도록 하고 있다. 양수인은 취소권과 해제권을 제외한 계약으로부터 발생하는 모든 권리를 가진다는 견해도 있다(*Fusaro* 249; 반대의견으로는 *Galgano* 121 참조).

포르투갈 법에서는 계약상 지위의 양도(*transmissão da posição contractual*)가 민법 제424-427조에 의해 명시적으로 인정된다. 비록 포르투갈 법에서는 제12:201조 제2항과 유사한 명시적인 조항이 필요하지 않은 것으로 여겨지고 있지만, 이 개념은 본질적으로 제12:201조에 규정되어 있는 것과 동일한 것이다. 통설적인 견해는 계약의 이전이 단순히 채권과 의무의 이전이 합쳐진 것에 불과한 것은 아니라고 한다(*Varela* 415 ff.; *Pinto* 387 ff. 참조). 민법 제427조는 남아있는 계약당사자는 양도인에 대하여 대항할 수 있었던 모든 항변사유로 양수인에게 대항할 수 있다고 규정한다. 그러나 채권양도의 경우에 가능한 상계항변으로는 계약이전의 경우 대항할 수 없을 것이다(*Varela* 406 참조).

2. 실무가와 학설에 의해 인정된 개념

계약이전에 관한 명문의 규정이 없는 국가에서도 전체로서의 계약의 이전 가능성은 일반적으로 인정되고 있다.

오스트리아의 경우 판례와 학설은 계약이전을 관련된 세 당사자 전원의 합의를 요건으로 하는 통일적 거래로 생각하고 있다. 예컨대 OGH JBl 1986, 131 (note *Krejci*); OGH JBl 1988, 720; OGH JBl 1990, 717; *Bydlinski; Koziol* 137; *Krejci*; *Schima* 319 참조.

독일 민법은 전체 계약의 이전에 관하여 명문화하고 있지는 않다. 그럼에도 그 개념은 연방법원에 의해 인정되고 있다. 독일 연방대법원 1985. 11. 27. 판결, BGHZ 96, 302; *Dörner* 2916; *Fabricius* 144; *Münchener Kommentar* (-*Möschel*) Introduction to § 414, n. 7, 8 참조. 원래의 계약당사자에 대한 관계를 전체로서 종료시키기 위해서는 통일된 계약이전 개념이 필요하다. 단순한 채무의 인수만으로는 취소권, 철회권, 해제권과 같이 종전 채무자가 일방적으로 행사할 수 있는 권리가 고스란히 종전 채무자에게 남아있게 되므로 그 목적을 달성할 수 없다.

민법에 명시적인 조항이 없는 프랑스 법에서 전통적인 학설의 입장은 계약이전을 채권양도(assignment)와 채무인수(cession of debt)의 단순한 결합으로 보는 것이었으나, 근래에는 계약이전을 종전 계약으로부터 나오는 권리와 의무 전체의 이전이라고 보는 것이 통설적인 견해가 되었다(*Aynès*, Cession; *Malaurie & Aynès* no. 510; *Terré, Simler, Lequette* n. 1213; Cass.civ. Ⅰ, 12.12.1982, Bill. civ. Ⅰ, no. 360 참조). 파기원은 원래의 계약당사자 동의를 요건으로 만들었고, 종전 계약에서 사전 동의가 있었던 경우도 인정하였다(Cass.com., 6.5.1997, Bull. civ. Ⅳ, N° 117, note Mazeaud, Rép. Defrénois 1997, 977; note Mazeaud, D. 1997, 588; note Billiau et Jamin, Rev.trim.dr.civ. 1997, 936, Note Mestre. Cass.com., 6.5.1997, Bull. civ. Ⅳ, no. 118과 *Aynès*, Nouvelles précisions D. 1998, chron. 25 ff.도 참조).

스페인 법에서도 유사한 상황이 있다. 민법에 아무런 규정이 없는데도 계약이 전체로서 이전될 수 있는지 여부에 관해 한 때 논의가 된 적이 있었으나 오늘날 지배적인 시각은 가능하다는 쪽이고, 이는 민법 제1255조를 기초로 논의되고 있다(계약의 자유: *Garcia Amigo; Díez-Picazo* Ⅱ, 4th edn. 842-843 참조). 몇몇 특별법에서도 전체 계약의 이전에 대한 가능성을 고려하고 있다(보험계약, 노동계약, 리스).

그리스 민법에서는 계약 전체의 이전에 관한 어떤 명시적인 규정도 찾을 수 없다. 그럼에도 불구하고, 학설은 계약에 따른 채권양도와 채무인수의 결합을 인정하고 있고(*Papantoniou; Sourlas* art. 455 no. 3; *Kritikos*, in *Georgiadis & Stathopoulos* art. 455 no. 39 참조) 판례도 그러하다(A.P. 1002/1991; HellDni 33 (1992) 829; 1369/1993, ibid. 36 (1995) 304, at 306; 681/1995, NoB 45 (1997) 607, at 606-607 참조).

스코틀랜드 법에서는 계약 전체의 이전이라는 개념을 인정하고 있으며, 이를 '계약의 양도(assignation of the contract)'라 지칭한다. 양도인이 책임으로부터 면제되기 위해서는 계약 상대방의 동의가 요구된다. 많은 사례가 계약 상대방의 사전 동의를 추론할 수 있는지를 결정하는 것과 관련되어 있다(*Gloag* 416-425; *McBryde* paras 12.39-12.48 참조).

덴마크 법에 계약이전에 관한 일반적인 명문의 규정은 존재하지 않지만 기업 매각에 관련하여 계약이전의 문제가 논의되고 있다. 기본적으로 제12:201조에 의한 것과 유사한 입장이다. 세 당사자가 모두 계약이전에 합의하여야 한다. 그러나 많은 명문의 규정에 따른, 그리고 심지어 관습법(customary rules)어 의한, 예외가 존재한다. 따라서 만일 신문 또는 다른 정기간행물이 이전되면 구독자는 즉시 새로운 소유자에 대하여 채권을 갖는 반면, 종전 소유자는 구독자와의 계약이 통지에 의해 해지될 때까지 책임을 진다(*Gomard* Ⅲ 155 참조).

덴마크 법 및 핀란드 법과 관련하여, 유럽계약법원칙 제12:201조는 학설의 견해와 합치한다. 스웨덴 법은 계약이전의 유효요건으로서 종전 당사자와 새로운 당사자 사이의 합의를 요구한다. 개인에게 종전 당사자와 같은 기업집단에 속한 법인을 새로운 당사자로 삼아 종전 당사자를 대체할 수 있는(이때 대체된 당사자는 보증인으로 남는 경우가 많다) 법적인 권한을 허용하는 조항이 계약에 포함되어 있는 경우를 흔히 볼 수 있다. 달리 약정한 바가 없다면 새로운 당사자는 종전 당사자의 모든 권리와 의무를 인수하게 된다(이는 sec. 27 of the 1936 Act on Promissory Notes: Lag [1936:81] om skuldebrev에 명시된 양도에 관한 기본원칙에 따른 것이다). 중재조항에 관한 Supreme Court, NJA 1997 p. 886 참조. 그러나 '특별한 상황'에서는 대체된 당사자가 남아있는 당사자에 대하여 그 조항으로 항변하지 못한다(*Ramberg, Stockholm Arbitration Report 1999:1 p. 26* 참조).

잉글랜드 법은 경개라는 제목으로 전체 계약의 이전에 관해 다루고 있다(*Chitty* para. 20-084). 경개는 회사의 합병, 사업 인수, 원자재시장, 신용카드 거래 등과 같은 여러 가지 상황과 관련해 중요성을 갖는다. 그러나 이론적으로는 경개를 통해 새로운 계약이 생겨난다. 경개의 가능성은 종종 계약으로 미리 정해진다.

제13장 상 계

제13:101조 상계의 요건

양쪽 당사자가 서로 같은 종류의 의무를 부담하고 있는 경우, 각 당사자는 상계 시점에 자신이 다음의 요건을 갖춘 경우 그 한도에서 자신의 이행청구권('채권')으로 상대방의 채권과 상계할 수 있다.

(a) 이행을 할 권리가 있을 것, 그리고

(b) 상대방의 이행을 청구할 수 있을 것.

해 설

A. 상계의 성질

유럽계약법원칙에서 상계는 순전히 절차법적 수단이라기보다는 실체법적 문제로 취급된다. 상계의 요건이 충족되고(제13:101조), 상계의 의사를 표시하면(제13:104조), 대립하는 각 당사자의 의무는 소멸한다(제13:106조). 따라서 나중에 당사자 가운데 한쪽이 상대방에 대해 소를 제기하면, 청구의 기초가 되는 채권이 더 이상 존재하지 않으므로 그 청구는 근거가 없어 기각되어야 할 것이다. 이러한 원칙에 대해서는 제13:102조(자동채권이 확정되지 않은 경우)에서 규정하는 한 가지 예외가 존재한다.

피고가 소송절차의 진행 중에 상계의 의사표시를 하면, 그 절차에 적용되는 민사소송규정에 따라 그러한 항변의 인용 여부가 결정되어야 할 것이다. 항변이 인용되면, 상계는 즉시 실체법의 차원에서 효력이 있게 되고, 채무가 소멸되었다는 사실은 해당 소송을 판단하는 데 고려되어야 한다(다만 제13:102조가 적용되는 경우에는 그렇지 않다). 항변이 인용되지 않으면, 피고는 여전히 그 소송절차 밖에서 채권을 주장할 수 있다.

'채권'의 의미에 관해서는 서론 5 참조.

B. 상계의 요건

상계에는 네 가지 요건이 있다.

(1) 상호성

채권들이 같은 당사자들 사이에서 존재하여야 한다. 전통적인 표현에 따르면, 채무와 채권의 대응(*concursus debiti et crediti*)이 존재해야 한다. 따라서 예컨대, 채권자에 대해 채권을 가진 보증인은 자신의 채권을 주채무자에 대한 채권자의 채권과 상계할 수 없다. 개인으로서 자연인(P)이 부담하는 채무와 그가 대표자 또는 수임인으로서 부담하게 된 채무 사이에 상계할 수 없다는 것은 상호성의 요건에 따른 것이다. P는 전자의 채무를 부담하지만, 후자의 채무는 P가 부담하는 것이 아니라 P가 대표하는 자 또는 P의 행위의 이익이 귀속되는 본인이 부담하는 것이다. 이러한 관념의 일반적인 표현방식은, 채권들이 같은 속성 또는 같은 권리를 갖는 같은 당사자들 사이에 존재하여야 한다는 것이다.

상호성의 요건에 대해서는 한 가지 예외가 있다. 채권이 양도된 경우, 채무자는 양도인에 대해 행사할 수 있었던 일정한 상계의 권리를 양수인에 대해 주장할 수 있다(제11:307조). 이는 채무자를 보호할 필요성에 의해 정당화된다. 나아가 이러한 보호는 채권자가 주채무자의 채권에 대해 상계의 의사표시를 하여 채권의 만족을 얻을 수 있는 경우, 그리고 아마 주채무자도 채권자의 채권에 대해 상계의 의사표시를 할 수 있는 경우 인정될 수 있을 것이다. 그러나 이는 보증에 관한 일련의 원칙에 따라 규율되어야 한다.

(2) 같은 종류의 채무

양 채무는 같은 종류의 것이어야 한다. 금전채권은 오직 금전채권에 대해서만, 곡물인도채권은 오직 같은 종류의 곡물인도채권에 대해서만 상계할 수 있다. 상계는 통상적으로 금전적 의무와 관련된다. 오늘날 상계와 관련성이 있는 비금전적 의무의 가장 전형적이고 중요한 예는 증권이며, 실물발행 형태이든 전자등록 형태이든 상관없다. 채권이 같은 종류의 것인지는 상계의 통지를 하는 시점을 기준으로 판단한다. 외국의 통화로 된 채무에 관한 상계는 같은 종류의 채무 맥락에서 실무상 가장 중요한 문제인데, 제13:103조에서 다룬다.

(3) 자동채권의 이행기

상계는 자동채권(cross-claim, 즉 상계의 의사표시를 하는 당사자의 채권)의 이행을 강제하는 형태로 구성되기 때문에, 자동채권은 이행이 강제될 수 있는 것이어야 한다. 그러므로 자동채권은 이행기가 도러하여야 하고, 상대방은 항변을 제기할 수 없어야 하며, 자동채권은 자연채무(예컨대 이행을 강제할 수는 없지만 일단 이행한 경우에는 수령자가 그 이행한 것을 보유할 수 있는 채무)에 관련되지 않은 것이어야 한다. 그러나 자동채권의 시효가 문제될 수 있는데, 이에 관해서는 제14:503조 참조.

사례: A는 B에 대해 100유로의 주방기기 매매대금채권을 보유하고 있고, 이행기는 10월 10일에 도래하였다. B는 A에 대한 채권으로 위 채권을 상계하고자 한다. B의 채권(즉 자동채권)은 대출로 인한 것인데, 그 이행기는 10월 20일이다. B는 10월 20일 이전에 상계의 의사표시를 할 수 없다. 10월 20일이 지난 후라도 A가 B의 채권에 대해 항변할 수 있다면 여전히 B는 상계할 수 없다. 이는 B가 이행을 강제할 수 없는 채권, 예컨대 일부 법체계에서 도박에 의한 채권을 상계하고자 하는 경우에도 동일하게 적용된다.

(4) 상계의 의사표시를 하는 당사자가 이행할 권리가 있을 것

수동채권(principal claim, 즉 상계의 의사표시를 하는 자에 대한 채권)은 반드시 이행기가 도래할 필요는 없으며, 상계의 의사표시를 하는 자가 이행을 할 권리가 있으면 충분하다. 채무자가 즉시 채권자에게 이행하고자 하는 경우(설령 이행기가 도래하기 한참 전이라 하더라도) 채무자에게 상계의 의사표시를 허용하지 않을 이유는 없다. 그러나 채무자가 아직 이행을 하는 것이 허용되지 않는 경우 채무자는 상계의 의사표시를 할 수 없다. 또한 수동채권이 압류되어 채무자가 더 이상 이행을 할 수 없는 경우에도 상계는 금지된다.

사례 1: A는 B에 대해 10월 10일이 이행기인 채권을 가지고 있다. B는 A에 대해 9월 10일이 이행기인 채권을 가지고 있다. A는 10월 10일 이전에 상계를 할 수 없는 반면에, B는 9월 10일 이후부터 B가 A를 위해 이행할 수 있는 한 상계할 수 있다.

사례 2: A는 B에게 총 10,000유로를 투자했는데, 이 돈은 10월 10일에 상환되어야 한다. 당사자들은 이자율을 10%로 정하였다. A는 현재 B에 대해 B의 자동차 매매계약으로부터 발생한 10,000유로의 채무를 부담하고 있다. B는 8월 1일에 차를 이전해 주었고 같은 날 A의 지급의무는 이행기가 도래하였다. 그럼에도 B는 A가 10월 10일 이전에는 B로부터 투자금을 상환받는 것을 거절할 수 있기 때문에, 제7:103조 제1항에 따라 10월 10일 이전에는 상계의 통지를 할 수 없다.

C. 확정되지 않은 자동채권

자동채권의 존재 또는 가치가 확정되는 것이 언제나 상계의 요건인 것은 아니다. 제13:102조 규정 참조.

D. 다른 이행지에서 이행되어야 하는 의무

의무가 다른 이행지에서 이행되어야 한다는 사실로 인하여 상계가 배제되지는 않는다(예컨대, 제7:101조 제1항 제a호에 따라 대여자의 영업소에서 상환할 수 있는 대출금은 제7:101조 제1항 제a호에 따라 매도인의 영업소에서 지급하여야 하는 매매대금채권과 상계될 수 있다). 이러한 유형의 상황에서 상계를 허용하는 것이 수동채권의 채권자에게 어떠한 불이익을 초래하지는 않을 것으로 보인다.

E. 도산 상계

유럽계약법원칙은 도산에서의 상계는 다루지 않는다. 준거 국가의 도산법에서 정하는 특별규정이 우선 적용된다.

주 석

1. 상계의 성질

상계는 순전히 절차적 제도로 취급될 수도 있고 실체법적 문제로 여겨질 수도 있다. 유럽계약법원칙은 대륙법 체계에서 우세한 후자의 접근방식을 따른다. 나아가, 유럽계약법원칙은 단편적이지 않고 하나의 통합적 상계제도를 규정하면서 대륙법적 접근방식을 따른다. 이 방식은 잉글랜드 법에서 일어나고 있는 변화를 반영한 것이기도 하다. 실정법 규정에 따른 상계(statutory set-off)*와 형평법상 상계(equitable set-off)(둘은 모두 본

* 법정 상계라고 번역할 수도 있다.

래 절차적 제도이다)를 나누는 전통적인 잉글랜드 법상 구별은 형평법이 우선함으로써 상당히 축소되었다. 그러나 현재 지배적인 견해는 형평법상 상계의 실체법적 성질을 강조한다(*Derham* 56 ff., *Wood* 4-1 ff. 참조). 따라서 형평법상 상계는 의심의 여지없이 실체법적 성질을 가지는 도산 상계 및 합의에 의한 상계와 동일한 선상에 놓이게 되었다. 현대의 접근방법은 형평법상 상계가 대륙법학에서 전통적으로 발전해온 상계의 근원적 이유와 잘 연계될 수 있는 공정성 및 자연적 정의의 관념을 바탕으로 하고 있다는 점을 인정하고 있는데(*Mccracken* 53 ff., 66 ff. 참조), 이는 대륙법학에서 상계에 관하여 전통적으로 발전해 온 근본적인 논리와 잘 들어맞는다. 만일 A가 B를 상대로, A가 B에게 지급할 의무가 있는 금액을 청구하는 소를 제기한다면, 이때 A는 신의성실의 원칙에 반하여 행동한 것이다(*dolo petit qui petit quod statim redditurus est*—누구든지 즉시 반환해야 할 채권을 청구하는 것은 사기적으로 채권을 행사한 것이다). *Windscheid & Kipp* § 349, 2. 대륙법학의 발전에서도 상계에 관한 접근방식이 단편적인 것에서 통합적인 것으로 변화해 왔는데, 이는 주안점이 절차에서 실체로 옮겨졌음을 시사한다. *Zimmermann*, Fs. Medicus, 710 ff. 참조.

2. 상호성

일반적으로는 어느 채권의 채권자가 다른 채권의 채무자이어야 하고, 그 반대의 경우도 마찬가지라고 이해되고 있다(상호성의 요건(requirement of mutuality), 채무와 채권의 대응(*concursus debiti et crediti*), 상호성(*réciprocité, Wechselseitigkeit*)). 프랑스 민법 제1289조 및 *Terré, Simler, Lequette* n. 1297, 벨기에 민법 제1289조 및 *Cornelis*, Algemene theorie 869, 룩셈부르크 민법 제1289조, 독일 민법 제387조 및 *Gernhuber* 233 ff., 이탈리아 민법 제1241조 및 *Bianca* 481 ff., 네덜란드 민법 제6:127조 제2항 및 *Asser-Hartkamp*, Verbintenissenrecht Ⅰ, n. 533, 스페인 민법 제1195조, 포르투갈 민법 제847조 제1항, *Varela* Ⅱ, 200 ff., 오스트리아 민법 제1438조, 제1441조, *Koziol-Welser* Ⅱ, 101 및 *Dullinger* 5 ff., 그리스 민법 제440조, 스코틀랜드 *McBryde* 25.44 ff. 및 *Wilson* 13.4, 스웨덴 *Lindskog*, Kvittning 43, 덴마크 *Gomard* Ⅲ, 189, 핀란드 *Aurejärvi & Hemmo* 187 ff. 네덜란드 민법은 서로 구별되는 재산에 속하는 채무와 채권에 관해서는 상계권이 존재하지 않는다는 규정을 명시적으로 추가하였다(민법 제6:127조 제3항, 이에 관해서는 Parlementaire Geschiedenis 491 참조). 잉글랜드에서는 그 기초가 되는 관념이, 채권은 동일한 당사자 사이에 그리고 동일한 권리로서 존재하여야 한다는 문언으로 표현되곤 한다. 예컨대, *Goode*, Credit and Security 154 참조. 아일랜드에 관해서는 *Murdoch's Dict.* 722 참조. 상계의 권리는 1877년 대법원법 제27조 제3항 및 1963년 회사법 제284조에 의해 인정되었다(*Frawley* v. *Governor and Co. of Bank of Ireland* [1975] I.R. 376; *In re Fredericks Inns Ltd.* [1994] I.L.R.M. 387 참조). 일반적으로 아일랜드는 보통법 체계를 따른다.

채권자가 제3자에게 채권을 양도한 경우 채무자의 보호에 관해서는 제11:307조에 대한 주석 참조.

3. 같은 종류의 의무

모든 법체계는 양 채권이 같은 종류의 것이어야 한다는 점에 대해 원칙적으로 동의한다. 독일 민법 제387조 및 *Gernhuber* 236 ff., 이탈리아 민법 제1243조 제1항 및 *Perlingieri*, Estinzione 316 ff., 네덜란드 민법 제6:127조 제2항 및 *Asser-Hartkamp*, Verbintenissenrecht Ⅰ, n. 534, 스페인 민법 제1196조 제2항, 포르투갈 민법 제847조 제1항 제b호, *Varela* Ⅱ, 205 f., 오스트리아 민법 제1438조, 제1440조, *Rummel* (-*Rummel*) § 1440, n. 1 및 *Dullinger* 77 ff., 그리스 민법 제440조, 스코틀랜드 *McBryde* 25.37 f., 스웨덴 *Lindskog*, Kvittning 43, 덴마크 *Gomard* Ⅲ, 184, 핀란드 *Aurejärvi & Hemmo* 185. 프랑스, 벨기에, 룩셈부르크의 경우 민법 제1291조에서 동일한 원칙을 규정하고 있으나, 이에 덧붙여, 시장가격표에 따라 가격이 정해져 있는 곡물과 상품에 대한 다툼의 여지없는 지급은, 확정되어 있고 이행을 강제할 수 있는 금액과 상계할 수 있다고 규정한다. *Terré. Simler, Lequette*, n. 1298에 따르면, 민법초안 작성자들에 의해 탄생한 이 규정은 그 합리성과 타당성이 명확하지 않아 널리 적용되고 있지는 않은 것으로 보인다. 잉글랜드 법은 상계를 금전채무에 한정하고 있는데, 이는 특정이행이 예외적인 성질을 가진다는 점에서 설명이 가능하다. 나아가 다른 국가들에서도 통상 상계를 금전채무와 연관짓는다는 점에서 경제적인 현실을 반영하고 있다. 비록 아일랜드는 일반적으로 보통법을 따르지만, 왜 상계를 금전채무에 국한시켜야 하는지에 관하여 아일랜드의 판례나 유권 기관의 해석 또는 합리적인 근거가 있지는 않은 것으로 보인다.

4. 자동채권의 이행강제성

모든 법체계는 자동채권의 이행이 강제될 수 있어야 한다는 점을 인정하고 있다. 잉글랜드 *Derham* 27 f., 스코틀랜드 *McBryde* 25.40 ff., *Wilson* 13.5, 프랑스 민법 제1291조 제1항 및 *Terré. Simler, Lequette* n. 1300, 벨기에 민법 제1291조 제1항 및 *Cornelis*, Algemene theorie n. 673, 룩셈부르크 민법 제1291조 제1항, 독일 민법 제387조, 제390조 제1항[2002년 1월 1일 이후로는 현행 제215조 참조] 및 *Gernhuber* 247 ff., 이탈리아 민법 제1343조 제1항 및 *Bianca* 485 ff., 네덜란드 민법 제6:127조 제2항 및 *Asser-Hartkamp*, Verbintenissenrecht Ⅰ, n. 536, 스페인 민법 제1196조 제3항 및 제4항, 포르투갈 민법 제847조 제1항 제a호, *Varela* Ⅱ, 204 ff., 오스트리아 민법 제1439조, *Koziol-Welser* Ⅱ, 102, *Dullinger* 82 ff., 그리스 민법 제440조, 스웨덴 *Lindskog*, Kvittning 43, 덴마크 *Gomard* Ⅲ, 185, 핀란드 *Aurejärvi & Hemmo* 185 ff.

5. 이행할 권리가 있는 당사자가 상계의 의사표시를 할 것

또한 수동채권은 이행을 강제할 수 있는 상태에 있을 필요가 없다는 것이 널리 인정되어 있다. 즉, 상계를 통지하는 당사자가 이행할 권리가 있는 것으로 충분하다. 독일 민법

제387조 및 *Gernhuber* 252 ff., 네덜란드 민법 제127조 제2항 및 Parlementaire Geschiedenis 492, 오스트리아 *Rummel* (-*Rummel*) § 1439, n. 7, 포르투갈 Varela Ⅱ, 207 ff., 그리스 *Stathopoulos*, Obligations 164(민법 제440조의 문언에 반하여), 스웨덴 *Lindskog*, Kvittning 43, 덴마크 *Gomard* Ⅲ, 185, 핀란드 *Aurejärvi & Hemmo* 185 ff. 잉글랜드 법과 아일랜드 법에 따르면, 수동채권은 이행을 강제할 수 있어야 하는데, 이는 법체계상 전통적으로 상계가 절차적인 성질을 갖는 것에 따른 당연한 결과이다. 프랑스, 벨기에, 룩셈부르크 법은 양 채권이 모두 이행기가 도래한 상태일 것을 요구한다(민법 제1291조 제1항, 또한 이탈리아 민법 제1243조 제1항 및 *Bianca* Ⅳ, 485 ff., 스페인 민법 제1196조 제3항도 참조). 이는 상계의 법률상 당연효(*ipso iure* effect)에 따른 것이다. 양 채권 중 어느 채권이 수동채권 또는 자동채권이라고 지정될 수 없다. 그러나 프랑스 법원은 종종 일방적 상계(*compensation facultative*)에 의하여 독일 법과 동일한 결과에 이른다. 아직 이행기가 도래하지 않은 채권의 채무자는 상계 요건 결여로부터 발생하는 법적 보호를 포기할 수 있다(*Terré, Simler, Lequette*, n. 1312 참조).

6. 다른 이행지에서 이행되어야 하는 의무

양 채무의 이행지가 다르다는 사실로 상계권이 배제되지 않는다는 점은 일반적으로 받아들여지고 있다. 그러나 다수의 법체계에서는 수동채권의 채권자에게, 정해진 장소에서 이행을 받지 못하거나 또는 이행할 수 없음으로 말미암아 입게 된 손해에 대하여 배상청구를 할 수 있는 권리를 인정한다. 프랑스, 벨기에, 룩셈부르크 민법 제1296조, 독일 민법 제391조, 이탈리아 민법 제1245조, 네덜란드 민법 제6:138조, 스페인 민법 제1199조, 포르투갈 민법 제852조, 그리스 민법 제446조, 덴마크 *Ussing*, Alm. Del. 324, 또한 *Dullinger* 80 ff., *Wood* 24-31 ff. 참조.

7. 도산 상계

대부분의 법체계는 도산 상계를 규율하는 특별규정을 두고 있다. 그러나 통상 이러한 특별규정은 그 나라의 도산제도의 일부로서 존재한다. 잉글랜드 1986년 도산법 제323조, 이에 관해서는 *Goode*, Credit and Security 176 ff. 및 *Derham* 149 ff. 참조, 아일랜드 1988년 도산법, 회사의 도산에 관해서는 1963년 회사법(특히 제284조), 스코틀랜드 '도산에서의 장부상 청산', *McBryde* 25.59 ff., *Wilson* 13.10, 독일 도산법 제94조 이하, 프랑스 1994년 6월 10일 법률에 의해 개정된 1985년 1월 25일 기업의 사법적 회생 및 파산에 관한 법률 제33조 제1항, 이에 관해서는 *Ripert/Roblot*, n. 3039 ff., 이탈리아 파산법 제56조, 이에 관해서는 *Bianca* Ⅳ, 511 ff., *Perlingieri*, Estinzione 260 ff., 오스트리아 화의법 제19조 이하 및 파산법 제19조 이하, 이에 관해서는 *Rummel* (-*Rummel*) § 1439, nn. 8-11 및 *Dullinger* 307 ff. 참조, 스웨덴 파산법(1987) 제5장 제5-17조, 덴마크 파산법(1997) 제42-45조, 핀란드 파산법(*konkursstadga*)(1868) 제33조, 제33a조 및 제34조, 그리스 상법 제537조, 포르투갈 회사의 회생 및 파산에 관한 특별 절차법(*Código dos Processos*

Especiais de Recuperaçao de Empresa e de Falência, 도산법, 1993) 제153조, 증권법(*Código dos Valores Mobiliários*, 1999) 제153조, 그러나 룩셈부르크에 관해서는 상법 제455조 참조. 스페인 법에서는 이 문제에 관하여 논란이 있는데, 지배적인 견해에 따르면 일단 도산절차가 개시되면 상계는 허용되지 않는다(*Rubio Garcia-Mina* 234). 또한 민법 제926조(미이행 출자의 경우에 회사와 그 구성원 사이의 상계) 참조. 도산절차에 관한 유럽연합 규정(No. 1346/2000 of 29 May 2000, OJL 160, 30 June 2000, 1 ff.) 제6조에서는 도산한 채무자가 갖는 채권에 적용되는 법에 의해 상계가 허용되는 경우, 도산절차의 개시는 채권자가 자신의 채권과 채무자의 채권을 상계할 것을 요구할 권리에 영향을 미치지 않는다고 규정하고 있다.

제13:102조 불확정 채권

⑴ 채권의 존재 여부나 그 가액이 불확정한 경우 채무자는 그 채권으로 상계할 수 없다. 그러나 상계가 상대방의 이익을 침해하지 않는 때에는 그렇지 않다.
⑵ 양쪽의 채권이 동일한 법률관계로부터 발생한 것인 때에는 상대방의 이익을 침해하지 않는 것으로 추정한다.

해 설

A. 선택지

피고가 쉽게 증명될 수 없는 채권이나 그 존재가 아직 확정되지 않은 채권과 같은 모호한 자동채권을 근거로 상계를 주장하여 소송절차를 길게 끌 수 있는 위험이 분명히 존재하며, 따라서 원고에게 일정한 보호를 제공해야 할 필요성이 있다. 이는 다음과 같은 3가지 방법 중 하나로 할 수 있다.

(1) 자동채권이 확정되어야 한다

자동채권이 확정되었다는 사실('확정성')을 상계의 다섯 번째 실체적 요건으로 승격할 수 있다. 그러나 이는 지나치다. 상계가 상대방을 침해하지 않고 전적으로 적절한 경우도 있을 수 있다. 예컨대 수동채권에 관한 법적 절차에 소요될

기간 내에 자동채권의 가액이 확정될 것이 분명한 경우도 있다. 또는 자동채권이 수동채권의 주된 채권의 가치를 초과하는 것이 명백한 경우도 있을 수 있다. 판사에게 재량을 전혀 부여하지 않고 확정성을 실체적 요건으로 요구하는 것은, 상계 가능성을 불필요하게 억제하게 될 것이다.

(2) 자동채권이 확정될 필요가 없다

위의 대안으로, 특정 법체계는 자동채권이 확정되지 않았다고 하더라도 상계가 금지되지는 않는다는 견해를 실체법의 차원에서 채택할 수 있다. 이 경우 통상적으로는 현실적인 이유로 만일 절차가 지나치게 지연된다면 판사로 하여금 상계를 고려하는 것을 거부할 수 있도록 하는 절차법적 규정도 수반될 것이다. 일반적으로는 판사가 수동채권과 자동채권을 분리하여 처리하고 수동채권에 대한 임시판결을 하는 것을 허용하는 절차적 조항이 존재할 것이다. 그러나 이러한 해결방법은 자연스럽지 못하고 다소 비실용적으로 보이는데, 이는 임시판결을 집행하기를 원하는 원고는 만일 나중에 이 조치가 유효한 권원에 근거하지 않았다고 밝혀지는 경우 수령한 금액을 반환하고 손해를 배상해야 하는 위험을 부담하기 때문이다. 다시 말해서 원고는 아직 확실하고 유용한 권원을 실제로 확보하지 못한 것이고, 피고로 하여금 변제의 제공을 촉구하는 데 어려움이 있을 것이다.

(3) 사법적 재량

따라서 유럽계약법원칙은 본질적으로는 위 두 안의 절충안으로 볼 수 있는 세 번째 접근 방식을 채택한다. 만일 자동채권이 쉽게 확정될 수 없으면, 수동채권이 상계 외의 점에서 판결받을 준비가 된 경우, 판사는 피고가 주장한 상계를 고려하지 않고 수동채권에 대해 판결을 내릴 권한을 갖는다. 따라서 판사는 재량권을 부여받으며, 수동채권과 자동채권에 관한 절차의 예상기간, 원고에게 미치는 지연의 효과와 같은 해당 사건의 모든 상황을 고려해야 한다. 그러나 판사는 이러한 재량을 행사하면서 두 가지 경우를 구별해야 한다. (a) 만일 수동채권과 자동채권이 동일한 법률관계에서 발생하였다면, 판사는 보통 수동채권만 다루는 것이 아니라 자동채권도 다루게 되고 상계의 쟁점도 고려할 것이다. 유럽계약법원칙은 이러한 경우 통상적으로 수동채권 채권자의 이익이 침해되지 않는다는 사실적 추정을 한다. (b) 만일 수동채권과 자동채권이 동일한 법률관계에서 발생하지 않았다면, 그에 대한 판단은 보통 반대로 이루어진다. 거래상 예측가능성과 공정성을 위해서는, 확정된 채권을 가진 당사자가 그 채권을 실행하는 것이 방해되어서는 안 된다. 만일 판사가 수동채권에 대해 판결하기로 결정한 경우, 그 판결은 단순히 임시적 성격만 갖는 것이 아니다. 그 판결은, 판사가 원고의 채권이 상계의 의사표시에 의하여 영향을 받지 않은 것으로 보고, 오로지 그 채권의 당부에 근거하여 판단한 것이다. 결과적으로 상계의 의사표시는 효력이 없다고 보아야 한다. 그러므로 피고의 채권은 별도로 소구되어야 한다.

B. 이행을 유보할 권리

위에서 살펴본 문제들은 피고가 제9:201조의 내용에 따라 이행을 유보할 권리를 행사할 수 있는 경우에는 발생하지 않는다. 이러한 경우 (수동) 채권이 아직 판결할 단계가 되지 않은 것이다.

주 석

1. 상계 요건으로서 확정성

프랑스, 벨기에, 룩셈부르크 법은 확정성(*liquidité*)을 상계의 실체적 요건으로 보는데, 이는 자동채권은 물론 수동채권에도 적용된다(민법 제1291조, 프랑스에 관해서는 *Terré, Simler, Lequette*, n. 1299와 *Kegel*, Aufrechnung 160 ff., 그리고 벨기에에 관해서는 *Cornelis*, Algemene theorie, n. 672 참조). 이탈리아에 관해서는, 민법 제1243조 참조(그 해석에 대해서는 *Perlingieri*, Estinzione 294와 *Di Prisco* 321 참조, 확정성의 의미에 대해서는 Cass.Civ. 22 April 1998, n. 4073 참조). 스페인에 관해서는 민법 제1196조 제4항 참조. 이는 프랑스 법에서 상계의 법률상 당연효라는 배경에 비추어 이해되어야 한다. 만일 수동채권과 자동채권이 쉽게 확정될 수 없다면, 이 채권들이 소멸하는지, 그리고 어떤 범위에서 소멸하였는지를 판단할 수 없다. 그러나 확정성 요건은 또한 많은 문제들을 야기하고 있어, 프랑스에서는 실무상 이에 대해 상당 부분 수정을 하였다. 한편으로는, 채권이 확정되었다고 취급할 만큼 충분히 확실하고 따라서 상계가 고려될 수 있는지를 결정하는 데 판사에게 상당한 재량이 부여되었다(이탈리아에 대해서는 가장 최근의 Cass.Civ. 16 November 1996, n. 10065; Cass.Civ. 1 February 1995, n. 1114 참조). 다른 한편으로, 그리고 더욱 중요하게, 피고가 자동채권을 반소(*demande reconventionelle*)로 주장하는 경우 재판상 상계(*compensation judiciare*) 제도를 이용할 수 있다. 재판상 상계의 법적 성격에 대해서는 논란이 있지만, 판사가 2개의 소를 한꺼번에 다루고 그 잔액에 대해 판결하기로 결정할 수 있으므로, 이는 적어도 상계의 실질적 효과를 발생시킨다. 재판상 상계에 대해서는, *Terré, Simler, Lequette* n. 1313; *Kegel*, Aufrechnung 10 f.; *Cornelis*, Algemene theorie n. 680; *Kruithof, de Ly, Bocken & de Temmerman* 711; *Bianca* Ⅳ, n. 257 참조. 스코틀랜드에서는 상계가 법률상 당연효를 갖지 않음에도 불구하고, 1952년 상계법(Compensation Act 1592)에 다음과 같은 확정성 요건이 규정되어 있다. 상계를 위하여 이용될 채무는 금액이 확정되어야 하고 현재 지급가능하며 다투어지지 않아야 한다(*McBryde* 25.40 ff.; *Wilson* 13.5.).

잉글랜드 법에 따르면, 채권과 자동채권은 변론 시점에 확정되어야 한다(*Hanak* v. *Green* [1958] 2 All ER 151 at 145; *Stooke* v. *Taylor* [1880] 5 QBD 569 at 575). 그러나 이는 오직 실정법 규정에 따른 상계(즉, 채권과 자동채권이 관련되지 않은 거래에서 발생한 경우)에만 적용된다. 아일랜드에 관해서는, *Walek* v. *Seafield Gentex* [1978] I.R. 167 참조. 그 입장은 일반적으로 잉글랜드의 경우와 유사하다.

2. 절차적 접근방법

그러므로 심지어 프랑스에서도 주안점은 실체법에서 절차로 이동하였다. 독일 민법의 기초자들은 절차적 해결책을 향한 길(유스티니아누스와 주석학파가 고안하고 판덱텐 학자들이 이를 따랐다. *Dernburg* 554 ff. 참조)을 따라갔다. 자동채권의 확정성은 상계의 요건이 아니다(*von Kübel* 1092 참조, 오스트리아 법에서는 민법 제1439조에 불구하고, 이와 같은 견해가 오늘날에도 보통 지지되고 있다. *Koziol-Welser* Ⅱ, 102, *Dullinger* 90 ff., *Reiterer* 38 ff. 참조, 비교법적 평가에 관해서는 *Kegel*, Aufrechnung 158 ff. 참조). 독일민법의 기초자들은 민사소송법의 2개 조항(이 조항들은 오늘날까지도 본질적인 변경 없이 그대로 유지되고 있다)을 참조할 수 있었는데, 이 조항들에 의하면 법원은 (두 채권이 동일한 법률관계에서 발생하지 않은 한) 수동채권과 자동채권을 별도로 다루기로 결정할 수 있고, 이러한 상황에서 수동채권에 대하여 임시판결이 이루어질 수 있다(민사소송법 제145조 제3항, 제302조). 자동채권이 확정되어야 한다는 요건은 핀란드에도 존재하지 않고(*Holila & Ylöstalo* 58 ff.), 포르투갈에도 존재하지 않는다(민법 제847조 제3호).

3. 사법적 재량

네덜란드는 절충적인 방법을 채택하고 있다. 만일 피고의 상계 항변이 근거가 충분한지 쉽게 판단할 수 없으나, 그 밖에는 채권에 대해 판결할 준비가 되어 있다면, 판사는 피고의 상계 의사표시를 고려하지 않고 채권에 대하여 판결할 수 있다(민법 제6:136조). 이 조항에 대해서는 Parlementaire Geschiedenis 509 f.과 *Asser-Hartkamp* Verbintenissenrecht Ⅰ, nn. 550 ff. 참조. 또한 이 조항에서 제안된 해결책은 그리스에서 법리로 받아들여졌다. *Balis* 442 ff.; *Georgiadis* 497 참조. 덴마크 법은 확정성을 실체법의 요건으로서 요구하지 않지만, 상계가 다른 상대방의 이익을 해친다면 법원은 상계를 허용하지 않는다(소송법 제249조 제2항과 제253조 참조). 만일 두 개의 채권이 동일한 법률관계에서 발생하였다면 상대방의 이익이 침해되지 않을 것이라는 추정이 존재하는지는 불확실하다. Supreme Court, Ugeskrift for Retsvaesen 1970, 599 참조. 여기에서 법원은, 임차인이 요구된 차임 이상을 지급했고 일부를 상환받을 권리가 있다고 주장하였음에도, 임대인은 임차인이 차임을 지급하지 않았음을 이유로 임차인을 퇴거시킬 권리가 있다고 판결하였다. 임차인의 반환청구권은 다른 법원에서 재판받아야 하였다. 아일랜드 법에서는, 만일 원고가 본안 심리 이전에 신청하는 경우(*Sheehan* v. *National Bank* [1937] I.R. 783), 판사는 상계나 반소가 해당 소송에서 편리하게 처리될 수 없거나 특별한 이유에서 허용되지 않아야 하는 경우, 피고의 상계나 반소를 거부할 수 있는 광범위한 재량권을 갖는다(*Rohan Construction Ltd.* v. *Antigen Ltd.* [1989] I.L.R.M. 783도 참조).

제13:103조 외화채권의 상계

당사자들이 서로 다른 통화로 금전 지급의무를 부담하는 경우, 각 당사자는 자신의 채권으로 상대방의 채권과 상계할 수 있다. 그러나 상계를 하는 당사자가 특정한 통화로만 지급하기로 하는 약정이 당사자 사이에 있었던 때에는 그렇지 않다.

해 설

A. 상계가 금지되지 않는다

서로 다른 통화의 채무들이 제13:101조의 '같은 종류'에 해당하는지, 그리고 따라서 서로 상계할 수 있는지는 의문이다. 유럽계약법원칙은 1999년 1월 1일부터 발효된 EU-Regulation on the Introduction of the Euro, no. 974/98 of 3 May 1998 (OJEC 1988, 139/1)의 제8조 제6항을 모범으로 삼았다. 이 규정에 의하여 유로화는 통화 동맹에 가입한 국가들을 위한 단일 통화가 되었다. 과도기 동안(2001년 12월 31일까지) 종전의 국가 통화들은 유로화의 하위 단위로 여겨졌다. 결과적으로 유로존 내에서는 채무들이 다른 통화로 표시되어 있다는 사실에 의하여 상계가 더 이상 금지되지 않았다. 이러한 원칙은 다른 통화에 대해서도 적용되어야 한다. 이는 수동채권의 채권자가 갖는 합리적인 이익을 부당하게 침해하지 않고 상계를 용이하게 한다는 점에서, 각국의 법체계에서 점점 더 많이 채택하고 있는 현대적 견해에도 부합한다. 외화채권에 대하여 상계가 자유롭게 허용되는 경우 자금시장 변동에 따른 투기가 조장될 수 있다. 그러나 동시에 이 때문에 변동에 의해 손해를 입을 확률이 큰 당사자는, 통상 가능한 한 빨리 상계의 통지를 하려고 할 것이다. 2002년 1월 1일 이후로는 유로존 내에서 환전의 문제가 더 이상 발생하지 않는다.

사례: A는 B에게 기계 인도의 대가로 10,000파운드를 지급해야 한다. 이행기는 10월 10일이다. 10월 20일에는 B에 대한 A의 대여금채권 40,000유로의 이행기가 도래한다. 10월 20일(즉, 자동채권의 지급일)부터, A는 B에게 상계를 통지함에 의하여 상계할 수 있다.

B. 환율

유로화 규정(Euro Regulation) 제8조 제6항은, 모든 전환이 '전환율에 따라' 이루어져야 한다고 정하고 있다. '전환율'은 이 규정 제1조에서 "각 참가 회원국의 통화를 위하여 유럽공동체 조약 제109조 제1항 제4호의 제1문(지금은 제123조 제4항의 제1문)에 따라 이사회에서 채택한 변경될 수 없게 고정된 전환율"로 정의되어 있다. 다른 통화들에 관해서는, 적용될 환율은 만일 통일된 전환율이 있으면 그 통일된 전환율에 의해야 한다. 그렇지 않은 경우 상계의 대상인 채권의 통화에 대한 매입 환율에 의해야 한다.

주 석

이러한 문제에 대한 간단한 해결책으로서 잉글랜드 법에서 전통적으로 채택되어 온 것이 있는데, 이는 외화채무를 항상 이행기가 도래한 날의 환율에 따라 파운드화로 전환시키는 것이다. 그러나 1975년의 *Miliangos v. George Frank (Textiles) Ltd.* [176] A.C. 443 (H.L.) 사건에서는, 잉글랜드 법원이 외화로 표시된 금액으로 판결을 할 수 있고, 통상 법원이 파운드화로 집행하는 것을 승인하는 날에 전환이 이루어진다고 판결하였다(*Derham* 130 ff.). 이것은 실정법 규정에 따른 상계에 적용되고, 형평법상 상계에 관한 입장은 여전히 불명확해 보인다. *Derham* 131 ff. 또한 상계와 관련된 외화채권 일반에 대한 더 상세한 논의는 *Wood* 11-1 ff. 참조. 아일랜드 법은 이 문제에 대하여 일반적으로 잉글랜드 법을 따른다. 그러나 아일랜드는 잉글랜드와 달리 통화동맹에 가입하였는데, 통화동맹 내에서는 이러한 문제가 더 이상 발생하지 않는다. 스코틀랜드 법은 *Miliangos* 판결을 따른다. *Commerzbank Aktiengesllschaft v. Large* 1977 SC 375 참조. 독일 법에서 지배적인 견해에 따르면, 외화채권과 국내 통화 채권은 '같은 종류'가 아니다. 그 결과 상계는 당사자들이 그렇게 합의한 경우에만 할 수 있다. 예컨대 *Münchener Kommentar* (-*von Feldmann*) § 387, n. 16 참조. 포르투갈도 동일한 견해를 지지한다(*Varela* Ⅱ, 205). 이러한 견해가 시대에 뒤떨어졌다고 볼 충분한 이유가 있다. *Gernhuber* 238 ff.(상계일에 전환). 프랑스와 벨기에 법학자들은, 전환될 수 없는 경우를 제외하고는 다른 통화로 된 채무들의 상계를 인정하는 경향이 있다. *Malaurie & Aynès* no. 123(프랑스에 관해서) 그리고 *Cornelis*, Algmene theorie n. 671(벨기에에 관해서). 네덜란드에 관해서는 민법 제6:129조 제3항과 *Asser-Hartkamp*, Verbintenissenrecht Ⅰ, n. 534 참조. 이탈리아에서는, 외화채권의 상계 가능성은 금전 채무의 지급에 관한 규정들(민법 제1278조 이하)로부터 묵시적으로 도출된다(민법 제1278조 이하). 오스트리아에 관해서는 *Rummel* (-*Rummel*) § 1440, n. 2 참조(외화채무에 관한 상계는, 실제 지급(Effektivzahlung)이 합의되어 있지 않는 한 가능하다). 그리스에 관해서는 *Stathopoulos*, Obligations, 547, n. 24 참조(외화채무들은 '같은 종류'이고, 따라서 채무들이 동일한 통화로 전환될 수 있다면 서로 상계를 할 수 있다). 덴마크에 관해서는 *Gomard* Ⅲ, 184 참조(채권들이 다른 통화로 지급해야 하는 경우도 상계가 허용될 수 있다. 통화들 중 하나가 전환될 수 없는 경우는 예외가 될 것이다). 핀란드에 관해서는 *Aurefärvi & Hemmo* 185 참조(외화채권들은 같은 종류인 것으로 여겨지지 않는다. 그러나 약속어음법(Promissory Notes Act) 제7조에 따라, 반대되는 합의가 없는 한 채무자는 지급이 행해져야 하는 곳의 통화로 지급할 것을 선택할 수 있고 이러한 선택권을 가진 채무자는 상계의 경우도 이를 이용할 수 있다). 비교법적 개관으로는 *Wood* 24-34 참조. 외화채무의 법적 성질에 관해서는 *Staudinger* (-*K. Schmidt*) § 244, nn. 11 ff.; *Grothe* 558 ff.; *Dullinger* 78 ff. 참조.

제13:104조 상계의 통지

상계권의 행사는 상대방에 대한 통지로써 한다.

해 설

A. 통지의 요건

상계의 의사표시는 상대방에 대한 비형식적, 일방적, 재판 외의 의사표시로 충분하다. 통지의 요건에 대해서는 제1:303조 참조. 이후 해당 사건에 관해 소가 제기되면 법원의 판결은 단지 선언적 효력을 가질 뿐이다. 즉, 판결이 상계의 효력을 발생시키는 것이 아니라 상계가 발생했다는 사실을 확인할 뿐이다. 상계의 의사표시는 각 채무를 대등액에서 소멸시키는 효과가 있기 때문에(제13:106조), 당사자들의 법률관계에 직접적인 영향을 준다. 법률관계를 변경할 수 있는 다른 일방적 권리들과 마찬가지로, 상계의 통지에는 조건 또는 기한을 붙이지 못한다. 따라서 특히 채무자는, 상계의 다른 모든 요건이 충족된 경우에 장래의 어느 시점에 상계한다는 통지를 할 수 없다(연기된 상계). 그러나 반면 채무자는 아직 이행기가 도래하지 않은 채권으로 상계의 의사표시를 할 수 있는데, 이러한 의사표시는 채권의 이행기가 도래한 때에 그 효력이 발생한다(사전의 상계 통지).

B. 합의에 의한 상계

한편 당사자들이 합의로써 상계의 효과를 발생시킬 수 있는 것은 당연하다. 이는 일반적으로 인정되는 계약자유의 결과이다. 합의에 의한 상계의 경우에 당사자들은 유럽계약법원칙에서 정한 상계 요건을 따르지 않을 수 있다. 실제로 당사자들은 상계의 요건 중 하나 이상이 충족되지 못한 때에는 통상적으로 상계 합의에 의존한다. 당좌예금 계약은 계정의 각 잔액 조정 시(at each balancing of the account) 채무 잔액과 채권 잔액이 상계될 것임을 내포하고 있다.

주 석

1. 통지에 의한 상계와 자동상계

유럽 대륙에서는 주석학파 시대부터 두 가지 서로 다른 접근법이 병존해왔다(*Zimmermann*, Obligations 760 ff. 참조). 하나는 Inst. Ⅳ 6, 30 (… *ut actiones ipso iure minuant*, … 소권은 법률상 자동적으로 감축되어야 한다)와 같은 문언에서 단서를 찾고,

다른 하나는 상계의 통지가 있어야 한다는 점을 보여주는 듯한 문언에 기초하고 있다. 현대의 법체계에도 여전히 이러한 차이가 반영되어 있다.

첫 번째 접근법은 프랑스 민법 제1290조에서 가장 분명하게 표현되어 있다. 즉, 대립하는 양 채무는 상계할 수 있는 시점에 법률상 당연히(*ipso iure*) 소멸한다는 것이다. 그러나 프랑스 법원과 법학자들은 이러한 규정을 어떠한 타협도 없이 문언 그대로 도입하는 것이 실용적이라고 보지 않았다. 피고가 법원에서 상계를 주장한 경우에만 상계가 효력이 있는 것으로 판단된다. 예컨대 *Terré, Simler, Lequette* no. 1311 참조. 따라서 엄밀히 말하면 대립하는 양 채무가 당연히 상계되는 것은 이러한 상계 항변이 법원에 제출되었을 것을 요건으로 한다. 이러한 제도는 룩셈부르크 및 적어도 표면적으로는 스페인(민법 제1202조와 구 민사소송법(Ley de Enjuiciamento Civil) 제543조 참조), 이탈리아(민법 제1242조 제1항)에서도 채택되었다. 스코틀랜드의 입장도 유사하나 동일하지는 않다. 법원에서 상계가 주장되어야 하고 판결에 의해 인정되어야 그 효력이 발생한다(*McBryde* 25.54; *Wilson* 13.6). 아일랜드의 접근법도 유사한 것으로 보인다. 아일랜드 대법원법(Supreme Court of Judicature (Ireland) Act) 제27조 제3항 및 대법원규칙(Rules of Supreme Courts) 0.12 R.7 참조. 임대인이 제기한 차임지급청구 소송에서 임차인이 공제를 위한 상계를 하기 위해서는 반드시 임대인에게 상계의 통지를 해야 한다(*Deale* 42 참조). 벨기에에서는 법원과 학계 모두 프랑스의 접근법을 따르지 않는다.

앞서 언급한 두 번째 접근법을 따르고 있는 것으로는 독일 민법이 있다. 상계는 재판외에서 상대방에 대해 비형식적이고 일방적인 의사표시로써 해야 한다(독일 민법 제388조 및 *von Kübel* 1075 ff. 참조). 오스트리아 법(오스트리아 민법 제1438조가 상계의 법률상 당연효(*ipso iure* effect)를 인정하는 것처럼 보인다는 사실에도 불구하고 그러하다. *Koziol-Welser* Ⅱ, 102 ff., *Dullinger* 96 ff. 참조), 그리스(민법 제441조, 이에 대해서는 *Stathopoulos*, Obligations n. 241 참조), 포르투갈(민법 제848조 제1항 및 *Varela* Ⅱ, 214 ff. 참조), 네덜란드(민법 제6:127조, 이에 대해서는 *Asser-Hartkamp*, Verbintenissenrecht Ⅰ, n. 530 참조)도 같은 방식을 따르고 있다. 또한 이탈리아(*Bianca* IV, 494, *Perlingieri*, Estinzione 280 및 *Cian*, (1998) 6 ZEuP 220 ff.)와 스페인 법(*Díez-Picazo* Ⅱ, 4th edn. 554 ff.)에서도 폭넓은 지지를 받고 있다. 스웨덴, 덴마크 및 핀란드 법 또한 통지에 의한 상계를 인정한다(*Lindskog*, Kvittning 533 ff., 526 ff.; *Gomard* Ⅲ, 182 및 184; *Aurejärvi & Hemmo* 183).

2. 합의에 의한 상계

합의에 의한 상계는 모든 법체계에서 허용되고 있다(계약상 상계). 잉글랜드(및 잉글랜드 법을 따른 아일랜드) *Derham* 540 ff., 스코틀랜드 *McBryde* 25.54, *Wilson* 13.6, 독일 *Gernhuber* 326 ff., 오스트리아 *Dullinger* 259 ff., *Rummel* (-*Rummel*) 제1438조, nn. 31 f., 그리스 *Georgiadis* 493, 덴마크 *Gomard* Ⅲ, 219, 스페인 *Díez-Picazo* Ⅱ, 4th edn. 538, *Rojo Ajuria* 58 f., 대법원, STS 14.6.1971, 7.6.1983 및 2.2.1989, 포르투갈 *Varela* Ⅱ,

227 f., 비교법적인 개관은 *Wood* 24-43 ff. 참조. *Berger*의 포괄적인 단행본도 참조. 상계합의(compensation conventionnelle) 또는 일방적 상계(compensation facultative)에 관해서는 프랑스 *Terré, Simler, Lequette* n. 1312, 벨기에 *Cornelis*, Algemene theorie nn. 681-685, 룩셈부르크 Cour d'Appel of 17 March 1999, Pas. Lux., vol. 31, 129 참조. 이탈리아에 관해서는 민법 제1252조(자발적 상계, *compensazione voluntaria*) 참조. 당좌계좌 거래관계에서의 상계에 대해서는, *Wood* 3-1 ff.(잉글랜드), *Berger* 173, 285 ff.(독일), 네덜란드 민법 제6:140조(네덜란드), Parlementaire Geschiedenis 517 ff. 및 *Wood* 24-36 ff.(비교법) 참조.

제13:105조 다수의 채권과 채무

(1) 상계의 통지를 하는 당사자가 상대방에 대하여 둘 이상의 채권을 갖는 경우에는 그 통지는 상계의 대상인 채권을 특정한 때에만 효력이 있다.
(2) 상계의 통지를 하는 당사자가 상대방에 대하여 둘 이상의 채무를 부담하는 경우에는 제7:109조의 규정이 적절한 변경을 하여 적용된다.

해 설

상계의 통지를 하는 당사자가 상대방에 대해 둘 이상의 채권을 갖거나, 그 상대방에 대하여 둘 이상의 채무를 부담하거나, 이 둘 모두에 해당하는 경우가 있다. 상계의 통지를 하는 당사자가 둘 이상의 채권을 갖는 경우에는, 그 당사자는 상계의 통지와 관련된 채권 또는 채권들을 특정해야 한다. 이를 특정하지 않으면 상계의 통지는 충분히 구체적이지 않아 효력이 없다. 그러나 상계의 통지와 관련된 채권 또는 채권들을 명시적으로 특정해야 할 필요는 없다. 상계의 통지를 하는 당사자의 의도가 제2:102조의 규정에 따라 추단될 수 있다. 그러한 의도가 추단되지 않는 경우에, 불확실성에 대한 위험을 부담하는 자는 상계의 통지를 하는 당사자여야 한다. 상계는 자동채권을 실행하는 형태에 해당하고, 채무자에 대해서 수개의 채권을 가진 채권자는 항상 어떤 채권을 실행할 것인지를 충분히 구체적으로 밝혀야 한다.

사례 1: A는 B에 대해서 각 30유로의 채권 세 개를 갖고 있다. B는 A에 대해서 300유로의 채권을 갖고 있다. 모든 채권들은 실행가능하다. A가 상계의 통지를 한다. A는 상계의 통지와 관련된 채권을 특정해야 한다. 이를 특정하지 않으면, 상계의 통지는 효력이 없다.

상계의 통지를 하는 당사자가 상대방에 대하여 둘 이상의 채무를 부담하는 경우 상계의 통지를 하는 당사자는 제7:109조에 따른 지위에 있게 된다. 상계의 통지는 채무를 소멸시키는 수단이기 때문에, 위 규정은 적절한 변경을 가해서 적용되어야 한다. 이는 제7:109조 제4항의 제한 하에서 상계의 통지를 하는 당사자의 결정이 결정적이라는 의미이다. 상계의 통지를 하는 당사자가 상계의 통지와 관련된 채무를 지정하지 않은 경우에는, 상대방이 제7:109조 제2항에 따라서 이러한 지정을 할 수 있다. 어느 당사자도 지정을 하지 않는 경우에, 제7:109조 제3항에서 정한 순서가 적용된다. 많은 국가의 법체계에서, 상계의 통지를 받는 당사자가 상계의 통지를 할 수 있는 지위에 있다면, 지나치게 지체되지 않은 기간 내에 상계의 통지를 하는 당사자의 지정에 대한 이의권을 갖는다. 이러한 규정은 상계에서 충당 문제가 어느 당사자가 먼저 상계의 통지를 했는가라는 우연한 사정에 좌우되어서는 안 된다는 고려에 기초하고 있다. 반면에 유럽계약법원칙의 규정은 상계를 장려하고자 하는 바람에 기초하고 있다.

사례 2: 사례 1에서와 같은 상황에서 B가 상계의 통지를 한다. B가 A의 세 개의 채권 중 어느 채권이 소멸되는지를 지정할 것이다. B가 지정을 하지 않으면, A가 합리적인 기간 내에 이러한 지정을 하고 B에게 그 선택을 하였음을 알릴 수 있다. 어느 당사자도 지정을 하지 않으면, 제7:109조 제3항에서 정한 기준이 적용된다.

주 석

유럽에서 가장 광범위하게 적용되는 제도는 다음과 같이 요약될 수 있다. 양 당사자 모두 상계에 적합한 수개의 채권을 가진 경우에, 상계의 통지를 하는 당사자가 이 중 어느 채권들이 상계될 것인지를 지정할 수 있다는 것이다. 이러한 특정이 없거나 상대방이 지나치게 지체되지 않은 기간 내에 이의한 때에는, 변제충당에 관한 일반규정이 적절한 변경을 하여 적용된다. 독일 민법 제396조, 네덜란드 민법 제6:137조 및 Parlementaire Geschiedenis 517 ff., 오스트리아 *Rummel* (-*Rummel*) § 1438, n. 17, 그리스 민법

제452조, 스코틀랜드 *Wilson* 13.6, 포르투갈 민법 제855조 참조. 자동상계가 인정되는 법체계에서는, 물론 이 중 앞부분이 적용되지 않고 변제충당 규정이 (적절한 변경을 하여) 즉시 적용된다. 프랑스, 벨기에, 룩셈부르크 민법 제1297조, 이탈리아 민법 제1249조, 스페인 민법 제1199조.

제13:106조 상계의 효과

상계는 그 통지가 있는 때부터 양 채무를 대등액에서 소멸시킨다.

해 설

A. 소급효가 없다

상계에는 소급효가 없다. 상계는 단지 장래효를 가질 뿐이다. 상계는 상계를 위한 모든 실질적 요건이 충족되고 상계 통지의 효력이 발생하는 시점부터 유효하다. 따라서 일반적으로 말하면 상계의 의사표시가 있었던 시점에 양 채무가 변제된 것처럼 평가되어야 한다. 이는 다음과 같은 결과를 발생시킨다.

B. 이자

(양 채무에 관한) 이자는 상계의 통지가 있을 때까지 발생한다. 그러므로 더 높은 이율의 이자를 지급하는 당사자로서는 상계의 가능성을 인지하면 상계의 의사표시를 하는 것이 유리할 수 있다.

C. 지급의 지체

지급의 지체에 관한 입장은 다음과 같다. 만일 매매계약에 따라 B가 A에게 100,000유로를 10월 10일에 지급할 의무가 있으나 당일에 지급하지 못하였다면, B는 제8:108조에 따라 면책되지 않는 이상 일반적으로 채무를 이행하지 못한 것이다. A는 채무의 이행을 청구하거나, 손해배상을 청구하거나, 계약을 해제하는 것을 선택할 수 있다. 만일 B가 상계의 의사표시를 하지 못하거나, 단지 나중에 A에 대하여 같은 금액의 채권이 있었다는 사실을 알게 된다면, B의 10월 10일 자 계약 위반은 정당화되지 않는다.

D. 불이행에 대한 지급약정

상계의 통지를 할 권리를 행사하지 않은 당사자가 불이행에 대한 지급약정에 따라 지급해야 하는지는 관련 조항의 해석에 따른다. 일반적으로 약정된 금액은 지급되어야 한다.

사례 1: A는 B로부터 빌린 10,000유로를 10월 10일까지 변제하여야 한다. 당사자들은 A가 위 지급기일까지 그 돈을 변제하지 못한 경우에는 2,000유로를 추가로 지급하기로 약정한다. 9월 1일 A는 고모인 C로부터 B에 대한 30,000유로의 채권을 상속한다. A는 그 사실을 12월 20일에 알게 되어, 상계의 의사표시를 한다. A가 10월 10일에 지급하지 않았으므로, B는 약정된 금액인 2,000유로를 청구할 수 있다.

E. 상계 이후에 이루어진 지급

상계의 의사표시 이후에 지급이 이루어진다면, (대부분 부당이득법에 따라) 이는 반환될 있는데, 지급할 의무가 없었던 것에 대한 지급이기 때문이다(즉, 법률상 원인 없이 이행이 이루어졌던 것이다). 만일 상계의 의사표시 이전에 지급이 이루어졌다면, 채무를 소멸시키고 그로써 상계에 대한 상호성 요건이 제거되는 효과가 발생한다. 그러므로 원상회복에 관하여 특별한 문제는 없다.

F. 자동채권의 시효

상계의 의사표시를 할 권리에 관한 시효의 효과에 대해서는 제14:503조 참조.

G. 양 채무는 대등액의 범위 내에서만 소멸한다

상계는 양 채무를 대등액에서 소멸시킨다. 즉, 금전채무에 관한 한 양 채무는 더 작은 채무의 범위 내에서만 면책된다.

사례 2: A는 B에 대하여 10,000유로의 채권을 가지고 있고, B는 A에 대하여

5,000유로의 채권을 갖고 있다. A 또는 B의 상계 통지에 따라 A의 채무는 완전히 소멸하나, B는 여전히 A에 대하여 5,000유로의 채무를 부담한다.

H. 자동채권의 일부 상계

상계의 의사표시를 하는 당사자는 상대방에 대한 채권 중 일부만을 상계할 수 있다. 이때 그 채권의 나머지 부분은 소결하지 않는다.

주 석

1. 자동적 효력과 소급효

상계가 법률상 당연효(*ipso iure*)를 갖는 곳(프랑스, 스페인, 벨기에, 룩셈부르크)에서는, 당사자들이 이를 알지 못하였다고 하더라도 상계의 효과가 발생한다. 그러나 상계의 통지를 요구하는 대부분의 법체계에서도 통지에 대하여 소급효를 인정한다. 상계는 양 채무가 최초로 상호 대립되어 상계적상이 있는 시점에 양 채무를 대등액에서 소멸시키는 효과가 있다. 이는 독일(민법 제389조), 오스트리아(*Dullinger* 96 ff.), 그리스(민법 제441조), 네덜란드(민법 제6:129조 및 *Asser-Hartkamp*, Verbintenissenrecht Ⅰ, n. 538) 및 포르투갈(민법 제854조 및 *Varela* Ⅱ, 224 ff.)에서 채택한 규칙이다. 상계가 양 채무를 소멸시키는 이탈리아에서도 같은 입장을 취하지만('*dal giorno della loro coesistenza*'(민법 제1242조 제1항)), 그럼에도 불구하고 통설에 따르면, 상계가 고려될 수 있는 시기 전에 상계의 의사표시가 있어야 한다(*Bianca* Ⅳ, 494; *Perlingieri*, Estinzione 273 ff.; *Cian*, (1998) 6 ZEuP 220f.). 스코틀랜드에서 상계(재판상 주장되고, 판결로 인정되어야만 효력이 있다)는 역시 소급효가 있다. *McBryde* 25.55; *Wilson* 13.6.

두 접근방법은 대체로 동일한 실질적 결과에 이르게 된다. 그러므로 특히, 이자가 더 이상 발생하지 않고(이자가 지급되었다면, 비채변제 반환청구권(*condictio indebiti*)에 의하여 이를 반환받을 수 있다. 그러나 네덜란드에 관해서는 민법 제6:129조 제2항 참조), 양 당사자는 지체상태에 빠지지 않으며(채무자-지체(*mora debitoris*)), 위약벌 약정은 실행되지 못하는 것이 일반적이다. 독일은 *Gernhuber* 309 ff., 이탈리아는 *Cian-Trabucchi* art. 1242, Ⅱ, 네덜란드는 *Asser-Hartkamp*, Verbintenissenrecht Ⅰ, n. 538 및 또한 민법 제6:134조, 오스트리아는 *Rummel* (*-Rummel*) § 1438, n. 14 참조.

채무자가 상계에 의하여 이미 면책된 채무를 지급하였다면, 프랑스, 벨기에, 룩셈부르크 법에 따르면 채무자는 채무가 면책된 권리를 몰랐던 정당한 이유가 있는 경우에만 비채변제 반환청구권(*condictio indebiti*)을 가진다(민법 제1299조). 독일에서 이 문제는 오랫동안 논쟁의 대상이 되어 왔다(예컨대, *Dernburg* 587 ff. 참조). 오늘날 독일의 통설은 상계 통지의 요건이 충족되었음을 인식하지 못하고 지급을 한 사람은 부당이득 주장을 할 수 없다는 것이다(*Gernhuber* 288 ff.; 오스트리아에 관해서는 *Rummel (-Rummel)* § 1438, n. 15 다만 반대하는 저자들 다수, 이탈리아에 관해서는 *Cian-Trabucchi* 제1242조, Ⅰ을 볼 것; *Dullinger* 162 ff.에서의 논의도 참조). 스페인에서는, (민법 제1202조가 상계의 법률상 당연효를 채택하고 있는 것으로 보임에도 불구하고) 최근 학설은 채권자에 대하여 집행가능한 채권이 있음을 알지 못한 채 지급을 한 채무자는 비채변제 반환청구권(*condictio indebiti*)을 행사할 수 없다는 입장을 취한다(*Díez-Picazo* Ⅱ, 4th edn. 554).

2. 장래효(prospective effect)

서유럽에서 상계의 비형식적(informal) 의사표시를 규정하나 소급효를 인정하지 않는 법체계는 북유럽의 법체계뿐이다. 스웨덴에 관해서는 *Lindskog*, Kvittning 533 ff., 526 f. 참조, 덴마크에 관해서는 *Gomard* Ⅲ, 207 참조, 핀란드에 관해서는 *Aurejarvi & Hemmo* 183 참조. 다소 놀랍게도, 이 점을 고려하여, 스웨덴과 핀란드 법 역시 독일 민법 제390조 제2항(2002. 1. 1. 이후 제215조)('시효가 지난 채권이 다른 채권에 대하여 상계될 수 있었던 시점에 시효로 소멸되지 않았다면, 시효는 상계를 배제하지 않는다')을 반영한 규칙을 두고 있다. 스웨덴 시효법(Preskriptionslag) 제10조, 핀란드 1868년 시효령(Decree on Prescription) 제5조 참조. 이는 스웨덴 법의 일반적인 장래효와 맞지 않아서 비판의 대상이 된다. *Lindskog*, Kvittning 115 ff., 덴마크에 관해서는 *Gomard* Ⅲ, 207 참조. 그러나 동일한 법률관계에서 발생하는 채권들에 대하여 상계는 일정 측면에서 소급적으로 작용한다. 이자는 양 채권이 상호 상계될 수 있었던 시점부터 발생하지 않고, 또한 상계 통지가 있기 전에 자동채권이 시효로 소멸한 경우에도 상계는 배제되지 않는다(대법원, Ugeskrift for Retsvaesen 1956, 977과 *Gomard* Ⅲ, 207). 잉글랜드 법(및 아일랜드 법)도 상계에 대하여 장래효를 인정하고 있을 뿐이다. 상계는 판결일 및 그 이후에 효력이 발생한다. 독일과 오스트리아에서는 최근 소급효에 대한 비판이 제기되고 있다. *Bydlinski*, (1996) 196 AcP 281 ff., *Dullinger* 174 ff., 182 ff., *Zimmermann*, Fs. Medicus 7221 ff. 참조. 상계의 소급효가 설득력 있는 합리적 주장에 근거한 것이 아니라, 상계의 법률상 당연효에 대한 유스티니아누스 1세의 모호한 언급에 근거한 보통법(*ius commune*)의 사고패턴을 별 생각 없이 유지하고 있는 것이라는 비판이다. Inst. Ⅳ, 6, 30 및 C.4, 31, 14, *Zimmermann*, Fs. Medicus 724, *Pichonnaz*, (2000) 68 TR 541 ff. 참조. 장래효(prospectivity)가 더 자연스러운 원칙으로 보이고, 전적으로 만족할 만한 결과에 이르게 한다.

제13:107조 상계권의 배제

다음의 경우에는 상계를 할 수 없다.
(a) 합의에 의하여 배제한 경우,
(b) 압류할 수 없는 채권을 수동채권으로 하는 경우, 그리고
(c) 고의적인 위법행위에 의하여 발생한 채권을 수동채권으로 하는 경우.

해　　설

A. 합의에 의한 배제

계약자유의 일반원칙에 의하여, 사적 자치에 관한 일반적 제한(예컨대, 유럽 계약법 원칙의 제4:110조와 같은 불공정 약관을 다루는 규칙들)이 준수되는 한, 상계권은 합의에 의하여 배제될 수 있다. 상계를 배제한다는 합의가 특정한 법률관계에서 발생하는 채권에만 적용되는지 양 당사자 사이의 모든 채권에 대하여 적용되는지는 해석의 문제이다.

B. 압류할 수 없는 채권

상계는 최소수준의 생활을 보장하는 권리(예컨대 부양채권 또는 임금채권)를 박탈할 수 없다. 이 쟁점을 다루는 가장 간단하고 적절하며 포괄적인 방법은 수동채권을 압류할 수 없는 경우에 상계를 금지하는 것이다. 수동채권의 압류가 가능한지, 가능하다면 그 범위는 어디까지인지는 이에 적용되는 준거법에 따라 결정된다.

C. 고의적인 위법행위로 발생한 채권

이행기에 이른 채권을 회수하지 못하는 채권자는 자력구제를 하고자 하는 유혹을 느낄 수도 있다. 전형적인 교과서 사례인 채권자가 실망하여 채무자를 자유롭게 공격하는 사례(채권자가 채무자의 손해배상청구권에 대하여 자신의 지급받지 못한 채권으로 상계할 수 있다고 생각하는 경우)는 실질적으로는 관련이 없는 것으로 보일 수도 있다. 좀 더 현실적인 상황은, 채권자가 채무자 소유의 물건을 보유

하고 있는 상황에서 매각대금으로 채무를 변제하고자 그 물건을 부당하게 매각하는 경우이다. 위법행위에 의하여 발생한 채권의 압류를 허용하지 않는 법체계에서는 본조 제b호가 이미 상계를 배제하는 효과를 발생시켰을 것이다.

D. 미이행 출자에 대한 책임

일부 국가의 법체계에서는 회사에 대한 출자의무자가 미이행 출자에 관한 책임에 대하여 자신들에 대한 회사의 채무를 상계하는 것을 금지한다. 이러한 규칙은 회사의 감소되지 않은 자본금에 대한 회사 채권자들의 이익을 보호하는 역할을 하나, 이는 상계의 일반적 규칙이라기보다는 회사법의 범주에 속한다.

주 석

1. 합의에 의한 배제

계약에 의해 상계가 배제될 수 있다는 것은 모든 곳에서 인정되고 있다. 잉글랜드는 *Derham* 140 ff., 아일랜드는 *Hegarty & Sons Ltd.* v. *Royal Liver Friendly Society* [1985] I.R. 524, 스코틀랜드는 *McBryde* 25.54 및 25.58, *Wilson* 13.6, 프랑스는 *Starck, Rolnd & Boyer* n. 347, 벨기에는 *Cornelis*, Algemene theorie n. 678 (p. 879 하단), 룩셈부르크는 Cour d'Appel, 1 October 1963, Pas. Lux. vol. 19, 209, 포르투갈은 *Varela* Ⅱ, 198, 독일은 *Gernhuber* 274 ff., 이탈리아는 *Bianca* Ⅳ n. 251, 네덜란드는 *Asser-Hartkamp*, Verbintenissenrecht Ⅰ, n. 531, 오스트리아는 *Koziol-Welser* Ⅱ, 103, *Rummel* (*Rummel*) § 1440, n. 29, 스코틀랜드는 *McBryde* 25.58 f., 스웨덴은 *Lindskog*, Kvittning 303 f., 덴마크는 *Gomard* Ⅲ, 196(임차인과 소비자의 상계권이 배제될 수 없는 토지의 임대차와 소비자계약에 대해서는 예외가 인정된다), 핀란드는 *Aurejarvi & Hemmo* 192 참조. 그리스 민법 제450조 제2항에 의하면, 채무자는 심지어 일방적으로도 미리 상계권을 포기할 수 있다.

2. 압류할 수 없는 채권

또한 거의 모든 법체계에서는 상계는 최소수준의 생활을 보장하는 권리를 박탈하여서는 안 된다는 것을 보장하고 있다. 프랑스와 벨기에는 민법 제1293조 제3호, *Terré, Simler, Lequette* n. 1302(프랑스의 경우) 및 Cornelis, Algemene theorie n. 674(벨기에의 경우), 독일은 민법 제394조 및 *Gernhuber* 261 ff., 이탈리아는 민법 제1246조 제3호 및 *Bianca* Ⅳ, n. 251, 네덜란드는 민법 제6:135조 제a호 및 *Asser-Hartkamp*, Verbintenissenrecht n. 552, 스페인은 민법 제1200조 제2항, 포르투갈은 민법 제853조 제1항 제b호(양 채권을 압류할 수 없는 경우는 제외), 오스트리아는 *Koziol-Welser* Ⅱ, 103 및 Dullinger 121 ff., 그리스는 민법 제451조, 스웨덴은 *Lindskog*, Kvittning 247 ff., 283, 덴마크는 *Gomard* Ⅲ, 196, 핀란드는 *Aurejarvi & Hemmo* 192 ff., 잉글랜드 법(및 아일랜드 법)에 관해서는 *Wood* 12-04 ff. 참조.

3. 고의적인 위법행위로 발생한 채권

고의적인 위법행위에 관한 규칙(C. 4, 31, 14, 2로 거슬러 올라가며, 이에 관해서는 *Dernburg* 511 ff. 참조)은 많은 법체계에서 여러 형태로 발견된다. 프랑스와 벨기에 민법은 로마법 규칙의 문언 그대로에 가까운 원칙으로서, 소유자가 불법적으로 박탈당한 물건의 원상회복채권과 관련되는 한 상계가 허용되지 않는다는 원칙을 규정하고 있다. 민법 제1293조 제1호 및 *Terre, Simler, Lequette* n. 1302. 이탈리아에 관해서는 민법 제1246조 제1호, 오스트리아에 관해서는 민법 제1440조도 참조. 독일 민법은 상계는 고의적인 위법행위로부터 발생하는 채권에 대해서는 허용되지 않는다는 관념을 일반화하였다. 민법 제393조 및 *Gernhuber* 259 ff. 참조. 네덜란드(민법 제6:135조 제b호), 포르투갈(민법 제853조 제1항 제a호), 그리스(민법 제450조 제1항), 스웨덴(*Lindskog*, Kvittning 258 ff.)과 핀란드(대법원 1969 Ⅱ 90 및 1995: 196)에서도 동일하거나 유사한 규칙이 발견된다. 잉글랜드법과 아일랜드 법은 이 규칙을 가지고 있지 않다. 그러나 이와 관련한 '잠재적 표현(latent expressions)'에 관해서 *Wood* 12-127 ff. 참조.

4. 미이행 출자에 대한 책임

세부적으로는 여러 차이점이 있지만, 대부분의 법체계에서는 회사에 대한 출자의무자(contributories)가 미이행 출자(calls)에 관한 책임에 대하여 자신들에 대한 회사의 채무를 상계하는 것을 금지하고 있다. 그러나 이는 대체로 회사법의 문제로 인식되고 있다. 잉글랜드에 관해서는 *Wood* 12-127 ff. 및 *Derham* 250 ff., 독일에 관해서는 *Gernhuber* 270 ff., 오스트리아에 관해서는 *Rummel* (*-Rummel*) § 1440, n. 28.

제14장 시　효

제1절 일반규정

제14:101조 시효에 걸리는 채권

채무의 이행을 청구할 수 있는 권리('채권')는 이 원칙에 따른 일정한 기간의 만료로 시효가 완성된다.

해　　설

A. 시효의 용어와 의미

대륙법의 전통적인 용어례에서 '시효'란 (i) 시간의 경과에 따른 재산권 취득('취득시효(acquisitive prescription)')과 (ii) 시간의 경과에 따른 권리의 상실('소멸시효(extinctive prescription)')로 이해된다. 그러나 두 가지 유형의 시효는 각기 다른 원칙에 의해서 규율되는 것이 대부분이므로, 하나의 법리로 두 가지 유형을 이해하는 것은 유용하지 않다는 것이 일반적으로 받아들여지고 있다. 유럽계약법원칙에서는 후자의 시효만을 다룬다. 그러나 유럽계약법원칙에서 권리는 소멸되는 것이 아니기 때문에, '소멸'시효라는 용어가 정확한 것은 아니다. 권리는 계속 존재하지만 채무자는 이행을 거절할 수 있는 권리가 있다(제14:501조 제1항 참조). 스코틀랜드 법의 용어인 '소극적 시효(negative prescription)'가 비록 정확하지는 않지만 보다 더 적합하다. '해방적 시효(liberative prescription)'도 또 다른 대안이 될 수 있다. '채권의 제한(limitation of claims)'도 가능한 예가 될 수 있는데, '제소기간(limitation of actions)'이라는 잉글랜드 법 개념이 실체법상 용어로 변환된 것이다. 간명하게 하기 위해서, 그리고 유럽계약법원칙은 취득시효를 다루지 않기 때문에 '시효'라는 용어는 한정 수식어 없이 사용되는 것이 일반적이다.

이 조항에서 '시효'라는 용어는 시간의 경과가 채권에 미치는 법적 효과를 뜻한다. 시효는 어느 특정 시점에 완성된다. '시효기간'이라는 용어는 그 기간이 경과되어 시효가 완성되는 기간을 뜻한다.

B. 채권의 시효

시효 제도의 중심에는 '채권' 개념이 있다. 이 개념은 유럽계약법원칙의 여러 곳에서 사용되며, 채무의 이행을 청구하는 권리를 뜻한다(서론 5 참조). 따라서 시효는 실체법적 제도로 인식된다. 기간이 경과하면 채무자는 이행을 거절할 수 있는 권리가 있다. 만일 채무자가 그렇게 한다면 채권자는 실질적으로 이행을 청구할 수 있는 권리를 상실한다. 그 결과 채권자가 더 이상 채권을 재판상 행사하지 못하는 것은 물론이다. 시효는 단지 소를 제기할 수 있는 권리만을 제한하는 것이 아니고 이행을 수령할 수 있는 실제의 권리를 제한한다. 그래서 예컨대, 지급요청에 대하여 채무자가 시효를 주장하고 시효의 모든 요건이 충족되었다면, 채무자는 더 이상 유럽계약법원칙 제9:508조의 관점에서 지급을 지체하는 것은 아니므로 그 규정에 따른 효과는 발생하지 않는다.

시효는 오직 채권에만 적용되는 것이므로 취소를 통지하거나(제4:112조), 계약을 해제하거나(제9:301조), 또는 그 이외 다른 방식으로 법률관계에 영향을 미칠 수 있는 당사자의 권리에는 적용되지 않는다. 그러한 권리들은 '합리적인 기간 내에' 행사되어야 한다. 이것은 제4:113조와 제9:303조 제2항 등의 특정 조항들에 규정되어 있다(그러한 구체적인 기간 제한에 대해서는 아래 D 참조).

C. 이행을 유보할 권리와 대금감액의 권리

이행을 유보할 권리(제9:201조에서 정한 것과 같이)는 또한 시효에 걸리지 않는다. 이것은 이행을 유보할 권리가 비록 그 기초가 되는 채권의 시효기간이 만료되었다고 하더라도 여전히 존속한다는 것을 뜻한다.

사례: A는 B에게 자동차를 팔았다. 자동차는 1996년 10월 10일에 인도하기로 하고, 구입대금은 같은 해 12월 10일에 지급하기로 했다. 두 채권의 시효기간은 3년이다. 3년 후에도 B는 아직 자동차를 인도받지 못했다. 만일 B가 10월 10일 이후 A에게 자동차의 인도를 구하는 소를 제기한다면, A는 시효 항변을 할 수 있다. 반대로

A가 11월 10일 B에게 구입대금의 지급을 구하는 소를 제기한다면, B는 제9:201조에 따라 이행을 유보할 권리를 행사할 수 있다. 이것은 B의 A에 대한 채권 자체의 시효에 의해 영향 받지 않은 채로 남아있다. B는 12월 10일 이후 A의 청구에 대하여 시효 항변을 제기할 수 있다.

제9:401조에서 규정한 대금감액의 권리도 시효에 걸리지 않는다. 만일 한 당사자가 계약에 적합하지 않은 이행을 수령함으로써 그러한 대금감액의 권리를 가진다면, 상대방이 지급을 구할 때 이 권리를 행사할 수 있다. 물론 지급을 구하는 권리 그 자체는 시효의 통상적인 규정을 따른다. 만일 대금감액의 권리를 가진 당사자가 감액된 대금을 초과하는 금원을 이미 지급하였다면, 그 초과액은 상대방으로부터 반환될 수 있다(제9:401조 제2항). 초과 지급된 금액의 지급을 구하는 이 권리는 통상적인 시효 규정에 따른다.

D. 적용범위

이 장은 계약상 채권뿐만 아니라 이행을 청구하는 다른 권리들에도 적용된다. 이행을 청구하는 권리 중 일부에만 시효 규정을 적용하는 것은 이론적으로 정당화될 수 없고 실무적으로 어려움과 불편함을 가져올 것이다(제14:201조에 대한 해설 참조). 다른 한편, 재산권, 결혼할 권리, 상속인 또는 유언집행자가 될 권리와 같은 다른 종류의 재산 또는 권리까지 시효의 적용대상에 포함시키는 것은 바람직하지 않은 것으로 보인다. 우리는 여기서 소유권과 같은 절대권의 보호를 종종 다루고 있다. 만일 그러한 권리들이 시효에 걸린다면, 절대권에 대한 상당히 크고 부당한 제약이 될 것이다. 그러므로 절대권으로부터 나오는 청구권들은 오로지 절대권 그 자체와 함께 소멸한다고 주장할 수 있다. 또한 재산법의 영역에서는 취득시효(acquisitive prescription, 또는 usucaption)에 관한 법과 신중한 조화가 이루어져야 한다. 동시에 채무의 이행을 청구하는 권리에 관한 법은 일련의 특별규정들을 마련할 필요가 있을 정도로 충분히 광범위하고 차별성 있는 영역이다. 비교법적 연구도 이와 같은 입장을 취하고 있다. 즉, 대부분의 현대 시효제도는 명시적으로 또는 최소한 실제상으로 채권법에 적용되고 있다.

유럽계약법원칙은 다수의 기간 제한을 규정하고 있다(승낙기간의 제한은 제2:206조, 취소 통지의 기간 제한은 제4:113조, 해제 통지의 기간 제한은 제9:303조 제2항,

특정이행을 구하는 권리의 기간 제한은 제9:102조 제3항 참조). 이러한 기간 제한들이 시효기간이 되는 것은 아니다. 그러나 이 장에 포함된 일부 규정(예컨대 제14:303조)은 관련 조항에서 정한 시점부터 '합리적인 기간 내에' 승낙을 표시하였는지, 취소나 해제 통지를 하였는지, 또는 특정이행을 구하였는지 등을 판단하는 것과 관련된 지침을 명시하고 있다.

이 장에 포함된 규정들은 시효기간이 지나기 전이라도 당사자의 채권 행사가 금지될 가능성을 배제하지 않는다. 가령 만일 한쪽 당사자가 상대방에게 채권을 더 이상 행사하지 않겠다는 합리적인 신뢰를 부여함으로써 채권을 행사하기로 하는 결정이 제1:201조에 규정된 신의성실과 공정거래 원칙 위반이 되는 경우가 그러한 예가 될 수 있다.

E. 기초가 된 정책적 고려

시효는 본질적으로 3가지 정책적 고려에 근거를 두고 있다. (1) '희미하게 만드는 시간의 힘(obfuscating power of time)'(*Windscheid & Kipp* § 105, p. 544)의 관점에서, 채무자가 소에 대하여 방어하는 것은 시간이 지날수록 더 어려워지기 때문에 그러한 채무자는 보호되어야 한다. (2) 시간의 경과는 채권에 대한 채권자의 무관심을 보여주고, 이는 채무자로 하여금 채권이 행사되지 않을 것이라는 합리적인 신뢰를 부여할 수 있다. (3) 시효는 이미 오래된 채권에 관하여 지연된 소송을 방지한다. 그래서 시효는 매우 특별한 방식으로 법적 확실성을 지향하고 있다. 비록 충분한 근거가 있는 채권이 부인되는 위험이 있더라도, 그것은 시효의 이익을 위해 법체계가 지불해야 하는 필요한 대가이다. 그러나 법적 확실성에 대한 요구는 채권자의 합리적인 이익과 대비하여 균형이 이루어져야 한다. 시효가 결과적으로 수용에 해당할 수 있기 때문에 채권자에게는 채권을 행사할 수 있는 공정한 기회가 주어져야 한다. 이러한 고려는 특히 제14:301조에 규정된 정지 조항에서 나타난다.

개별적인 사안에서 가혹한 결과를 초래할 가능성에도 불구하고, 시효는 일반적으로 현대 법체계의 필수적인 특징으로 여겨진다.

주 석

1. 일반

모든 유럽의 법체계는 권리와 의무가 시간의 경과에 의해 영향받을 수 있다고 본다. 시효법의 역사에 관해서는 *Coing* Ⅰ, 183 ff.; *Coing* Ⅱ, 280 ff.; *Zimmermann*, Obligations 768 ff.; *Johnston* 1.13 ff.; *Oetker* 12 ff. 참조.

2. 실체법인가, 아니면 절차법인가?

잉글랜드 법과 아일랜드 법에서 해방적 시효(liberative prescription)에 상응하는 기능을 하는 것은 제소기간(limitation of actions)이다. 이것은 성질상 절차법적인 것이다. 제소기간은 권리에 영향을 미치지는 않고 단지 재판에서 권리를 행사할 수 없게 되는 것에 그친다. 이러한 접근은 대륙법적 전통과 결코 이질적인 것은 아니며, 실제 일부 법체계에서는 여전히 대립되는 문헌들이 존재하기도 한다. 그러나 오늘날 대부분의 유럽 대륙법 국가들에서 인정되는 지배적인 법리는 시효가 실체법적인 문제이고 채권 자체가 소멸한다는 것이다. 예컨대, *Marty & Raynaud*, Obligations Ⅱ, nn. 341 ff.; *Ferid & Sonnenberger* (1 C 246); *Spiro*, Begrenzung § 241; *Storme*, in: *Hondius* 47 참조. *Lipstein* (n. 29)은 모든 현대 유럽 법체계에서 시효가 실체법적 요소와 절차법적 요소를 포함하고 있다고 보았다. 또한 *Staudinger* (-*Peters*) § 194, n. 4 참조.

국제물품매매에서 시효기간(limitation period)에 관한 UNCITRAL 협약(1988년 8월 1일 발효되었으나 현재까지 단지 17개 나라만 비준하였고, 그중 유럽연합에 속하는 나라는 없다)은 '중립적인 태도를 취한다'. *Smit*, (1975) 23 AJCL 339. 또한 *Boele-Woelki* 112 ff. 참조. 이 협약은 '제한(limitation)'이라는 단어를 사용하면서도 더 이상 행사할 수 없는 '채권'에 관하여도 언급한다. 시효의 성질이 실체법적인지 또는 절차법적인지의 결정은 국제사법에서는 중요하였으나, 계약상 채무의 준거법에 관한 로마 협약(Rome Convention on the Law Applicable to Contractual Obligations)에서는 실체법적인 특성에 가깝게 규정하였다(제10조 제1항 제d호).

3. 시효는 채권에 적용되고, 항변 등에는 적용되지 않는다

항변의 시효는 법리적으로 어려운 문제를 발생시킨다. 유럽의 보통법(*ius commune*)에서 항변은 대체로 시효에 걸리지 않는 것으로 간주되었다. 이러한 원칙은 많은 법체계에서 여전히 받아들여지고 있다. 프랑스에 관해서는 *Ferid & Sonnerberger* 1 C 249; 벨기에에 관해서는 *Storme*, in: Hondius 44; 그리스 민법에 관해서는 제273조 참조. 잉글랜드에서도 권리 자체가 아니라 단지 권리 구제만 금지되고 있으므로 동일하다고 할 수 있다. 대부분의 법체계는 일반적인 규정을 가지고 있지 않으나, 일부 법체계는 항변이 특정한 상황에서는 그 근거가 되는 채권의 시효로부터 영향을 받지 않고 존속할 수 있다는 내용의 구체적인 조항을 두고 있다. *Spiro*, Begrenzung § 215; *Peters & Zimmermann* 266 참조. 이탈리아에 관해서는 Cass. 28.7.1987, n. 6542, in Giust. civ. 1988, Ⅰ, 456과 *Vitucci* 63 ff.에서의 논의 참조. 때때로 독립된 항변과 채권에 근거한 항변 사이에 차이가 발생한다(스페인에 관해서는 STS 12.3.1965; *Diéz-Picazo & Gullón Ballesteros*, 467; *Pantaléon*, Prescripción 5009 참조). 독립된 항변은 시효에 걸리지 않고, 그렇지 않은 항변은 시효에 걸린다. 독일에 관해서는 *Münchener Kommentar* (*-von Feldmann*) § 194, n. 24 참조. 항변의 시효(그리고 채권의 시효 항변에 대한 효과) 일반에 관해서는 *Spiro*, Begrenzung §§ 215 ff., 540 참조.

실무적으로 가장 관련성 있는 문제는 이행을 유보할 권리인 것으로 보인다(유럽계약법원칙 제9:201조 참조). *Peters & Zimmermann* 266 참조. 독일의 지배적인 견해에 따르면, 그러한 권리들은 비록 그 기초가 되는 채권이 더 이상 '창'으로 사용될 수 없게 된 경우라고 하더라도 여전히 '방패'로 사용될 수 있다(*Staudinger* (*-Peters*) § 222, n. 37 참조). 포르투갈에 관해서는 민법 제430조; 덴마크에 관해서는 *Gomard* Ⅲ, 232; 네덜란드에 관해서는 민법 제6:56조 참조. 또한 독일 채권법개정 감정의견 중 Peters & Zimmermann 민법개정 시안(BGB-PZ)* 제212조; 독일 채권법개정위원회 민법개정 초안(BGB-KE)** 제222조도 참조.

4. 적용범위

대부분의 국내법에서는 시효에 관한 규정이 폭넓게 적용된다. 해방적 시효(liberative prescription)와 관련된 독일의 규정(민법 제195조 이하)은 청구권의 시효(*Anspruchsverjährung*) 관념에 근거를 두고 있고, 채권법보다 넓은 영역을 포함한다. 비판에 관해서는 *Peters & Zimmermann* 186, 287 ff. 참조. 이탈리아 민법 제2934조는 권리의 소멸에 대해 다루면서 그에 대한 제한(qualification)에 대해서는 언급하지 않고 있는 반면, 제948조 제3항과 제533조 제2항은 물권에 기한 반환청구(*rei vindicatio*)와 상속회복청구(*hereditatis petitio*)를 시효의 적용대상으로부터 면제시킨다. 포르투갈의 시효 규정은 채무에만 적용되는 것이 아니라, 원칙적으로 어느 권리에나 적용된다(민법 제298조 제1항). 오스트리아 민법 제1451조에 따르면, 시효는 '권리'의 상실로 이어지나, 제1458조 이하에 규정된 예외는 시효가 채무에 근거한 청구권과 실질적으로 관련된다는 것을 분명히 한다. 네덜란드에서는 민법 제3:306조 이하가 법적 청구(*rechtsvorderingen*)에 관하여 언급한다. 이 개념에 관해서는 *Asser-Hartkamp*, Verbintenissenrecht Ⅰ, nn. 638 ff. 참조. 벨기에에

* Frank Peters/Reinhard Zimmermann, Verjährungsfristen. Der Einfluß von Fristen auf Schuldverhältnisse, in: Bundesminister der Justiz (Hrsg.), Gutachten und Vorschläge zur Überarbeitung des Schuldrechts, Band Ⅰ, Köln, 1981.

** Bundesminister der Justiz (Hrsg.), Abschlußbericht der Kommission zur Überarbeitung des Schuldrechts, Köln, 1992.

서도 마찬가지인데, 민법 제2262조와 제2262조의2 및 *Claeys*, 1998-99 R.W. 386 f. 참조. 일반적으로는 *Spiro*, Begrenzung §§ 334 ff. 참조. 덴마크에 관해서는 '채무 증서(instruments of debt)'라고 표현한 덴마크 법전(Danske Lov) 제5.14.4조 참조. 1908년 12월 22일 법률 제274호는 채권(*fordringer*)에 적용된다.

5. 기초가 된 정책적 고려

정책적 고려에 대한 논의에 관해서는, *Savigny* 267 ff.; *Story* n. 576; 잉글랜드 법률위원회의 제소기간에 관한 자문 보고서(No. 151), 11 ff.; *Andrews*, (1998) 57 Camb.L.J. 590; *Johnston* 1.40 ff.; *Spiro*, Begrenzung §§ 3 ff.; *Peters & Zimmermann* 104, 112 f., 189 f., 288 ff.; *Staudinger* (-*Peters*) Vorbem zu §§ 194 ff., nn. 5 ff.; *Asser-Hartkamp*, Verbintenissenrecht Ⅰ, n. 653; *Loubser* 22 ff.; *Zimmermann*, 2000 JZ 853 ff. 참조.

6. 후기: 독일 신법

서론 7에서 살펴본 바와 같이, 독일 법은 최근 시효에 관하여 중대한 변화가 있었다. 아주 최근 일이어서 아직 그 내용을 반영하지는 못하였다. 그러므로 이 장의 해설과 주석은 독일 구법에 대한 것이다. 여기서는 간략한 정보 몇 가지와 논평만을 제공하기로 한다. 일반적으로 독일 신법의 주요한 특징은 유럽계약법원칙의 그것과 다르지 않으나, 유럽계약법원칙을 수용한 것에 대한 세부사항이 관하여 많은 차이가 있다. 시효에 관한 독일 신법의 분석에 관해서는, *Heinz-Peter Mansel*, Die Neuregelung des verjährungsrechts, 2002 NJW 89 ff.; *Heinz-Peter Mansel, Christine Budzikiewicz*, Das neue verjährungsrecht (2002) 참조. 시효에 관한 독일 신법과 유럽계약법원칙 사이의 세부적인 비교 및 비판적인 평가에 관해서는, *Reinhard Zimmermann*, Das neue deutsche verjährungsrecht: ein Vorbild für Europa?, in: Ingo Koller, Herbert Roth, Reinhard Zimmermann, Schuldrechtsmodernisierungsgesetz 2002 (2002), pp. 9 ff. 참조. 독일 채권법 개정 '토론용 초안(discussion draft)'(2001. 9. 발간)은 완전히 다른 체제를 제안했으나 많은 비판을 받았다(특히 *Heinz-Peter Mansel*, Die Reform des Verjährungsrechts, in: Wolfgang Ernst, Reinhard Zimmermann (eds.), Zivilrechtswissenschaft und Schuldrechtsreform (2001), pp. 333 ff.; *Detlef Leenen*, Die Neuregelung der Verjährung, 2001 JZ 552 ff. 참조). 2002년에 토론용 초안 개정 임무를 맡았던 위원회는 예전 모델을 변경하였고 최종적으로 채택되었다. 이 위원회는 그 전에, 유럽계약법원칙이 2001. 2. 코펜하겐에서 열린 유럽계약법위원회 회의에서 채택됨에 따라 유럽계약법 조항들의 독일어 번역본을 가지고 있었다(이 조항들은 이후 편집위원들에 의하여 일부 수정되었다). 그 독일어 번역본은 울리히 드로브니히(Ulrich Drobnig)와 라인하르트 짐머만(Reinhard Zimmermann)에 의해 준비되어 (2001) 9 ZEup 400 ff.에서 발표되었다. 독일 의회는 "유럽계약법위원회에서 채택한 대로 시효법 모델을 광범위하게 받아들였다."라고 인정하였다. Beschlussempfehlung und Bericht des Rechtsausschusses (6. Ausschuss), Drucksache 14/7052 (9 October 2001), p.

178 참조. 같은 선상에서 Begründung zum Regierungsentwurf(정부안 이유서), Drucksache 14/6040, pp. 96 및 103 참조. 그러나 이것은 독일 법의 시효에 관한 내용 중 유럽계약법원칙에서 벗어나는 신법의 수많은 세부사항에 대해서는 타당하지 않는데, 이에 대해서는 아무런 비판적 검토가 이루어지지 못하였다. 비판에 관해서는 *Reinhard Zimmermann, Detlef Leenen, Heinz-Peter Mansel, Wolfgang Ernst*, Finis Litium?, Zum Verjährungsrecht nach dem Regierungsentwurf eines Schuldrechtsmodernisierungsgesetzes, 2001 JZ 684 ff. 참조.

제2절 시효기간과 그 기산점

> **제14:201조 일반기간**
>
> 시효의 일반기간은 3년이다.

해 설

시효 제도는 가능한 한 간단하고 쉬우며 통일적이어야 한다. 유럽계약법원칙이 채권법 영역에서 발생하는 모든 채권을 포괄하는 일반 시효기간을 규정하는 이유가 이것이다.

A. 통일성에 대한 논거

시효법의 기능 중 하나는 많은 비용과 시간이 드는 소송을 방지하려는 것이다(*ut sit finis litium*: 소송은 끝나야만 한다). 따라서 시효 규정 그 자체가 특정한 상황에서 시효가 완성하였는지 여부를 다투는 과도한 소송을 발생시킨다면, 이는 용납하기 어려울 것이다. 법규정이 특정한 유형의 채권에 대한 시효기간을 정하는 경우, 그 채권의 유형을 정의하는 것이 필요하다. 그러나 이러한 정의에서 사용되는 개념들은 해석의 여지가 있다. 그와 동시에, 하나의 조항에 서술된 특정 유형의 채권은 다른 시효기간을 규정하는 그 밖의 규정들에 인접하고 있을 것이다. 그러므로 두 개의 시효기간 중 단기의 기간이 경과한 점이 불리하게 작용하는 모든 채권자들은, 그 채권에 장기의 시효기간을 규정하는 조항이 적용된다고 주장하려 할 것이고, 그러면 법원은 그 두 조항 사이의 경계선이 정확히 어디에 그어져야 할지를 결정해야만 할 것이다. 그중 하나의 시효규정이 논란의 여지가 있는 것으로 보이는 경우, 법원과 법학자들이 이 규정들에서 사용된 개념을 왜곡하고, 일반적인 관점보다는 시효의 관점에서, 예컨대 계약의 여러 유형간의 경계를 재정의하고자 하는 유혹을 느낄 수 있다는 추가적인 위험이 존재하게 된다.

게다가, 적어도 채권법 내에서는, 세분화된 시효 제도에 대한 근거를 제공할 만큼 충분히 명확하고 설득력 있는 일반적인 기준이 존재하는 것으로 보이지는 않는다. 예컨대 누군가는 일상적인 거래에서 발생하거나 사소한 성질의 채권에 대해서는, 복잡하거나 비일상적인 채권에 비해서 짧은 시효기간을 적용받고 싶어할 수도 있다. 그러나 타당한 경계선을 긋고 이 경계선을 정확한 법적 용어로 정의하는 것은 불가능하다. 또 하나의 잠재적인 판단 기준으로 채권자나 채무자의 직업적 지위를 들 수 있을 것이다. 그러나 이에 기초한 규율은 매우 기술적이고 시대에 뒤쳐질 위험에 항시 노출되어 있거나, 너무 추상적이고 일반적일 (따라서 해석이 상충될 여지가 있을) 수 있다. 더 나아가 이러한 세분화는 계약상의 이행청구권과, 어쩌면 이에 더하여 계약 위반에 대한 손해배상청구권에 관련된 한도에서만 타당한 것처럼 보일 것이다. 전문가조차도 다루어 본 경험이 거의 없는 법률상(*ex lege*) 발생하는 다른 채권들에 대해서는 설득력이 훨씬 떨어진다.

세분화된 시효기간이라는 맥락에서 가장 일반적으로 사용되는 기준은 채권의 (법적) 성질이다. 그러나 이 기준도 종국적으로 적합한 것으로 보이지는 않는다. 시효가 완성되었는지 여부는 당사자간 법적 지위가 불분명할 당시에 결정되어야 하는 경우가 많은 문제이다. 계약이 유효한지 여부가 의심스러울 수도 있다. 그러므로 채권자는 자신이 가지고 있는 것이 특정이행 청구권인지, 손해배상청구권인지, 또는 부당이득반환청구권인지를 알지 못한다. 또는 계약이 매매와 리스, 매매와 도급계약, 혹은 도급계약과 용역계약 사이의 경계선에 놓여있을 수도 있다. 아니면 채권자의 손해배상청구권이 계약에 기초한 것이거나 그 손해가 비계약적 상황에서 다른 사람에 의해 야기되었다는 사실에 기초한 것일 수도 있고, 또는 양자 간 어느 쪽에 해당하든 계약체결상 과실(*culpa in contrahendo*)에 기초한 것일 수도 있다. 채권법에서의 어떤 채권도 다른 요소와 연관되지 않고 독립적으로 다루어지기 어렵다. 이러한 상호연관성은 시효법과 특별한 관련성을 가지는데, 이로 인해 특히 시효기간이 세분화되는 경우 결론 및 평가가 일관되지 않게 되는 경향이 생기게 된다.

따라서 예컨대 계약의 무효로 인해 발생하는 반환청구권에 대해서는 계약상 특정이행 청구권에 비해 시효기간이 장기간으로 규정되지 않아야 한다. 전자의 경우든 후자의 경우든 '희미하게 만드는 시간의 힘(obfuscating power of time)'이 채무자에게 타격을 입히는 정도는 같기 때문이다. 그와 동시에, 계약상 반환채권과 부당이득에 기초한 반환채권 사이, 또는 다른 유형의 부당이득 채권들 사이를 다르게 취급하는 것은 바람직하지 못할 것이다. 더욱이, 부당이득은 사무관리(*negotiorum gestio*: 계약이 부존재하는 상황에서 타인의 사무를 관리하는 것)와 선택적 관계일 경우가 많다. 또한 부당이득에 기초한 채권과 비계약적 상황에서 다른 사람에 의해 야기된 손해에 기초한 채권이 너무나 자주 동시에 발생하기 때문에, 그들은 동일한 시효 제도의 적용을 받아야 한다. 후자와 같은 유형의 채권은 계약체결상 과실(계약체결 과정에서의 과책)이나 결과적 손해에 대한 계약상 채권과 너무나 밀접하게 관련이 되어 있기 때문에, 여기에서도 어떠한 구분이 있어서는 안 된다. 그리고 불이행으로 인한 손해배상청구권은 증명 곤란의 가중이라는 관점에서, 적어도 특정이행 청구권보다 장기 시효기간의 대상이 되지 않아야 한다. 이러한 방식으로 거의 모든 중요한 유형의 채권은 서로 상호 연관되어 있다. 이것은 또한 시효 규정이 계약상의 채권에 한정하여 재단되어서는 안 되는 이유이기도 하다. 시효 규정이 제14:101조의 해설어서 언급하는 일반적인 정책적 목적에 부합하려면, 각각의 개별적인 채권 유형을 위해 최고로 적절한 제도를 만들려는 시도를 할 수는 없고, 가능한 한 넓게 적용될 수 있어야 한다. 특히, 불필요한 복잡성에 의해 위태로워지는 명확성, 확실성, 예측가능성에 대한 필요를 고려해야만 한다. 따라서 이 모든 점을 감안하면, 모든 채권에 대해 똑같이 잘 들어맞지는 않는 제도를 채택하는 것이, 채권자뿐 아니라 채무자들이 스스로의 지위를 파악하고 그에 근거하여 행동하는 것을 어렵게 만드는 제도를 채택하는 것보다는 낫다.

또한 정기적 채무에 대해 (일부 법전에서 하는 것처럼) 특별한 규정을 두는 것도 권장할만한 것은 아니다. 이러한 채권의 범위는 정의하기 어렵다. 게다가 이런 특별한 규정의 필요성은 일반 시효기간이 매우 길다는 배경(예컨대 30년)을 전제로 평가되어야 한다. 그러나 유럽계약법원칙에서 일반 시효기간은 겨우 3년이다.

유럽계약법원칙에서 규정된 일반 시효기간은 이행을 청구하는 모든 권리를 포괄하여 적용된다. 이러한 법의 영역에서 시효기간을 세분화하면 일관성이 없고 왜곡된 결과를 낳기 쉽다는 것은 이미 지적한 바와 같다. 그 밖의 다른 법(특히 재산법, 가족법 및 상속법) 영역에서 발생하는 다른 성질의 채권에 대해서는 유럽계약법원칙이 적용되지 않는다.

B. 국제적 동향

지난 100년간 새로운 입법과 제안된 초안에서 시효 관련 법이 발전되어 온 내용을 보면, (i) 시효기간을 더 짧게 하려는 경향과 (ii) 시효기간을 통일하려는 경향을 발견할 수 있다. 그리고 현대 유럽 법체계가 여전히 6개월에서 30년에 이르기까지 꽤 다양한 기간을 인정하기는 하지만, 점점 더 많은 국가에서 점차 더 많은 채권이 2년에서 6년 사이의 시효기간의 적용을 받는다. 또한 일반 시효기간이 이 두 기간 사이에 있어야 한다는 의견이 늘고 있다. 그 선택은 어느 정도는 자의적이다. 그러나 만일, 제3의 국제적 경향, 즉 '인식가능성 기준(discoverability criterion)'(제14:301조 참조)에 대한 인식의 증가 또한 염두에 둔다면, 위의 스펙트럼에서 상한보다는 하한에 가까운 기간을 선택하여야 할 것이다. 채권의 존재를 알지 못하거나 합리적으로 알 수 없는 채권자에 대해서는 시효기간이 진행하지 않는다는 점을 법체계가 보장해 주는 한, 채권자들이 합리적으로 신속하게 행동할 것이라 기대할 수 있을 것이다. 3년은 유럽 입법의 중요한 제정법인 제조물책임 지침(Product Liability Directive 85/374/EWG) 제10조에서 규정하고 있는 기간이며, 이것은 유럽연합 입법에서 일반적인 기준으로 점점 더 많이 인정되고 있는 것으로 보인다.

주 석

1. 불필요한 복잡성에 대한 비판

시효 규정에서 불필요한 복잡성은 널리 비판받아 왔다. *Spiro*, Begrenzung § 259; *Peters & Zimmermann* 288 ff.; *Hondius*, 15 ff.; *Loubser* 24 참조. 특히 독일 법은 이러한 점에서 비판받아 왔다. *Peters & Zimmermann* 186 ff., 196 ff., *Zimmermann*, in; Jayme, 154 ff. 참조. 잉글랜드와 프랑스에서도 유사한 비판이 있었다. 잉글랜드 법률위원회의 제소기간에 관한 자문 보고서(Consultation Paper on Limitation of Actions), 241 ff.; *Bénabent* 123 ff. 참조. 벨기에 헌법재판소는 심지어 시효기간이 너무 세분화된 점에서 비롯된 일관성의 결여가 위헌적인 차별 행위를 구성할 수 있다고까지 판결하였다. *M.E. Storme*, (1997) 5 ERPL 82 ff.; *Claeys*, 1998-99 R.W. 379 ff. 참조. 그러나 *Andrews*, (1998) 57 Camb.L.J. 596도 참조.

2. 장기의 일반기간: 복잡한 체계

유럽의 많은 법체계는 장기의 일반기간과 함께 특수한 상황에 대한 그보다 단기의 기간을 다양하게 두고 있어, 제도가 복잡해질 수밖에 없다. 독일 민법은 로마 고전기 후기 사용되던 30년을 시효의 일반기간으로 유지하였으나(제195조), 많은 채권들에 대해 그보다 단기의 시효기간을 규정하였다(*Peters & Zimmermann* 108 ff., 115 ff. 참조). 1900년 이래로 의회는 민법 외의 많은 법령에 일반기간에 대한 예외를 추가로 규정하였다(예컨대 *Staudinger* (-*Peters*) § 195, nn. 52 ff. 참조). 그리스 민법에서 일반 시효기간은 20년이지만(제249조), 다수의 중요한 채권에 대해 훨씬 짧은 시효기간 역시 규정되어 있다(예컨대, 제250조, 제554조, 제937조 참조). 이탈리아 민법은 10년의 일반 시효기간을 규정하고 있지만, 중요한 채권 전반에 관하여 더 짧은 기간을 인정한다(제2946조 이하). 그러나 어떤 재산권에 관해서는 20년의 기간이 적용된다. 민법 제954조, 제970조, 제1014조 참조. 네덜란드에서는 20년의 일반 시효기간이 있으나(민법 제3:306조 참조) 이것은 명목상의 일반기간일 뿐이다. 실질적으로 일반기간은 제3:307조(계약상 채무의 이행), 제3:308조(이자, 종신정기금, 배당금의 지급 등), 제3:309조(부당이득), 제3:310조(손해배상), 그리고 제3:311조(불이행을 이유로 계약을 해제하는 소권 또는 그 불이행을 추완하기 위한 소권)에 규정된 5년의 기간이다. 포르투갈 민법에서는 일반적인 시효기간이 20년이지만(제309조) 많은 단기 기간이 인정된다(예컨대, 제310조에서의 5년). 손해배상과 부당이득에 대한 계약 외의 책임에는 3년의 시효기간이 적용된다(제498조, 제482조). 프랑스 민법에는 30년의 일반 시효기간이 규정되어 있다. 그러나 많은 경우 10년의 기간이 적용되는데, 특히 상인과 관련된 채권(상법 제189조의2), 계약자에 대한 특정 소송(민법 제2270조)과 계약 외의 책임에 기초한 소송(1985년 7월 5일 법률 이후의 민법 제2270-1조)을 들 수 있다. 공매에서의 매매상 책임과 관련하여 2000년 7월 10일 법률 제30조 제3항도 참조. 프랑스 민법은 다양한 단기 시효기간 또한 인정한다(5년, 3년, 2년, 1년, 6개월: 제2271조 이하). 룩셈부르크에서의 상황은 본질적으로 같으나, 계약 외의 책임에 기초한 소송에 관해서는 여전히 30년의 일반 시효기간을 적용한다. 오스트리아 민법(1811년)에서 일반 시효기간은 30년이지만 많은 단기 시효기간이 있는데, 대개 3년이다(비판에 대해서는 *Koziol-Welser* Ⅰ, 200 참조). 스페인에서는 15년이 일반기간이다(민법 제1964조 후단(1889)). 그럼에도 불구하고 몇몇 특별 시효기간이 존재한다(민법 제1963-1968조에서 30년, 20년, 6년, 5년, 3년, 1년, 그리고 상법 제945-954조에서 5년, 4년, 3년, 2년, 1년, 6개월). 덴마크 법에서는 20년의 일반적인 기간이 있으나(1683년 덴마크 법전(Danske Lov of 1683) 제5.14.4조), 1908년 12월 22일 법률 제274호는 물품과 서비스 매매, 임대차, 이자, 그리고 다른 사람에 의해서 야기된 손해로부터 발생하는 비계약적 채권들을 포함하여, 많은 일반채권에 5년의 기간을 규정한다.

3. 시효기간을 단기화하고 체계를 단순화하려는 경향

스웨덴은 10년의 기간을 두고 있다(시효법(Preskriptionslag)(1981:130) 제11조). 다만, 일부 예외가 있기는 하나 소비자의 이익을 위해서는 3년의 단기 기간이 적용된다. 핀란드 역시 10년의 기간을 정하나(1868년 시효령 제1조), 특별법에서 많은 단기 시효기간을 정하고 있다(예컨대, 1994년 보험법과 같은 경우). 벨기에는 1998년 6월 10일 법률 이래, 계약 외 책임에 기한 손해배상채권에 대해서는 5년, 모든 다른 인적 채권에 대해서는 10년의 시효기간을 정하고 있다(제2262조의2 제1항). 그러나 이렇게 계약상 책임에 기한 채권과 계약 외 책임에 기한 채권을 구별하는 것에 대한 비판으로는, *Claeys*, 1998-99 R.W. 391 ff.와 *Claessens & Counye* 83 ff. 참조). 그렇지만 예컨대 민법 제2270조의 10년의 기간 같은 특별한 시효기간도 다수 유지되었다.

스코틀랜드에서는 20년의 일반기간과 특수한 경우에 대한 다수의 단기 시효기간을 두고 있었으나, 1973년 스코틀랜드 시효와 제소기간법(Prescription and Limitation (Scotland) Act of 1973)에 따라 채권법상 채권의 대부분에 대해 5년의 기간을 정했다(제6조 및 별표 1). 인신손해(personal injury)나 명예훼손 소송에는 3년의 기간이 적용된다(제17조, 제18조 및 제18A조). 1980년 잉글랜드 제소기간법은, 불법행위나 '단순계약' 소송에 대해서는 6년의 기간을 인정하나, 인신손해 소송(3년), 과실에 의한 잠재적 손해배상 소송(3년), 제조물 책임 소송(3년), 명예훼손과 악의적인 허위 내용 적시(malicious falsehood)에 대한 소송(1년)에 대해서는 더 짧은 기간이 적용된다(1980년 제소기간법 제2조, 제5조, 제4A조, 제11조, 제11A조, 제12조, 제14A조). 아일랜드 법은 '단순계약'에 대해서는 6년을, 불법행위 소송과 계약 위반에 의해 발생한 인신손해 배상청구 소송에 대해서는 3년을 규정한다(1957년 제소기간법 제11조).

UNICITRAL 협약(1974)은 국제 물품매매에서 발생하는 채권에 대해 4년의 기간을 규정한다. 유럽공동체 입법에서 일반적이고 통일적인 기준의 발전과 관련하여서는 *von Bar* Ⅰ, n. 395 참조.

독일 채권법개정위원회는 3년, 5년, 10년의 기간을 제안했다(기본적으로 대부분의 계약상 채권과 비계약적 채권에 대해 3년, 하자 있는 건물과 건축자재에 관한 분쟁에 대해 5년, 부당이득에 대해 10년이다. BGB-KE 제195조, 제198조, 제199조, 제201조). 잉글랜드 법률위원회는 3년이라는 통일적인 제소기간을 제안했다(법률위원회의 제소기간에 관한 자문 보고서).

제14:202조 법적 절차에 의하여 확정된 채권의 시효기간

(1) 판결에 의하여 확정된 채권의 시효기간은 10년이다.
(2) 중재판정 또는 그 밖에 판결과 동일하게 집행력 있는 문서에 의하여 확정된 채권에 대해서도 동일한 기간이 적용된다.

해 설

A. 특별기간의 필요성

이것은 유럽계약법원칙에 규정된 유일한 특별 시효기간이다. 이는 판결이 본래의 채권에 대하여 어떠한 영향을 미치는지(본래의 채권이 존속하는지, 아니면 새로운 채권에 의하여 대체되는지)에 관한 어떤 이론적인 논의와도 무관하다. 이 경우 적용되는 기간은 제14:201조가 규정한 일반적인 기간보다 상당히 긴 기간이어야 한다. 판결에 의하여 확정된 채권은 가능한 한 확고하고 안전하게 확정된 것이므로, 다른 채권에 비하여 '애매하게 만드는 시간의 힘'의 영향을 훨씬 덜 받는다. 게다가 채권자는 채권의 지급을 진지하게 구한다는 점을 충분히 분명하게 하였고, 채무자는 지급이 여전히 요구된다는 점을 알고 있다. 그리고 마지막으로, 당사자 사이의 법적 분쟁은 해결되었다. 그것은 불확실성이나 공공의 이익에 대한 위험을 일으키지 않는다. 반대로, 만일 채무자의 재산 상태를 고려할 때 무의미하다는 것을 알고 있음에도 단기간의 시효기간 때문에 채권자가 일정한 간격으로 채권을 집행하려는 시도를 하여야 한다면, 그것은 불필요한 비용을 발생시킬 것이고, 공공의 이익을 더 해치게 될 것이다. 여기에서 시효법은, 늘 그렇듯이, 소송을 방지하여야 하고, 소송을 조장하거나 유발하지 않아야 한다.

물론 특정한 기간을 정하는 것에는 어느 정도 자의적인 면이 있다. 그러나 10년은 다음과 같은 점을 고려하면 합리적인 선택인 것으로 보인다. (i) 현대 입법에 있어서 가장 많이 발견되거나 제안되는 기간이고, (ii) 30년(독일 법)과 6년(또는 심지어 3년)(각각 잉글랜드 법 및 법률위원회 개정안)이라는 양극단 사이에 실용적인 균형점이기도 하다.

판결에 의하여 확정된 채권에 대한 특별한 기간을 도입하는 것이 통일성에 대한 일반적인 요청과 충돌한다는 점은 인정된다. 그러나 여기에서 다루는 채권은 이 장이 적용되는 다른 채권들과 뚜렷이 구별될 수 있는 종류의 채권이다. 세분화된 시효 제도에 대한 일반적인 비판 논거들은 이 경우에 적용되지 않는다.

B. 시효기간의 성질과 확인판결

여기서 제안된 10년이라는 기간은 보통의 시효기간으로, 일반적인 규칙에 따른다. 특별한 고려가 필요한 한 가지 쟁점은 언제부터 시효가 진행되는지이다 (제14:203조의 규정 참조. 또한 제14:401조와 제14:402조의 시효의 갱신에 관한 규정들도 참조).

확인판결은 그것이 단순히 채권의 전제조건들 중 하나를 확정하는 것일 뿐만 아니라 채권 그 자체를 확정하는 것인 한, 제14:202조의 취지에 부합한다.

C. 그 밖의 문서

채권자가 얻은 그 밖의 문서 중 어떤 것이 10년의 시효기간에 걸리는지 유럽계약법원칙에서 특정할 수는 없다. 적절한 기준은 그것이 판결과 같이 집행될 수 있는 것으로 간주되는지 여부이다. 채권에 대하여 당사자 사이의 재판상 화해가 그 예가 될 수 있다. 사적인 문서도, 집행 전에 법원의 공식적인 행위를 요구하지 않고 직접 집행할 수 있는 한, 이에 포함된다. 중재판정을 언급한 것은 일반적으로 승인되고 실무적으로 중요하기 때문이다.

주 석

1. 특별기간

대부분의 법전에는 법적 절차에 의하여 확정된 채권의 시효에 대하여 특별한 규정이 있다. 그 기간은 일반적으로 장기이다. 프랑스(Cass.soc., 7 October 1981, Bull. civ. V, n. 764), 오스트리아(*Rummel (-Schubert)* § 1487, n. 7 참조) 및 독일(민법 제218조 제1항과 BGB-KE 제205조 제1항)은 30년이다. 그리스(민법 제268조 제1항), 포르투갈(민법 제311조 제1항), 네덜란드(민법 제3:234조), 덴마크(1908년 12월 22일 법률 제274호 제1조 제2항과 함께 덴마크 법전(Danske Lov) 제5.14.4조 참조) 및 스코틀랜드(1973년 스코틀랜드 시효와 제소기간법(Prescription and Limitation (Scotland) Act) 제7조와 별표 1의 제2항 제a호)는 20년이다. 아일랜드는 12년(1957년 제소기간법(Statute of Limitations Act) 제6조 제a호)이다. 이탈리아[민법 제2953조가 적용되나, 이행판결(*sentenza di condanna*)에만 적용되고 확인판결에 대해서는 적용이 없다], 벨기에(*Claessens & Counye* 80), 스웨덴(시효법(Preskriptionslag)(1981:130) 제7조) 및 핀란드(시효령(Prescription Decree) 제1조)는 10년이다. 잉글랜드의 1980년 제소기간법(Limitation Act)만이 좀 더 짧은 기간을 정하고 있다(6년, 제24조). 다수의 법체계에서 판결에 의하여 확정된 채권에 대하여 일반적인 시효기간을 선택하고 있는 것은 명백하지만, 그 밖의 법체계에서는 장기의 시효기간이 단기의 일반 시효기간에 대한 예외이다.

2. 본래의 채권에 대한 판결의 영향

본래의 채권에 대한 판결의 영향에 관한, 법전 편찬 이전의 보통법(*ius commune*)에서의 이론적 논의에 대해서는 *Windscheid & Kipp* § 129, n. 3 참조. 스코틀랜드에서의 이 논의에 대한 반향에 관해서는 *Johnston* 6.43 ff. 참조. 또한 *Spiro*, Begrenzung § 162도 참조. 독일 법은 '채권 자체에 더 단기의 시효기간이 적용되는 것이라고 하더라도' 판결에 의하여 확정된 채권에는 일반적인 시효기간이 적용된다는 점을 특별히 명시하고 있다(민법 제218조 제1항).

3. 장래에 이행기가 도래하는 정기 지급 채권

독일, 오스트리아 및 포르투갈 법은 판결에 의하여 확정된 채권에 대한 장기 시효기간에 대하여 한 가지 예외를 인정한다. 그 채권이 장래에 이행기가 도래하는 정기 지급에 관한 것인 경우 4년의 기간이 적용된다(독일의 경우, 민법 제218조 제2항; 오스트리아의 경우, *Rummel (-Schubert)* § 1478, n. 7; 포르투갈의 경우, 민법 제311조 제2항). 독일 채권법개정위원회는 이 원칙을 유지할 것을 제안한다(BGB-KE 제205조 제3항). 네덜란드 법에는 '판결에 따라 1년마다 또는 그보다 자주 이행기가 도래하는 채권의 경우 시효기간이 5년이다'라는 규정이 있다(민법 제3:324조 제3항). 또한 스위스의 판례와 학설에 대해서는 *Spiro*, Begrenzung § 164 참조.

이 특별규정은 채무자를 보호하기 위한 것이다. 30년 동안 영수증을 보관하는 것은 부담스러울 수 있다. 그러나 유럽계약법원칙에서 제안하는 시효기간은 30년이 아니라 10년이라는 점을 기억하여야 한다.

4. 판결 이외의 문서

10년의 시효기간이 적용되는 판결 이외의 문서에 대해서는, 독일의 경우 민법 제218-220조, BGB-KE 제205조; 이탈리아의 경우 *Roselli-Vitucci*, 474; 그리스의 경우 Full Bench of A.P. 30/1987, HellDni 28 (1987) 1444 (1445) (지급명령 관련) 참조. 아일랜드에서는 1957년 제소기간법(Statute of Limitations Act 1957) 제6조 제a호에 정해진 12년의 기간(위 주석 1 참조)이 중재판정에는 적용되지 않고, 6년의 일반적인 기간이 적용된다.

第14:203조 기산점

⑴ 일반 시효기간은 채무자가 이행하여야 하는 때 또는 손해배상채권의 경우에는 그 채권을 발생시키는 행위가 있었던 때부터 진행한다.
⑵ 채무자가 일정한 작위 또는 부작위를 목적으로 하는 계속적인 채무를 부담하는 경우, 일반 시효기간은 각 위반행위가 있었던 때부터 진행한다.
⑶ 第14:202조에 규정된 시효기간은 판결이나 중재판정이 기판력(res judicata)을 가지게 된 때 또는 그 밖의 문서가 집행력을 가지게 된 때부터 진행한다. 그러나 채무자가 이행하여야 하는 때가 도래하기 전에는 진행하지 않는다.

해 설

A. 일반원칙

일반적으로 시효기간은 채권을 법원에서 실행하거나 중재 절차를 개시하는 것이 가능한 채권자에 대해서만 진행하여야 한다. 이러한 절차들에서 사건의 실체관계가 다루어지기 때문이다. 절차가 지속되는 한 시효기간의 진행은 정지된다(제14:302조 참조). 그러나 채권은 이행기가 도래하였을 때, 즉 채무자가 이행해야 하는 때에만 법원이나 중재재판소에서 구할 수 있다(제7:102조). 당사자가 이행해야 하는 때라는 개념은 널리 알려져 있고 다른 많은 상황에서 중요한 기준이다. 제7:102조는 계약상 채권에만 적용되는 규정이다. 법률에 의하여 발생하는 채권에 관한 일반적인 규칙은 채권자의 채권이 모든 요건을 갖춘 때에 채무자가 이행해야 하는 것으로 보인다.

사례 1: A와 B는 A가 10월 10일 B에게, 인도된 자동차의 대금을 지급하여야 하는 것으로 합의하였다. A의 이행기는 계약으로부터 확정될 수 있다(제7:102조 제a호). 그것은 10월 10일이다. B에 대하여 시효기간은 그 날부터 진행한다.

사례 2: A는 착오로 B가 아닌 C에게 일정 금액의 돈을 이체하였다. 이체를 받은 순간부터, C는 그 돈을 반환할 의무가 있다. 이 의무는 부당이득 반환에 근거한 것이다. A의 채권에 관한 시효기간은 그 날부터 진행한다.

B. 손해배상청구권

그러나 특별한 고려가 필요한 상황이 있다. 다른 사람이 야기한 손해에 대한 배상청구권은 일반적으로 그 권리가 성립되자마자 이행기가 도래한다. 그러나 그 권리는 책임을 부과하는 규칙에서 정한 모든 요건이 충족된 때에만 발생한다. 손해의 발생은 흔히 그러한 요건 중 하나이다. 그러나 손해는 때때로 책임을 야기하는 행위(다른 사람의 신체적 완전성 또는 재산을 침해하는 행위)가 있은 후 수년이 지난 다음에야 발생하기도 한다. 따라서 어떤 사람에게 불법행위로 인한 손해배상채권이 있는지가 몇 년 동안 불확실할 수도 있다. 또한, 때로는 손해의 발생이 정말로 책임을 부과하는 규칙에서 정한 요건이 되는지 의문의 여지가 있을 수 있다. 더욱이, 불법행위의 결과로 발생하는 모든 손해배상청구권에 동일한 시효 제도가 적용되는지, 아니면 완전히 예상하지 못한 잠재적인 결과에 관해서는 그것이 분명해진 때부터 비로소 시효가 진행하여야 하는지를 결정하는 것이 어려울 수 있다. 순수한 경제적 손해(pure economic loss)에 관한 사안도 손해의 발생에 초점을 맞추는 규칙을 적용하면 특별한 문제들이 생긴다. 따라서 시효기간의 기산점을 손해의 발생에 의존하지 않도록 하는 것이 바람직해 보인다. 그러므로 시효기간은 손해배상청구권의 다른 모든 요건들이 충족되었을 때, 즉, 불법행위를 한 때(또는 계약 위반이 발생한 때)부터 진행한다. 채권자가 잠재적인 손해에 대하여 알지 못하고, 합리적으로 알 수 없는 한, 제14:301조에 따라 시효가 진행하지 않으므로, 이 규칙은 채권자에게 곤란을 야기하지 않는다. 따라서 이것은 현실적으로, 보통 '기간의 상한(long-stop)'이라고 불리는, 유럽계약법원칙의 표현으로는 시효기간이 연장될 수 있는 최장기간(제14:307조)의 계산에만 관련이 있다. 그러나 인식가능성(discoverability) 기준과 필연적으로 관련되는 불확실성을 상쇄하기 위하여 쉽게 확인할 수 있는 날짜가 필요하다. 이 날짜는 불법행위를 한 때일 수밖에 없다. 여기서 제안되는 이 규칙의 명확한 장점은, 일반적인 시효기간과 '기간의 상한'에 대해서 하나의 동일한 기산점을 효과적으로 제공한다는 점이다.

사례 3: A는 1956년 10월 1일 B에게 책임이 있는 교통사고로 인하여 부상을 입었다. A는 가벼운 부상(멍 또는 가벼운 뇌진탕)만을 입은 것으로 보였다. 그러나 1961년 여름, 내부 장기가 심각하게 손상당했던 것으로 판명되었다. A가 그 사고의 잠재

> 적인 결과에 대하여 알지 못하였고 합리적으로 알 수 없었던 동안, 즉 이 사안에서는 아마 1961년 여름의 어느 시점까지, 시효기간이 연기된다는 사실(제14:301조)이 없다면 3년의 시효기간은 1956년 10월 1일부터 진행할 것이다. 만일 1986년 12월이 되어서야 잠재적인 결과가 분명해졌다면, 시효기간이 총 30년의 기간을 초과하여 연장될 수 없다는 사실(제14:307조)을 고려할 때 A의 채권은 시효가 완성되었다.

동일한 고려가 다른 손해배상청구권에도 적용된다. 불이행으로 인한 손해배상청구권의 시효기간(유럽계약법원칙 제8:101조, 제8:108조, 제9:501조 이하 참조)은 불이행한 날부터 진행하고, 계약체결상 과실로 인한 채권의 시효기간은 상대방이 신의성실과 공정거래에 반하여 교섭을 파기한 때부터 진행한다(유럽계약법원칙 제2:301조 제2항 참조).

C. 부작위채무

시효는 채무의 이행을 청구하는 권리와 관련된 것이다(제14:101조). 이것은 어떤 당사자가 부작위채무를 부담하는 사안들을 포함한다. 이러한 사안들에서 시효기간은 언제부터 진행하기 시작하는가? 채권자의 채권은 채무자가 채무를 위반하기 이전에도 이행기에 있기 때문에 이행기는 적절한 시기가 될 수 없다. 그러나 그러한 위반이 발생하기 이전에는 채권자가 시효기간의 진행을 멈추기 위하여 채무자를 상대로 소를 제기할 이유가 없는 것이 보통이다. 시효의 문제는 채무자의 채무가 일정기간에 걸쳐 있는 경우에만, 즉 어떠한 행위를 하지 않아야 할 계속적인 채무의 경우에만 생길 수 있다. 여기서 시효기간은 첫 위반행위가 있을 때 최종적으로 한 번만 개시되는 것이 아니고 새로운 각 위반행위가 있을 때마다 개시된다고 보는 것이 적절한 것으로 보인다.

> **사례 4**: A는 유명한 피아니스트들의 CD를 가끔 제작하는 스튜디오를 가지고 있다. 10월 10일에, 그는 알프레드 브렌델의 슈베르트 연주를 담은 CD를 제작할 계획이다. A의 이웃인 B는 10월 동안 그의 집에 시끄러운 건축공사를 하느라 바쁘다. A는 B로부터 10월 10일에는 이러한 건축공사를 하지 않겠다는 약속을 받는다. 그럼에도 불구하고 B가 그날 그 공사를 계속한다. 여기에서는 특별한 시효문제가 생기지 않는다. 10월 10일 이전에는 시효기간이 개시되지 않는다. 10월 10일 이후에는 약속의 준수는 불가능하게 되고, A는 손해배상 청구만 할 수 있다. 손해배상청구권은 시효의 일반규정에 따른다.

사례 5: A는 함부르크에 있는 보험회사인 B의 직원이었다. 그녀는 향후 3년 동안 함부르크에서 자신의 계산으로 보험증권을 판매하지 않아야 할 의무를 부담하고 있다. 3월 20일에 그녀는 함부르크 주에 속하는 작은 교외에서 약간의 보험증권을 판매한다. 그러나 그녀는 10월 20일에 정확히 함부르크 중심지에 자신의 보험대리점을 설립한다. 3월 20일의 위반행위에 관한 시효기간은 그날부터 진행한다. 10월 20일의 위반행위에 관해서는 10월 20일부터 새로운 기간이 진행하다. 이것은, B가 A의 의무위반을 용서하고 싶었기 때문이 아니라, 단지 첫 번째 위반이 시효기간의 연장 또는 재개시의 효과를 가져왔을 조치를 취하는 비용과 수고를 보장할 만큼 충분히 심각하지 않았기 때문에 B가 그러한 조치를 자제하였을 수 있다는 사실을 고려할 때 정당화된다.

마찬가지 문제가 채무자가 어떠한 행위를 하여야 할 계속적 채무를 부담하는 경우에도 생길 수 있다.

사례 6: 유제품 회사의 경영자 D는 매일 아침 우유 20캔을 인근의 식당에 배달하기로 약정하였다. D가 이 의무를 준수하는 한 식당 주인은 D를 상대로 소를 제기할 이유가 없다. 식당 주인은, 지극히 타당하게도, 가끔 20캔보다 적은 우유가 배달되거나 또는 D가 자신의 공급자와 겪는 일시적인 곤란 때문에 하루나 이틀 아예 배달을 하지 않더라도 그를 상대로 소를 제기하기를 원하지 않을 수도 있다. 그러나 그것이 D가 4년 뒤에 의무를 이행하지 않는 경우에 식당 주인이 D를 상대로 소를 제기하는 것을 막아서는 안 된다.

D. 법적 절차에 의하여 확정된 채권

여기서 선택지는 판결의 선고일과 판결의 확정일(즉, 상소가 가능하지 않거나 더 이상 가능하지 않게 된 때)인 것으로 보인다. 이들 선택사항 중 후자가 현존하는 입법에서 더 자주 발견된다. 그것이 인정받는 이유는 밀접하게 관련된 문제인 시효기간에 대한 법적 절차의 영향을 고려하면 명백해진다(제14:302조 참조). 판결에 대하여 제기될 수 있는 가능한 모든 유형의 상소를 포함하기 위하여, 제3항은 기판력을 얻은 때를 언급하고 있다.

확인판결에 의하여 채무자의 장래의 정기적인 지급채무가 확정된다면, 이러한 각 지급에 관한 시효기간은 각 지급의 이행기가 도래하는 때부터 비로소 진행을 개시한다(제3항에서 '그러나'로 시작하는 구절 참조).

중재판정의 경우에 적절한 시기 또한 기판력을 얻은 때라고 할 수 있다. 그러나 그 밖의 문서에 대해서는 그것을 집행할 수 있게 되는 때부터 시효기간이 진행하기 시작한다(제14:203조 제3항). 결국, 집행가능성이 이러한 문서를 판결과 동등한 위치에 놓는 것을 정당화하는 특질이다(제14:202조 제2항).

주 석

1. 일반원칙

채권이 실행가능하게 되는 때가 시효기간의 기산점으로 널리 사용되고 있다. 오스트리아의 경우 민법 제1478조; 이탈리아의 경우 민법 제2935조; 포르투갈의 경우 민법 제306조; 벨기에의 경우 *Claessens & Counye* 84; 스코틀랜드의 경우 1973년 스코틀랜드 시효와 제소기간법(Prescription and Limitation (Scotland) Act) 제6조, 제7조 및 제11조; *Johnston* 4.06 ff.; 덴마크의 경우 1908년 12월 22일 법률 제274호 제3조(그러나 덴마크 법전(Danske Lov) 제4.14.4조에 따르면 그 기간은 채무가 성립한 때부터 진행된다); 스페인의 경우 민법 제1969조; 네덜란드의 경우 민법 제3:307조(계약상 채무의 이행청구권). 독일법(민법 제198조)에 따르면, 시효는 채권이 성립한 때부터 진행하지만 이것은 채무자가 이행을 하도록 강제될 수 있는 날(이행기)을 의미하는 것으로 받아들여야 한다는 데 일반적으로 의견이 일치한다. *Peters & Zimmermann* 172 ff.; *Staudinger* (-*Peters*) § 198, nn. 1 ff.; BGB-PZ 제196조 제1항; BGB-KE 제196조 제1항 참조. 핀란드에서는 시효가 채무가 성립된 때부터 진행된다(시효령(Prescription Decree) 제1조 참조). 스웨덴에서는 채권이 발생한 때이다(시효법(Preskriptionslag)(1981:130) 제2조). 그리스 법(민법 제251조)에 따르면, 채권이 발생하였어야 하고 실행할 수 있게 되어야 한다. 더 자세한 것은 *Spiro*, Begrenzung § 26; *Koopmann* 45 ff.; *Loubser* 48 ff. 참조. 잉글랜드의 1980년 제소기간법(Limitation Act 1980)은 소인(cause of action)이 발생한 날을 들고 있다(예컨대, 제2조와 제5조 참조). 이것은 '잠재적 원고가 잠재적 피고에 대하여 소송에서 승소할 수 있는 권리를 처음으로 갖게 된' 때이다(*Preston & Newsom* 8; 또한 *Dannemann, Karatzenis & Thomas*, (1991) 55 RabelsZ 702). 아일랜드 법도 같다(1957년 제소기간법(Statute of Limitation Act 1957) 제11조 제1항). UNCITRAL 협약 제9조는 '채권이 발생한 날'이라고 하고 있다.

2. 손해배상채권

손해배상채권은 이행기 또는 소인의 발생을 시효의 개시에 적절한 것으로 보는 모든 법체계에서 문제가 된다[*Peters & Zimmermann*, 173 f.; *Staudinger* (-*Peters*) § 198, nn. 17 ff.; 잉글랜드 법률위원회의 제소기간에 관한 자문 보고서(Consultation Paper on

Limitation of Actions), 30 ff. 참조]. 이것이 인식가능성 기준에 대한 의존이 늘어나는 이유이다(제14:301조 참조). 그러나 이행의 종기(long-stop. 제14:307조 참조)는 은 보통 불법행위가 행하여진 때부터 계산된다. 예컨대, 독일의 경우 민법 제852조 제1항; 오스트리아의 경우 *Rummel* (*-Schubert*) § 1487, n. 7; 네덜란드의 경우 민법 제3:310조 참조. 그러나 스코틀랜드에서는 이행의 종기는 실행가능한 때부터 진행한다(1973년 스코틀랜드 시효와 제소기간법 제7조).

3. 부작위채무

독일 법은 부작위채무에 관한 특별규정을 두고 있다. 시효는 각 위반행위시마다 진행한다. 민법 제198조 제2문; *Peters & Zimmermann* 303 f.; *Staudinger* (*-Peters*) § 198, nn. 33 ff. 참조. BGB-PZ 제196조 제3항, 그리고 BGB-KE 제196조 제1항 제2문 모두 이 규정의 유지를 지지하고 있다. 독일의 입안자들은 이 규정을 채무자가 계속적인 작위채무를 부담하는 사안에 유추 적용할 것을 주장해왔다. *Münchener Kommentar* (*-von Feldmann*) § 198, n. 11 참조. 다만 *Staudinger* (*-Peters*) § 198, n. 13(어쨌든 이 결론이 나온다고 주장). 다른 법체계들은 일반원칙으로부터 논증하여 유사한 결론에 이른다. *Asser-Hartkamp*, Verbintenissenrecht I n. 664; *Spiro*, Begrenzung § 48 f. 참조. 덴마크의 경우 *Ussing*, Alm. Del. 399 및 407(시효는 각 위반행위를 한 때부터 진행한다) 참조.

4. 법적 절차에 의하여 확정된 채권

판결에 의하여 확정된 채권의 시효가 판결 선고일부터 진행하는 것은 네덜란드(민법 제3:324조 제1항)와 오스트리아(*Rummel* (*-Schubert*) § 1478, n. 7)이다. 또한 *Spiro*, Begrenzung § 162도 참조. 독일(민법 제218조 제1항, BGB-KE 제205조 제1항, 이탈리아(민법 제2953조), 그리스(민법 제268조 제1문), 스웨덴(시효법(1981:130) 제7조)에서는 판결이 확정된 날부터 시효가 진행한다. 잉글랜드의 1980년 제소기간법(Limitation Act 1980) 제24조 제1항에 의하면 판결에 대한 제소기간은 그 판결을 집행할 수 있게 된 날부터 개시된다. 아일랜드의 1957년 제소기간법(Statute of Limitations Act) 제6조 제a호에서도 같다. 이것은 확인판결을 제외하므로 너무 제한적인 것으로 보인다. *Spiro*, Begrenzung § 133; *Staudinger* (*-Peters*) § 218, n. 5 참조.

5. 특별한 기산점

어떤 법들은 특정한 상황들에 관하여 특별한 기산점을 규정하고 있다. 예컨대, 용역이 제공되거나 물품이 인도된 해의 마지막 날(독일 민법 제201조); 금전의 지급을 요구하는 통지를 하는 것이 가능한 때(독일 민법 제199조; 그리스 민법 제252조; 비교법적 논의에 관해서는 *Spiro*, Begrenzung § 35; Loubser 54 ff. 참조)이다. 그러나 그러한 특별한 기산점의 필요성에 관해서는 의문이 제기되어 왔다. *Peters & Zimmermann* 245 ff.; *Spiro*, Begrenzung § 125 참조. 또한 *Staudinger* (*-Peters*) § 198, nn. 7 ff. 참조.

제3절 기간의 연장

제14:301조 무지(ignorance)인 경우의 정지

시효기간의 진행은 채권자가 다음의 사항을 알지 못하고 또한 알지 못한 데 합리적인 이유가 있는 한도에서 정지된다.

(a) 채무자의 신원, 또는

(b) 손해배상청구권*의 경우에는, 손해의 유형을 포함하여 채권 발생의 원인이 되는 사실.

해 설

A. 용어

대륙법 체계는 전통적으로 시효기간의 '중단(interruption)'과 '정지(suspension)'를 구별한다. 시효기간이 중단되면 중단 사유 발생 전에 지나간 시간은 시효기간이 다시 진행될 때 고려되지 않는다. 즉, 시효기간이 다시 시작하는 것이다. 반면에 시효기간의 정지는 시효가 정지된 기간은 시효기간 계산에 넣지 않는다. 따라서 (시효기간의 진행이 시작조차 하지 않았던 경우로서 정지 사유가 종료된 후에야 시효기간이 진행되기 시작하는 것이 아니라면) 정지 사유가 종료되면 기존의 남은 시효기간이 그대로 계속 진행된다. 그러므로 정지는 해당 시효기간을 연장시킨다. 시효기간을 연장하는 효과가 있는 또 다른 제도는 기간 만료의 연기이다. 이 경우 시효기간은 그대로 진행되지만 일정한 추가 기간이 만료된 후에만 완성된다. 유럽계약법원칙은 이상의 세 가지 제도를 이용하지만, 오해를 불러일으킬 수 있는 '중단'이라는 용어는 사용하지 않는다. 그 대신 유럽계약법원칙은 어떤 사유가 발생한 경우 새로운 기간이 시작되는 경우를 포함하기 위해 '갱신(renewal)**'이라

* right to damages.

** 재개시라고 번역할 수도 있다.

는 용어를 사용한다. 따라서 제3절과 제4절에 대한 체계적인 설명은 다음과 같다. 시효기간은 (i) 연장(extension)되거나(제3절), (ii) 갱신(renewal)되어 새로운 기간이 진행되기 시작할 수 있다(제4절). 연장은 (a) 기간 진행의 정지(suspension, 제14:301조-제14:303조) 또는 (b) 기간 만료의 연기(postponement of expiry, 14:304조-제14:306조)를 통해서 발생할 수 있다. 시효기간의 진행은 이미 그 기간이 시작되었는지 여부에 관계없이 정지될 수 있다. 갱신은 채무자의 승인(제14:401조), 또는 시효기간이 10년인 경우에는 채권자에 의한 집행 시도(제14:402조)에 의해 발생될 수 있다.

B. 일반적 인식가능성 기준에 관한 논쟁

시효는 수용에 해당하는 효과가 있다. 즉, 채권은 채권자의 자산이지만, 더 이상 소구할 수 없는 경우 그 가치를 잃게 된다. 이것은 채권자가 사전에 채권을 행사할 공정한 기회를 가졌던 경우에 한하여 정당화될 수 있다. 따라서 일단 채권자가 채권에 관하여 알고 있었거나 또는 적어도 합리적인 정도의 노력을 기울였다면 알 수 있었을 상황이어야만 한다. (유럽계약법원칙에서와 같이) 일반적인 시효기간이 상대적으로 짧을수록 인식가능성(discoverability) 기준의 중요성이 강조된다. 단기의 시효기간은 물론이거니와 시효 제도 자체가 주로 채무자를 보호하기 위한 것인 반면(제14:101조에 대한 해설 E 참조), 인식가능성 기준은 채권자의 합리적인 이익을 고려함으로써 양자간 형평의 필요성을 충족시킨다. 이것에 대한 인식이 오늘날 점점 더 커져가고 있다. 당연하게도 인식가능성 기준의 대두는 시효기간이 더욱 짧아져가는 일반적인 경향과 밀접하게 관련된다. 구체적으로 말하자면, (i) 채권자의 무지를 고려하는 데 있어 한층 다양한 종류의 채권을 대상으로 하는 반면, (ii) (i)과 같은 경우 시효의 경과가 지연될 수도 있음을 고려하여, 채권자의 사실상의 인식 여부를 판단하기보다는 합리적인 인식가능성의 기준을 활용하는 쪽으로 옮겨감으로써 그러한 지연의 위험성을 줄이는 방향으로 나아가고 있는 것이다. 유럽계약법원칙은 이러한 발전적 경향을 반영한다.

필수적으로 하여야 할 기본적인 선택이 있다. 만일 인식가능성 기준이 전반적으로 적용될 수 있다면, 모든 경우에 똑같이 3년의 기간을 적용하면 될 것이다. 그렇지만 인식가능성 기준은 필연적으로 불확실성을 띨 수밖에 없는데, 만일 그러한 불확실성이 객관적인 기준에만 근거하여 시효를 진행하도록 해야 할 만큼 중대하다면 차별화된 시효기간 체계가 필요하다는 결론이 나온다. 그러나 모든 종류의 권리행사가 객관적인 기준을 따를 수 있는 것은 아니라는 데 대다수의 견해가 일치한다. 즉, 다른 사람에 의하여 유발된 침해에 기초한 비계약적 채권의 시효는 인식(또는 합리적으로 인식할 가능성)에 달려 있다. 한편 바로 이와 같은 채권(더 구체적으로는 인신손해로부터 발생하는 채권)에서 인식가능성 기준은 특히 중요한 역할을 한다. 채권자가 종종 채권을 알지 못하는 상황의 또 다른 유형은 계약 위반이다. 비계약적 손해배상채권과 계약 위반에 따른 손해배상채권은 매우 밀접하게 관련되어 있다. 왜냐하면 종종 한쪽 채권이 다른 쪽의 대안이 되기 때문이다. 만일 한쪽 채권이 채권자가 알았거나 합리적으로 알 수 있기 전에 시효가 완성되는 것이 불공평하다면, 동일하게 다른 쪽에서도 불공평하다. 그러나 법체계가 손해배상채권에 관한 주관적인 기준을 채택할 준비가 되어 있다면 채권법 안에서 채권의 상호연계성을 고려하여, 전반적으로 주관적인 기준을 채택하는 편이 낫다. 법적 불확실성 측면에서 치러야 할 대가는 크게 중요한 문제가 아니다. 왜냐하면 (몇몇 대표적인 채권 유형을 염두에 두고 말하자면) 계약당사자들은 보통 언제 그들의 거래가 체결되었고, 언제 (특정) 이행을 청구할 권리가 있는지를 알 것이기 때문이다. 또한, 계약당사자들은 특히 착오, 강박, 사기를 이유로 한 취소 시 상대방에 대한 통지를 필요로 하는 제도에서는, 거래 취소의 결과로 이전된 이익의 반환을 청구할 수 있는 것인지를 보통 알 수 있을 것이다(유럽계약법원칙 제4:112조 참조). 그리고 불법행위에 대한 배상에 관한 한, 이것은 비계약적인 침해에 대한 손해배상에 너무 가까워서 차별적으로 취급할 수 없다.

C. 무엇이 인식가능해야 하는가?

채권자가 인식하지 못한 대상이 정확히 무엇과 관련되어 있어야 하는가? 채권 발생의 원인이 되는 사실 및 채무자가 누구인지를 아는 것 등 두 가지가 핵심적인 문제라는 데 대해 대부분의 견해가 일치한다.

사례 1: 1994. 10. 10. 이른 아침에 A는 B의 집 앞에 주차되어 있던 B의 차를 들이받는다. A는 음주운전으로 기소될 것이 두려워 차를 운전하여 사고현장을 이탈한다. 아무도 사고를 목격하지 못했다. 1998년 초에, 술집순례를 하던 중, A는 그날 밤 무슨 일이 있었는지 자랑한다. 그 자리에 있던 한 사람이 현재 A를 상대로 손해배상의 소를 제기하기를 원하는 B에게 그 이야기를 한다. A가 사고에 개입되어 있다는 것을 B가 들을 때까지 (이런 경우 시효의 진행은 1994. 10. 10.에 시작되는 것이 보통이다) 시효기간의 진행은 정지된다. 그 전까지 그는 그의 채무자의 신원에 대하여 몰랐고 합리적으로 알 수도 없었다.

때로는 중요성 기준(significance test)을 적용하는 것이 바람직한 경우도 있다. 이 기준에 따르면 청구인이 채권이 중요하다는 것을 몰랐거나 합리적으로 알 수 없었던 경우 시효기간의 진행이 정지된다. 이 기준은 외관상 사소하게 보이는 피해로 인하여 차후에 그 피해로부터 예상치 못하게 발생한 심각한 결과에 대해서 시효기간이 진행되는 것을 방지하기 위해 마련되었다. 이러한 부분에 대한 고민은 일부 국가들의 판례 발전의 동향에 반영되어 있다. 이와 관련된 또 다른 문제로서, 사고 피해자가 사고 직후에는 재산상의 손해에 대해서만 인식하고 있다가 나중이 되어서야 그 사고의 결과로 건강상의 상해를 입은 것과 같은 사례를 들 수 있다. 두 사례 모두 본조 제b호의 '손해의 유형'에 포섭된다.

사례 2: 축구경기에서 집으로 돌아오는 길에, A는 다른 팀의 응원단으로부터 두들겨 맞는다. 그는 처음에는 이마에 피가 많이 흐르는 열상이 나지만 꽤 쉽게 지혈이 된다. 그래서 그는 그를 때린 이들에 대하여 어떤 조치도 취하지 않기로 결심한다. 1년 후인 1995년 10월에, 그는 그가 훨씬 심각한 성질의 내상을 입었다는 것을 알게 된다. 시효기간은 1995년 10월부터 진행한다.

사례3: A는 B가 싸움 중 몽둥이로 그의 머리를 가격하는 과정에서 심각한 부상을 입는다. 그 결과로 A의 시력이 40% 감소하고, 4년 후에 A는 완전히 실명하게 된다. 이것은 B가 A의 머리를 가격한 것에 대한 후속 결과라는 것이 증명될 수 있다. 결과적으로 실명(40%의 시력 저하가 아니라)으로 인한 손해에 대한 시효의 진행은 A가 실명할 때까지 정지된다(부상을 당했을 때 그 결과가 합리적으로 예측되지 않았다면).

D. 시효기간의 진행을 정지시키기 위한 사유로서 무지

채권자가 채권에 대하여 알지 못하거나, 합리적으로 알 수 없는 경우에 시효기간이 진행되어서는 안 된다. 시효기간의 개시에 인식가능성 기준을 연결시키는 것이 당연하게 생각될 수도 있겠으나 여기서는 그러한 접근방식을 채택하고 있지 않다. 시효기간의 기산일은 채무자가 이행해야 하는 그 시점이다. 그러나 시효기간의 진행은 채권자가 채권에 대하여 알거나 합리적으로 알 수 있을 때까지 정지된다. 이것은 보통 시효기간이 합리적인 인식가능성의 시점까지 진행하지 않는다는 것을 뜻한다. 즉, 다른 말로 하면 '최초의' 정지인 경우이다. 채권자의 무지가 최초의 것이 아닌 경우에는 문제가 다른데, 채권자나 채무자가 죽고, 새로운 채권자가 채권이 상속된 것을 모르거나 원래 채권자가 새로운 채무자가 누구인지를 합리적으로 발견할 수 없는 경우가 바로 그러하다.

시효기간 진행의 정지사유로서 무지(기간 개시의 기준으로서 인식이 아닌)는 다음과 같은 장점을 가진다. (i) 설령 인식가능성이 시효기간의 개시를 결정한다고 가정하더라도, 채무가 존재하고 이행기에 도달했을 것이 또한 요구된다. (ii) 시효기간이 채권을 합리적으로 인식할 수 없는 채권자에게 불리해서는 안 된다는 것은 '채권은 채권자가 그것을 소구하는 것이 불가능하다면 시효가 완성되어서는 안 된다(*agere non valenti non currit praescriptio*)'는 보다 근원적인 법리에서 파생되어 나온 원칙 중 하나이다. 불가항력의 경우에 시효기간이 진행하지 않고, 만일 채권자가 법적 무능력자인데도 법정대리인이 없는 경우 시효기간의 만료를 연기하는 이유도 여기에 있다. 시효기간의 연장은 이러한 그리고 그 밖의 장애를 고려한다. 그 장애가 시효기간의 기산점 당시에 이미 존재하였는지 여부는 중요하지 않다. 따라서 인식가능성의 문제를 같은 장(시효기간의 연장) 안에서 다루는 것이 체계상 더 적절해 보인다. (iii) 채무자에 대하여 채권을 행사하는 채권자는 자신의 청구 기초를 이루는 요건에 대하여 증명할 책임이 있다. 채권의 시효가 완성되지 않았다는 것은 그 요건들 중 하나에 해당하지 않는다. 시효는 항변사항이다. 만일 채무자가 시효를 원용한다면, 그 항변 요건에 대하여 증명해야 할 사람은 바로 그 채무자이다. 물론 핵심적인 요건은 그 채권에 적용되는 시효기간이 경과했다는 것이다. 이는 기산점이 언제인가에 달려 있다. 만일 권리를 인식할 수 있는 날을 기산점으로 정한다면, 채무자로서는 많은 경우에 매우 어려운 상황에 처하게 될 것이다. 왜냐하면 자신의 가옥이 손상되었다거나, 신체에 부상을 입었다거나, 흠이 있는 물건을 인도하여 어떠한 결과가 발생했다는 등의 사실을 과연 채권자가 합리적으로 인식할 수 있었던 것인지, 혹은 심지어 명확한 정도로 알고 있었던 것인지는 채권자의 영역에 속하는 사정이기 때문이다. 이들은 대부분 채무자의 인식 범위에서는 벗어나 있다. 또한 대체로, 채권의 완전한 범위를 고려해 보더라도, 채권자는 보통 자신의 채권을 행사할 수 있는 때에 그 존재에 대해서 알게 마련이다. 예외적으로 그렇지 않은 경우라도, 그것은 채권자가 스스로 법원에 제기하여 증명해야 할 문제이다. 단일 인식가능성을 시효기간 개시의 요건으로 보지 않고, 채권자가 채권의 존재에 대하여 알지 못한 데 합리적인 이유가 있을 때에 시효기간이 연장되는 것이라고 본다면 이에 대해 더욱 명확하게 이해할 수 있다. 왜냐하면, 일반원칙에 따르면 시효의 진행이 정지되었다거나 그 기간이 연장되었다는 것에 대한 증명은 보통 채권자의 몫이기 때문이다. (iv) 이러한 소송진행 방식은 또한 시효 제도의 구조를 상당히 단순화한다. 왜냐하면 이로써 '일반적인' 시효기간과는 기산점도 다르고 그 기간의 연장이나 갱신 등에 있어서도 특정한 규율을 따라야 하는 '최장기간'을 개별적으로 둘 필요성이 없어지기 때문이다. 단순히 시효기간이 10년(혹은 30년)을 넘을 수 없다고 규정하는 것으로 충분할 것이다(제14:307조 참조).

주 석

1. 용어

시효의 중단과 정지에 대한 전통적인 구별에 대해서는, *Windscheid & Kipp* §§ 108 f.; *Mugdan* Ⅰ, 523; *Spiro*, Begrenzung §§ 69 ff., 127 ff.; *Peters & Zimmermann* 124 ff. 참조. 개념정의에 관해서는 독일 민법 제205조, 제217조, 그리스 민법 제257조, 제270조, 오스트리아 민법 제1494조, 제1497조 참조.

시효의 정지란 잘 알려진 것이다. 프랑스, 벨기에, 룩셈부르크 민법 제2251조, 오스트리아 민법 제1494조 이하, 독일 민법 제202조 이하, 그리스 민법 제255조 이하, 이탈리아 민법 제2941조 이하 참조. 시효기간의 만료를 연기한다는 개념은 일반적으로 시효의 정지보다는 최근에 등장한 것이지만 더욱 세를 얻고 있다. 즉 우리는 이를 오스트리아, 독일, 그리스에서 찾아볼 수 있다. *Mugdan* Ⅰ, 528, *Spiro*, Begrenzung §§ 87 ff. 참조. 네덜란드에서는 이 개념이 시효의 정지를 완전히 대치하였다. 민법 제3:320조 및 제3:321조, *Asser-Hartkamp*, Verbintenissenrecht Ⅰ n. 682와 *Koopmann* 83 ff. 참조.

시효 개시의 정지(*Anlaufhemmung*)는 많은 나라에서 친숙한 개념이다. 독일 민법 제204조, 그리스 민법 제256조, 이탈리아 민법 제2941조 제1호 참조(예컨대 혼인관계가 존속하는 동안 한쪽 배우자의 상대방에 대한 채권의 시효는 정지된다). 또한 덴마크에서 채권자가 무지인 경우 시효가 정지된다는 규정(아래 2. 하단)도 참조.

2. 인식가능성 기준의 등장

독일 법은 불법행위로 인한 손해배상에 관해서만 주관적인 기준을 인정하고 있다. 즉, 손해를 입은 당사자는 손해의 발생과 배상할 사람의 신원에 대하여 알고 있어야 한다(민법 제852조 제1항). 그리스 법(민법 제937조)도 마찬가지 입장이다. 오스트리아(민법 제1489조)는 계약상의 채권과 비계약상의 채권 사이에 차이를 두지 않는다(*Rummel* (-Schubert), § 1489, n. 2). 스위스 법은 불법행위로 인한 손해배상채권과 부당이득 반환청구에 관해서 인식을 요구한다(채무법 제60조 제1항, 제67조 제1항). 네덜란드에서는 부당이득 반환채권, 손해배상채권, 그리고 '불이행에 대해 계약을 해제하거나 그러한 불이행을 추완할 것'을 구하는 채권의 경우에 인식을 필요로 한다(민법 제3:309조, 제3:310조, 제3:311조). 잉글랜드의 1980년 제소기간법에 따르면, 인신상해나 사망의 경우, 과실에 의한 불법행위로 인하여 잠재적인 손해가 발생한 경우 및 제조물 책임의 경우에 대한 소송에서 인식이 중요한 문제가 된다(제11조, 제11A조, 제12조, 제14조, 제14A조 참조). 아일랜드의 1991년 개정 제소기간법은 (불법행위이든, 계약 위반이든 또는 법령 위반이든지 간에) 의무 위반으로 인하여 인신손해를 입었다면, 피해 당사자는 손해의 원인 발생일부터, 또는 (만일 이것이 손해의 원인 발생일보다 더 늦다면) 그가 손해 발생과 채무자를 안 날부터 3년 이내에 법적 조치를 취해야 한다고 규정하고 있다. 스코틀랜드에서는 잠재적인 손해와 인신손해에 대하여 인식가능성 기준을 두고 있으며, 명예훼손에 대해서는 인식 기준을 요구하고 있다(스코틀랜드의 1973년 시효와 제소기간법 제11조 제3항, 제17조, 제18조, 제18A조; *Johnston*, 4.17 ff.). 벨기에에서는 '만일 시효가 손해가 명백히 드러나는 시점부터 진행한다고 보지 않는다면' 과연 단기 시효가 합헌적인 것인지에 대한 의문이 있어 왔다(*M.E. Storme*, (1997) 5 ERPL 88; 또한 *Claeys*, 1998-99 R.W. 381도 참조). 아일랜드에서도 역시 1991년 개정 제소기간법 이전에는, 어떤 사람이 그가 가진 재산권의 존재에 대해서 알지 못한 경우에도 그에게서 재산권을 박탈할 수 있도록 하는 규정의 합헌성에 대하여 논란이 있었다. 또한 이러한 의문은 시효가 채권의 원인 발생일부터 진행되도록 정한 규정을 따라야 하는 계약 위반과 관련하여 여전히 존재하고 있다. *Morgan v. Park Developments Ltd.* [1983] I.L.R.M. 156과 *Heagerty v. O'Loughren* [1990] ILR 148와 *Brady & Kerr* 59 ff. 참조.

스페인 법에서는 불법행위책임에 기한 채권에서도 인식 또는 인식가능성이 적절한 것인지는 논란이 있다. STS 11.11.1968에 반하는 것으로서 STS 10.10.1977; *Díez-Picazo & Gullón Ballesteros* Ⅰ, 472 참조. 포르투갈 민법 제498조 제2항에 따르면, 시효는 피해자가 비록 채무자와 손해의 범위를 알지 못하더라도 손해의 발생을 안 날부터 진행한다. 이탈리아와 관련해서는 민법 제2941조 제8호 참조. 만일 채무자가 부정한 방법으로 채무의 존재를 숨겼다면, 시효는 그러한 부정이 발견될 때까지 정지된다. 덴마크에서는 1908년 12월 22일 법률 제274호에 따라 시효(시효기간 5년)는 채권자가 채권이나 채무자의 주소에 대해서 알지 못하거나 합리적으로 알 수 없었던 경우에 정지된다(제3조). 핀란드에서는 불법행위 책임에 기초한 채권에 대해서 10년의 시효가 적용된다는 규정이 있는데, 이는 행위의 결과가 명백하게 나타난 때부터 10년을 뜻하는 것으로 해석된다. *Routamo & Ståhlberg* 345 참조. 벨기에의 1988년 6월 10일 신법에서는 인식가능한 시점이 그러한 채권에 대한 5년의 시효 기산점을 결정한다(민법 제2262조의2 제1항 제2문). 그러나 스웨덴 법은 (제조물책임의 경우를 제외하고) 채권자의 무지를 시효기간 연장 사유로 보지 않는다.

크리스티안 폰 바는 유럽공동체의 시효에 관한 입법에서 인식가능성이 일반적인 기준으로 부상하고 있다고 본다. *von Bar* Ⅰ, n. 395. 참조. 상세한 것은 *Zimmermann*, 2000 JZ 861 ff. 참조. 그러나 또한 *Andrews*, (1998) 57 Camb.L.J. 589 ff.(잉글랜드 법률위원회의 인식가능성 기준을 확대하려는 제안에 대하여 비판하고 있다)도 참조.

3. 중요성 기준

잉글랜드에서 인신손해 채권에 적용되는 3년의 시효는 채권자가 자신의 피해가 중대하다는 것을 알 때까지는 진행하지 않는다. 잠재적인 손해가 있는 경우에도 이와 비슷하다. 1980년 제소기간법 제14조 제1항, 제14A조 제7항. 아일랜드의 시효법에도 비슷한 규정이 있다(아일랜드의 1991년 개정 제소기간법 제2조 제1항). 다른 국가에서도 손해배상채권을 행사함에 있어 인식 요건을 어떻게 해석하느냐에 따라 비슷한 결론에 이를 것으로 보인다(예컨대 독일에 관해서는 *Münchener Kommentar* (*-Stein*) § 852, n. 22에 있는 논의와 참고문헌 참조).

4. 증명책임

현 상황에서 증명책임의 문제에 대해서는 *Spiro*, Begrenzung §§ 359 f.; *Peters & Zimmermann* 248, 306; *Loubser* 112; 잉글랜드 법률위원회의 제소기간에 관한 자문 보고서(Consultation Paper on Limitation of Actions), 398 참조.

제14:302조 재판 그 밖의 절차에서 정지*

(1) 시효기간의 진행은 채권에 관한 재판절차가 시작된 때부터 정지된다.
(2) 정지는 기판력(res judicata) 있는 판결이 있는 때까지 또는 그 사건이 다른 방법으로 종결될 때까지 계속된다.
(3) 제1항, 제2항은 중재절차, 그리고 판결과 동등한 효력이 있는 문서를 취득하는 것을 목적으로 하여 시작된 그 밖의 모든 절차에도 적절한 변경을 하여 적용된다.

* 시효 정지를 가리킨다.

해 설

A. 선택사항

채권에 관한 소를 제기하는 채권자는 시효법에서 기대하는 행위를 했다고 할 수 있다. 즉, 채권자는 주도적으로 분쟁의 공적 해결을 하고자 한 것이다. 만일 재판절차가 계속되어 있는 동안 시효기간도 계속 진행된다면, 이는 명백하게 부당할 것이다. 이제 채무자는 가능한 다른 방어수단을 무엇이든지 강구할 수 있으며, 채권자가 그 사건을 종결된 것으로 다루지 않을 것이라는 점도 알 수 있다. 재판절차는 채권의 실효를 막아준다.

이 상황에서 법체계는 다음 3가지 방안 중 하나를 선택할 수 있다. 즉 (1) 시효기간의 진행이 종료하거나, 또는 (2) 시효기간이 새롭게 진행되기 시작하는 효과가 있도록 시효기간이 '중단' 또는 갱신되거나, 또는 (3) 법적 절차가 진행되는 동안에는 시효기간의 진행도 정지되는 것이다.

(1) 시효기간의 종료

첫 번째 방법(종료)은 후술하는 제소기간이라는 개념으로부터 자연스럽게 나온 방법이다. 이 자체는 일련의 사법(私法) 원칙으로는 인정받지 못했는데, 사건의 본안에 관한 판단 없이 법적 절차가 종료된 경우에는 어떻게 되는가 하는 문제가 남게 된다는 점과 어느 정도 인위적인 의제라는 방법으로 이 상황을 처리해야 한다는 점 때문이다.

(2) 시효기간의 중단 또는 갱신

두 번째 방법(중단 또는 갱신)은 로마법에 기원을 두는 법체계에서 전통적으로 채택되어 온 해결방법이다. 그러나 소의 제기가 시효기간을 단순히 정지시키는 것이 아니라 갱신하도록 해야 한다는 생각에는 이상한 점이 있다. 왜냐하면 소제기에 의해 원고는 판결시까지 또는 그 사건이 다른 방법으로 종결될 때까지 지속되는 법원의 절차를 개시하는 것이기 때문이다. 따라서 이때는 갱신에 관한 다른 경우처럼 원래의 시효기간을 현저히 연장할 수 없는 순간적인 사건이 아니라 계속되는 절차가 문제된다. 이 절차의 마지막에 가야 보통 본안이 명료해진다. 만일 명료해지지 않는다면, 시효기간 전체를 새로 진행시킬 이유는 없다. 통상적으로 시효 중단의 방법을 채택하는 법체계에서는 '중단'이 언제까지 지속되는지를 규정하거나, 또는 당사자나 법원에 의한 모든 행위를 새로운 중단사유로 간주하기도 하는데, 양 방식 모두 만족스럽지 않다. 특히, 이는 재판절차가 본안에 관한 판결 없이 종료된 경우에 그 사건에서 바람직하지 않은 실제 결과뿐만 아니라 불필요한 복잡성을 야기한다. 심지어 본안을 고려하지 않고 각하된 소의 경우(소가 관할권이 없는 법원에 제기되었거나 그 밖에 절차적으로 흠이 있었던 경우)에도, 시효기간 진행에서 동일한 효과가 있어야 한다. 왜냐하면 (a) 채권자는 언제나 그러한 흠을 피할 수는 없다는 점, (b) 채권자가 그러한 점에 잘못이 있다고 비난받을 수 있는지 모든 개별적인 사건마다 조사해보는 것이 불가능한 일이라는 점, (c) 결국 채권자는 채권을 추급할 의사를 표시하였다는 점 등 때문이다. 시효 중단의 방식을 채택한 법체계에서는 위와 같은 상황에서 다음의 두 가지 결론 중 하나로 귀결될 수 있다. 먼저, 시효기간이 아예 중단되는 경우이다(이는 시효기간이 지나치게 길어지게 된다). 또 하나는 시효기간이 중단되지 않는 경우이다(이는 어설픈 법률상 허구(clumsy fictions)를 다를 뿐만 아니라 방금 언급한 이유로 인해 실무적으로 만족스러운 해결책이라고도 볼 수 없다).

(3) 시효기간 진행의 정지

그러므로 재판절차가 진행되는 동안에는 시효기간의 진행이 정지되도록 하는 세 번째 방법이 더 바람직한 해결책이다. 만일 해당 재판절차가 본안에 관한 판결을 한다면, 다음과 같은 두 가지 가능성이 있다. 먼저, 재판절차에 의해 채권이 인정된 사건에서 원고가 승소한다면, 제14:202조에 의하여 시효기간이 규율된다. 반면에 청구가 기각되면, 시효에 걸릴 아무런 채권도 없다는 것이 공적으로 확정된다. 재판절차가 본안에 관한 판결 없이 종료되면, 소가 절차적으로 흠이 있거나 소가 결과적으로 취하되었기 때문에 채권자는 단지 기존의 남은 시효기간 내에 새로운 소를 제기할 수 있는 것이다. 요구되는 것은 바로 이것이다. 특히, 소의 실체가 확실하게 되지 않은 이상, 이는 제14:101조의 해설 E에 언급한 정책적 고려 중 (i)과 (iii)에서 완전히 새로운 시효기간을 개시하는 것을 정당화하지 못한다.

B. 실행의 세부사항

소가 절차상 이유로 각하된 경우 시효기간이 얼마 남지 않은 원고를 위한 특별한 고려를 하여야 할 필요가 있을 것이다. 이 경우 정지가 종료된 이후 원고가 소를 제기할 수 있는 최소한의 기간을 정하는 것이 합리적이라는 견해도 있겠으나, 처음부터 소제기를 하지 않았던 경우보다 채권자를 더 나은 지위에 두는 것은 아무런 이유가 없어 보인다.

언제 정지가 시작되는지는 해당 준거법에서 어떠한 행위가 소송을 개시하는 적절한 행위로 간주되는지에 달려 있다. 정지는 기판력을 가지는 의미에서 최종적인 판결이 있는 때까지 또는 그 밖에 다른 방법으로 그 사건이 종결되는 때까지 지속된다. 그러므로 편의상, 만일 원고가 승소한다면, 판결에 기초한 채권의 시효기간은 오로지 기판력을 가지는 때부터 시작되어야 하고(제14:203조 제3항), 판결이 있을 때부터 시작되어서는 안 된다. 후자의 방법은 앞서 채택이 거부되었던, 판결 그 자체를 포함하여 법적 절차 내 모든 사건은 중단사유를 구성한다는 관점과 관련되어 있는 것처럼 보인다.

> **사례**: A는 B에 대하여 1994년 3월 15일이 이행기인 채권을 가지고 있다. 1997년 3월 1일에 A는 레겐스부르크 지방법원에 이 채권에 관한 재판절차를 개시한다. 1997년 10월 10일 법원은 관할 위반을 이유로 각하결정을 내린다. 그 소송은 레겐스부르크 구법원에 제기해야 했기 때문이다. 같은 날, A는 항소권을 포기한다. 시효기간은 3월 1일(재판절차가 개시된 날)과 1997년 10월 10일(지방법원의 판결이 기판력을 얻은 날) 사이에는 정지된다. 그 결과, 이제 A는 레겐스부르크 구법원에 법적 절차를 개시할 14일의 추가적인 기간을 갖는다.

통상적으로, 원고는 집행권원을 얻기 위하여 소를 제기할 것이다. 그러나 채권을 인정하는 확인판결을 청구하는 것은 시효기간의 진행을 정지하기 위한 목적에서 충분하다. 확인판결 그 자체로도 제14:202조에서 규정된 특별 시효기간(special regime)의 적용을 보장하는 데 충분한 것과 같다.

C. 그 밖의 절차

재판절차에 적용되는 규칙은, 집행력 있는 문서를 확보하는 목적이 있는 한,

그 밖의 절차에도 적용된다. 세부사항은 준거법에 따라 달라진다. 중재절차는 그 일반적인 승인과 실무상 중요성 때문에 특별히 언급되고 있다. 중재절차의 개시와 관련하여 채권자는 자신이 중재절차를 개시할 권한에 속하는 모든 것을 다 했어야 한다는 일반적인 규칙이 존재하여야 한다. 직접 집행될 수 있는 사적 문서의 경우(제14:202조 해설 C 참조), 언제 그 절차가 개시되는지는 해석에 남겨져야 한다.

주 석

1. 제소기간 진행의 종료

잉글랜드 법에서, 제소기간은 채권자가 채무자에 대하여 소송을 개시하면서 진행이 종료한다(*McGee* 2.001 ff.; 법률위원회의 제소기간이 관한 자문 보고서 164). 이는 아일랜드와 UNCITRAL 협약 제13조에도 채택된 접근방법이다. 절차 지연의 문제에 대해서는, 잉글랜드 법에 관하여 *McGee* 355 ff. 참조. UNCITRAL 협약 제14조에 따르면, 시효기간은 법적 절차가 본안에 대하여 구속력 있는 판결이 없이 종결되는 경우에 '계속 진행되는 것으로 간주된다'고 하지만, 만일 채권자가 그 절차가 종결될 때 시효기간이 경과되거나 1년 미만의 기간이 남은 경우에는 1년이 추가로 주어진다. 이에 대한 비판적 견해는 *Smit* (1975) 23 AJCL 342 ff. 참조.

2. 시효의 중단

재판절차의 개시는 다음 국가에서 시효중단의 효과를 갖는다. 프랑스, 벨기에, 룩셈부르크(민법 제2244조), 오스트리아(민법 제1497조), 독일(민법 제209조), 스페인(민법 제1973조, 상법 제944조 제1항), 포르투갈(민법 제323조), 그리스(민법 제261조), 스위스(채무법 제138조), 이탈리아(민법 제 2943조), 네덜란드(민법 제3:316조), 스코틀랜드(1973년 시효와 제소기간법 제6, 7, 9조 및 *Johnston* 5.04 ff.) 그리고 스웨덴(시효법(1981:130) 제7조) 참조. 덴마크에서는 1908년 12월 22일 법률 제274호에 따라 채권자가 소를 제기하여 그 소송에서 불필요한 지체 없이 판결, 화해 또는 그 밖의 법원 결정을 얻고자 한다면 시효가 중단된다(제2조). 덴마크 법전(Danske Lov) 제5.14.4조에는 동일한 규정이 없는데, 그 이유는 위 법 동법에서는 채권자에 의한 최고를 기점으로 다시 시효가 진행되기 때문이다. 핀란드 법에서도 시효를 덴마크 법전에서와 같이 취급하고 있다. 스웨덴 법에서도 서면 최고(*skriftlig erinran*)로 인하여 새로운 시효기간이 개시된다(시효법(1981:130) 제5조 이하).

시효의 '중단'이 얼마나 지속되는지에 관한 규정은 독일 민법 제211조, 그리스 민법 제261조, 이탈리아 민법 제2945조 참조. 오스트리아 민법 제1497조는 중단은 재판절차가

'적절하게 계속되는' 한 지속된다고 한다. 소송 당사자나 법원에 의한 모든 행위는 스위스 채무법 제138조에 따른 새로운 중단사유로 간주되고 있다. *Spiro*, Begrenzung § 147도 참조. 스코틀랜드 법에 관해서는 *Johnston* 5.40 참조.

3. 절차상 흠이 있는 소 및 소의 취하

오스트리아 민법(제1497조 제2문)에서는 모든 절차상 요건을 충족하는 소만이 시효를 중단시킨다고 한다. 19세기 독일 법에서는 절차상 흠이 있는 소라도 시효를 중단시킬 수 있는 것으로 보았으나, 관할 위반으로 각하된 소는 예외였다. 프랑스와 룩셈부르크(민법 제2246조)에서 관할권 없는 법원에 제기한 소는 시효를 중단한다. 또한 이탈리아(민법 제2943조 제3항)에서는 판사가 관할권이 없는 경우라 할지라도 중단은 효력이 있다. 그 밖의 흠이 있는 소라도 채무자를 불이행 상태에 빠지게 하는 것이라면 마찬가지이다. 독일에서는 민법 제212조 제1항과 제2항에 따라, 만일 절차가 본안에 관하여 판단을 내리지 않고 종결된다면, 절차의 개시는 중단으로 취급되지 않는다. 그러나 채권자가 첫 번째 절차의 종료 후 6개월 내에 다른 소를 제기함으로써 중단의 효과를 유지할 수 있다. 이런 경우 시효는 첫 번째 절차에 의해 중단된 것으로 간주되는데, 이는 이중적 의제이다. 원고가 나중에 소를 취하한 경우에도 마찬가지이다. 그리스에 관해서는 민법 제263조, A.P. 1267/1995, HellDni 38 (1997) 838도 참조. 네덜란드에 관해서는 민법 제3:316조 제2항 참조. 독일, 그리스, 네덜란드에서 나중에 취하된 소는 보통 절차상 흠이 있는 소와 동일하게 다루어진다. *Spiro*, Begrenzung § 142 참조. 스페인 상법 제944조 제2항은 원고가 승소하지 못하거나 소가 취하된 경우 시효는 중단되지 않는 것으로 간주된다. 스위스 법은 중단의 효과를 사건의 본안에 관한 판단을 내리는 소송에만 적용하고, 채권자가 소를 취하한 경우 이는 어려운 문제로 남아 있다. *Spiro*, Begrenzung §§ 139 ff. 참조. 이러한 문제들은 중단에서 정지로 재판절차의 효과를 '낮춤'으로써 거의 회피된다.

4. 법적 절차가 유보된 채로 남아 있는 경우

일부 국가의 법에서는 원고가 더 이상 법적 절차를 진행하지 못하였기 때문에 소송이 유보된 채로 남아 있는 경우를 규정하고 있다. 독일 민법 제211조 제2항, 그리스 민법 제261조, 이탈리아 민법 제2945조 제3항, 그리고 비교법적 논의에 관해서는 *Spiro*, Begrenzung § 147 참조. 그러나 이러한 상황에 대한 규율은 불필요할 것으로 생각된다. 원고가 더 이상 절차를 진행하지 않는다면, 피고가 통상 그 소를 기각 또는 각하하는 조치를 해달라고 요청하기 때문이다. *Spiro*, Begrenzung § 147 (n. 16)와 *Peters & Zimmermann* 261, 325 참조. 반대 견해로는 Abschlußbericht, 86 참조. 물론 세부사항은 적용되는 절차법에 달려 있다.

5. 추가 기간

소송이 본안에 관한 판결이 없이 종결되는 경우 원고가 또 다른 소를 제기할 수 있도록 주어지는 최소한의 기간은 60일(스위스 채무법 제139조), 6개월(독일 민법 제212조 제2항, 그리스 민법 제263조 제2항, 네덜란드 민법 제3:316조 제2항), 1년(UNCITRAL 협약 제14조 제2항) 등으로 다양하다. 원고에게 추가 기간을 주는 것에 대한 설득력 있는 반대 견해로는 독일 채권법개정위원회 Abschlußbericht, 86 참조.

6. 언제 시효 진행이 종료되는가

시효는 채권에 대한 재판절차가 개시되는 순간부터 중단된다. 정확한 일자는 적용되는 절차법에 의해 좌우될 것이다. 비교법적 고찰은 (1979) 10 UNCITRAL Yearbook 159 참조.

7. 확인판결

확인판결을 구하는 소는 시효를 중단시킬 수 있다. 독일에 관해서는 민법 제209조, BGB-PZ 제205조, BGB-KE 제208조, 남아프리카공화국에 관해서는 *Loubser* 135, 비교법적으로는 *Spiro*, Begrenzung § 133 참조.

8. 중재절차

시효는 또한 중재절차가 진행되는 동안 정지되거나 중단될 수 있다. 독일 민법 제220조와 BGB-KE 제217조, 스위스 채무법 제135조 제2항, 그리스 민법 제269조, 이탈리아 민법 제2943조 제4항, 포르투갈 민법 제324조, 스코틀랜드는 Johnston 5.07 f. 참조, UNCITRAL 협약 제14조 참조. 이 규정들의 일부는 시효 진행이 종료되는 시점을 세세하게 규율하고 있다. 예컨대 독일 민법 제220조 제2항, UNCITRAL 협약 제14조 참조.

제14:303조 채권자의 지배를 벗어난 장애가 있는 경우의 정지

(1) 채권자가 그 지배를 벗어난 것으로서 회피하거나 극복할 것을 합리적으로 기대할 수 없는 장애로 인하여 채권을 행사할 수 없는 동안에는 시효기간의 진행이 정지된다.

(2) 제1항은 시효기간의 마지막 6개월 내에 장애가 발생하거나 존속하는 경우에만 적용된다.

해 설

채권자는 채권을 행사하는 데에 공정한 기회를 가져야 한다. 그렇지 않다면 시효는 지나치게 가혹하게 작용할 것이다. 그러나 채권자가 채권을 행사할 수 없어서 채권을 행사하지 않은 것에 대해서는 채권자를 비난할 수 없다. 소를 제기할 수 없는 자에 대해 시효는 진행하지 않는다(*agere non valenti non currit praescriptio*). 또한 기억해야 할 것은, 제14:201조에서 규정한 단기의 일반 시효기간은 채무자의 합리적인 이익을 수용하는 한편, 시효기간의 개시와 정지에 관한 규정은 채권자의 이익에 중점을 두어야 한다는 것이다. 나아가 채권에 대해 알지 못한 채권자를 보호하고 채권을 행사할 수 없는 채권자를 보호하지 않는 것은 합당하지 않는 것으로 보인다. 그러나 소의 제기를 방해하는 장애가 시효기간이 만료되기 전에 더 이상 존재하지 않게 된 경우 시효기간을 연장할 어떠한 설득력 있는 이유도 존재하지 않는다. 그러므로 시효기간의 마지막 6개월 내에 채권자가 채권을 행사할 수 없던 기간 동안 시효기간을 연장하는 것으로 매우 충분해 보인다.

사례 1: B는 A에 대해 1992년 3월 10일에 만기가 도래한 100,000유로의 채권을 가지고 있다. 1993년 1월 1일 오스트리아에 있는 B의 휴양지는 거대한 눈사태로 인해 외부 세계로부터 고립된다. 통신이 복구되고 그가 휴양지를 떠날 수 있게 된 것은 단지 2주 뒤이다. B*의 채권 시효는 1995년 3월 10일에 완성된다. 비록 B**가 1993년에 2주간 그가 지배할 수 없는 장애로 인하여 금전을 청구할 수 없었다고 하더라도, B가 그의 채권을 행사할 수 있게 된 때부터 아직 2년 이상의 기간이 남아 있으므로 시효기간은 연장되지 않는다.

사례 2: 사실관계는 위와 같으나, B가 1994년 8월 25일부터 9월 6일까지 고립된다. 채권의 시효는 1995년 3월 16일이 되어서야 완성된다. B는 장애로 인하여 시효기간의 마지막 6개월 내에 6일 동안 그의 채권을 행사할 수 없었기 때문이다.

---

* 원문의 A는 오기.

** 원문의 A는 오기.

사례 3: 사실관계는 위와 같으나, B가 1995년 1월 20일부터 23일까지 고립된다. 채권의 시효는 1995년 3월 14일에 완성된다. B는 시효기간의 마지막 6개월 내에 4일 동안 그의 채권을 행사할 수 없었기 때문이다.

사례 4: 사실관계는 위와 같으나, B가 1995년 3월 6일부터 14일까지 고립된다. 채권의 시효는 1995년 3월 18일에 완성된다. B는 시효기간의 만료 전 6월 내에 발생한 장애로 인하여 9일 동안 그의 채권을 행사하지 못했다. 정지는 3월 6일에 시작되어 3월 14일에 종료하였다. 그러나 정지되는 것은 원래의 시효기간(그 정지가 없었으면 3월 10일에 만료되었을 것이다)의 진행이다. 그러므로 정지가 종료된 이후에 진행하는 기간은, 원래 시효기간 중 남은 4일뿐이다.

시효기간 진행의 정지를 야기하는 장애의 범위를 정의하기 위하여 선택된 공식은 유럽계약법원칙 제8:108조와 일치한다. 따라서 그 규정에 대한 해설이 적용된다.

주 석

1. 불가항력(*Vis Major*)에 의한 정지

일부 법전은 채권자가 채권을 행사하는 것이 사실상 불가능한 경우 시효를 정지하는 규정을 두고 있다. 독일에서는 채권자가 불가항력(*höbere Gewalt*)으로 인해 권리를 행사할 수 없었어야 하는데, '사법적 개입의 중지'는 하나의 예이다(민법 제203조). 그리스 법(민법 제255조 제1항)은 거의 동일하고 포르투갈 법(민법 제321조)도 마찬가지이다. UNCITRAL 협약은 '채권자가 지배할 수 없으며 회피하거나 극복할 수 없는 사정'(제21조)을 고려한다. 스위스 법은 스위스 법원에서 채권을 주장할 수 없는 한 시효가 정지된다는 규정(채무법 제134조 제6항)을 두고 있다. 이 규정의 해석에 관해서는 다툼이 있다(*Spiro*, Begrenzung § 72, *Peters & Zimmermann* 271 참조). 오스트리아에 관해서는 민법 제1496조 참조.

2. 정지사유가 없는 법전

다른 법전은 이에 상응하는 규정을 두지 않거나(네덜란드에 관해서는 *Asser-Hartkamp*, Verbintenissenrecht Ⅰ, n. 684 참조) 또는 매우 특별한 상황만을 다루는 규정을 두고 있다(이탈리아에 관해서는 민법 제2942조(전쟁 중에 있는 군인과 관련자들에 대한 채권) 참조. 스페인에 관해서는 상법 제955조(시효는 전쟁, 전염병 또는 혁명이 발생한 경우 정부에 의해 정지될 수 있다) 참조. 민법은 이에 상응하는 규정을 두고 있지 않다). 아마 각국의 법원들은 적절한 사건들에서 악의의 항변(*exceptio doli*) 또는 이와 유사한 수단들을 활용할 것이다. *Spiro*, Fs Müller-Freienfels, 624 참조. 프랑스에서는 민법의 기초자들이 특정한 정지사유만을 채택했고 이러한 정지사유들이 한정적인 것임을 분명히 했다(민법 제2251조). 그럼에도 불구하고 법원은 소제기의 절대적 불능(*impossibilité absolue d'agir*)의 경우에 시효의 정지를 확립하기 위해서 '소를 행사할 수 없는 자에 대해 시효는 진행하지 않는다(*agere non valenti non currit praescriptio*)'라고 하는 로마 교회 보통법(Roman-Canon common law)상의 오랜 격언(그것은 폐지된 것으로 여겨졌었다)을 도출해냈다(*Ferid & Sonnenberger* 1 C 224 참조. 그들은 법원이 법의 문언에 근본적으로 반해서 판결하였다고 언급한다. 같은 입장이 *Terré, Simler, Lequette* n. 1396에도 표현되어 있다). 벨기에 판례는 원고가 법에 의해 권리행사가 방해된 경우에 시효의 정지를 인정하여 왔지만(*Storme*, in: *Hondius* 69 참조) 그렇지 않은 경우 법률상의 정지사유는 한정적이라고 계속 판시하여 왔다. 이탈리아 법에서는, 소를 제기할 수 없는 자에 대해 시효는 진행하지 않는다는 원칙이 여전히 때때로 원용된다. 그러나 이는 예컨대 권리 불행사의 합의(*pactum de non petendo*)가 있는 경우처럼, 특정한 정지사유의 유추에 의한 적용을 정당화하기 위한 것일 뿐이다(*Roselli-Vitucci* 413 참조). 잉글랜드 법과 아일랜드 법은 불가항력을 정지사유의 하나로 인정하지 않는다. 스웨덴 법, 덴마크 법이나 핀란드 법에서도 시효에 대한 불가항력의 영향에 관한 규정은 없다.

3. 기간의 마지막 부분만이 중요하다

불가항력 등의 경우에 시효기간을 정지하는 법전 및 성문법은 이 조항에서 정한 방식과 동일하지는 않지만 유사한 방식으로 그 규정의 효과를 한정시키는 경향이 있다. 독일 법과 그리스 법(독일 민법 제203조, BGB-KE 제212조, 그리스 민법 제255조 제1항)에 의하면 시효는 오로지 채권자가 시효기간의 마지막 6개월 내에 불가항력의 결과로서 채권의 행사가 방해되는 경우에만 정지된다. 따라서 시효기간이 정지될 수 있는 최대 기간은 6개월이다. 포르투갈은 3개월의 기간을 정하고 있다(민법 제321조). UNCITRAL 협약 제21조는 '관련 사정이 존재하지 않게 된 날부터 1년이 경과하기 전에는 만료하지 않도록' 시효기간을 연장한다(해설에 관해서는 (1979) 10 UNCITRAL Yearbook 164 참조). 따라서 실질적으로 채권자에게는 채권을 행사할 수 있는 최소 1년의 기간이 부여된다. 그러나 이 규정에서 다루어지는 대부분의 장애는 단기간 동안만 지속될 것이다. 장애가 사라진 이후 채권자에게 1년이라는 (또는 6개월이라도) 충분한 기간을 부여하는 것은 균형이 맞지 않는 것처럼 보인다.

제14:304조 교섭의 경우 기간 만료의 연기

당사자들이 채권 또는 채권을 발생시킬 수 있는 사정에 관하여 교섭하고 있는 경우, 시효기간은 교섭에서 마지막 의사소통이 있었던 때부터 1년이 지나기 전에는 만료하지 않는다.

해 설

법원 외에서 화해에 이르기 위한 당사자들 사이의 교섭은 권장할 가치가 있다. 그러한 교섭은, 그 채권의 임박한 시효에 대한 부담 아래 이루어져서는 안 된다. 또한 교섭이 채권자에 대한 함정이 되도록 허용해서도 안 된다. 채무자가 채권에 관하여 교섭을 시작하고 그로 인해 채권자로 하여금 소를 제기할 수 없도록 한 경우 채무자가 나중에 그 교섭 중 경과되어 버린 기간을 들어 이행을 거절하는 것이 허용되어서는 안 된다. 결국 이 규정은 유럽계약법원칙 제1:201조에 포함된 신의성실 원칙을 구체적으로 표명한 것으로 보아야 한다.

시효에 대한 교섭의 영향을 최소화하기 위해서는 시효기간의 진행을 정지시키는 대신 시효기간의 만료를 연기하면 충분하다(그 차이에 관해서는 제14:301조에 대한 해설 A 참조). 교섭이 실패한 경우, 채권자가 법원에서 권리를 행사할 것인지 여부를 결정하기 위한 합리적인 최소한의 기간 이상은 필요하지 않다.

사례 1: A는 B에 대해 20,000유로의 채권을 갖고 있다. 그 채권은 1994년 10월 10일에 이행기가 도래한다. 1994년 10월 10일부터 1995년 3월 10일까지 A와 B 사이에 채권이 존재하는지에 관한 교섭이 진행 중이다. 시효는 1997년 10월 10일에 완성된다. 교섭의 결과로 시효기간이 연장되지는 않는다.

사례 2: 사실관계는 위와 같으나 다만 교섭이 1996년 12월 20일부터 1997년 5월 5일까지 이루어진다. 시효기간은 1998년 5월 5일(교섭이 종료된 후 1년)이 되어서야 완성된다.

사례 3: 사실관계는 위와 같으나 다만 교섭이 1997년 9월 1일부터 1998년 5월 15일까지 이루어진다. 시효는 1999년 5월 15일(고섭이 종료된 후 1년)에 완성된다.

'교섭'이라는 용어는 넓게 해석되어야 한다. 그것은 채권자가 채권이 상대방에 의해 종국적으로 거절된 것이 아니라고 합리적으로 신뢰할 수 있도록 하는 의견의 교환이라면 어떤 것이든 포함한다. 일부 국가에서 예컨대 의료과오소송에서 그 중요성이 증대되고 있는 조정절차 역시 교섭이라는 용어에 포함되어야 한다.

유럽계약법원칙은 시효기간의 진행이 지연되는 기간이 언제 시작되고 언제 끝나는지를 명확히 하기 위한 어떠한 형식적인 요건을 규정하지 않는다. 그러나 일반원칙에 따라 교섭이 결렬되었다는 점을 증명해야 하는 것은 채무자이므로, 채무자는 교섭이 언제 결렬되었는지를 명확하게 밝힐 수 있도록 노력하는 것이 가장 현명할 것이다. 이 점에서 통지 또는 다른 의사소통이 언제 효력을 발생하는지에 관한 제1:303조의 규정이 관련될 수 있다. 교섭에서 마지막 의사소통은 통상 그것이 수신인에게 도달한 때에야 이루어졌다고 여겨질 것이다.

주 석

1. 법률상 정지사유로서 교섭

시효기간을 정지하는 하나의 사유로서 교섭이라는 개념은 최근 독일 법에서 상당한 지지를 얻고 있다. 독일 민법 제852조 제2항(불법행위로 인한 손해배상채권에 관한 것), 제651조의g 제2항 제2문(패키지여행) 및 제639조 후단(도급계약에서의 하자, defects under a contract of *locatio conductio operis*). 제852조 제2항의 규정은 특별법에서도 준용되어 왔고, 특정한 계약상 손해배상채권에 대해서도 유추 적용되어 왔다(BGHZ 93, 64 (68 f.), *Münchener Kommentar* (-*Stein*) § 852, n. 67 참조). 이와 같은 특별규정에 포함되지 않는 사안들의 경우, 법원은 여전히 독일 민법 제242조의 신의성실 규정에 바로 의지해야 한다(*Münchener Kommentar* (-*von Feldmann*) § 194, n. 16 및 *Münchener Kommentar* (-*Stein*) § 852, n. 67의 문헌 참조). 따라서 두 가지 독일의 개정안들은 교섭에 관하여 일반화된 규정을 제정할 것을 권고한다. 독일 법에서는 교섭에 관한 문헌은 본 규정에 대한 해설에서 제안된 것처럼 넓게 해석되어야 한다는 것을 일반적으로 인정하고 있다. 예컨대 *Münchener Kommentar* (-*Stein*), § 852, n. 68; *Spiro*, Begrenzung § 108 참조.

덴마크 법에 따르면, 채무자가 진지한 교섭에 착수한 경우, 이러한 교섭이 결렬될 때까지 시효기간은 정지된다. *Gomard* Ⅲ, 239 참조. 그리스 법에서 시효기간 마지막 6개월 내에 채무자가 사기적으로 채권자로 하여금 채권을 행사할 수 없도록 한 기간 동안 시효기간이 정지된다. 이러한 규정은 교섭에 관한 사건에서 그리스 대법원(Areios Pagos)에 의해 적용되었다(13/1989, HellDni 31 (1990), 1235 (1236)). 이탈리아에서는, 법원 외에서 화해에 이른 경우, 그때부터 그러한 화해를 무효화하는 최종 판결이 있은 때까지 시효기간이 정지된다고 판시한 바 있다(*Roselli-Vitucci* 413 참조). 이것은 교섭으로 인한 시효기간의 정지와 유사한 상황이다. 그 판단의 이면에 있는 원칙은 소를 제기할 수 없는 자에 대해서 시효기간이 진행하지 않는다는 것으로 보인다.

2. 다른 접근방법

다른 법체계의 대부분은 이러한 유형의 규정을 두고 있지 않지만 극히 소수의 법체계에서는 채무자가 '교섭을 통하여 스스로에게 제한이 적용되도록 하는 것'을 허용하고 있다(*Zimmermann & Whittaker* 504에 있는 case study 20, Prescription Ⅰ에 대한 노르웨이법에 관한 보고서 참조). 대부분 법체계는 어떻게든 채권자를 보호하고자 한다. 스위스에 관해서, *Spiro*, Begrenzung (§ 108)은 법률상의 근거가 없음에도 불구하고 교섭이 진행 중인 동안 시효는 정지된다는 입장이다. 다른 국가에서는 채무의 승인과 권리의 포기의 개념에 관해서 확장 해석하기도 하고, 약속적 금반언 또는 인적 항변(personal bar)과 같은 형평법상 법리를 사용하거나 신의성실이라는 일반개념, 권리남용의 법리 또는 악의의 항변(*exceptio doli*)에 의지하는 경우도 있다(자세한 것은 *Zimmermann & Whittaker* 493 ff., 530 f.에 있는 사례 20의 그리스, 오스트리아, 프랑스, 벨기에, 스페인, 이탈리아, 네덜란드, 잉글랜드, 아일랜드, 스코틀랜드, 북유럽 국가에 대한 국가 보고서 및 사례 21 말미의 비교법적 고찰도 참조). 또한 네덜란드의 판례에 관해서는 *Koopmann* 72 ff. 참조. 아일랜드에서는 당사자 중 한쪽이 교섭이 이루어지는 동안 시효가 정지된다는 (명시적 또는 묵시적) 표시를 한 것으로 보인다면 법원은 형평법상의 권한에 근거하여 어느 당사자가 제소기간을 주장하지 못하도록 할 수 있다. *Brady & Kerr* 171 ff. 참조. 스웨덴 법에서는, 교섭은 통상 시효법(1981:130) 제5조 이하에 따라 새로운 10년의 기간을 촉발시키는 최고에 해당한다.

3. 형식 요건?

교섭에 의해 시효기간이 정지한다는 규칙에 반대하는 논거는 그것이 불확실성을 초래할 수 있다는 것이다. 정지는 언제 개시하고 종료하는가?(*Preston & Newsom* 146 참조). 이러한 반대를 해결하기 위해 때때로 형식 요건이 제안되어 왔다. 이는, 시효기간의 정지는 당사자 중 누군가가 서면으로 교섭을 요청한 경우 개시하고 당사자 중 누군가가 서면으로 교섭의 계속을 거절하는 경우 종료한다는 것이다(*Peters & Zimmermann* 320 ff. 참조). 그러나 독일 채권법개정위원회는 그러한 접근법에 대해 반대하였다. 그것은 일반적인 관행에 반하며 덜 숙련되고 경험이 부족한 당사자를 불리한 위치에 놓이게 할 수 있다는 것이다(Abschlußbericht, 94). 또한 그것은 너무 제한적이며 일반적인 신의성실의 고려에 대한 범위를 지나치게 넓히게 된다는 것이다.

4. 조정절차

조정절차는 두 가지 독일의 개정안에서 시효 정지사유로서 특별히 언급되어 있다(*Peters & Zimmermann* 322, Abschlußbericht 94).

제14:305조 무능력의 경우 기간 만료의 연기

(1) 무능력자에게 대리인이 없는 경우, 무능력자의 채권 또는 무능력자에 대한 채권의 시효기간은 그 무능력상태가 종료한 때 또는 대리인이 선임된 때부터 1년이 지나기 전에는 만료하지 않는다.
(2) 무능력자와 그 대리인 사이의 채권의 시효기간은 그 무능력상태가 종료한 때 또는 새로운 대리인이 선임된 때부터 1년이 지나기 전에는 만료하지 않는다.

해 설

A. 선택

소를 제기할 능력이 없는 사람에 대하여 시효가 진행되지 않는다는 유럽계약법원칙은 마찬가지로 무능력자인 채권자에 대하여도 시효가 진행되지 않을 것을 요구한다. 전형적인 예는 미성년자이기 때문에 소를 제기하지 못하는 경우를 들 수 있다. 따라서 일부 법체계에서는 미성년자에 대하여 시효가 진행되지 않는다는 일반규정을 두고 있다. 그러나 이는 틀림없이 도를 지나친 것이라 볼 수 있다. 일반적으로 미성년자에게는 그/그녀를 대신하여 소송을 할 수 있는 대리인인 성년자(예컨대 부모 또는 후견인)가 있기 때문이다. 그러므로 미성년자에게 이러한 대리인이 없을 경우에만 보호해야 할 필요가 있다는 주장이 가능할 것이다.

B. 일반적 접근

이런 두 가지의 접근방식 중 어느 것을 선택할 것인지는 쉬운 일이 아니다. 그러나 모든 것을 감안할 때, 만일 미성년자의 상대방이 미성년자가 적어도 성년에 이르기까지의 기간에 3년을 추가하여 기다려야 한다면 거래의 안정성이 너무나 심각하게 저해되는 결과가 나타날 것이다. 이 점에서는 미성년자의 이익이 제3자의 이익보다 우세할 수 없다. 왜냐하면 법체계에서 부모 혹은 후견인이 미성년자의 이익을 돌보아 줄 책임이 있다는 추정을 전제로 하는 것이 합리적일 것이기 때문이다. 이 점은 인신손해에 관한 채권 이외의 채권의 경우, 예컨대 계약상 채권의 경우 특히 명백하다. 성년 대리인이 적절한 방법으로 행위를 하지 않는다면 이는 미성년자가 부담해야 할 위험이 될 것이다. 다만 미성년자는 대리인에 대한 채권을 가진다. 게다가, 미성년자는 적어도 성년 대리인에 대한 미성년자 채권의 시효기간 만료가 미성년자가 성년이 된 후 합리적인 정도의 시간이 지날 때까지 연기되는 보호를 받을 수 있다.

C. 대리인 없는 무능력자

이 조항은 보호가 요구되는 상황을 구체화하고 있다. 첫 번째 항의 효과는 미성년자 혹은 여타 무능력자가 대리인이 없는 경우에 한정되어 있다. 두 가지 추가적인 사항에 주목하여야 한다. (i) 법이 무능력 혹은 대리인의 부재에서 벗어난 이후 합리적인 기간이 있다는 점을 확실히 해주는 한, 무능력자 보호는 오직 대리인이 없는 상태가 시효기간 만료 전 1년 내에 존재할 경우에만 필요한 것으로 보인다. 그러므로 대리인의 부재는 시효기간의 진행을 정지시키는 것이 아니라, 단지 시효의 만료를 연기하는 것뿐이다. (ii) 이 규정은 양방향으로 적용된다. 즉, 무능력자에 대한 채권에도 적용되는 것이다. 불가능한 것까지는 아니지만, 대리인이 없는 무능력자의 채권자가 채권을 행사하는 것이 대개는 쉬운 일이 아니다. 따라서 이러한 채권자에게는 무능력자에게 주어지는 보호와 같은 정도의 보호를 인정하는 것이 공평한 것으로 보인다.

D. 무능력자와 대리인 사이의 채권

두 번째 항은 첫 번째 항을 보충한다. 만일, 제3자가 관련되는 한, (예컨대) 미성년자가 대리인이 적절히 대응하지 못한 것에 따른 결과에 대한 부담을 져야 한다면, 미성년자는 적어도 그 대리인에게 손해배상 소송을 제기할 수 있어야 할 것이다. 미성년자는 통상 성년이 되어서 이러한 권리를 행사할 수 있다. 그러나 이 경우에도 시효를 정지시킬 필요는 없다. 성년에 달한 후 손해배상 소송을 제기할 합리적인 기간이 확보된다면 충분한 것이다. 이 경우에도 규정을 양방향으로 적용되게 하는 것이 공평할 것이다.

E. 인신손해

일부 국가에서는 아동에 대한 성적 학대가 민사소송으로 이어지고 있다. 이러한 경우 법은 아동 학대의 가해자가 친족이 아닌 경우에는 성년대리인이 어떤 적절한 대응을 하든 그에 맡겨둘 수 있다. 아동을 학대하는 사람이 부모인 경우에는, 부모와 자식 사이의 모든 채권에 대한 시효기간의 만료'를 연기하는 것이 적어도 어느 정도까지는 도움이 될 것이다. 그러나 미성년자는 종종 트라우마가 있는 유년기의 경험을 억눌러 온 상태일 것이고, 무슨 일이 일어났던 것인지 인지하는 것을 막는 심리적 장벽을 무너뜨리기 위해서는 상당한 시간이 필요할 것이다. 따라서 이와 같은 사안의 경우에는 시효기간 만료를 연기하는 것보다는 시효기간 진행을 정지시키는 것이 더 적절할 수 있을 것이다. 게다가, 아동이 다른 가족 구성원에게 학대를 당하는데, 부모가 이를 묵인하거나 다른 이유로 그 구성원에 대한 제소를 원하지 않는 경우도 있다. 이러한 경우에는 제3자에 대한 채권 또는 적어도 부모에 대한 채권 중 어느 하나의 시효를 정지시킬 수 있는 규정을 도입할 필요가 있을 것이다.

위원회는 아동에 대한 성적 학대로부터 야기되는 채권 문제를 처리하기 위하여 특별규정이 요구될 가능성을 인식하는 반면, 관련 쟁점들이 현재의 맥락에서는 충분히 고려될 수 없었다는 것과, 만일 유럽계약법원칙이 이런 특수 상황에 적용되는 데 적절하지 않다고 여겨진다면 이 문제는 관련 특별법들에 의해 가장 잘 처리될 수 있다는 점을 인지했다.

F. 배우자 사이의 채권

비록 무능력의 문제는 아니지만, 여기서 또 다른 관련 문제를 언급할 수 있을 것이다. 많은 법전에서는, 배우자 사이의 채권은 자식과 그 부모 또는 후견인 사이의 채권과 똑같은 체제로 규율된다. 즉, 결혼이 지속되는 한 시효가 정지된다. 독일 민법전 입안자의 예스러운 문체를 그대로 옮기자면, 양자의 공통분모는 '최선의 돌봄과 보호를 요구하는 경건한 관계로서' 가족간 유대이다. 그러나 이런 규정은 오늘날 거의 옹호될 수 없는 것으로 보인다. 이것은 문제를 해결하기보다는 단지 문제를 감춰버리는 것에 불과하게끔 되는 결과를 초래한다. 한쪽 배우자의 사망 후 생존하는 배우자가 이해관계가 충돌하는 상속인들에 대해 통상 수년 전에 시효가 소멸했을 채권을 제시하는 등의 예측불허의 상황을 만들어서는 안 될 것이다. 또한 이혼이 복수를 위한 도화선을 제공하는 것이 되어서는 안 된다. 만일 이런 상황들이 허용된다면 혼인이 이미 시효가 완성된 오래된 채권에 대한 보호를 제거하는 효과를 갖는 셈이 되어 차별적이라고 보일 수 있다. 다른 한편, 만일 배우자 사이의 채권에 대한 시효 정지의 논거가 합리적이라고 여긴다면, 왜 그런 규정이 보통의 가정에서 부부가 아닌 밀접한 관계인 사람들에게까지 다 일반적으로 적용되어서는 안 되는 것인지 이해하기 어려울 것이다. 그러나 그 적용범위의 구분이 복잡한 작업이 되어 법적 확실성을 필연적으로 위태롭게 할 것이다. 요청되는 유일한 특별규정은 무능력자와 그 대리인 사이의 채권에 관한 것이고, 이러한 특별규정은 이들 사이의 친밀한 개인적 유대관계가 아니라 무능력자의 무능력이라는 전혀 다른 근거를 그 기반으로 삼고 있다.

G. 무능력자인 성년자

앞서 언급한 것은 주로 미성년자에 초점이 맞춰져 있다. 물론 이들 역시 심신상실로 인하여 채권을 청구할 능력이 결여된 사람에게도 적절한 변경을 하여 적용된다.

주 석

1. 무능력자에 대한 시효의 미진행

프랑스, 벨기에, 룩셈부르크, 잉글랜드, 아일랜드, 스코틀랜드에서는 무능력자에 대해 시효가 진행되지 않는다. 위 나라들 중 맨 앞의 3개국의 경우, 민법 제2252조 전단 참조. 나머지 나라들의 경우, 잉글랜드의 1980년 제소기간법 제28조, 아일랜드의 1957년 제소기간법 제49조, 스코틀랜드의 1973년 시효와 제소기간법 제6조 제4항 제b호와 *Johnston*, 6.130 ff. 참조. 일반규정에 대한 예외들은, 프랑스 민법 제2252조 후단 참조(이 규정에 대해서는 *Ferid & Sonnenberger* 1 C 223 참조). 그리고 잉글랜드 1980년 제소기간법 제28조, 제28A조의 복잡한 규정 참조. 잉글랜드 법률위원회는 현재 이 법이 유지되어야 할 것인지 아닌지에 대해 미결의 문제로 남겨 두고 있다(제소기간에 관한 자문 보고서 297 ff.).

2. 대리인 없는 무능력자

무능력자에 대한 보호는 인정되지만, 대리인이 없는 경우여야 한다는 입법례는 오스트리아(민법 제1494조), 독일(민법 제206조), 그리스(민법 제258조 제2항), 포르투갈(민법 제320조) 그리고 이탈리아(민법 제2942조) 참조.

동시에, 이 법전들은 일반적으로 무능력이 지속되는 한 무능력자의 그 대리인에 대한 채권의 시효를 정지시킨다. 오스트리아 민법 제1495조, 독일 민법 제204조, 그리스 민법 제256조, 포르투갈 민법 제320조 그리고 이탈리아 민법 제2941조 제2-4호. 비슷한 규정으로, 스위스 채무법 제134조 제1호 및 제2호, 네덜란드 민법 제3:321조 제1항 제b호 이하, 프랑스 민법 제475조 참조. 일반적으로 *Spiro*, Begrenzung §§ 75 f. 참조.

법률상 무능력자를 고려하는 것으로부터 미성년자의 이익과 채무자의 이익을 함께 헤아리는 것에 이르기까지 대륙법의 발전에 따른 변화에 대해, *Mugdan* Ⅰ, 528, *Peters & Zimmermann* 128 참조. 스위스와 네덜란드 법전에는 미성년자의 채권에 대한 시효를 정지시키는 조항이 없다(이 채권들이 대리인에 대한 직접 채권인 경우를 제외). 자세한 사항 및 우회적인 방법에 대해서는 *Spiro*, Begrenzung §§ 95 ff., 106 참조. 스페인 법에서 시효는 무능력자라 할지라도 진행되며, '대리인의 과실로 시효 완성을 초래한 경우' 그 대리인에 대해 무능력자의 구제수단을 남겨두고 있다(민법 제1932조).

독일에서는 대리인의 부재가 시효기간의 진행을 정지시키지 않고 그 기간의 만료를 6개월 연기할 뿐이다. 독일 민법 제206조는 독일 채권법개정위원회에 의해 지지된다(BGB-KE 제214조). 그리스에서 이와 유사한 규정으로는 그리스 민법 제258조 제2항 참조. 이탈리아의 법규정은 시효가 무능력자의 대리인이 부재하는 기간 동안, 그리고 대리인의 선임된 후 또는 무능력이 종료된 후 6개월 동안 정지된다는 점이 다르다. 이탈리아 민법 제2942조 참조.

대리인 없는 무능력자를 위한 그리고 그에 대한 시효가 정지되는지에 관해서는 *Peters & Zimmermann* 251 ff., 321; Abschlußbericht, 90 ff. 참조, 이와 반대되는 것으로 독일 민법 제206조와 이탈리아 민법 제2942조 참조.

3. 무능력자와 대리인 사이의 채권

무능력자와 그의 대리인 사이 채권의 시효는 보통 시효기간 만료의 연기보다는 정지를 통해 연장된다. 오스트리아 민법 제1495조, 독일 민법 제204조, 그리스 민법 제256조 제2호 및 제3호, 스위스 채무법 제134조 제1호 및 제2호, 이탈리아 민법 제2941조 제2-4호, 포르투갈 민법 제318조 제b호, BGB-KE 제213조, 프랑스에 관해서는 *Taisne*, Juris-classeur civil, Arts. 2251-2259, n. 14 참조. 이와 반대되는 것으로 네덜란드 민법 제3:321조 제1항 제b호 이하, *Staudinger* (-*Peters*) § 204, n. 3.

4. 인신손해

아동 성 학대와 관련된 사례의 시효에 대해 *Hondius* 9 f.; 잉글랜드 법률위원회의 제소기간에 관한 자문 보고서(Consultation Paper on Limitation of Actions) 294 f.; 네덜란드 대법원 1998년 10월 23일 판결 그리고 1999년 6월 25일 판결, Ned. Jur. 2000, 15/16; 아일랜드의 2000년 개정 제소기간법 참조.

5. 배우자 사이의 채권

배우자 사이의 채권은 혼인이 유지되는 한 시효가 정지된다. 프랑스, 벨기에, 룩셈부르크(민법 제2253조), 오스트리아(민법 제1495조), 독일(민법 제204조), 그리스(민법 제256조), 포르투갈(민법 제318조 제a호), 스위스(채무법 제134조 제3호), 이탈리아(민법 제2941조 제1호 그리고 헌법재판소 결정 19.2.1976, n. 135 in Giust. civ. 1976, Ⅲ, 131), 네덜란드(민법 제3:321조 제1항 제a호 이하) 참조. 일반적으로 *Spiro*, Begrenzung § 74와 Fs Bosch, 975 ff. 참조. 혼인 유사 관계에 대해서는 이런 규정을 확장하려는 경향이 거의 없었다. 독일 채권법개정위원회, Abschlußbericht, 90과 이탈리아 헌법재판소 결정(29.1.1998, n. 2) 참조. 잉글랜드와 스코틀랜드에는 이런 규정이 없다. 이런 규정에 대한 맹렬한 비판에 관해서는 *Staudinger* (*-Peters*) § 204, n. 2 참조.

제14:306조 기간 만료의 연기: 상속재산

채권자 또는 채무자가 사망한 경우에 상속재산에 속하는 채권 또는 상속재산에 대한 채권의 시효기간은 상속인이나 상속재산 관리인이 채권을 행사할 수 있는 때 또는 그에 대하여 채권이 행사될 수 있는 때부터 1년 내에는 만료되지 않는다.

해　　설

개인이 사망하였을 때, 적어도 유럽에서 지배적인 상속제도에서는, 상속재산에 대한 채권 또는 상속재산에 속한 채권의 청구 소송을 하거나 소송을 당할 상속인, 또는 상속재산 관리인이 없는 경우가 생긴다. 위와 같은 경우 무능력자에 대한 시효 모델(제14:305조)에서 그러했듯이 시효기간 만료를 연기하는 것이 합리적이다. 소를 제기할 수 없는 사람에 대하여 시효가 진행되지 않는 근본적인 이유와 그 상황 역시 매우 유사하다. 이는 상속재산에 대한 채권 및 상속재산에 속한 채권에 적용된다.

주 석

이러한 규정은 독일 법, 즉 독일 민법 제207조에서 찾아볼 수 있는데, 최소 기간은 1년이 아니라 6개월이다. 이 규정은 문제를 야기한 적이 없으며 그 타당성에 대해 의문이 제기된 적도 없다. 2개의 개정안에서도 이것을 유지하는 것이 지지되었다. BGB-PZ 제204조; BGB-KE 제215조; Abschlußbericht, 91 참조. 그러나 다른 법체계에서는 같거나 비슷한 규정이 있는 경우가 거의 없다. 다만 그리스 민법 제259조, 포르투갈 민법 제321조 참조. 스위스에서는 채무법 제134조 제6호의 일반규정(채권자가 스위스 법원에서 소를 진행할 수 없는 채권과 관련한 법조항)이 적절한 사례들에 적용되는 것으로 보인다. *Spiro*, Begrenzung § 72 (158 f.) 참조. 프랑스, 벨기에, 룩셈부르크 법(민법 제2258조 2항)과 스페인 법(민법 제1934조)은 심지어 시효가 정지되지 않는다고 구체적으로 규정되어 있다(*Díez-Picazo & Gullón Ballesteros* Ⅰ, 471 참조). 잉글랜드의 1980년 제소기간법은 제11조 제5항에서 상해를 입은 사람이 3년의 기간이 경과하기 전에 사망하는 경우 사망일부터 3년 또는 대리인이 그 사실을 안 때부터 3년 중 더 뒤의 기간을 적정한 기간으로 규정하고 있다. 아일랜드의 경우, 1961년 민사책임법 제9조 참조.

제14:307조 시효기간의 최대한도

시효기간은 이 원칙에서 정하여진 진행 정지 또는 만료 연기가 있더라도 10년을 초과하여 연장될 수 없고, 인신손해(personal injury)로 인한 채권의 경우에는 30년을 초과하여 연장될 수 없다. 이는 제14:302조에 의한 정지에 대해서는 적용되지 않는다.

해 설

A. 통일성 혹은 차별화?

유럽계약법원칙은 단기 시효기간(제14:201조에 따라 3년)의 핵심 체제를 정하고 있지만, 그런데도 합리적인 인식가능성에 관한 규정(제14:301조)에 따라 시효는 수십 년 동안 연기될 수 있을 것이다. 그러나 시효는 무기한으로 연기되어서는 안 되며, 당사자들은 어느 시점에서 그 사건이 의심할 여지없이 종료된 것으로 여길 수 있어야 한다. 채권을 행사할 수 없게 되는 시효의 최대 기간(maximum period)*은, 채권자의 인식과는 상관없이, 인식가능성 원칙의 균형을 맞추기 위해 필요해 보인다. 이것은 시효법의 기초가 되는, 앞에서 언급한(제14:101조 해설 E) 세 가지의 모든 정책상 고려요소의 측면에서 요구된다. 이러한 최대 기간은 국제적으로도 점차로 널리 인정받고 있다. 문제는 이 최대 기간을 얼마로 해야만 하는 것인가이다. 우리는 다시 한 번, 비록 전적으로 명백한 것은 아니지만 시효기간을 보다 단기로 하려는 국제적 경향을 관찰하고 있다. 그러나 이러한 보다 단기의 시효기간은 흔히 인신손해와 무관한 채권에 대해서만 적용된다. 따라서 보다 현대적인 성문법들과 개정안들을 고려할 때, 다시 한 번 차별화 혹은 통일성이라는 두 가지 근본적인 선택지가 있는 것으로 보인다.

차별화는 인신손해 채권 대 다른 채권을 구별해야 할 것이다. 특별히 문제가 되는 것으로 명시되어 온 대부분의 상황들(아동에 대한 성적 학대, 석면증, 의료과오)이 인신손해 채권의 범주에 포함된다. 이들을 차별하여 다루는 이유는 이들은 종종 긴 잠복기간을 가지고 있고, 생명, 건강과 전반적인 신체적 완전성은 법적 보호에 있어서 특별히 가치 있는 대상들이기 때문이다. 인신손해는 일반적으로 재산상 손해나 경제적 피해보다 더 심각한 것으로 간주된다. 후자의 경우 심지어 10년의 짧은 시효 최장기간(long-stop)도 충분한 것으로 매우 광범위하게 인정되고 있다. 또한 다른 유형의 채권들(예컨대, 특정이행청구권이나 부당이득반환청구권)이 10년의 최장기간에 걸리도록 하는 데 이론이 없을 것이다. 인신손해에서는 30년의 최장기간이 적절한 것으로 널리 받아들여진다. 마지막으로 인신손해와 다른 채권들의 구별은 비교적 간단한 것으로 보인다. 인신손해는 사람의 신체적 완전성에 대한 모든 피해이다. 그러한 피해(예컨대, 정신과적 피해 그리고 고통과 괴로움에 대한 배상을 포함하여)에 기한 채권은 30년의 기간에 걸리게 된다.

그 대신에, 인신손해 채권과 다른 채권 양자에 대한 완벽한 해결책을 제공하는 것은 아니지만, 둘 다를 수용하는 타협안을 찾아볼 수도 있다. 이 선택지에 대

* long-stop은 '최장기간'으로, maximum period는 '최대 기간'으로 번역한다.

한 논거는 다음과 같다. (i) 30년의 기간이라 할지라도 채권자가 채권에 대해 몰랐던 경우가 여전히 있을 수 있으므로 인신손해 채권에 대한 완벽한 해결책을 제공하지는 못할 것이다. (ii) 어떠한 사건은 인신손해와 재산상 손해를 둘 다 발생시킬 수 있다. 예컨대, 결함 있는 기계가 폭발하여 매수인의 건강과 재산에 손해가 발생한다. 또는 집을 개조하는 과정에서 석면이 사용된다. 몇 년 후 소유자가 석면과 관련된 암에 걸리고, 비용이 많이 드는 치료를 받아야 한다. 이와 동시에 집은 철거해야 한다. 그렇게 여러 해가 지나고, 석면사용에 대한 책임이 누구에게 있는지와 집에 석면이 존재하여 소유자가 병에 걸렸음을 증명할 수 있는 경우, 소유자가 건강상 피해(injury)에 기한 채권은 행사할 수 있으나, 재산상 손해에 기한 채권은 행사할 수 없는 이유를 이해하기 어렵다. 하나가 증명되면 다른 것도 증명되기 때문이다. (iii) 채무자가 인신손해 소송에서 20년 혹은 30년 후에 항변을 하는 것은 재산상 손해에 관한 소송에서 만큼이나 어려운 일이다. 사태를 희미하게 만드는 시간의 힘은 다른 유형의 채권들을 서로 구별하지 않는다. 증인이 죽고, 채무자의 기억이 흐려지고, 주요 문서들이 분실된다. 다시 한 번 우리는 다음과 같은 점을 기억해야 한다. 즉, 우리는 보통 채권자가 수년이 지난 후까지도 채권을 행사할 수 있음에도 시효에 의해 그 행사를 금지당하는 경우에 있어서 채권자의 어려움만을 보고, 시효 제도가 부당한 채권의 행사를 방지하는 많은 사례에 대해서는 잊어버리는 경향이 있다. (iv) 인신손해에 기한 채권의 한 가지 주요한 원인은 결함 있는 제조물이다. 여기에서 제조물책임 지침(Product Liability Directive)에 따라 유럽연합 회원국 전체에 적용되는 일반적인 최장기간(인신손해와 재산상 손해에 관한)이 존재하며, 그것은 10년의 비교적 짧은 기간으로서 이러한 상황에 대해 충분하다고 여겨졌다(이 기간은 심지어 제조자가 결함 있는 제조물을 유통시킨 시점부터 진행되기 시작한다!).

모든 것을 감안할 때, 이러한 접근방법 중 첫 번째에 따라 인신손해에 기한 채권(30년의 최장기간)과 다른 채권들(10년의 최장기간)의 구별을 채택하기로 결정하였다. 그러나 유럽계약법원칙의 기본틀에서 이러한 최장기간은 보통 여겨지는 것처럼 시효기간인 것은 아니다. 이는 인식가능성이 시효기간의 기산점이 아니라는 사실 때문이다. 기산점은 일반적으로 적용되는 조항인 제14:203조에 규정되어 있다. 시효기간의 진행은 단지 채권자가 채권 발생의 원인이 된 사실과 채무자가 누구인지를 알지 못하고, 또 알지 못하는 데 합리적 이유가 있는 한 정지된다. 따라서 최장기간은 사실상 시효기간 연장의 최대한도에 관한 규정이 된다. 그 결과, 우리는 하나의 동일한 채권에 대해 서로 병행하는 두 개의 시효기간을 가지는 것이 아니며, 대신 최대한 10년(혹은 30년)까지 연장될 수 있는 3년이라는 하나의 기간으로 통일된 제도를 가진다. 10년(혹은 30년)은 제14:203조에 규정된 시점부터 기산되어야 함은 당연하다.

환경손해에 대해서는 특별한 고려가 필요하다. 인신손해의 경우와 마찬가지로 위원회는 단지 10년의 최대 연장 기간은 부적절하다고 여겼다. 그러나 '환경손해'는 아직 확립되었다고 볼 수 없고, 복잡한 문제를 제기하는 유동적인 개념이므로 위원회는 이 문제를 시효에 관한 일반적인 규정의 맥락에서 다루는 것은 현명하지 않다고 생각했다. 이 문제는 특별 입법의 문제로 남겨두어야만 한다.

B. 적용범위

최대 기간이 무지로 인한 정지에 적용되는 것은 명백하다. 그러나 이 법분야에서 법적 확실성의 특별한 요청을 유념한다면, 이는 가능한 한 넓게 적용되어야 한다. 사물의 성질상 내재하는 이유만이 이러한 최종일자보다 우선시 되어야 한다. 그러한 이유는 단 한 가지 상황, 즉 재판절차로 인한 정지(제14:302조)의 경우에만 명백하다. 채권자에게 재판절차에 의해 채권을 행사하기로 시도하는 것 이상을 기대할 수는 없다. 이러한 절차가 얼마나 걸릴지는 거의 대부분 채권자가 통제할 수 없는 문제이다. 현존하는 불확실성을 제거하기 위하여 지금 모든 것이 진행 중이므로 채권자가 이러한 상황에서 시효에 걸린다면 분명히 불공평할 것이다.

제14:302조를 제외하고, 이 조항에서 정해진 최대 기간은 유럽계약법원칙에서 규정된 정지 또는 만료 연기의 모든 사유에 적용되고, 그 사유 가운데 둘 이상이 동일한 채권에 적용되는 상황에도 적용된다. 그러므로 이는 제14:301조, 제14:303조, 제14:304조, 제14:305조와 제14:306조의 작용에 한계를 제공한다. 합의에 의한 시효의 연장은 제14:601조 참조.

> **사례**: 1994년 3월 10일 A는 몇 년 전 B가 건축한 그의 집에 일부 균열을 발견한다. A는 그 문제를 살펴서 다음을 알게 된다. (i) 균열들은 집의 기초에 결함이 있기 때문이고, (ii) B는 그 결함에 대해 책임이 있었으며, (iii) 더 이상의 악화를 막기 위해서는 비용을 많이 들여 수리할 필요가 있다. 유럽계약법원칙 제9:501조상 A의 손

해배상채권에 대한 시효기간이 시작되는 순간(즉, 흠 있는 이행의 순간)이 1986년 3월 1일이었다고 가정할 때, 시효의 진행은 1994년 3월 10일까지 정지되었다. A와 B가 현재 이 채권에 관해 교섭하기 시작한다면, 시효기간은 제14:109조에 의해 더 연장될 수 있으나, 1996년 3월 1일을 넘기지는 못한다.

C. *Fraus Omnia Corrumpit*(사기가 모든 것을 망친다)?

다수의 국가에서 채무자가 사기적으로(고의로) 채권의 존재를 숨기는 경우 시효기간의 진행은 정지한다는 일반적인 규정이 있다. 그러나 그러한 규정은 채권자가 알지 못하고, 알지 못하는 데 합리적인 이유가 있는 한 그 채권에 대하여 어쨌든 기간의 진행이 정지된다는 사실의 관점에서 불필요해 보인다. 실질적으로 중요한 유일한 문제는 사기(단순한 무지와는 달리)가 최장기간보다 우선되어야 하는지이다. 그러나 심지어 이러한 점에서조차 따로 규정을 두는 것은 득보다는 실이 많을 것이다. 어떤 상황에서 채무자가 시효의 항변을 하는 것이 배제될지는 단순하고 명확한 공식에 끼워 맞추기 불가능한, 일반적이고 복잡한 성질의 문제이다. 신의성실의 요건(유럽계약법원칙 제1:201조)이 우선하는 것으로 인정하는 법체계에서 원칙적으로 그러한 가능성을 부인하지는 않을 것이다. 시효의 항변을 하는 것은 다른 법적 행위와 마찬가지로 신의성실 요건의 제한을 받는 법적 행위이다. 물론 시효 규정들이 특별히 법적 확실성(개별적 정의를 희생시키고서라도)의 상태를 도모하도록 맞춰져 있음을 유념해야 하므로 쉽사리 신의성실을 개입시켜서는 안 된다. 나아가 여기서 시간의 경과도 전혀 무관하다고 생각될 수는 없는데, 수년이 지난 후에 사기적인 은닉이 있었는지 아닌지 논쟁하는 것은 점차 어렵고 비생산적이 되기 때문이다. 그래도 여전히 신의성실 문제는 발생할 수 있다. 그러나 그러한 경우에도 채권에 대한 사기적 은닉이라는 제목으로 분류할 수 있는 명확히 정의할 수 있는 범주 안에서만 발생하는 것은 아니다. 위력과 강박도 동일하게 관련될 수 있다. 그리고 심지어 사기나 위력, 강박이 없는 경우에도 채무자는 특정한 상황에서 시효를 주장하는 것이 금지될 수 있다. 특히 채무자가 시효를 주장하지 않겠다고 약속한 경우가 그러하다.

주 석

1. 최장기간: 일반적인 기간

독일 민법(제852조 제1항)은 30년의 최장기간을 규정한다(불법행위를 했을 때부터, 3년의 단기기간은 안 때부터 진행). 그리스의 규정은 최장기간이 20년인 것을 제외하고는 동일하다(민법 제937조 제1항 제2문). 스위스 법은 알 것을 요하는 두 가지 상황에서 10년으로 규정하고 있다(채무법 제60조 제1항, 제67조 제1항). 네덜란드(민법 제3:309, 310, 311조)와 스코틀랜드(1973년 시효와 제소기간법 제7조)는 최장기간이 20년이고, 잉글랜드의 1980년 제소기간법은 10년과 15년 두 개의 예외적인 최장기간을 인정한다(제11A조와 제14A조, 과실로 인한 잠재적인 손해와 제조물책임에 대한 소송에 관하여). *Peters & Zimmermann*은 10년의 일반적인 최장기간을 권고한다(BGB-PZ 제208조). 독일 채권법개정위원회는 인신손해 채권에 대해서는 30년의 기간을, 그리고 불법행위에 의해 발생한 다른 채권들에 대해서는 10년의 기간을 제안한다(BGB-KE 제199조, 제201조). 잉글랜드 법률위원회는 30년의 기간이 권고되는 인신손해에 관한 소송을 제외하고 모든 소송에 적용할 수 있는 10년의 최장기간에 의한 해결책을 제시한다(제소기간에 관한 자문 보고서, 290). 새로운 벨기에 법에는 20년의 최장기간이 있다(모든 불법행위에 의한 손해배상채권에 적용된다. 제2226조의2 제1항 제2문. 자세한 것은 *Claeys*, 1998-99 R.W. 388 ff. 참조). 일반적으로 *Storme*, in: *Hondius*, 58(두 기간의 조합을 유일한 균형적인 해결책으로 본다); 잉글랜드 법률위원회의 제소기간에 관한 자문 보고서(Consultation Paper on Limitation of Actions), 284 ff.; *Spiro*, Begrenzung § 42; *Zimmermann*, 2000 JZ 863 f. 참조. 또한 제조물책임 지침(Product Liability Directive) 제10조 이하(3년과 10년)와 환경유해행위로 발생한 손해에 대한 민사책임에 관한 협약의 제17조(3년과 10년)에서 채택한 접근방법 참조. 반면에 프랑스 법(민법 제2270-1조 제1항에 규정된 기간에 관하여 *Lambert-Faivre* n. 388 참조)이나 남아프리카 시효법 또는 퀘벡주 민법은 최장기간을 인정하지 않는다. 이에 관한 논의는 *Loubser* 37, *Deslauriers*, in: *Hondius*, 300 참조. 또한 아일랜드도 최장기간이 없으나(1991년 Liability for Defective Products Act는 제외하며, 토지부담금 반환소송에 관해서는 *Brady & Kerr*, 34 참조), 소제기가 과도하거나 용납될 수 없을 정도로 지연됨을 이유로 소를 각하하는 것에 대한 법원의 일반적인 고유한 재량은 인정된다. 14:101조의 주석 4 참조. 이것은 1991년 개정 제소기간법에서 도입된 인식가능성 규정에 의해 주어진 연장된 제소기간을 뛰어넘을 수 있는 최장기간을 판사에게 부여하는 효과가 있다. 제14:301조 주석 2 참조.

2. 인신손해에 관한 채권

상대적으로 짧은 최장기간이 문제될 경우에 대한 비교 검토는 *Hondius* 9 ff. 참조. 잉글랜드 법률위원회는 인적손해 채권에 대해 예외적으로 30년의 기간을 권고한다(제소기간에 관한 자문 보고서, 291). 독일 채권법개정위원회는 특별히 생명, 건강, 신체적 완전성과 자유를 법적 보호의 중요한 대상으로 열거하고 있다. 자유(freedom)는 자유(liberty)의 불법적인 박탈이 손해 그 자체로 한참 후에 드러나는 정신적인 손해를 일으킬 수 있다는 점에서 포함된다. Abschlußbericht 76 참조. 네덜란드에서 대법원은 최근 두 번의 선고에서 민법 제3:310조에 규정된 20년의 최장기간이 예외적인 상황에서 배제될 수 있다고 판결하였다. HR 28 April 2000, Ned. Jur. 2000, 430/431 참조. 두 사건 모두 잠복기가 보통 20년에서 40년인 석면에 노출되어 발생하는 특별한 유형의 암과 관련된 것이었다. 법원은 민법 제6:2조(이에 따르면, 법, 일반적인 관습 또는 법적 행위에 근거한 어떠한 규칙도 특정한 상황에서 신의성실의 원칙에 따라 부적절하다면 적용될 수 없다)에 근거하여 판결하였다. 이 사건들은 찬성(예컨대 *Hondius*, 2000 NTBR 275)과 반대(예컨대 *van Schaick*, 2000 WPNR 6414) 둘 다에 관하여 상당한 논의를 불러일으켰다. 또한 이 상황에 대한 평가에 관해서는 *Hartlief*, 2001 NTBR 58 ff.도 참조. 2001년 3월 현재 석면 피해자들을 위하여 최장기간을 배제함으로써 시효기간을 연장하고자 하는 법안이 계류 중이다.

3. 사기

시효는 채무자의 사기적 행위(예컨대 은닉, 기망으로 단념시키는 것)를 이유로 정지되기도 하는데, 이는 이탈리아 민법(제2941조 제8항, *Roselli-Vitucci* 416), 그리스 민법 제255조 제2항, 네덜란드 민법 제3:321조 제1항 제f호, 잉글랜드의 1980년 제소기간법 제32조 제1항 제b호, 아일랜드의 1957년 제소기간법 제71조 제1항과 스코틀랜드의 1973년 시효와 제소기간법 제6조 제4항 제a호 i목에서 규정하고 있다. 프랑스, 벨기에, 오스트리아, 독일, 스위스와 퀘벡주의 법은 이러한 종류의 일반적인 규정은 없지만, 특정한 짧은 시효기간에 관한 특별규정들이 있다. 독일 민법 제477조 제1항과 제638조 제1항 참조. 비교법적인 고찰로는 *Spiro*, Begrenzung § 82 참조.

사기가 최장기간보다 우선시되어야 하는가? 긍정적인 견해로는 잉글랜드 법률위원회의 제소기간에 관한 자문 보고서 304 ff. 참조. 부정적인 견해로는 벨기에 법의 관점에 주목하고 있는 *Claeys*, 1998-99 R.W. 397 ff. 참조. 특정한 상황에서 신의성실에 근거하여 최장기간이 적용되지 않을 수 있는지에 대한 문제는 위 주석 2에서 언급한 네덜란드 판결 참조.

제4절 기간의 갱신

제14:401조 승인에 의한 갱신

(1) 채무자가 일부 변제, 이자의 지급, 담보의 제공 그 밖에 다른 방법으로 채권자에 대하여 채무를 승인하면 새로운 시효기간이 진행되기 시작한다.
(2) 새로운 기간은 채권이 본래 일반 시효기간의 적용을 받는 것이었는지 또는 제14:202조에 의한 10년의 시효기간의 적용을 받는 것이었는지 묻지 않고 일반 시효기간에 따른다. 그러나 후자의 경우 이 조항은 10년의 기간을 단축하는 것으로 작용하지는 않는다.

해 설

A. 용어

이 조항은 대륙법계에서 전통적으로 '중단(interruption)'이라고 불리어 온 것을 다룬다. 그것은 중단 사유가 발생하기 이전에 경과한 시간은 고려하지 않음을 뜻한다. 시효는 새롭게 진행되기 시작한다. 로마법의 *interruptio temporis*에서 기원하는 '중단'이라는 용어는 거의 일반적으로 통용됨에도 불구하고, 부적절하고 오해의 소지가 있다. 그러므로 이 조항은 기간의 갱신에 대하여 다룬다. 이 개념의 핵심은 새로운 시효기간이 진행하기 시작한다는 것이다.

분명히 갱신은 진행의 정지 및 기간 만료의 연기와 비교하여, 시효기간에 대한 근본적인 간섭이다. 이것은 오직 채무자에 의한 채무의 승인(제14:401조)과 채권자에 의하여 효력이 발생하거나 채권자의 신청에 의한 집행행위(제14:402조) 두 가지 경우에만 정당화된다.

B. 승인

채무를 승인한 채무자는 시효에 의하여 부여되는 보호가 필요하지 않다. 반면에, 채무자의 승인을 믿고 아무런 조치를 취하지 않은 채권자를 보호하여야 할 것이다. 이러한 상황에서 채권자가 아무런 조치를 취하지 않는 것은, 특히 그 문제가 종결된 것으로 생각하는 채무자 측의 기대와 관련하여서는, 더 이상 종전과 같이 중요한 것은 아니다. 또한, 채무자의 승인은 채무와 관련된 불확실성을 줄여준다. 법이 그러한 승인을 고려할 수 있는 유일한 합리적인 방법은 새로운 시효기간을 시작하는 것이다. 승인은 순간적인 사건으로서 단지 정지효과만을 가질 수는 없다.

일부 법체계에서는 승인을 반드시 서면으로 하도록 요구하고 있다. 이러한 해결책의 논거는 법적 확실성을 증진시킨다는 것이다. 그러나, 대부분 유럽의 성문법은 (명시적인 또는 묵시적인) 무방식의(informal) 승인으로 충분하다고 한다. 물론 채무자의 행위를 해석하는 것은 어떤 경우에는 어렵다. 그러나 이러한 어려움은 법적 관련성이 있는 모든 진술이나 다른 행위들이 그러하듯, 법해석의 일반원칙을 통하여 해결할 수 있다. 뿐만 아니라, 채무자의 서면 진술에서도 종종 다양한 해석가능성이 열려 있다. 계약법의 일반적인 경향은 확실히 무방식성으로 향하고 있다. 비록 여기서 다루고 있는 승인이 계약적 진술인 것은 아니지만, 이러한 승인 자체도 방식적 요건의 도입을 정당화할 만큼 격식이 필요하거나, 특별하거나 또는 내재적으로 불안정한 것이라고 볼 이유가 없다. 무방식의 승인을 인정하고 있는 어떠한 국가에서도 그에 대한 불만은 없다.

법이 채무의 승인을 채권자에게 하도록 요구한다면, 법적 확실성은 충분히 보호될 것이다. 채권자는 제3자에게 한 승인을 합리적으로 신뢰할 수는 없을 것이다. 이러한 승인은 채무자와 제3자 사이의 관계에서 발생하는 약인(considerations)에 근거할 것이고, 따라서 채권자에 대한 채무를 명확하게 인정한 것이라는 충분한 증거도 아니다.

행위에 의한 승인의 명백한 예로는 일부 변제, 이자의 지급 또는 담보의 제공 등이 있다.

사례 1: A는 B에게 400유로 채무가 있다. 그 금액을 지급하는 B의 채무는 1996년 10월 10일이 이행기이다. 1999년 10월 5일에 B는 그 금액의 일부를 지급하고, 자신이 할 수 있는 대로 즉시 나머지를 지급할 것을 확인한다. 그 결과, 1999년 10월 5일 나머지 채무에 대하여 새로운 3년의 기간이 진행되기 시작한다.

사례 2: A는 B로 인한 자동차 사고로 부상을 당했다. A는 입원비와 치료비로 10,000유로에 해당하는 비용을 지출하였다. 그리고 현재 그 금액을 B에게 청구하고 있다. B의 보험은 5,000유로만 지급하려고 한다. 따라서 B는 이것이 그가 지급하도록 준비되어 있는 전체 금액이라고 하면서 5,000유로짜리 수표를 보낸다. B는 나머지 5,000유로에 관한 한 A의 채권을 승인하지 않았으므로, 그 나머지 5,000유로에 관해서는 시효가 갱신되지 않는다.

제14:401조의 규정은 판결로 확정된 채권에도 적용된다. 그러나 채무자가 이 채무를 승인했다 하더라도 새로운 10년의 기간이 진행되지는 않는다. 이제 일반적인 3년의 기간이 진행하기 시작한다. 다만 이미 진행하고 있는 제14:201조에 규정되어 있는 10년의 기간을 단축시키기 위한 것은 아니다.

사례 3: A는 B에게 20,000유로 채무가 있다. 그 채권은 1989년 10월 10일 확정된 판결로 확정되었다. 4년 후 A는 일부 변제에 의하여 그 채무를 승인한다. 시효는 여전히 1999년 10월 10일에 완성된다.

사례 4: 사실관계는 위와 같지만 승인은 1998년 3월 10일에 일어난다. 그 날에 3년의 새로운 기간이 진행하기 시작한다.

주 석

승인에 시효 중단의 효과가 있어야 하는지에 관해서는 보통법(*ius commune*)에서 논란이 있었다(*Peters & Zimmermann* 130 및 그곳에 있는 문헌 참조). 그러나 오늘날에는 일반적으로 받아들여지고 있다. 프랑스, 벨기에, 룩셈부르크에 관해서는 민법 제2248조, 오스트리아에 관해서는 민법 제1497조, 독일에 관해서는 민법 제208조, 그리스에 관해서는 민법 제260조, 이탈리아에 관해서는 민법 제2944조, 스페인에 관해서는 민법 제1973조, 포르투갈에 관해서는 민법 제325조, 네덜란드에 관해서는 민법 제3:318조, 스코틀랜드에 관해서는 1973년 시효와 제소기간법 제6조, 제7조, 제10조, *Johnston* 5.66 ff., 덴마크에 관해서는 *Gomard* Ⅲ, 235, 스웨덴에 관해서는 시효법(1981:130) 제5조, UNCITRAL 협약 제20조, 잉글랜드에 관해서는 (비록 모든 채권에 대한 것은 아니지만) 1980년 제소기간법 제29조 이하, BGB-PZ 제198조, BGB-KE 제206조, 잉글랜드 법률위원회의 제소기간에 관한 자문 보고서 308 ff.(현재의 제도를 모든 채권에 대하여 확대하기를 권장한다) 참조.

잉글랜드와 UNICITRAL 협약에서는 서면 승인을 요구한다(위의 문헌 참조). 그러나 위에 언급한 다른 법에서는 방식 요건을 규정하지 않고 있다. 일부 법에서는 특히 승인을 묵시적으로 할 수 있다고 정하고 있다(오스트리아 민법 제1497조, 포르투갈 민법 제325조). 그리고 다른 법에서는 일부 변제, 이자의 지급 또는 담보의 제공 등을 전형적인 묵시적인 승인으로 규정하고 있다(독일 민법 제208조). UNICITRAL 협약에서는 '만일 그러한 변제와 이행으로부터 채무자가 채무를 승인한 것이 합리적으로 추론될 수 있다면' 이자의 지급과 일부 변제의 경우에 방식 요건의 예외를 인정하고 있다. 잉글랜드 법과 스코틀랜드 법에서는 일부 변제를 서면 승인과 같은 것으로 보고 있다. 스코틀랜드 법은 서면 승인과 별도로, '채무의 실현을 위하여 채무자가 하는, 또는 채무자를 위해서 하는 이행을 통하여 채무가 존속함을 명확히 알 수 있다면' 그러한 이행 또한 승인으로 본다.

승인의 법적 성격에 관해서는 *Spiro*, Begrenzung §§ 151 ff.; *Staudinger* (-*Peters*) § 208, nn. 5 ff.에서 다루고 있다.

독일(민법 제208조 참조, BGB-PZ 제198조, BGB-KE 제206조도 참조)과 포르투갈(민법 제325조)에서는 승인은 반드시 채권자에게 하여야 한다. 네덜란드 법에서도 구체적으로 규정하지는 않았지만 그러하다(*Asser-Hartkamp*, Verbintenissenrecht Ⅰ, n. 680). 잉글랜드 법, 스코틀랜드 법 그리고 UNCITRAL 협약 또한 채권자에 대한 승인을 요건으로 한다. 일반적으로, *Spiro*, Begrenzung §§ 153 참조.

덴마크에서는 덴마크 법전(Danske Lov) 제5.14.4조에 의한 시효(1908년 12월 22일 법 제274호에 의해서는 아니다)는, 채무자가 통지를 받은 채무에 대한 채권자의 최고가 있은 이후에 다시 진행하기 시작한다. 그러한 최고는 소 제기의 방식을 취할 필요도 없고 서면에 의할 필요도 없다. 1908년 법 제2조에 의하면 승인은 어떠한 방식도 요건으로 하지 않는데, 승인에 의해 5년의 시효기간이 다시 진행하게 된다. 핀란드에서 시효의 갱신을 위해서는 어떠한 방식의 최고든 충분하다. 어떠한 방식의 승인이든 효과는 똑같다. 이것은 시효령 제1조에 의한 시효에도 적용된다. 특별한 시효 규정에 의하면 법적 절차의 시행이 요구될 수 있다.

제14:402조 집행 시도에 의한 갱신

제14:202조에 규정된 10년의 시효기간은 채권자가 착수하는 합리적인 강제집행 시도가 있을 때마다 매번 새롭게 진행되기 시작한다.

해 설

채권자가 집행력 있는 판결 또는 준거법에 의하여 집행력이 있는 다른 문서를 얻은 경우, 그러한 판결이나 다른 문서에 근거한 채권도 시효에 걸린다. 여기에는 이제 제14:202조가 규정한 10년의 장기 기간이 적용된다. 결과적으로, 채권자의 채권은 다시 한 번 시효에 의하여 위협을 받는다. 채권자가 이것이 발생하는 것을 막을 수 있는 유일한 방법은 (채무자로부터 승인을 얻어내는 것 이외에는) 집행행위를 시도하는 것이다. 이러한 집행행위는 일반적으로 일시성을 띨 것이고, 집행행위가 채권자에게 유리한 효과를 가지려면 그것이 단순히 기간의 진행을 일시 정지시키거나 기간 만료를 연기하는 근거이어서는 안 된다. 또한 채권자는 그 채권이 주장되고 있다는 것을 공식적으로 명백히 하였다. 따라서 집행행위는 새로운 시효기간을 시작하는 효과를 가져야 한다.

일반적으로, 집행의 시도는 채권자의 신청에 따라 법원이나 공무원에 의하여 실행이 될 것이다. 그러면 그러한 신청이 무효가 아닌 한, 또는 집행의 행위가 시도되기 전에 철회되지 않는 한 채권자가 신청을 했다는 것으로 충분하다.

주 석

집행행위의 결과로 인한 시효의 갱신에 관하여, 독일에 관해서는 민법 제209조 제2항 제5호, BGB-KE 제207조, 이탈리아에 관해서는 민법 제2943조, 그리스에 관해서는 민법 제264조, 프랑스와 벨기에에 관해서는 민법 제2244조, 스코틀랜드에 관해서는 *Johnston* 5.55 참조. 또한 묵시적으로, 민법 제3:316조(네덜란드에 관해서) 그리고 많은 다른 법들 참조. 일반적으로 *Spiro*, Begrenzung § 134; Abschlußbericht, 80 ff. 참조. 일반적인 요건 중 하나가 부족하여 무효인 집행의 행위에 대해서 그리고 집행을 위한 신청의 철회에 대해서는, 독일 민법 제216조, BGB-KE 제207조 제2항, 그리고 일반적으로, *Spiro*, Begrenzung §§ 134, 139 ff. 참조.

제5절 시효의 효과

제14:501조 일반적 효력

(1) 시효기간이 만료되면 채무자는 이행을 거절할 권리가 있다.
(2) 시효기간이 만료되었다는 이유만으로 채무를 변제하기 위해 이행한 것의 반환을 청구할 수는 없다.

해 설

A. 시효의 '약한' 효과

설령 어떤 법체계가 시효를 실체법의 문제로 바라보더라도(유럽계약법원칙이 그러하다. 제14:101조 해설 B 참조), 여기에는 2가지 접근방법이 있다. 하나는 기간이 만료하면 채권 자체가 소멸한다고 보고(시효의 '강한' 효과), 나머지 하나는 채무자에게 단순히 이행을 거절할 수 있는 권리가 부여된다고 본다(즉, 시효는 실체법적 차원에서 항변이 되는 것으로서, 시효의 '약한' 효과). 시효기간이 만료되었는데도 채무자가 변제를 한 경우, 두 번째 접근방법에 따르면 법률상 원인이 있는 상태에서 변제한 것이므로 반환청구를 할 수 없다. 이에 반해 첫 번째 접근방법에 따르면 법률상 원인이 없으므로 채무자는 반환청구를 할 수 있어야 할 것이다. 그러나 이러한 결론은 시효의 '강한' 효과를 인정하는 법체계에서도 일반적으로 받아들여지지 않는다. 그러한 법체계에서는 시효를 법원이 직권(*ex officio*)으로 고려해야 할 문제로 보는 것이 논리적이라고 생각될 수 있지만, 실제로는 그렇게 보고 있지 않다. 따라서 국제적으로 힘을 얻고 있는 것은 시효의 약한 효과이다. 그리고 이는 놀랍지 않다. 약한 효과는 시효 제도가 추구하는 목적을 생각해 볼 때 보다 적절하다. 채무를 이행할 의사가 있고, 그로써 채무를 승인하고 있다고 볼 수 있는 채무자에 대한 보호를 강제할 이유는 없다. 그리고 시효기간이 만료된 후에 채무자의 변제가 허용되더라도 '분쟁을 종식시키기 위하여(*ut sit finis li-*

tium)'라는 공익이 침해되지 않는다. 오히려 채무자가 이미 이행한 것의 반환을 구하는 것을 허용한다면 이는 공공의 평온을 해하게 된다. 일단 채무가 이행되면, 그것이 시효가 완성된 이후의 것이라도, 문제는 완전히 해결되었다고 보아야 한다. 비록 시효의 법리가 불가피하게 채권자로 하여금 완전하게 유효한 채권을 행사할 수 없게 할지라도, 시효 제도의 근저에 깔린 정책적인 목적상 불필요한 경우까지 그러한 효과를 관철해서는 안 될 것이다.

제1항에 따르면 채무자에게는 이행을 거절할 권한(본안의 항변; peremptory defence)이 부여된다. 이는 시효가 법률상 당연히(*ipso iure*) 작용하는 것이 아님을 뜻한다. 이는 또한 채무가 계속하여 존속하는 것을 뜻하기도 한다.

채무의 변제로서 이행된 것은 무엇이든지 단지 시효기간이 만료되었다는 사정만으로 반환을 청구할 수 없다. 다만 다른 이유에 의해 반환을 청구할 수는 있는데, 예컨대 채무자가 채권이 시효가 완성되지 않았다는 것을 유보하고 이행한 경우 또는 채권자가 채권이 시효가 완성되지 않았다고 채무자를 기망한 경우가 그러하다.

채무자가 시효의 완성을 알았는지는 중요하지 않다. 시효가 완성되었다는 사실을 알지 못한 채무자도 역시 이행한 것의 반환을 청구할 수 없다. 시효가 완성된 사실을 안 채무자는 실제로 존재하는 채무를 변제하기 위하여 이행한 것이고 이를 증여로 볼 것은 아니다(이 결론은 예컨대 불이익을 받은 채권자의 청구와 관련하여 중요할 수 있다).

유럽계약법원칙은 물적 담보든 인적 담보든 불문하고 담보에 관한 시효의 효과에 관해서는 다루지 않는다.

B. 시효의 항변이 인정될 수 없는 경우

이미 지적한 바와 같이(제14:307조 해설 C 참조) 시효의 항변은 일정한 경우 신의성실의 원칙에 반하기 때문에 받아들여지지 않는다. 예컨대 채무자가 채권자로 하여금 적시에 권리를 행사하는 것을 채무자가 막은 경우, 특히 시효의 항변을 원용할 권리를 포기한 경우가 그러하다. 이 문제는 시효 완성을 더 어렵게 하는 합의를 금지하는 법체계에서 실무적으로 더욱 중요하다. 그러한 법체계는 통상 시효의 이익을 일방적으로 포기하는 것을 무효로 보기 때문에 이러한 경우 채권자는 일반적인 신의성실의 원칙에 의하여 보호될 수 있을 뿐이다. 유럽계약법원칙(제14:601조)에서는 좀 더 자유로운 제도를 채택하고 있어 이러한 문제는 거의 발생하지 않는다. 즉, 양 당사자가 시효 완성을 더 어렵게 하는 것을 허락하지 않았을 것이라는 이유만으로 시효 이익의 포기에 대하여 이의를 제기할 수는 없다. 오히려 그러한 경우 시효 이익의 포기에 관한 일반적이고 암묵적인 동의가 있다고 추정하는 것이 합리적이다. 그런데도 유럽계약법원칙에서 여전히 문제가 발생할 수 있다. 특히 채무자가 제14:307조, 제14:601조에 규정된 30년의 최대 기간이 만료하기 직전에 시효를 원용할 권리를 포기한 인신손해 사건에서 그러하다. 이 경우 채무자는 채권의 실행을 지연시켰던 기간에 관하여 시효의 항변을 원용하는 것이 금지된다(제1:201조).

시효가 일단 완성되면 채무자는 채권자와 합의로 또는 일방적으로 시효의 항변을 원용할 권리를 포기할 수 있다. 결국 채권은 여전히 존재하고, 포기는 그 채권의 행사가 저지될 가능성을 제거하는 효과를 가지는 것에 지나지 않는다.

주 석

1. 시효가 채권에 미치는 효과

스코틀랜드에서 시효는 해당 채무를 소멸시키는 효과가 있다. 스코틀랜드의 1973년 시효와 제소기간법 제8A, 6, 7조와 *Johnston* 4.101 참조. 프랑스, 벨기에, 룩셈부르크(민법 제2223조, 이에 대해서는 *Terré, Simler, Lequette*, n. 1042 참조), 이탈리아(민법 제2934조, 제2938조) 그리고 스페인(민법 제1930조 제2항 및 *Díez-Picazo & Gullón Ballesteros* Ⅰ, 467 참조)의 민법에 따르면 시효 완성으로 채무는 소멸된다. 그런데도 법원은 직권으로(ex officio) 이를 인정할 수 없다. 즉, 시효는 항변으로 주장되어야 한다. 오스트리아 민법 제1449조, 제1451조, 제1479조, 제1501조도 참조. 독일 법에 따르면 피고에게 이행을 거절할 권리가 부여될 뿐이어서 채무는 소멸하지 않고 존속한다. 독일 민법 제222조 제1항과 *Staudinger* (*-Peters*) § 222, nn. 34 ff. 참조. 그리스 법에 관해서는 민법 제272조 제1항, 네덜란드 법에 관해서는 *Asser-Hartkamp*, Verbintenissenrecht Ⅰ, n. 655, 포르투갈 법에 관해서는 민법 제303조 이하, 덴마크 법에 관해서는 *Gomard* Ⅲ, 231과 *Ussing*, Alm. Del. 384, 스웨덴 법에 관해서는 *Lindskog*, Preskription 320 ff., 핀란드 법에 관해서는 *Aurejärvi & Hemmo* 222 참조. 후자의 접근법은 *Spiro*, Begrenzung §§ 226 ff., 241, 244; *Loubser* 14 ff.; Abschlußbericht, 100 ff.; 그리고 *Zimmermann*, 2000 JZ 855 ff.에 의해 지지되고 있다. 독일 민법의 기초자가 제시하였고 오늘날에도 여전히 유효한, 이에 우호적인 논의에 대해서는 *Peters & Zimmermann* 136 참조. 잉글랜드에서 시효기간의 만료는 권리를 소멸시키는 것이라기보다는 구제를 차단하는 것으로 기능한다(법률위원회의 제소기간에 관한 자문 보고서 162 ff., 393 ff. 참조). 아일랜드의 입장도 동일하다. UNCITRAL 협약 제24조에 의하면 기간의 만료는 '해당 법적 절차에서 당사자에 의해 주장된 경우에 한하여 고려될 수 있다.'

시효 완성 후 남은 채무는, 채무가 소멸한다는 전제에서 발전한 법제도 및 채무가 존속한다는 전제에서 발전한 법제도 양 쪽에서, 이른바 자연채무(*naturalis obligatio*)로 불린다. 예컨대 *Malaurie & Aynès* n. 157; *Staudinger* (-*Peters*) § 222, n. 34; *Asser-Hartkamp*, Verbintenissenrecht Ⅰ n. 657; *Lindskog*, Preskription 320 ff.; *Spiro*, Begrenzung § 244 참조. 그러나 우리가 '자연채무'의 본래적 의미에서 그 단어를 사용하지 않고 있다는 점에서, 그러한 용어의 사용은 도움이 되지 않는다는 지적이 있었다. 채권자의 채권은 (시효가 원용되지 않는 이상) 완전하게 집행이 가능하기 때문이다.

2. 추정적 효과를 가진 시효

프랑스, 벨기에, 룩셈부르크, 이탈리아, 포르투갈 민법은 그 기간의 도과로 인하여 채무가 변제된 것으로 추정하는 효과를 가진 다양한 단기 시효를 인정하고 있다. 프랑스에 관해서는 민법 제2271조 이하 그리고 *Terré, Simler, Lequette*, n. 1376, 이탈리아에 관해서는 민법 제2954조 이하, 포르투갈에 관해서는 민법 제316조 이하 참조. 그러한 추정은 부당한 청구에 대하여 불완전한 보호만을 제공할 뿐이어서, 추가로 적절한 시효 제도가 필요하게 한다. 만일 일반 시효기간이 단기간이라면 추가적인 추정적 시효를 인정하는 것은 이 분야의 법을 불필요하게 복잡하게 만들 것이다. 비판에 대해서는 *Spiro*, Begrenzung § 246; *Peters & Zimmermann* 263 ff.; *Loubser* 9 ff. 참조.

3. 부당이득 채권의 배제

변제를 위해 이행된 것은 무엇이든지 단순히 시효기간이 만료되었다는 이유만으로 반환을 청구할 수 없음은 이미 널리 승인되어 있다. 프랑스에 관해서는 *Terré, Simler, Lequette* n. 1403, 스페인에 관해서는 *Pantaléon*, Prescripción 5009, 포르투갈에 관해서는 민법 제304조 제2항, 오스트리아에 관해서는 민법 제1432조, 독일에 관해서는 민법 제 222조 제2항, 스위스에 관해서는 채무법 제63조 제2항, 그리스에 관해서는 민법 제272조 제2항, 이탈리아에 관해서는 민법 제2940조, 덴마크에 관해서는 *Gomard* Ⅲ, 231 및 *Ussing*, Alm. Del. 384, 핀란드에 관해서는 *Aurejärvi & Hemmo* 222, UNCITRAL 협약 제26조, *Spiro*, Begrenzung § 232 ff. 참조.

4. 신의성실의 원칙과 시효이익의 포기

시효 제도의 적용에서 신의성실 원칙의 효과와 특히 시효 만료 전 채무자가 시효 만료를 주장할 권리를 포기한 행위를 고려하는 방법에 관해서는 *Spiro*, Begrenzung § 343; *Staudinger* (-*Peters*) § 222, nn. 17 ff., 20 ff. 참조. 또한 *Zimmermann & Whittaker* 508 ff.의 사례 연구 21(시효 Ⅱ)에 있는 독일, 그리스, 오스트리아, 프랑스, 벨기에, 스페인, 이탈리아, 네덜란드, 영국, 아일랜드, 스코틀랜드, 덴마크, 스웨덴, 핀란드의 국가 보고서 참고. 또한 *Storme*, in: *Hondius*, 70 ff.도 참조.

시효가 완성된 후 시효를 원용할 권리를 포기하는 것은 가능하다. 프랑스, 벨기에, 룩셈부르크에 관해서는 민법 제2220조, 그리스에 관해서는 민법 제276조, 이탈리아에 관해서는 민법 제2937조, 포르투갈에 관해서는 민법 제302조, 독일에 관해서는 *Staudinger* (-*Peters*) § 222, nn. 28 ff., 네덜란드에 관해서는 민법 제322조 제2항, *Asser-Hartkamp*, Verbintenissenrecht Ⅰ, nn. 659 ff., *Koopmann* 95 ff., 그리고 비교법적 분석에 관해서는 *Spiro*, Begrenzung § 343, Loubser 150 ff. 참조.

제14:502조 부수적 채권에 대한 효과

이자의 지급을 청구할 권리와 그 밖에 부수적 성질의 채권에 대한 시효기간은 적어도 주된 채권의 시효기간이 만료됨으로써 함께 만료한다.

해 설

시효는 소송을 종료시킨다. 법은 공익과 채무자 보호를 위하여 오래된 채권에 대한 소송의 제기를 막으려고 한다. 어떤 채권의 시효기간이 도과하였음에도 그 채권의 이자에 대한 변제기가 되었다는 이유로 채무자에게 소를 제기할 수 있다고 한다면 이 제도의 취지를 몰각시키게 된다. 이를 인정하면, 채무자는 항변을 하기 위해 주된 채권의 본안으로 들어가는 것을 강요당하게 될 것이기 때문이다. 보수나 비용과 같이 부수적 성질을 가지는 다른 채권에 관하여도 동일하다. 따라서 부수적 채권에 대한 시효기간이 아직 만료되지 않았다고 하더라도, 이들은 주된 채권과 함께 시효가 완성된다는 원칙이 필요하다.

주 석

이 규칙은 독일(민법 제224조), 그리스(민법 제274조), 스코틀랜드(*Johnston* 4.101(3)), 스위스(채무법 제133조), UNCITRAL 협약(제27조, 이자에 한하여), BGB-KE 제224조에서 발견된다. 또한 네덜란드에 관해서는 민법 제 3:312조, 이탈리아에 관해서는 *Trabucchi* 524, 덴마크에 관해서는 *Gomard* Ⅲ, 232, 스웨덴에 관해서는 시효법(1981:130) 제8조 및 *Lindskog*, Preskription 330, 341 ff. 참조. 이 원칙은 '현재 일반적으로 인정되고 있다'고 말할 수 있다(*Spiro*, Begrenzung §§ 59, 236). 적용대상 채권의 범위에 대해 자세한 것은 *Staudinger* (-*Peters*) § 224, nn. 5 ff. 참조.

제14:503조 상계에 대한 효과

시효기간이 만료된 채권으로도 상계할 수 있다. 다만 채무자가 그 이전에 시효를 원용하거나 상계의 통지를 받은 후 2개월 이내에 시효를 원용하면 그렇지 않다.

해 설

시효가 완성된 채권은 더 이상 실행될 수 없다. 그러나 그것은 상계권을 위해서는 여전히 유효한 기초를 제공할 수 있다. 대다수의 법전에 시효가 완성되기 전 수동채권에 대해 시효가 완성되지 않던 시점에 상계적상에 있었던 경우, 수동채권의 시효가 완성되었다고 해도 상계권을 행사할 수 있다는 규정이 들어 있다. 이 규정 의 취지는 한번 발생한 상계권을, 비록 그 단계에서 상계가 이루어지지 않았음에도 불구하고, 보호하고자 함에 있다. 그러나 이는 시효 제도의 근저에 있는 정책적 고려와는 잘 맞아떨어지지 않는다. '희미하게 만드는 시간의 힘'은 채권자의 채권이 소송으로 제기되든지 상계의 효력 발생을 위해 사용되든지 간에 동일한 영향을 미친다. 두 경우 모두 채무자는 보호가 필요하다. 두 경우 모두 만일 이미 시효가 완성된 오래된 채권이 소송의 대상이 될 수 있다면 공익에 반하게 될 것이다. 유럽계약법원칙에 따르면 상계는 소급효가 없다(제13:106조 참조). 우리는 단순히 상계가 행하여진 순간만을 검토하면 되기 때문에 이는 문제를 단순화시킨다. 시효법의 취지를 고려하면 (자동채권의) 채무자가 사전에 시효를 원용한 경우 상계는 불가능함이 명백하다. 그러나 채무자는 채권자가 채권을 주장(소를 제기하거나 상계하는 방법으로)하지 않는 한 시효를 원용할 이유가 없기 때문에, 채무자가 상계의 통지를 받은 후 시효의 항변을 할 합리적인 기간이 부여되어야 할 것이다. 만일 채무자가 그 기간 내에 시효 항변을 하지 않으면 상계는 효력이 생기게 되고, 결국 시효기간이 만료하더라도 채권은 여전히 존속하게 된다.

사례: A가 B에게 차를 15,000유로에 팔았다. 그 차는 B에게 1995년 10월 1일 인도된다. 같은 날 판매대금을 받을 A의 채권 역시 변제기가 도래한다. 1997년 9월 A에게 책임이 있는 브레이크의 결함에 의해 사고가 발생한다. B는 17,000유로의 손해를 입는다. B의 A에 대한 채권의 시효기간은 1995년 10월 1일(채무불이행일) 기산하나 시효의 진행은 B가 그 하자를 인식하지 못하는 동안 정지된다(1997년 9월까지). 만일 B가 1998년 10월 1일 이전에 A를 상대로 소를 제기하면, A는 B에 대한 매매대금채권을 자동채권으로 B의 채권을 상계할 수 있다. A는 만일 10월 1일 이후에 B가 소를 제기한 경우에도 B가 상계의 통지를 수령하고 2개월 이내에 시효를 원용하지 않은 때에는 A는 상계를 할 수 있다.

주 석

자동채권의 시효가 완성되기 전 양 채권이 상계적상에 있었다면, 자동채권의 시효가 완성되더라도 상계권이 배제되지 않는다. 독일에 관해서는 민법 제390조 제2항(그 규정은 *Peters & Zimmermann* 266, *P. Bydlinski* (1996) 196 AcP 293 ff.에 의해 비판받고 있다), 그리스 민법 제443조, 포르투갈 민법 제850조, 스위스 채무법 제120조 제3항 그리고 *Spiro*, Begrenzung § 216, 네덜란드 민법 제6:131조 제1항, UNCITRAL 협약 제25조 제2항 참조. 오스트리아에 관해서는 *Koziol-Welser* Ⅱ, 104 참조(그러나 *Dullinger* 165 ff.에 의해 제기된 반대견해도 참조). 스코틀랜드에 관해서는 *Wilson* 13.6, *Johnston* 4.101(1) 참조. 이 규정은 상계 통지의 소급효를 고려하려는 입장인데 이는 상계적상만으로 당연히 상계의 효력이 발생하는 법체계(프랑스와 같은)에서는 불필요함이 명백하다. 그러나 양 채권이 병존하기 시작하는 날에 시효가 완성된 경우에만 상계가 배제된다고 명시적으로 규정한 이탈리아 민법 제1242조 참조. 스페인에 관해서는 *Pantaléon*, Prescripción 5009

참조. 상계의 당연효 및 상계 통지의 소급효를 부여하지 않은 법체계에 관해서는 *Wood* 13-18 ff.(잉글랜드), *Ussing*, Alm. Del. 384(덴다크), 시효령 제5조(핀란드), 시효법(1981: 130) 제10조(스웨덴) 참조.

제6절 합의에 의한 변경

제14:601조 시효에 관한 합의

(1) 당사자 사이의 합의로써 시효의 요건을 변경할 수 있고, 특히 그 기간을 단축하거나 연장할 수 있다.
(2) 그러나 시효기간을 제14:203조에 의한 기산점으로부터 1년 미만으로 단축하거나 그로부터 30년을 초과하여 연장하는 것은 허용되지 않는다.

해 설

A. 시효 완성을 더 어렵게 하는 합의

당사자들은 계약을 통해 시효 제도를 배제하기를 원할 수 있다. 이것은 여러 가지 방식으로 가능하다. 당사자들은 자신의 채권에 적용되는 시효기간을 더 연장하거나 단축하고 싶을 수도 있고, 그 기간이 시작되는 기산점을 변경하고 싶을 수도 있으며, 시효 정지 사유를 더 추가하거나 빼고 싶어 할 수도 있다. 시효 완성을 더 어렵게 하는 합의는 시효 완성을 촉진시키는 합의보다 더 문제가 심각한 것으로 보는 게 보통인데, 그 근거는 대개 채권의 시효 제도가 갖고 있는 공익적 취지에서 찾는다. 그러나 채권의 시효가 주로 채무자 보호를 위한 것이라는 점을 기억해야 하며, 채무자가 그러한 보호를 포기한다면 당연히 사적 자치가 공익보다 우선시될 수 있다는 점도 고려해야 한다. 또한 소멸시효를 더 어렵게 하는 합의를 반대하는 국가에서 적용되는 일반 시효기간은 상대적으로 길어서(10년, 20년, 30년), 기간을 이보다 더 연장하는 것은 그야말로 큰 문제가 될 수 있고, 어쨌든 일반 시효기간이 짧은 경우에 비하여 훨씬 큰 문제가 될 수 있다. 따라서 일반적으로 시효기간을 연장하는 합의는 그 기간이 예외적으로 짧은 경우에 특별히 인정된다. 건물이나 제품의 숨은 하자에 대한 계약상 보증의 경우에 이러한 효과를 가질 수 있으므로, 이런 사안이 실무상 중요한 실례로서의 역할을 할 수 있다. 똑같이 채권의 변제기를 연기하는 합의 또는 이행에 부가적인 시간을 허용하는 합의(*pacta de non petendo*)처럼 간접적으로 소멸시효를 어렵게 하는 합의는 금지되지 않는 것으로 받아들여지는 편이다. 그러나 당사자들이 채권의 변제기를 연기할 수 있는데도, 왜 시효기간의 기산점은 연기할 수 없는지 이해하기는 쉽지 않다. 더구나 이러한 미묘한 차이들은 사실상 금지를 회피할 충분한 기회를 제공한다. 이러한 문제들은 금지를 포기함으로써 제거되고 있다.

이것은 유럽계약법원칙에서 제안된 것과 같은 시효 체계에서 훨씬 더 바람직한 것으로 보인다. 당사자 자치는 (i) 3년의 단기인 일반 시효기간과 (ii) 제도 전반의 획일성을 상쇄하는 데 필요한 균형을 제공한다. 3년의 기간으로도, 또는 수많은 다른 규정으로도, 모든 채권 유형과 상상할 수 있는 모든 상황에 부합할 수 없다. 당사자들은 계약자유에 관한 일반적인 제한을 준수하는 한 더 적당한 제도를 고안할 수 있어야 한다. 이 장의 규정들은 세밀한 이익형량에 근거하고 있는데, 우리는 합리적인 균형이 완전히 다른 방식으로 얻어질 수도 있다는 것을 인정해야만 한다. 예컨대, 계약당사자들은 무지의 경우 시효 정지 규정이 불확실성을 초래한다고 합리적으로 판단할 수 있으며, 해당 규정을 배제하는 대신 더 긴 시효기간을 규정하려고 할 수 있다.

B. 제한

두 가지 단서가 붙어야만 한다. (i) 시효 제도에 개입하는 표준계약조항은 특히 신중히 검토되어야 한다. 회원국에서 수용하고 있는 불공정약관지침은 이에 필요한 수단을 제공한다. 유럽계약법원칙 제4:110조도 참조. (ii) 공익을 이유로 강행적인 시효 제도가 반드시 요구되는 것은 아니고, 당사자 자치가 상당 부분 우선할 수 있다. 채권이 3년이 아니라 7년 내에 시효로 소멸한다고 하더라도 공익에 부정적인 영향을 미치지 않는다. 적어도 채권자와 합의하여 채무자가 이런 보호를 포기하기로 결정하는 것에 우선할 만큼 해가 생기지는 않는다. 그러나 채무자가 50년, 100년의 기간에 합의할 수 있다고 해서는 안 된다. 왜냐하면 그것은 사실상 채권을 시효에서 배제하는 것이기 때문이다. 이것이 본조가 합의로 시효기간을 30년을 초과하여 연장할 수 없도록 한 이유이다. 30년은 예외적인 상황에서 유럽계약법원칙이 예정하는 가장 긴 기간이고(인신손해 채권에서 연장할 수 있는 최대 기간이다. 제14:307조 참조), 현재 많은 회원국에서 일반적인 기간으로 적용 가능한 기간이다. 30년의 기간은 제14:203조에 규정된 시효의 일반적인 기산점에서부터 계산되어야 한다.

C. 시효 완성을 촉진하는 합의

위에서 살펴본 내용은 시효 완성을 촉진하는 합의에 대하여 훨씬 더 잘 적용된다. 이러한 합의는 오늘날에도 한층 널리 인정되고 있고, 또한, 시효 제도의 근간을 이루는 공익에 기반을 둔 정책적 고려와도 합치한다. 그런데도 당사자 자치를 위한 최소한의 한계를 설정하는 것이 형평에 맞는다고 여겨져 왔는데, 이 한계는 1년의 기간이다. 이는 전문성이 있는 당사자들 사이에 개별적으로 교섭된 합의에도 적용된다.

주 석

1. 강행적 시효 제도

시효기간을 연장하거나 단축하는 방법, 시효의 기산점을 달리하는 방법, 정지 사유를 추가하거나 빼는 방법 등으로 당사자들이 시효 제도를 배제하는 계약을 체결하는 것이 가능한지에 관해서는 상당한 견해 차이가 있다. 일부 법체계에서는 이 점에 대해 특히 엄격하고 어떤 방법이든 합의를 금지하기도 한다. 스위스 채무법 제129조, 그리스 민법 제275조, 이탈리아 민법 제2936조, 포르투갈 민법 제300조 참조. 그리고 가장 최근의 퀘벡 민법 제2884조도 참조. UNCITRAL 협약은 또한 제22조("시효기간은 어떠한 의사표시나 당사자간 어떠한 합의로도 수정되거나 영향을 받을 수 없다 …")에서 시효 제도를 강행적인 것으로 규정하고 있다. 두 가지 예외가 있는데, 하나는 시효가 진행 중인 때에는 어느 때라도 채무자가 채권자에게 서면으로 의사표시를 함으로써 기간을 연장할 수 있도록 허용하고, 또 하나는 중재절차가 협약에서 규정한 시효기간보다 더 짧은 기간 내에 개시되도록 규정한 매매계약 조항을 특정한 상황에서 승인한다.

2. 일방적으로 강행적인 시효 제도

많은 법체계는 당사자들이 시효 완성을 용이하게 하는 것을 허용하며, 특히 법정 시효기간보다 짧은 기간으로 규정하는 것을 인정한다. 반면 법정 시효기간을 늘려서 시효 완성을 더 어렵게 하는 합의는 인정되지 않는다. 즉, 이들 국가에서 시효 제도는 일방적으로 강행적인 성격을 띤다. 독일에 관해서는 민법 제225조, 오스트리아에 관해서는 민법 제1502조, 프랑스에 관해서는 *Ferid & Sonnenberger* 1 C 254 ff., 벨기에에 관해서는 *Cornelis*, Algemene theorie, no. 709(다만 *Storme*, in: *Hondius*, 71 ff.의 비평 참조), 네덜란드에 관해서는 *Asser-Hartkamp*, Verbintenissenrecht Ⅰ, n. 678, 덴마크에 관해서는 *Gomard* Ⅲ, 233, 핀란드에 관해서는 *Halila & Ylöstalo* 103 ff. 참조. 또한, 스코틀랜드 법도 같은 태도라 할 수 있다. *Johnston* 4.05 참조(그러나 그는 스코틀랜드의 1973년 시효와 제소기간법의 관련 조항인 제13조의 의미가 분명하지 않다고 해설하고 있다).

그러나 시효기간이 예외적으로 매우 짧은 경우에는 그것을 연장하는 합의가 인정된다. 독일 민법 제477조 제1항 제2문, 제480조 제1항 제2문, 제490조 제1항 제2문, 제638조 제2항, 독일 상법 제414조 제1항 제2문, 제423조, 제439조. 스위스에 관해서는 *Spiro*, Begrenzung § 345 참조. 그러므로 계약상의 보증은 종종 그렇듯 시효기간을 연장하는 효과가 생기더라도 허용된다. *Münchener Kommentar* (-*Westermann*) § 477, nn. 21 ff.; *Spiro*, Begrenzung § 346 참조. 간접적으로 시효 완성을 어렵게 하는 합의(예컨대, 채권의 변제기를 연장하는 합의 또는 이행에 부가적인 시간을 허용하는 합의(*pacta de non petendo*))는 가능하다(자세한 내용은 *Spiro*, Begrenzung § 344; *Staudinger* (-*Peters*) § 225, nn. 7 ff. 참조). 그러므로 *Staudinger* (-*Peters*) § 225, n. 2는 당사자들이 시효기간을 연장하기를 원하는 경우 반드시 극복할 수 없는 장애를 만나는 것은 아니라고 지적하고 있다.

3. 양방향 합의의 인정

마지막으로, 독일 채권법개정위원회와 잉글랜드 법률위원회는 원칙적으로 양방향 합의를 인정할 것을 제안한다. BGB-KE 제220조(그리고 Abschlußbericht, 97 ff. 참조), 법률위원회의 제소기간에 관한 자문 보고서(Consultation Paper on Limitation of Actions), 389 ff. 이것은 잉글랜드에서 오늘날 우세한 법적 입장과 일치하는 것으로 보인다(법률위원회의 자문 보고서, 389 참조). 그러나 독일 채권법개정위원회는 30년의 제한을 제안하고 있다(그 기간은 시효의 법정 기산점부터 계산된다). BGB-KE 제220조 제3호 참조. 잉글랜드 법률위원회는 최장기간은 개시 시점만큼이나 강행적이어야 한다고 주장한다. 자문 보고서, 390. 스페인 법은 또한 원칙적으로 양방향 합의를 인정하는 것으로 보인다. 소멸시효를 촉진하는 합의에 대해서는 *Díez-Picazo & Gullón Ballesteros* Ⅰ, 468; *Pantaléon*, Prescripción 5013 참조. 시효기간을 연장하여 시효 완성을 어렵게 하는 계약은 그 계약이 채권을 시효로 소멸할 수 없게 만들거나(*Díez-Picazo & Gullón Ballesteros* Ⅰ, 468), 시효를 민법 제1964조에 규정된 15년의 기간을 초과하게 하는 경우(*Pantaléon*, Prescripción 5013)를 제외하고는 유효하다. 스웨덴 법에 따르면, 시효를 연장하거나 단축하는 합의는 원칙적으로 유효하나, 이에 대해서는 계약법 제36조에 따라 불합리한 계약조건은 무효가 되거나 수정될 수 있다는 일반규정이 적용된다(*Lindskog*, Preskription 582 ff.).

4. 시효 완성을 용이하게 하는 합의

시효 완성을 용이하게 하는 합의는 일반적인 제도보다 시효법이 추구하는 정책적 목적을 더 효과적으로 달성한다. *Zimmermann*, in: *Jayme*, 188; *Asser-Hartkamp*, Verbintenissenrecht Ⅰ n. 687. 참조. *Spiro*, Begrenzung §§ 347 ff.에 따르면, 그러한 합의조차도 바람직하지 않은 것으로 여겨진다(그러나 그는 또한 당사자들이 채권을 다른 방식으로는 자유롭게 제한시킬 수 있다고 지적하는데, 그 제한의 범위에서는 상당한 문제가 뒤따를 수 있다).

제15장 위법성

제15:101조 근본원칙에 반하는 계약

계약은 유럽연합의 회원국의 법에서 근본적인 것으로 인정되는 원칙에 반하는 한도에서는 효력이 없다.

해　　설

A. 이 장의 범위와 배치

이 장에서는 계약 또는 계약 조항이 위법한 경우의 효과에 대하여 다루고 있다. 이 주제는 유럽계약법원칙 제4장(유효성)에서 다루는 내용과 어떤 면에서 관련이 있지만, 취소의 구제수단에 대해서는 다루고 있지 않다. 전체 3부의 새판(edition)에서 이 장은 약간 수정된 제4장의 독립적인 절을 구성할 것이다. 그 사이에 이 장은 앞선 장에 번호를 붙이는 데 영향을 주지 않으면서 나중에 위치를 변경할 수 있도록, 제3편의 말미에 배치되었다.

B. 회원국의 법에서 근본적인 것으로 인정되는 원칙에 위배

제15:101조는 비도덕성, 보통법상 위법성, 공공정책(public policy), 공공질서(ordre public)와 선량한 풍속(bonos mores)이라는 나라마다 다양한 개념의 사용을 피하려고 의도한 것으로서, 유럽공동체 법을 포함하여 유럽연합 전반에 걸쳐 발견되는 폭넓은 개념인 '법의 근본원칙'을 사용하여 규정되었다. 다음과 같은 문서, 즉 유럽공동체 조약(예컨대 재화, 서비스, 사람의 자유로운 이동과 자유시장경쟁의 보호를 지지), 유럽 인권 협약[예컨대 노예 노동 및 강제 노역의 금지(제3조), 자유권(제5조), 개인 및 가족생활의 존중(제8조), 사상의 자유(제9조), 표현의 자유(제10조), 결사의 자유(제11조), 혼인할 권리(제12조)와 소유물의 평화로운 향유(제1의정서, 제1조)], 그리고 유럽연합 기본권헌장[이 헌장은 위에서 이미 언급한 많은 권리를 포함하고, 개인정보보호(제8조), 직업 선택의 자유와 일할 권리(제15조), 영업의 자유(제16조),

재산권(제17조), 양성평등(제23조), 아동의 권리(제24조), 단체교섭과 쟁의의 권리(제28조), 부당해고를 당한 경우의 보호(제30조), 그리고 높은 수준의 소비자보호(제38조)와 같은 것을 추가로 언급하고 있다]에서 이러한 근본원칙에 관한 지침을 얻을 수 있다.

국내법상 개념 자체만으로는 유럽계약법원칙이 적용되는 계약에 아무런 효력을 미치지 못하고 직접적으로 적용될 수도 없지만, 비교법적 연구는 회원국들의 법에서 근본적인 것으로 인정되는 원칙을 확인하고 설명하는 데 더 많은 도움을 줄 수 있다. 그래서 제15:101조는 개인의 자유를 부당하게 제한하는 계약(예컨대, 과도하게 장기간의 구속을 수반하는 계약이나 경쟁을 제한하는 약정), 노동권을 부당하게 제한하는 계약 또는 그 밖의 방법으로 거래의 자유를 부당하게 제한하는 계약, 가족생활의 일반적인 규범과 성적 도덕성에 반하는 계약, 적절한 법집행을 방해하는 계약(잉글랜드의 소송신탁이나 그 밖의 국가의 성공보수약정(pacta de quota litis)이 그 예이다)에 효력이 미친다. 자세한 내용은 *Kötz and Flessner* 155-161 참조.

근본적인 것으로 인정되는 원칙의 근간이 되는 공공정책(public policy)은 시간이 흐르면서 사회의 보편적인 규범의 발전에 따라 변경될 수 있다.

유럽계약법원칙은 과도한 이익이나 불공정한 이익을 주는 계약에 관한 규정(제4:109조)과 개별적으로 교섭되지 않은 불공정 계약 조항에 관한 규정(제4:110조)을 포함하고 있기 때문에, 이러한 경우는 제15:101조의 적용범위에 포함되지 않는다.

C. 효력이 없음(무효)

유럽계약법원칙은 여기서 부존재(절대적 또는 상대적), 무효(voidness), 취소(voidability), 실행불가능과 같은 국가별 개념을 피하고, 대신 '무효(ineffectiveness)*'라는 개념을 사용하고 있다. 무효란, 그 실행(계약 그 자체와는 별개로)이 유럽연합 회원국의 법에서 근본적인 것으로 인정되는 원칙에 위반되어 이를 실행하는 것이 불가능한 경우까지 포함한다.

---

* 기존의 무효와 구별하기 위하여 '효력 없음'이라고 번역할 수도 있으나, 무효라고 번역한다.

D. 재량의 여지가 없음

제15:102조에서의 태도와는 달리, 판사나 중재인은 법의 근본적인 원칙에 반하는 계약의 효력을 결정하는 데에 재량이 없다. 그러한 계약은 효력이 없다. 당사자의 의도나 인식 여부와는 상관없다.

주 석

모든 유럽국가에서는 근본적인 도덕원칙이나 공공정책에 반하는 계약의 무효(ineffectiveness)에 관한 규정을 두고 있다. 사용되는 용어는 국가별로 다양하다.

비도덕성을 원인과 목적의 이론에서 다루고 있는 프랑스 법은 선량한 풍속과 공공질서(민법 제1133, 1172, 1217, 1218조) 등의 두 가지 개념을 사용한다. 실제로는 전자가 후자에 포섭되어 왔다. 이탈리아 민법(제1343조)은 공공질서(*ordine pubblico*)와 선량한 풍속(*buon costume*)이라는 용어로 구성되어 있다. 포르투갈 민법(제280, 281조)은 공공질서(*ordem pública*)와 선량한 풍속(*bons costumes*)이라는 용어로 구성되어 있는데, 특별규정은 자발적으로 근본적인 시민권을 제한하는 것은 공익에 반하는 경우 무효라고 규정하고 있다(민법 제81조 제1항). 네덜란드에서는 민법(제3.40조)으로 선량한 풍속과 공공질서 위반을 규정하고 있다.

스페인 법(민법 제1275조)은 원인이 선량한 풍속에 반하면 불법이 된다고 규정하고 있다. 계약은 (1) 당사자들이 계약 자유의 한계, 도덕이나 공공질서(*ordre public*)를 지키지 않은 경우(민법 제1255조), (2) 선량한 풍속(*bonos mores*)에 반하는 용역에 관한 것이어서 계약의 목적이 불법인 경우(민법 제1271조 제3문)에는 무효이고, 효력이 없다고 선언될 수 있다.

독일(민법 제138조), 오스트리아(민법 제879조) 법은 선량한 풍속을 위반한 경우를 규정한다. 스위스 채무법(제20조)은 단순히 비도덕성에 관하여 규정하고 있다. 또한 그리스 민법 제178조 참조.

핀란드 법에서 선량한 풍속(*bonos mores*)에 반하는 계약은 무효라고 한다. 예컨대, *Telaranta* 250-274와 *Hemmo* Ⅰ, 300-307 참조. 덴마크 법에서는, 덴마크 법전(Danske Lov)(1683) 제5.1.2조는 '품위'를 위반한 계약은 무효라고 한다. 이것은 범죄를 저지르는 계약, 범죄를 저지른 사람에게 보상하는 계약에 적용된다. 그것은 또한 특정 정당에 투표하거나 종교적 신념을 바꾸거나 바꾸지 않기로 하는 약속처럼 개인의 행동의 자유를 부적절하게 제한하는 계약에도 적용된다. 법이 보호하거나 요구하는 것을 하는 사람에게 비용을 지불하기로 하는 약속은 비도덕적이고 실행불능이 될 것이다. 예컨대, 소송에서 증인으로서 진실을 말하는 사람에게 비용을 지불하기로 하는 약속(*Andersen & Madsen* 235

와 *Gomard*, Kontraktsret 195 ff.).

잉글랜드, 아일랜드, 스코틀랜드 법에서 제15:101조의 주제는 종종 '보통법에서의 위법성', '비도덕적 계약' 또는 '공공정책에 반하는' 계약과 같은 제목 하에서 규정되고 있다. 그러한 계약은 무효일 수 있지만, 종종 그것은 '실행불가능'으로 설명하고 있다. *Chitty* paras. 17.003-17.139, *Clark* 323-7, *MacQueen & Thomson* 4.68-4.75 참조. 잉글랜드 법은 현재 위법 거래에 관한 자문 보고서를 통해 법률위원회의 검토를 받고 있다. 위원회의 개정 제안은 결과적으로 계약 이행청구에 대하여 위법성이나 공공정책 위반으로 항변할 수 있는지를 결정할 재량권이 법원에 있어야 한다는 것이다.

제15:102조 강행규정을 위반한 계약

(1) 계약이 이 원칙 제1:103조에 따라 적용되는 강행규정을 위반한 경우, 그 강행규정에서 강행규정 위반이 계약에 미치는 효력을 명시적으로 정하고 있다면 해당 규정을 따른다.

(2) 강행규정에서 강행규정 위반이 계약에 미치는 효력을 명시적으로 정하지 않은 경우에는, 그 계약은 전부 유효이거나, 일부 유효이거나, 전부 무효이거나, 수정되어야 하는 것 중 하나로 선언될 수 있다.

(3) 제2항에 따라 내려지는 결정은, 다음을 포함하여 모든 관련 사정을 고려한 그 위반에 대한 적절하고도 균형 있는 대응이어야 한다.

(a) 위반된 규정의 목적

(b) 규정이 보호하고자 하는 자의 범주

(c) 규정 위반에 따라 부과될 수 있는 제재

(d) 위반의 심각성

(e) 위반의 고의성 유무, 그리고

(f) 위반행위와 계약 사이의 연관의 긴밀성.

해 설

A. 일반론

많은 계약들은 근본원칙에는 반하지 않지만 법을 위반한다는 의미에서 위법하다. 제15:102조는 그러한 계약들을 다룬다. 그 위반이 제15:101조에서 의미하는 근본원칙의 위반을 또한 포함하는 경우 제15:101조가 적용된다는 점은 제15:101조와 15:102조의 구조에서 묵시적으로 드러난다. 그러므로 실무상 제15:102조는 제15:101조보다 덜 중요한 법 위반에 대하여 다룬다. 실제로, 현대 국가에서 법적 규제의 정도를 고려하면, 제15:102조에 의하여 규율되는 일부 위반들은 단순히 기술적인 성질의 것일 수 있다. 이는 위반의 효과에 대하여 유연한 접근이 필요함을 뜻한다.

B. 준거법에서의 강행규정

제15:102조는 어느 경우에 계약이 위법한지에 대하여 규정하고 있지 않다. 유럽계약법원칙이 본 원칙으로 규율되는 계약들에 대해 본 원칙상의 규정들을 적용하는 자기완결적인 체계를 구성하고 있기는 하나, 원래 그러한 계약들에 적용되었을 국내법과 다른 실정법의 규정들을 완전히 무시하는 것은 불가능하다. 특히 특정한 상황에서 계약을 무효로 하거나, 취소할 수 있거나, 무효화할 수 있거나, 또는 실행할 수 없게 만드는 명시적 또는 묵시적 규칙 또는 금지규정들 있는 경우에는 더욱 그러하다. 그러한 규칙들이 국제사법과 유럽계약법원칙 제1:103조에 의해 계약에 적용되는 경우, 제15:102조가 작동한다. 그러나 이 조항(제15:102조)은 오직 위법성의 효과(effects)에 대하여만 다루고 있다.

유럽계약법원칙 제1:103조는 강행규정을 두 가지 유형으로 구별한다. (1) 첫째는 본래 계약에 적용되어야 할 법에 의하여 허용됨을 전제로, 당사자들이 계약을 유럽계약법원칙으로 규율하기로 선택함으로써 적용이 배제될 수 있는 국내법적 강행규정이다. (2) 둘째는 국제사법의 관련규정에 따라 계약을 규율하는 법과 관계없이 적용되는 강행규정이다. 이러한 구별은 계약상 채무의 준거법에 관한 1980년 로마 협약(Rome Convention on the Law Applicable to Contractual Obligations 1980) 제7조를 따르는데, 그 규정의 내용은 다음과 같다. 로마 협약 하에서 한 국가의 법을 적용하는 경우, 다른 국가의 법제상 계약에 적용되는 법이 무엇이든 간에 그 다른 국가의 강행규정이 적용되어야 한다고 규정하고 있다면, 그리고 그렇게 규정하는 범위에서는, 그 상황과 밀접한 관련을 가지는 다른 국가의 강행규정에 효력이 부여될 수 있다는 것이다. 그러한 강행규정에 효력을 부여할지 여부를 고려할 때에는, 해당 강행규정의 성질(nature), 목적 및 적용 또는 비적용에 따른 결과가 고려되어야 한다. 그러나 로마 협약은, 원래 계약에 적용되었을 법과 상관없이, 법정지법이 강행적인 경우라면 그 규정의 적용을 제한하지 않는다. 로마 협약 제16조가, 그 협약에 의하여 정해진 특정 국가의 법규정의 적용은 그것이 법정지의 공공정책(공공질서)과 명백히 양립할 수 없는 경우에만 거부될 수 있다고 규정하고 있다는 점도 유의하여야 한다.

C. 위반

강행규정의 위반은 계약체결의 당사자, 계약 체결의 형태, 계약의 내용 또는 목적, 또는 (예외적으로) 계약 이행의 측면에서 나타날 수 있다.

가장 명확한 사례는 특정 계약을 체결할 수 있는 당사자를 정하는 강행규정이 위반된 경우이다.

> **사례 1**: 어떤 법률은, 회사는 정부가 부여한 라이선스를 유지하는 경우에만 소비자에게 신용을 제공할 수 있고, 라이선스가 없는 자에 의하여 체결된 소비자 신용계약은 실행할 수 없다고 규정하고 있다. 또한 라이선스 없이 소비자 신용을 공급한 자는 형사처벌의 대상이 된다. 여기서 라이선스가 없는 공급자에 의하여 소비자 신용 계약을 체결하는 것은 법규정을 위반하는 것이 된다.

더 어려운 것은 위법한 목적을 가진 계약에 따른 문제이다. 일반적으로, 위법한 목적이 계약의 효력에 영향을 주려면, 적어도 한쪽 당사자의 위법한 목적이 상대방에게 알려지거나 상대방이 인식했어야 하는 등, 이것이 양 당사자에게 공통의 목적이어야 한다.

만일 위법성이 계약상 의무의 이행에만 관련된다면, 계약 자체는 위법성에 관한 규정에 영향을 받지 않을 것이다. 그러므로 운송인이 때때로 속도제한을 어기거나 정지신호를 건너뛴다면, 물품 도로 운송을 위한 계약을 이행하는 동안 그 계약 자체는 본 조에 따른 영향을 받지 않는 상태로 남는다. 그 계약 자체는 도로교통법의 강행규정을 위반하지 않는다. 한쪽 또는 양쪽 당사자에 의하여 처음부터 계약이 위법한 방법으로 이행될 것이 의도된 경우에만, 그 이행에 관한 계약이나 합의가 유효한지 여부 및 어느 한도까지 유효하다고 볼 것인지에 관한 문제가 생긴다. 이러한 경우 위법한 목적을 가진 계약의 상황과 유사하게 된다.

> **사례 2**: 매도인의 상품을 급히 필요로 하는 매수인이, 매도인에게 상품을 가져올

때 속도 제한을 위반할 것을 약속해달라고 설득한다. 매도인에 의한 이러한 약속은 위법성에 관한 규정의 적용대상이 된다.

위법성에 관한 규정은 계약상 위법한 조건에도 적용된다(조건에 관해서는 유럽계약법원칙 제16장 참조).

D. 위법성의 효과

위법성이 계약에 미치는 효과를 결정할 대 해당 강행규정이 그 문제에 대하여 무엇을 규정하고 있는지를 먼저 고려해야 한다.

만일 강행규정이 명시적으로 위반의 효과에 대하여 규정한다면 그에 따른 효과가 생긴다. 예컨대, 관련 규정이 명시적으로 조항을 위반할 경우 계약이 무효가 된다고 규정하거나, 위반이 있어도 계약이 무효가 되지 않는다고 규정한다면, 그에 따른 결과가 발생한다. 그러므로 예컨대, 유럽공동체 조약 제81조는 사업자들 간에 유럽경제공동체 내에서 경쟁을 방해, 제한, 또는 왜곡할 목적을 가지거나 그러한 효과를 가져오는 합의를 금지하고, 그러한 금지된 합의에 대하여 '자동적 무효'를 선언한다. 반대로, 계약을 체결하거나 이행하는 과정에서 발생한 범죄는 그 자체로는 계약을 무효 또는 실행불가능하게 만들지 않는다거나, 손실과 관련된 청구원인의 발생을 막지 못하도록 법률이 규정할 수도 있다(예컨대 패키지여행, 패키지 휴가 및 패키지 관광에 관한 이사회 지침(Council Directive) 90/314/EEC를 이행한 영국의 1992년 패키지여행, 패키지 휴가 및 패키지 관광 규칙(reg. 27) 참조).

문제된 규정이, 그 규정의 위반이 계약에 디치는 효과에 대하여 명시적으로 규정하지 않을 수도 있다. 유럽계약법원칙은 이 두 번째 상황을 다룰 필요가 있다. 본 원칙은 계약에 따른 문제를 결정할 권한이 있는 사람(판사 또는 중재인)에게 이를 맡기는 방법을 택하고 있다. 만일 판사나 중재인이 관련 문제를 전혀 다루지 않았다면(그리고 제15:101조에 해당하지 않는다면) 계약은 규정 위반으로 인한 영향을 받지 않는다. 계약은 다른 명시가 없는 한 유효하고, 이 상황에서 무효를 규정하는 조항이나 강행규정은 존재하지 않는다.

제15:102조 제2항이 적용되는 경우, 판사나 중재인은 계약이 전부 유효인지, 일부무효 또는 전부 무효인지, 또는 수정되어야 하는 것인지를 선언할 재량권을 가

진다. 이 결정은 모든 관련된 상황, 그리고 특히 제15:102조 제3항에 기재된 상황을 고려한 것으로, 위반에 대한 적절하고 비례적인(proportional) 대응이어야 한다.

제15:102조 제2항은 판사 또는 중재인에게 가능한 효과의 범위에 대한 선택권을 주는데, 이는 계약이 아무런 영향을 받지 않고 완전히 실행될 수 있게 하는 것을 포함한다. 이와 마찬가지로, 계약은 전부 유효가 아닌 일부 유효로 판단될 수도 있다. 예컨대, 계약은 한쪽 당사자만, 또는 부분적으로만, 또는 특정 시기에만 실행될 수도 있다. 특정이행과 같은 일부 구제수단은 이용할 수 없는 반면, 불이행에 대한 손해배상과 같은 다른 구제수단은 이용 가능할 수도 있다. 계약은 전혀 효력이 없거나(이는 무효와 실행불가능(unenforceability)을 모두 포함시키고자 의도한 표현이다), 판사 또는 중재인의 수정에 따라 실행가능성이 좌우될 수도 있다.

E. 위법성의 효과를 결정하는 데 고려되는 요소

유럽계약법원칙은 제15:102조 제3항에서 판사 또는 중재인에게 법의 위반이 계약에 미치는 효과를 결정할 때 모든 관련 사정(circumstances)을 고려할 것을 요구한다. 이러한 판단과정을 돕기 위하여 몇 가지 고려해야 할 요소가 열거되어 있다. 그 목록은 한정적인 것이 아니고, 언급된 요소들은 중첩적으로 적용될 수도 있다.

(i) 규정의 목적

문제가 되는 규정이 그 규정을 위반한 계약의 유효성에 미치는 효과에 관한 명시적인 조항을 포함하고 있지 않다면, 해당 규정의 입법취지는 법 해석에 관한 일반적인 규칙에 따라 결정되어야 할 것이다. 이때 목적론적 접근이 채택될 수 있다. 유럽계약법원칙의 의도는 규정 위반이 계약에 미치는 영향에 관하여 명시적인 언급이 없는 경우, 규정에 완전한 효력을 부여하기 위해 해당 계약을 무효(set aside)로 해야 하는지를 항상 고려하라는 것이다. 입법취지가 고려되어야 하는 경우의 예시로는, 특정 국내 입법이 국가나 국경을 초월한 거래에 적용되도록 의도되었는지, 또는 특정 국제법 또는 공동체법 규정이 순수한 국내 거래에도 적용되어야 할지 여부가 문제되는 경우를 들 수 있다.

(ii) 누구를 보호하기 위하여 규정이 존재하는가?

이 요소는 규정의 목적 문제와 밀접하게 연관되어 있다(위의 (i) 참조). 예컨대, 만일 문제가 되는 규정이 단순히 한쪽 당사자가 특정 종류의 계약을 체결하는 것을 금지하는 경우, 그로 인해 상대방이 계약의 효력 발생을 막기 위해 위법성을 주장할 수 있다는 결론이 당연히 도출되는 것은 아니다.

사례 2: 어떤 법률은 국내 건설업은 등록된 건설업자만 할 수 있다고 규정하지만, 미등록된 건설업자에 의하여 체결된 계약이 어떠한 효력을 가지는지에 대해서는 규정하고 있지 않다. 개인 주택 증축 계약의 75%가 미등록 건설업자에 의하여 완성되었는데, 그 건설업자가 건축 작업을 중단한다. 만일 법원 또는 중재인이 그 규정의 주된 목적이 고객을 보호하기 위한 것이라고 결론 내릴 경우, 고객은 미등록 건설업자에 의한 계약의 특정이행을 주장하지는 못하나, 건설업자에 대하여 하자 있는 건축으로 인한 손해배상 청구권 또는 등록된 건설업자에 의해 건축을 완성시키기 위한 추가 비용에 대해서 손해배상 청구권을 가질 수 있다.

사례 3: 어떤 회사가 회사법을 위반하여, 주주들이 회사 주식을 더 살 수 있게끔 하기 위해 주주들에게 금융 지원을 제공하기로 한다. 이 법의 목적은 회사의 주주와 채권자를 보호하는 것이다. 만일 회사의 모든 주주들이 주식을 매수하고 회사의 채권자들이 그 거래에 의하여 불리한 영향을 받는다면, 해당 합의는 유지될 수 있다.

사례 4: 소비자보호법은 영업소 이외에서 금전소비대차 계약에 관해 협상하거나 이를 체결하는 것을 금지한다. 이 법의 목적은 소비자 신용 회사를 대리하는 가정 방문 또는 전화 판매원에 의한 기습적 권유로부터 소비자를 보호하는 것이다. 소비자 신용 회사들은 그러한 상황 하에서 체결된 계약을 실행할 수 없는 반면, 금지규정의 보호 대상인 소비자는 이를 실행할 수 있다.

(iii) 이미 제재가 부과된 경우

만일 문제가 되는 규정에 위반자에 대한 형사상 또는 행정상 제재가 규정되어 있는 경우, 계약을 무효화시키지 않더라도 그러한 제재의 부과만으로 해당 행위를 억제하기 충분할 수 있다. 일반적으로 사법(私法)적인 방법보다 이와 같은 형사적 또는 행정적 제재를 통해 억제하고자 하는 목표가 더욱 효과적으로 달성된다. 이러한 제재는 관련 당사자의 비난가능성 정도를 고려하여 부과되는 경우가 많으므로, 이는 계약을 전부 또는 일부무효로 만드는 것보다 그 행위에 대한 더 적절한 대응이 될 수 있다.

사례 5: 어떤 법률에 특정 크기의 배는 일정량을 초과하는 화물을 운송할 수 없다고 규정되어 있다. 이 법률에는 형사상의 제재는 규정되어 있으나, 위반한 경우의 민사상 효력은 규정되어 있지 않다. 선박소유자인 A는 B를 위해 화물을 운송하면서 위 법률을 위반한다. B는 이행의 위법성을 주장하며 운송료의 지급을 거절한다. 법률의 목적이 A에 대한 형사적 제재의 부과에 의하여 충분히 달성되었기 때문에, 계약은 무효가 아니며 B는 운송료를 지급하여야 한다.

사례 6: 법은 법원 공무원이 그들의 직장 밖에서 보수를 지급받는 활동에 종사하는 것을 금지한다. 규정의 목적은 공무원의 직업적 청렴성을 보호하는 것과 공무원이 그러한 거래관계에 들어가는 것을 억제하는 것이다. 하지만 이는 거래 상대방이 공무원의 역무 제공을 무상으로 받을 수 있도록 하는 것보다는, 잘못의 정도를 고려하여 부과되는 징계적 제재에 의하여 달성될 수 있다.

(iv) 위반의 심각성

판사 또는 중재인은 위법성이 계약에 어떠한 효력을 가지는지 평가함에 있어서 규정 위반의 심각성을 고려할 수 있다. 그 위반이 사소하거나 매우 경미한 경우, 이는 계약을 유효로 만드는 요소일 수 있다.

사례 7: 어떤 선박소유회사가 선박 적재중량의 최대치를 규정하는 법률의 규제를 위반하였으나, 그 위반의 정도가 매우 미미하다. 이러한 이유만으로 항해에 대한 운송료의 청구가 불가능하게 되어서는 안 된다.

다른 한편으로, 만일 위반이 중대하고 심각한 결과를 야기한다면, 이는 아마도 계약에 영향을 미치게 될 것이다.

(v) 위반이 고의적이었는가?

이는 판사 또는 중재인이 규정 위반과 관련하여 당사자의 인식 또는 부지를 고려할 수 있게끔 한다. 특정 사건의 다른 요소들(특히, 문제된 법의 목적)을 전제로 했을 때, 당사자들이 위법성을 알았거나 의도했던 경우가 양 당사자 모두가 문제를 몰랐던 경우에 비해 위법성을 이유로 계약을 무효화하는 더 강력한 논거가 된다. 문제가 더 복잡해지는 것은 한쪽 당사자는 위반 사실을 알고 상대방은 그렇지 않은 경우인데, 이런 경우 양 당사자 중 어느 쪽이 계약을 실행하고자 하는지에 따라 결론이 달라질 수 있다.

사례 8: 어떤 운송계약이 운송인에 의한 위법한 이행을 포함하고 있는데, 운송인은 문제된 법이 요구하는 내용을 알고 있다. 계약을 체결하거나 이행할 때 이러한 위법성을 알고 있었던 고객은, 이를 모르고 있었던 고객과 달리 운송인의 계약 위반에 대하여 손해배상을 청구할 수 없다. 운송인이 계약을 완전히 이행하고 난 후 운송료의 지급을 청구할 수 있는지 여부는, 금지조항의 목적 및 부과될 수 있는 그 밖의 제재(예컨대 형법상 제재)와 같은 요소에 따라 추가적으로 결정될 수 있다.

가장 어려운 상황은 위법한 목적을 위한 계약이다. 만일 A가 무기 또는 폭발물을 B에게 파는 것이 적법하고, 폭발물을 사용하는 것이 적법할 경우(예컨대, 정당방위 또는 건설업에 사용된 경우), B가 물품을 위법하게 사용하려고 의도한 사실은 공급 계약의 유효성에 영향을 미쳐서는 안 된다. 그러나 계약 체결 시 A가 B의 위법한 목적에 대해 알고 있거나 이를 공유하는 경우(예컨대 Semtex(주: 플라스틱 폭약)를 A가 테러 조직 활동원으로 알고 있는 사람에게 공급하는 경우), A가 B에게 공급품에 대한 대금 지급을 강제할 수 없도록 한다면, 계약(적어도 신용조건에 관한)을 체결하는 것을 어느 정도 억제할 수 있다.

(vi) 위반과 계약 사이의 관계

이 요소는 계약이 명시적 또는 묵시적으로 한쪽 또는 양쪽 당사자에 의한 위법한 이행을 규정하고 있는지 조사할 것을 요구한다. 그러므로 배나 화물차에 과적을 해야만 이행이 가능한 운송계약은 결과적으로 보다 쉽게 무효가 될 수 있다(다만 이 사안은 계약의 적절한 변경으로 다루어질 수도 있다).

주 석

1. 법에 반하는 계약

모든 유럽 법체계들은 법규정을 위반하는 계약을 다루는데, 이는 도덕 또는 공공정책의 근본원칙에 반하는 계약과는 대조된다.

많은 법체계에서 관련 규정들은, 계약자유의 한계에 관한 또는 계약의 원인(cause) 또는 목적에 관한 규정들에 포함되어 있다. 예컨대 프랑스 민법(제1133조: 법으로 금지된 경우 원인이 위법하다), 이탈리아 민법(제1343조: 강행규정에 반하는 경우 원인이 위법하다. 제1344조: 계약이 강행규정의 적용을 회피하기 위한 수단을 구성하는 경우에도 원인이 위법하다. 제1345조: '당사자들이 오로지 쌍방 공통의 불법적 동기로만 계약을 체결하도록 유도된 경우' 계약이 위법하다. *Sacco-De Nova* 559-572, *Mariconda* 367-400), 스페인 민법(제1255조, 제1271조, 제1275조, *Díez-Picazo* I, 4th edn 242-243), 그리고 포르투갈 민법(제280조 제1항, *Hörster* 526) 참조.

독일 법(민법 제134조)은 법률상 금지조항 위반에 대하여 규정한다. 오스트리아 법(민법 제879조)도 마찬가지이다. 이탈리아 민법(제1343조)은 강행규정이라는 용어를 사용하고 있고, 반면 네덜란드 법(민법 제3.40조)은 명령규정 위반의 개념을 갖고 있다. 스위스 법(채무법 제20조)은 단순히 위법성에 관하여 규정한다.

덴마크 법은 계약의 체결 또는 내용, 또는 계약상 요구되거나 의도된 이행, 또는 계약의 목적인 행위에 의하여 법규정이 위반된 상황에 관해 다룬다. *Ussing*, Afthaler 186 ff., *Gomard*, Kontraktsret 195, 그리고 *Andersen & Madsen* 232 참조.

핀란드 법은 위법한 계약의 효력에 관한 일반 법규정을 두고 있지 않지만, 학설과 법원 실무 모두 법규정을 위반한 계약이 무효일 수 있다고 인정한다. *Telaranta* 250-274, 그리고 *Hemmo* 300-307 참조.

잉글랜드, 아일랜드 그리고 스코틀랜드 법에서 표준적인 문헌(texts)은 모두 '위법성', 또는 '법률상 무효'와 같은 제목의 장을 포함하고 있다. 좀 더 상세한 것은 *Enonchong*, 그리고 스코틀랜드 법의 혼란스러운 발전에 대해서는, *Macgregor* in *Reid & Zimmermann* vol. Ⅱ, chap. 5 참조.

2. 위반의 효과

대부분의 유럽 법체계에서 일반적인 출발점은 법규정을 위반한 계약은 무효라는 것이다. 그러나 법에 따라 상당한 유연성이 있는 경우도 많다.

이탈리아 민법 제1418조는 '강행규정에 반하는 계약은 법에서 다르게 규정하지 않는 한 무효이다'라고 규정한다. 법에 의하여 부과된 금지에 위반한 경우, 이 법이 명시적으로 무효를 규정하였다면 계약은 무효이다. 그러나 그 금지가 계약의 내용이나 주체에 관한 것이고, 위반시의 계약에 관해서는 아무런 언급 없이 행정적 또는 형사적 제재를 규정한다면, 개별 사정을 고려하여 무효가 확정된다(Cass. 16/7/1946, n. 892, in *Foro It.* 1947, Ⅰ, 376, *Gazzoni* 965 참조).

프랑스, 벨기에, 독일 그리고 오스트리아 법은 '절대적 무효'와 '상대적 무효'를 구별한다. 일반 대중 이익의 보호와 안전을 목적으로 하는 법률을 위반한 합의는 절대적 무효이다. 모든 사람이 무효를 원용할 수 있고, 개별적인 취소 행위는 필요하지 않다. 그러나 만일 위반된 법률에 계약상 합의의 한쪽 당사자 보호 이상의 목적이 없다면, 그 당사자는 관할 법원에 계약이 무효임을 주장해야 한다. 그러므로 합의가 무효로 선언되기를 원하는 폭리행위의 피해자(오스트리아 민법 제879조 제2항 제4호 참조)는 거래의 무효를 주장해야 한다.

독일 민법(제134조), 스페인 민법(제6.3조), 포르투갈 민법(제294조) 그리고 그리스 민법(제174조)에서는 법률상 금지를 위반한 법률행위는 그것을 무효화하지 않겠다는 법률상의 의도가 없는 한 무효이다. 오스트리아에서는 법규정에 위반하여 체결된 모든 계약상 합의가 무효인 것은 아니다. 법률에서 법을 위반한 계약이 무효라고 명시적으로 규정하고 있지 않은 경우, 위법한 합의의 효과는 위반된 법률의 규범적 목표와 목적에 달려 있다. 그러한 경우 필연적으로 무효를 수반하는 것은 아니고, 다른 제재가 부과될 수도 있다. 그러므로 체결의 방법, 장소 그리고 시간에만 영향을 미치고, 그 내용에는 영향을 미치지 않는 법규정을 위반한 합의의 효력은 유지된다. 다소 유사하게, 네덜란드에서는, 민법 제3.40조 제2항 및 제3항은 강행규정을 위반하면 무효라고 규정하면서, 또한 만일 그 규정이 계약의 한쪽 당사자만을 보호하기 위한 것이라면 계약을 취소할 수 있을 뿐이라고 규정한다(즉, 절대적 무효가 아니다). 다만 만일 그 규정의 필연적 함의가 다른 결과를 가져온다면 이것이 적용되지 않는다. 한편 특정한 법규정이 그에 반하는 법률행위를 무효화하는 취지가 아닌 경우에는 위 규칙이 적용되지 않는다. 이러한 조항의 기본 취지는, 법규정의 실효성을 부여하기 위해서 보조적 제재로서 계약의 무효가 요구되는지 여부에 관하여 법원이 고려하는 것을 보장하는 데 있다. 또한 포르투갈에서는 소비자 신용거래에서 특정 요소가 누락되면 누락된 요소의 성질에 따라 계약이 무효, 취소가능 또는 일부 실행불가능 상태가 된다(Decree-law n. 349/91, 21 Sept 1991, 제7조 제1, 2, 3항). 그러나 법률이 침묵하고 있는 경우, 계약의 효력은 규정의 목적으로부터 추론될 수 있다. 예컨대 가게의 법정 영업 마감시간 후에 체결된 물품 매매 계약은 유효한데, 왜냐하면 적용되는 강행규정이 단지 공정한 경쟁만을 고려하기 때문이다(*Hörster* 521). 그러나 만일 계약당사자가 법에서 요구되는 전문적 자격요건을 갖추지 못한 경우 계약은 무효이다(STJ 05.11.74).

잉글랜드와 스코틀랜드 법에서, 위법한 계약은 무효일 수 있는데, 이는 보다 빈번하게 '실행불가능'이라고 표현된다. 이 경우 당사자들은 특정이행 또는 손해배상 중 어느 것도 청구할 수 없다. 그러므로 한쪽 당사자는 불이익 없이 위법한 계약에서 빠져나올 수 있다. 법원은 직권으로 위법성을 고려하고, 그에 따라 소 각하 판결을 내릴 것이다(*Chitty* para. 17-196, *MacQueen & Thomson* 4.67). 그러나 법규정을 위반한 계약에 관한 유연성 또한 존재한다. 법원이 법률에 실효성을 부여하기 위하여, 이를 위한 제재로서 계약의 무효가 요구되는지 여부를 고려한 몇몇 사건들이 있다(예컨대 *St John Shipping Corp* v. *Joseph Rank Ltd* [1957] 1 Q.B. 267, *Archbolds (Freightage) Ltd* v. *S Spangletts Ltd* [1961] 2 Q.B. 374 참조). 잉글랜드 법은 현재 법률위원회에서 검토를 진행 중이다. 법률위원회의 위법 거래에 관한 자문 보고서(Consultation Paper on Illegal Transactions) 참조. 법률위원회의 잠정적인 제안 취지는, 위법성이 계약의 실행을 위한 청구에 대한 항변으로서 기능해야 하는지 여부를 결정하기 위한 재량권을 법원이 가져야 한다는 것이다. 다만 이러한 재량권은 법원에 다음과 같은 특정 요소를 고려하도록 요구하는 구조를 취해야 한다. (1) 해당 위법성의 심각성, (2) 실행을 구하는 당사자의 인식과 의도, (3) 구제수단의 부인이 억제책으로서 기능하는지 여부, (4) 구제수단의 부인이 계약을 위법하게 만드는 규정의 목적에 기여하는지 여부, 그리고 (5) 구제수단의 부인이 관련된 위법성과 균형을 이루는지 여부.

덴마크 법에서, 계약의 효력은 문제된 규정에 의하여 선언된 효력에 따른다. 명시적 규정 부재의 문제는 주로 공익을 위한 금지규정이 위반된 경우에 일어난다. 일부 위반은 무효를 수반하지 않는다. 덴마크 상점법(Shop Act)을 위반한 영업시간 후에 행하여진 구매, 토지분양에 관한 법에서 요구되는 허가 없이 이루어진 토지 구획의 매매, 그리고 무허가 노동(탈세를 수반하는 부업)의 합의는 무효는 아니라고 여겨져 왔다. 그러나 단지 위법행위를 이행하기로 약속하였으나 실제로는 이행하지 않은 경우에 당사자는 그 이행을 거절할 수 있다는 입장은 *Andersen & Madsen* (232 note 259)에서 유지되고 있다. 반면 법이 정하는 가격의 상한을 위반하는 합의, 법원의 명령에 의하여 몰수되었고 당시 형법 위반이었던 외설 문학 작품의 해외로부터의 구매 등은 실행불가능하다고 선언되었고(Supreme Court Decision in Ugeskrift for Retsvaesen 1963 303), 종신 임대차에 동의함으로써 외국인에 대한 토지 매도 금지를 잠탈하는 합의 또한 그러하였다(Western High Court in Ugeskrift for Retsvaesen 1972 794 판결). 일반적으로, *Ussing*, Afthaler 186 ff., *Gomard*, Kontraktsret 195, 그리고 *Andersen & Madsen* 232 ff. 참조.

스웨덴에서는 일반적인 법규정이 없다. 일부 법률들은 위법행위를 포함하거나 위법성으로 얼룩진 계약들은 무효라고 명시적으로 선언하나, 다른 법률들은 법적 효력에 대하여 전혀 다루지 않는다. 일반적으로, 스웨덴 법은 제15:102조와 일치하는 것으로 보인다(특히 Supreme Court in NJA 1997 p. 93에 의하여 참조된 원칙들 및 Jordabalken Chap. 4 § 1, second para.에 있는 일부무효 원칙, TfR 1999, 533-752에 나타나는 Jan Andersson에 의한 포괄적인 연구 참조).

핀란드에서 위법성이 계약에 미치는 효과는 상황에 따라 다르다. *Telaranta* 250-274 그리고 *Hemmo* 300-307 참조.

제15:103조 일부무효

(1) 제15:101조 또는 제15:102조에 따라 계약의 일부만이 무효가 된 경우, 나머지 부분은 그대로 효력을 유지한다. 그러나 사안의 제반 사정을 적절히 고려할 때 해당 부분의 효력을 유지하는 것이 불합리한 경우에는 그렇지 않다.
(2) 제15:104조와 제15:105조는 일부무효의 경우에 적절한 변경을 하여 적용한다.

해 설

A. 일부무효

거래에 대한 위법성과 부도덕성의 영향을 최소화하고자 하는 전반적인 취지를 일관하여, 유럽계약법원칙은 계약의 일부에만 오점이 있을 경우, 제반 사정을 고려할 때 불합리하지 않는 한 계약의 나머지 부분은 계속해서 유효하고 실행할 수 있도록 하는 가능성을 규정하고 있다. 이는 또한 제4:116조의 취소에 대한 접근법과도 일관되는 것이다. 고려될 수 있는 제반 사정에는 무효로 된 부분을 제외하고 그 계약이 독립적으로 잔존할 수 있는지 여부, 당사자들이 잔존 부분만으로 이루어진 계약에 합의하였을지 여부, 그리고 일부 무효가 당사자들 각각의 의무(이행 및 반대이행)의 균형에 미치는 영향이 포함된다.

주 석

오직 부분적으로만 위법한 계약의 가분성(severability)은 유럽 법체계에서 여러 가지 다양한 형태로 널리 인정되고 있다(예컨대 벨기에 민법 제1217조와 제1218조, 독일 민법 제139조, 스위스 채무법 제20조, 그리스 민법 제181조, 이탈리아 민법 제1419조, 네덜란드 민법 제3.41조 참조). 독일에서는 민법 제134조가 제139조에 대한 특별법이라고 널리 인식되고 있다(*Münchener Kommentar* (-*Mayer-Maly*) § 134 no. 109). 독일 민법 제134조에 따른 일반적인 규칙은, 일부무효만으로도 금지규정의 목적이 충족될 수 있지 않는 한, 그 계약은 전체적으로 무효라는 것이다. 하지만 그 규칙의 실무상 효과는 일반적으로 제139조에 따르는 경우와 동일하다. 유럽계약법원칙상 규칙은 덴마크 계약법의 일반원칙과 일치한다. *Gomard*, Alm.Del. 128 참조. 스페인에서는, 민법에 명시적인 규정은 없지만, 같은 취지의 소비자 보호 특별법이 있다. 포르투갈 민법에는 위법성 또는 선량한 풍속이나 공공질서와 모순되는 경우의 일부무효에 관한 특별한 규정이 없으나, 일반적인 규칙은 적용가능하다(유럽계약법원칙 제4:115조-제4:117조의 주석 참조). 잉글랜드에 관해서는 *Chitty* para. 17-185 ff., 스코틀랜드에 관해서는 *Stair Memorial Encyclopaedia* vol. 15, para. 764 참조.

오스트리아 법에 따르면 '일부무효(*Teilnichtigkeit*)'의 범위는 주로 위반된 법규정이 보호하는 목적에 따른다(예컨대 Supreme Court OGH. SZ 63/23 참조). 당사자가 그 계약을 유지하는 것이 합리적인지의 문제는 핵심적인 것이 아니다. 법률을 위반한 대부분의 경우에서(특히 불공정한 약관에 근거하여 체결된 소비자계약이 소비자보호법 제6조에 반하여 위법한 경우), 계약은 법 위반에 의하여 영향받지 않은 부분들만 남겨 유지되므로, 효력은 유지되지만 합의된 내용은 줄어든다(*geltungserhaltende Reduktion*, 효력 유지적 축소).

이탈리아 법에 따르면, 그리고 효력유지(*favor contractus*)의 일반원칙에 따르면, 무효인 조항들을 대신해 법에 따라 강행규정이 적용되는 경우, 한 조항의 무효가 그 계약 전체의 무효를 의미하지 않는다. 그러나 만일 계약당사자들이 무효의 영향을 받는 부분의 내용을 제외하고는 그 계약을 체결하지 않았을 것이라고 보이는 경우, 계약의 일부무효는 전체 계약의 무효를 의미한다(민법 제1419조 제1항).

제15:104조 원상회복

(1) 제15:101조 또는 제15:102조에 의하여 계약이 무효가 된 때에는 각 당사자는 자신이 해당 계약에 따라 제공한 것의 반환을 청구할 수 있다. 다만 자신이 수령한 것을 반환하는 것이 적절한 경우에는 이를 동시에 반환하여야 한다.

(2) 제1항의 반환청구를 인정할 것인지 여부, 또한 동시에 자신이 수령한 것을 반환을 하도록 하는 것이 적절한지 여부를 정함에 있어서는 제15:102조 제3항에서 정하여진 사항을 참작하여야 한다.

(3) 무효사유가 있음을 알았거나 알았어야 했던 당사자의 반환청구는 이를 인용하지 않을 수 있다.

(4) 어떠한 사유로든 반환을 현물로 할 수 없는 경우에는 수령한 것에 갈음하여 합리적인 가액을 지급하여야 한다.

해 설

A. 원상회복

만일 금지조항과 그 밖의 명령조항이 해당 조항의 요건을 위반한 계약의 효력에 대해서 규정하고 있지 않다면, 한쪽이나 양쪽 당사자가 계약에 따른 의무이행을 개시한 이후 그 계약이 무효가 될 경우 구제수단이 무엇인지에 대해서도 규정하지 않는 것이 일반적이다. 일반적으로, 억제, 처벌 또는 법원의 권위 보호에서부터, 위법하거나 부도덕한 거래의 당사자들은 그들 스스로를 법질서 바깥에 두었다는 관념에 이르기까지 여러 가지 이유들 때문에, 유럽 국가들의 법체계는 원상회복을 부정하고, 그것이 무엇이든지 무효가 인지된 시점의 상황에 당사자들을 그대로 놓아두는(*ex turpi causa melior est conditio possidentis*) 로마법의 전통적인 기초에 터잡아 이 문제에 대한 분석을 해왔다. 그러나 원상회복 또는 위법한 계약에 따른 이행을 되돌리는 것이 무효에 대한 보다 적절한 대응으로 보인다. 원상회복의 부정이 초래할 수 있는 문제점들, 즉 위법의 효과를 그대로 내버려 두는 것에서 비롯되는 문제점들은 다음의 예를 통해 알 수 있다.

> **사례 1**: 어떤 법률이 폐지된 도량형을 사용한 계약은 모두 무효라고 규정한다. A는, 배달될 물품의 양과 가격을 정할 때 폐지된 도량형을 사용한 계약에 따라 B에게 물품을 판매한다. B는 물품을 수령하고 소비한 후, 그에 따른 지불을 거절한다. 만일 A가 유럽계약법원칙 하에서 계약가격에 대하여 취할 수 있는 조치가 없다면, 원상회복의 부정은 B가 대가를 지불하지 않고 위법한 거래로부터 이득을 보유하도록 허용할 것이다.

그러므로 제15:104조는 무효인 계약에 따라 이루어진 이행의 원상회복을 위하여 융통성 있는 체계를 제공하고 있다. 해당 조항은 제9:307조 내지 제9:309조(불이행)의 보다 구체적인 규정보다는, 제4:115조(유효성)의 일반적인 규정에 기초하고 있다. 그럼에도 계약을 무효화하는 규칙 또는 원칙은 그것이 원상회복의 부정을 요구하는지 여부를 살피기 위해 조사할 필요가 있다. 제15:102조 하에서 계약이 무효화 되어야 하는지 여부(적용되는 강행규정이 그 문제에 대해 명시적으로 규정하지 않은 경우) 판단 시 고려되는 것들은, 원상회복이 되어야 하는지 여부, 그리고 원고가 수령한 것을 동시에 반환해야 하는지 여부에 관한 문제들에도 적용된다.

> **사례 2**: 소비자 신용 판매에 관한 법률이 매수인이 최소한의 계약금을 지급할 것을 요구한다. 그렇지 않으면 계약은 무효이다. 법을 알고 있음에도 불구하고, 매수인은 계약금을 요구받지도 않았고 지급하지도 않았으나, 무효인 해당 계약에 따라 후속적인 할부금을 지급한다. 그 매수인은 할부금의 원상회복을 받을 권리가 있는데, 해당 법률은 매수인(소비자)의 보호를 위해 제정된 것이고 원상회복은 그 입법

취지를 따르는 것이기 때문이다. 또한 매수인은 그 거래에서 자신이 수령한 것을 동시에 반환하여야 한다.

사례 3: 은행에 의한 대출을 규제하는 법률이 기존 대출금을 아직 완납하지 못한 고객에게 돈을 빌려주는 것은 위법하다고 규정한다. 이 법률의 목적은 차주를 보호하는 것보다는 경제적인 규제를 시행하는 것에 있다. 은행은 이 법률에 따라 무효인 계약에 근거한 대출의 원상회복을 구한다. 그 은행은 고객으로부터 원상회복을 받아야 한다.

사례 4: 토지소유주가 임차인이 임차한 부지를 공공정책에 반하여 윤락업소로 사용하고 있는 것을 발견한다. 토지소유주는 공공정책에 반하는 상황이 지속되는 것을 방지하기 위하여 부지를 반환받을 수 있어야 한다.

원상회복과 관련된 원칙들의 세부적인 적용, 예컨대 지위의 변경(change of position)과 같은 항변이 사용될 수 있는지 여부는 부당이득법에 맡겨져 있다. 이와 비슷하게, 유럽계약법원칙은 위법한 거래에 따른 재산과 소유권의 이전에 관한 규정을 포함하고 있지 않다.

주 석

많은 법체계는 위법성이나 부도덕성으로 오염된 거래의 당사자들은 계약에 기한 구제수단이나 원상회복에 기한 구제수단을 이용할 수 없다는 원칙에서 출발한다(오스트리아 민법 제1174조, 스위스 채무법 제66조, 이탈리아 민법 제2035조). 프랑스와 벨기에에서 이러한 접근은 법원에 의해서도 발전되었다. 이는 보통 로마법에서 유래한 다음의 두 가지 원칙을 적용한 것으로 여겨진다. (1) 원고 스스로가 한 잘못에 기해서는 어떠한 청구도 할 수 없다. (2) 쌍방이 동등한 잘못을 한 경우, 원상회복은 없다(D 12.5.4.3). 위법성과 부도덕성은 종종 구별되는데, 전자의 경우에 원상회복이 인정되기 더 쉽다. 이러한 접근법은 프랑스에서 많이 사용되지만, 어떤 거래가 위법적인지 또는 부도덕적인지에 관해 판단하기 어려운 경계 문제가 생긴다. 원상회복의 부정은 현재 대부분 법원의 재량에 달려있는데, 예외적인 경우에만 원상회복을 부정하고 있다(*Terré, Simler, Lequette* n. 404). 스페인에서는, 민법 제1305조, 1306조에 따라, 원상회복은 그 법 위반이 형사적 범죄인지 여부, 그리고 위법의 목적이 양쪽 당사자들 모두에 기인한 것인지에 따라 좌우된다. 법 위반이 양쪽 당사자 모두에게 기인하는 형사적 범죄인 경우, 그들은 서로에 대하여 어떠한 조치도 취할 수 없을 것이고 그 계약의 목적이었던 것들은 형사적 범죄의 수단으로 취급될 것이다(민법 제1305조 제1항). 만일 당사자들 가운데 한쪽만이 형사적 범죄에 대하여 책임이 있다면, 그 당사자는 계약에 따라 이행된 어떠한 것도 원상회복 받을 권리가 부여되지 않을 것이지만, 상대방 당사자는 원상회복을 받을 수 있고 의무이행이 강제되지 않을 것이다(민법 제1305조 제2항). 법 위반이 형사적 범죄를 구성하지 않는 경우에는, 다음과 같은 규칙이 적용된다. 만일 양쪽 당사자 모두가 위법성에 대하여 책임이 있다면, 어느 쪽도 회복을 요구하거나 이행을 요구할 권리가 없다(민법 제1306조 제1항). 만일 한쪽 당사자만 책임이 있다면, 그 당사자는 원상회복을 요구하거나 이행을 요구할 권리가 없는 반면, 책임이 없는 당사자는 제공한 것을 원상회복 받을 수 있고 계약에 따른 이행을 하도록 강제될 수 없다(민법 제1306조 제1항). 오스트리아 법은 계약이 상대적 무효일 때 각 당사자들이 이행했던 것의 원상회복에 대해 정하고 있다.

독일에서 출발점이 되는 기본 원칙은 원상회복이 허용된다는 것이고, 독일 민법 제817조 제2문에 규정된 *ex turpi causa non oritur actio* 항변은 일반원칙에 대한 예외이다. 이는 징벌적 성격의 조항으로, 제한적으로 적용된다. 나아가, 해당 조항은 계약이 무효라는 것에 대한 실제 인식을 요구한다. 심지어, 만일 그 당사자가 금지규정을 몰랐다면, 계약을 무효로 만든 요소들에 대하여 인식한 것만으로는 부족하다. 어떤 경우에서든 '알았어야 한다'는 것만으로는 충분하지 않다. 제817조는 오직 이행을 한 당사자가 계약이 위법한 것을 알았을 경우에만 유추 적용된다. 네덜란드 민법은, 구 네덜란드 민법 하에서의 대법원의 판례에 따라, 원상회복을 거부하는 일반규정을 받아들이지 않았다. 원상회복은, 법원이 특정 행위 또는 이행의 가치 평가가 도덕적으로 용납할 수 없다고 인정하는 경우가 아니라면, 허용된다(민법 제6.211조). 그리스 민법은 그 원인이 위법하거나 부도덕적인 급부의 원상회복을 요구한다(제904조). 다만 그 부도덕적 원인이 급부를 한 당사자에게도 영향을 미쳤다면, 그러한 사례에서는 원상회복이 제한된다(제907조). 포르투갈에는 위법하거나 선량한 풍속 또는 공공정책에 반하는 계약의 경우 원상회복에 대한 특별한 규정이 없으며, 일반규정들이 적용될 수 있다(유럽계약법원칙 제4:115- 117조의 주석 참조).

이탈리아 민법(제2035조)은, 도덕에 반하는 목적(이는 양쪽 당사자에게 영향을 미침)을 위하여 이행한 사람은 지급한 것의 반환을 청구할 수 없다고 규정한다. 제2035조는 법을 기만한 계약에는 적용되지 않는다(제1344조). 이 경우 지급한 것을 원상회복할 권리는 제2033조에 따라 허용되기 때문이다.

덴마크 법에서 위법한 계약들의 경우, 원상회복은 그것을 부여하는 것이 이를 금지하는 목적을 충족시키는 경우에만 승인될 것이다. 예컨대, 허가를 받지 않은 사람이 총을 사거나 외국인이 덴마크 땅을 사는 것과 같이, 수령자가 문제되는 재산을 얻는 것을 금지하는 것이 목적인 때에 그러하다(*Ussing*, Aftaler 201). 도덕에 반하는 계약들의 경우, 수령자가 이행을 받음으로써 선량한 풍속에 어긋나게 행동하였고 공급자는 그렇지 않았을 때 원상회복이 허용된다는 견해가 일반적이다. 따라서 만일 양쪽 당사자가 모두 비도덕적으로 행동했다면 원상회복은 부정될 것이다. 그러나 오직 수령자만 부적절하게 행동하였다면 원상회복은 승인되는 경우가 많은데, 법이 장려하고자 하는 특정 행위(예컨대 범죄를 저지르는 것을 자제하는 행동)의 대가로 돈을 받았을 경우를 예로 들 수 있다(*Ussing*, Afthaler 199).

잉글랜드 법에서 일반원칙은 원상회복을 금지하는 것이지만, 원고가 수령인과 똑같이 과실이 있는 경우가 아니거나, 거래가 완전히 이행되지 않았거나, 만일 청구가 그 금지된 계약과 관계없이 구성될 수 있는 경우와 같이 예외적인 경우에는 원상회복이 가능하다(*Treitel*, Contract 452-65). 아일랜드 법도 비슷하고(*Clark* 314-19), 스코틀랜드 법 또한 비슷하다(*Stair Memorial Encyclopaedia* vol. 15, paras. 764-765). 그럼에도 불구하고 스코틀랜드의 한 사례에서는, 구 스코틀랜드 도량형을 사용한 계약들이 법률에 의하여 무효가 된 경우에, 그러한 거래에 대단히 부도덕한 행위는 없었다는 이유에서 스코틀랜드 에이커(acre)에 따른 감자 매매에 관하여, 원상회복이 허용되었다(*Cuthbertson v. Lowes* (1870) 8 M 1073, 더 나아가 *Macgregor*, (2000) 4 ELR 19-45 참조). 잉글랜드 법률위원회는 위법 거래에 관한 자문 보고서에서, 원상회복 청구에 대한 항변으로서 위법성이 인정되어야 하는지 여부에 관하여 법원이 여러 가지 요소들을 고려하여 이를 결정할 수 있는 재량권을 가져야 한다고 제안한다. 이에 더하여, 법원은 원상회복으로 인해 위법한 행위 또는 목적이 완성될 가능성을 줄일 수 있다면, 당사자가 위법한 계약으로부터 벗어나 원상회복을 받도록 허용할 수 있는 재량권을 가져야 한다. 다만 그 계약이 원고에게 불리한 방향으로 강제될 수 없다는 점, 위법성에 대한 진정한 뉘우침이 있어야 한다는 점, 그 위법성이 너무 심각하지는 않아야 한다는 점은 충족되어야 할 것이다.

제15:105조 손해배상

⑴ 제15:101조 또는 제15:102조에 따라 계약이 무효가 된 경우, 각 당사자는 그 무효사유가 있었음을 알았거나 알았어야 했던 상대방에 대하여 계약이 체결되지 않았다면 있었을 상태에 가장 근접한 상태가 되게끔 하는 손해배상을 청구할 수 있다.
⑵ 제1항의 손해배상청구를 인정할 것인지 여부를 결정할 때에는 제15:102조 제3항에서 정해진 사항이 고려되어야 한다.
⑶ 무효사유가 있음을 알았거나 알았어야 했던 자의 손해배상청구는 이를 인용하지 않을 수 있다.

해 설

A. 손해배상

당사자들 사이에 반드시 급부가 이전되지는 않았을 것이기 때문에, 무효가 된 모든 경우에 원상회복이 가능하지는 않을 것이다. 그러나 당사자들 중 한쪽은 무효인 계약 체결로 인해 부당하게 손해를 볼 수 있다. 그래서 유럽계약법원칙은 이러한 경우를 다루기 위하여 손해배상을 받을 권리를 규정한다. 또한 손해배상이 한쪽 당사자의 적극적 이익 또는 기대이익에까지 확장되는 것은 부적절한데, 계약이 이행된 것과 같은 상태에 당사자를 놓는 것은(제9:502조) 위법하거나 부도덕한 계약을 집행하는 것이 되기 때문이다. 따라서 손해배상의 목적은 원상회복의 목적과 같이, 가능한 한 당사자를 마치 그 계약이 없었던 것과 같은 상태로 만들어 놓는 것, 즉 소극적 이익 또는 신뢰이익을 보호하는 것이어야 한다. 그러나 계약의 위법성을 알았거나 알았어야 했던 당사자는 손해배상을 받을 수 없다.

사례: 특정 화학물질의 공급자는 안전 및 환경 기준의 준수를 나타내는 인허가를 받을 것이 법률에 의해 요구된다. 인허가를 받지 않은 공급자가 체결한 계약은 무효이다. 그럼에도 불구하고, 최근 정부 조치에 따라 인허가가 취소된 A사가, 인허가된 유일한 다른 공급자인 C사보다 A사의 가격이 낮다는 이유로, A사의 잘못을 알지 못하는 B사와 사이에 B사에 화학물질을 공급하는 계약을 체결한다. B사는 그 화학물질을 공업적 목적을 위해 사용하여 수익성 높은 계약으로 연결시키고자 하고, 그 물질을 안전하게 다루기 위한 부지를 준비하는 데 자금을 지출한다. A사의 위법행위가 밝혀지고, B사와의 계약은 물품 인도 또는 대금 지급이 이루어지기 전에 무효로 선언된다. B사는 더 이상 계획했던 계약을 체결할 수 없다. B사가 추가적인 계약에 따른 기대이익 상실로 인한 손해를 회복할 수는 없으나, 부지를 준비하는 데 들어간 부수적인 신뢰 비용 및 A사와 계약을 체결한 것과 관련된 다른 비용은 회복할 수 있다. 여기에는 C사와 계약을 체결할 기회 상실에 따른 액수도 포함될 수 있다(이는 C사와 계약을 체결하는 데 드는 추가비용, 또는 A사가 아닌 C사와 계약 체결 시 B사가 얻었을 이익과는 별개의 것이다).

원칙적으로 당사자가 손해배상 청구와 원상회복 청구를 중첩시키지 않아야 할 이유는 없다고 보인다. 만일 위의 사례에서 B사가 A사에게 미리 대금을 지급했다면, 부수적인 비용뿐만 아니라 해당 액수까지 회복 받을 권리가 있어야 한다.

주 석

독일 법(민법 제309조, 제307조)과 그리스 법(민법 제365조, 제362조, 제363조)은 만일 다른 당사자가 위법성을 알았거나 알았어야 했고 한쪽 당사자는 몰랐을 경우라면, 법규정과 배치되는 계약을 하였던 그 당사자의 소극적 이익을 보호하는 손해배상을 인정한다. 오스트리아 법에서, 손해배상 청구는 오직 법 위반에 책임이 있는 당사자가 과책이 있을 경우에만 허용된다. 포르투갈 법에서, 위법하거나 선량한 풍속 또는 공공정책에 반하는 계약의 손해배상을 위한 특별규정은 존재하지 않는다. 일반원칙들은 적용 가능하다(유럽계약법원칙 제4:115-117조 주석 참조). 덴마크 법에서는 법 또는 도덕과 배치되지 않는 경우에만 신뢰이익을 배상할 것이다(*Ussing*, Aftaler 259 ff.).

이탈리아 민법(제1338조)은 "계약의 무효사유의 존재를 알았거나 알았어야 했고, 이를 상대방에게 알리지 않은 당사자는, 상대방이 계약의 유효성을 과실 없이 신뢰한 데에서 비롯된 손해를 배상해야 한다."라고 정하고 있다. *Sacco* 566, *Bianca* Ⅲ, 167, Cass. 8/5/1968, n. 1415, in *Foro pad*. 1968, Ⅰ, 446, Cass. 28/9/1968, n. 3008, in *Foro It*. 1968, Ⅰ, 966, Cass. 16/3/1988, n. 2468, in *Giur. It*., 1989, Ⅰ, 117 참조. 배상은 손실을 회복하는 것(이른바 '소극적 이익')과 당사자를 가능한 계약이 체결되지 않았다면 있었을 상태에 놓이게 하는 데 초점을 맞추고 있다. 이것은 적극적 이익(만일 계약이 이행되었다면 당사자가 얻었을 이익)은 배제된다는 의미이다(Cass. 10/5/1950, n. 1205, *Foro It*. 1950, Ⅰ, 1307, Cass. 23/2/1952, n. 497, in *Foro It*. 1952, Ⅰ, 1535).

第16장 조 건

第16:101조 조건의 종류

계약상의 의무는 장래의 불확실한 사건(event)* 발생을 조건으로 할 수 있다. 이 경우 해당 사건이 발생함으로써 비로소 의무의 효력이 발생하거나(정지조건) 해당 사건이 발생함으로써 의무가 소멸한다(해제조건).

해 설

A. 이 장의 범위와 위치

이 장은 조건부인 계약상의 의무와 연관되어 있다. 이는 계약의 존재를 전제로 한다. 다만, 유럽계약법원칙 제1:107조는 유럽계약법원칙이 '일방적인 약속 및 어떠한 의도를 나타내는 그 밖의 진술과 행태'에도 적절한 변경을 하여 적용된다고 규정하고 있다는 점에 주의하여야 한다.

이 장은 계약에서 자주 발견되는 특정한 유형의 약정(term)에 대해 다루고 있으므로, 유럽계약법원칙 제6장(내용과 효력)의 내용을 보충한다. 유럽계약법원칙의 추후 세 부(three Parts)가 통합된 새로운 판에서는 이 장의 내용이 제6장에 포함되어야 할 것이다. 이 장이 현재 제3부의 마지막에 위치하고 있는 것은 임시적이며, 이는 나중에 앞 장들의 순번에 영향을 미치지 않고 위치를 바꿀 수 있도록 하기 위함이다.

B. 조건은 불확실한 사건과 연관되어야 한다

이행되어야 하는 계약당사자의 의무는, 발생하거나 발생하지 않을 수 있는 특정 사건을 조건으로 할 수 있다. 이러한 방법으로 의무를 규정하는 계약상 조항이 바로 '조건'이다. 조건은 정지조건이거나 해제조건일 수 있다. 아래의 해설 G 참조. 조건은 한쪽 당사자 또는 양쪽 당사자의 계약상 의무에 영향을 미칠 수

* 사실이라고 번역할 수 있으나, 원문에 충실하게 사건으로 번역한다.

있다.

> **사례 1:** 베타라비아(Bettaravia) 정부는 항구에서 사탕무를 수출하는 것을 무기한으로 모두 금지했다. 어떤 계약은 만일 7월 31일까지 수출금지조치가 풀리는 경우 그 날 매도인이 사탕무를 운송하도록 정하고 있다. 이것이 바로 매도인의 의무에 영향을 미치는 정지조건이다.

> **사례 2:** 합작투자계약에 따라, 조경사와 수도기사는 환경에 관한 허가를 받는 경우 테마파크를 개발하기로 합의한다. 이것이 바로 양쪽 당사자의 의무에 영향을 미치는 정지조건이다.

의무는 장래의 불확실한 사건의 발생에 따라 조건부로 규정될 수 있는데, 이는 해당 조건이 부정적 형태로 표현되어 그 사건이 발생하지 않을 것을 나타내는 경우에도 마찬가지이다.

> **사례 3:** 베타라비아라는 나라에 지정된 항구에서 본선인도조건(F.O.B.)으로 사탕무를 판매하는 계약에서, 매도인의 인도 의무는 베타라비아라 정부가 인도일 전에 사탕무에 대한 수출 제한을 도입하지 않는 것에 달려있다고 정한다. 여기서 불확실한 사건은 그 제한이 도입될지 여부이다. 지정된 날짜에 물품을 인도할 매도인의 의무는 해제조건에 따라 좌우된다. 만일 인도일 전에 정부가 수출 제한을 도입한다면 이 계약은 종료될 것이다.

유럽계약법원칙에서 표현하고 있듯이, '조건'의 핵심은 불확실성이다. 이러한 불확실성은 외부적 사건(external events)으로부터 발생하는데, 당사자들이 이에 영향을 미칠 수 있는 경우도 있겠으나, 이를 통제할 수는 없다. 계약당사자는 상당한 주의를 기울임으로써, 정지조건을 충족시키거나 해제조건의 발생을 막는 데 기여할 수 있다. 예컨대, 특정한 물품 수출 계약에서 매도인의 의무는 수출 허가의 취득을 조건으로 발생할 수 있다. 그리고 수출 허가는 할당제나 그 밖에 당국이 운영하는 재량적인 통제 시스템의 제한을 받을 수 있다. 그러므로 수출 허가의 취득은 당국에 이를 요청하는 신청인의 성실성과 능력(diligence and skill)에 영향을 받을 수 있다. 그럼에도 불구하고 매도인의 물품 인도의무는 여전히 허가의 취득을 조건으로 한다 할 것이다.

한편 어떤 조건들은 한쪽 당사자의 의지에 매우 의존하고 있어, 해당 당사자에게 계약상 부담(contractual commitment)이 전혀 없으며, 이에 따라 계약에 구속력이 없다고 볼 수 있을 정도이다. 예컨대, 어떤 회사가 전적으로 재량에 따라 특정 행위를 하거나 일정한 금액을 지급하기로 선택하는 경우에만, 그 행위를 하거나 그 금액을 지급하기로 하는 내용의 계약을 체결할 수 있을 것이다. 이 경우 이는 조건부 의무가 아니며, 이를 의무라고 할 수도 없다. 이러한 임의적 조건(arbitrary conditions)은, 한쪽 당사자의 의무가 상대방 당사자의 의지에 달려있는 유효한 조건과는 구별된다. 예컨대, 매도인은, 매수인이 생산하는 물품을 구입하겠다는 제3자의 청약을 매수인이 승낙하기로 결정하는 경우에 한해서, 정해진 가격에 매수인에게 원재료를 공급하기로 하는 의무를 부담할 수 있다.

C. 조건은 장래의 사건과 연관되어야 한다

어떤 의무는 당사자들이 그 발생 여부를 모르는 과거의 사건을 조건으로 하는 것처럼 보일 수 있다. 과거 사건의 불확실성은, 신속한 소통이 필요한 현실에서도 계약상 의무 발생에 중요한 역할을 수행할 수 있다. 그럼에도 불구하고, 해당 조건의 기초를 구성하는 것은 과거의 사건이 아니라, 그 사건에 관한 장래의 정보 공시나 이용가능성이다.

> **사례 4**: A는, C회사의 직전 회계연도 순이익이 정해진 최소 수치에 도달하는 경우, B로부터 다량의 C회사 주식을 구매하기로 합의한다. 이 때 합의 시점에서는 C회사의 순이익이 해당 수치에 도달하였는지 여부가 알려져 있지 않다. C회사의 과거 순이익은 결산 이후에 알려지게 될 것이다. 이 경우 A의 의무는 불확실한 장래의 사건, 즉 결산 시 드러나는 순이익이 정해진 수치에 도달하는지 여부를 조건으로 하는 것으로 볼 수 있다.

D. 조건이 계약상 의무의 이행 요건과 구별되는 점

조건은, 상대방 계약당사자가 계약 조항에 따라 이행할 의무를 지기 전에 한쪽 계약당사자의 의무가 이행될 것을 요구하는 계약 조항과는 구별되어야 한다. 계약상 의무의 이행은 당사자들이 일어날 것으로 기대하는 것이며, 필요한 경우 일반적으로 법이 강제하는 것이다. 이는 이 장에서 말하는 '불확실한 미래의 사건'으로 적절히 분류할 만한 것은 아니다. 계약상 조항이 명백히 없는 경우의 계약상 의무 이행의 순서에 대해서는, 계약에서 명시적 규정이 없는 경우의 계약상 의무 이행의 순서에 대해서는, 제7:104조의 해설 참조. 구제수단으로서의 이행유보(제9:201조), 계약해제(제9:301)가 한쪽의 이행에 관하여 상대방의 이행을 조건으로 하도록 하는 규정과 기능적으로 유사성이 있다는 점도 주지되어야 한다.

> **사례 5**: 대지 소유자인 A는, 건축업자인 B가 만족스럽게 업무를 완료하는 때에 그에 따른 용역대금을 지급할 계약상 의무가 있다.

이 사례에서, A의 대금 지급 의무는 B의 선이행에 달려 있지만, B의 이행 관련 규정은 이 장에서 말하는 조건에 해당하지는 않는다. 이 점은 제16:102조와의 관계에서 중요하다.

E. 조건과 기한 조항

조건은 기한 조항(time clause)과도 구별되어야 한다. 7월 15일을 매도인의 인도일로 예정한 매매계약이 7월 1일에 체결된 경우와 같이, 어떤 계약은 확실히 도래할 장래의 특정한 일자에 당사자가 의무를 이행하도록 정할 수 있다. 7월 15일이 도래할 것이 확실하기 때문에, 인도 의무가 해당 일자 도래를 조건으로 한다고 말하는 것은 어폐가 있다. 이때 의무는 미래의 불확실한 사건 발생에 좌우되지 않는다. 그 의무가 장래의 것이라거나 어느 날까지 유예되었다고 말할 수는 있겠으나, 조건부라고 할 수는 없다.

조건과 기한 조항의 경계가 항상 명백한 것은 아니다. 어떤 사건들은 발생일자를 알 수 없음에도 불구하고 반드시 일어난다. 그러한 사건과 관련된 조항은 일반적으로 기한 조항에 해당하나, 특정한 사건 이전에 다른 사건이 발생하거나 발생하지 않는 것에 따라 의무가 좌우되는 경우라면 숨겨진 조건을 포함하고 있을 수 있다.

> **사례 6**: X는 Z가 사망할 경우 Y에게 5,000유로를 지급할 의무가 있다. 이것은 조건이 아니고 단순한 기한 조항이다. Z는 반드시 사망한다. 이 조항은 '언제'를 정하기 위한 조항이지, '만일'을 정하기 위한 조항이 아니다.

사례 7: 유산에 관한 수탁자가, A의 아버지인 B가 사망할 경우 A에게 부양지원을 제공하기로 약정한다. B의 사망은 발생할 것이 확실하기 때문에, 이는 장래의 의무이지 조건은 아니라고 보일 수 있다. 그러나 A가 B보다 먼저 사망할 수 있는데, 이 경우 수탁자는 어떠한 의무도 부담하지 않게 된다. 그러므로 사실 이 의무는 A가 B보다 오래 살아있는 것을 조건으로 한다.

F. 법의 작용

유럽계약법원칙은 법의 작용에 의해 발생하는 조건에 대해서는 다루고 있지 않지만, 계약의 준거법이 아닌 특정 국가 법의 준수가 합의된 조건인 경우도 있을 수 있다.

사례 8: 픽토리아(Pictoria)에서 예술작품을 수출하는 계약에서, 매도인의 의무가 계약의 준거법이 아닌 픽토리아법상 해당 수출이 적법할 것을 조건으로 발생한다고 정하고 있다. 픽토리아법상 수출이 적법하려면 수출 허가가 필요하다. 따라서 매도인의 의무는 픽토리아 당국의 허가 취득을 조건으로 한다.

위 사례에서, 매도인은 명시적이든 묵시적이든 간에 허가를 받거나 허가를 받기 위해 상당한 주의를 다 하여야 한다는 별도의 계약상 의무를 부담할 수 있는데(제16:102조의 해설 D 참조), 만일 매도인이 허가를 받지 못한다면 인도의무가 아니라 해당 의무를 위반하게 될 수 있다.

G. 정지조건과 해제조건

정지조건의 경우, 채권자는 의무가 유예되어 있는 채무자에게 이행을 요구해서는 안 된다. 이는 약정의 기초를 변경하는 것이 되기 때문이다. 다만, 이것이 계약당사자의 이행기 전 불이행(제9:304조 참조) 책임 발생을 막는 것은 아니다.

정지조건의 경우에서처럼(위의 사례 1과 2 참조), 해제조건도 한쪽 당사자의 계약상 의무를 조건부로 하거나, 양쪽 당사자 모두의 계약상 의무를 조건부로 할 수 있다. 아래는 한쪽 당사자의 의무만 영향을 받는 사례이다.

사례 9: 10,000개의 러시아 자작나무 목재를 다섯 번에 걸쳐 매주 북부 러시아 항구에서 선적하도록 하는 매매계약에서, 매도인의 의무는 선적일자에 항구가 얼어붙어 폐쇄되지 않을 것을 조건으로 한다고 정하고 있다. 네 번의 선적이 이루어진 이후 해당 항구가 얼어붙어 폐쇄된다. 매도인의 의무는 해제조건부이다. 즉, 마지막 선적의 경우 조건이 성취되었기 때문에, 매도인은 더 이상 선적할 의무를 부담하지 않는다.

만일 매수인에게 배를 제공할 책임이 있었고 매도인이 목재를 그 배까지 바지선으로 운반해야 했다면, 항구가 얼지 않아야 한다는 조건은 매도인과 매수인 모두의 의무에 관련될 수 있다.

주 석

1. 역사

이 장의 규칙들은 오랜 역사를 가지고 있다. 그것들은 로마법의 가장 오래된 기록의 일부 사례까지 거슬러 올라갈 수 있고, 여러 세기에 걸쳐서 끊기지 않고 유럽법의 전통을 형성해 왔다. 일반적으로는 *Zimmermann*, Obligations 716 ff. 참조.

2. 정지조건과 해제조건

이 구분은 많은 법체계에서 일반적으로 통용된다. 벨기에, 프랑스, 룩셈부르크 민법 제1168조, 독일 민법 제158조, 오스트리아 민법 제696조, 스페인 민법 제1113조, 이탈리아 민법 제1353-1361조, 그리스 민법 제201-02조, 그리고 포르투갈 민법 제270조 참조. 또한, 덴마크에 관해서는 *Ussing* Aftaler, 447-457, 스코틀랜드에 관해서는 *Gloag* chap. XVI과 *McBryde* para. 5.35 ff. 참조. 잉글랜드 법에서도 이 구분은 잘 알려져 있으나, 정지조건을 선행조건(conditions precedent), 해제조건을 후행조건(conditions subsequent)이라고 하는 것이 보다 일반적이기는 하다(*Chitty* para. 2-136, *Treitel*, Contract, 59). 아일랜드 법은 보통 잉글랜드법의 접근방법을 따른다(Clark 198-205). 핀란드 법은 이 주제에 관하여 일반적인 법 조항을 두고 있지는 않지만, 토지법에서는 이 구분을 인정하고 있다(Maakaari 12.4.1995/540). 초기 문헌(*Kivimäki & Ylöstalo* 291-97)에서는 이 주제에 대해 독자적인 지면을 할애하여 다루었으나, 최근의 핀란드 학자들은 해석에 관한 논의에 조건을 포함시키고 있다.

3. 불확실한 사건, 과거와 장래의 사건

의무의 조건이 될 수 있는 사건은 불확실해야 한다는 점은 일반적으로 받아들여지고 있다. 그 사건이 장래의 사건이거나, (유럽계약법원칙과는 달리) 당사자들에게 알려지지 않은 과거의 사건 중 하나일 수 있다고 규정하고 있는 프랑스, 벨기에, 그리고 룩셈부르크 민법(제1168조와 제1181조) 및 스페인 민법(제1113조) 참조. 또한, 오스트리아 민법 제704조 참조. 이탈리아(예컨대, *Barbero* 1099), 독일(예컨대, *Münchener Kommentar* (-*Westermann*) § 158 no. 8), 잉글랜드(예컨대, *Treitel*, Contract 58), 스코틀랜드(예컨대, *Stair* 1.3.7), 그리고 아일랜드(예컨대, *Clark* 198-205)의 학자들은 조건의 불확실성을 인정한다. 그리스 법은 불확실한 장래의 사건이어야 함을 강조한다(민법 제201조와 제202조). 만일 그 사건이 불확실하지만 과거의 것이라면, 진정한 조건은 존재하지 않게 되며, 주관적인 불확실성만이 존재한다(*Balis* 255 참조). 일반적으로는 *Treitel*, Remedies 255-65 참조.

4. 조건과 기한 조항

조건과 기한 조항(확정기한이든, 도래할 것이 확실한 불확정기한이든)의 구분은 유럽법 전통에서 매우 오랜 역사를 가지고 있으며 일반적으로 인정되고 있다. 예컨대 *Zimmermann*, Obligations 741 ff. 참조.

제16:102조 조건에 대한 방해

(1) 조건의 성취로 불이익을 받게 되는 당사자가 신의성실 및 공정거래 또는 협력 의무에 반하여 조건의 성취를 방해한 경우에는 그 조건은 성취된 것으로 본다.
(2) 조건의 성취로 이익을 얻게 되는 당사자가 신의성실 및 공정거래 또는 협력 의무에 반하여 조건을 성취시킨 경우에는 그 조건은 성취되지 않은 것으로 본다.

해 설

A. 조건과 당사자의 방해

계약당사자가 부적절하게 조건의 성취나 불성취를 방해한 때에는, 경우에 따라 조건이 성취되거나 성취되지 않은 것으로 취급함으로써 신의성실과 공정거래 및 협력의 의무를 증진시킬 수 있다.

B. 정지조건

다음은 정지조건이 성취된 것으로 보는 사례이다.

> **사례 1**: B의 A에 대한 소프트웨어 제품 이용허락은, A가 지명하는 독립된 컴퓨터 기술자인 C의 전문적인 승인을 조건으로 하는 것으로 당사자간 합의된다. A는 이러한 거래를 한 것을 후회하여 C에게 뇌물을 주어 C의 합리적 판단에 반하여 소프트웨어를 불승인하게 한다. 이 경우 C가 소프트웨어를 승인한 것으로 간주되고, A는 이용허락계약(licensing agreement)을 이행하여야 한다.

유사한 원칙에 따라, 정지조건이 성취되지 않은 것으로 볼 수도 있다.

> **사례 2**: D의 E에 대한 소프트웨어 제품의 이용허락은, D가 지명하는 독립된 컴퓨터 기술자인 F의 전문적인 승인을 조건으로 하는 것으로 당사자간 합의되었다. 그 계약은 D에게 유리하고 E에게는 불리하다. F의 전문가로서의 염려에도 불구하고, D는 F를 설득하여 그 제품을 승인하도록 한다. 이 경우 F의 승인은 없었던 것으로 간주하고, 그 결과 E는 이용허락계약을 이행할 의무를 지지 않는다.

그러나 조건성취 간주 조항은 현실성이라는 한계를 지니고 있다. 예컨대, 매수인은 매도인이 적절한 기한 내에 수출허가를 신청하지 못했을 경우 수출계약에 따른 물품의 인도를 요구할 수 없다. 이것은 특정이행 가능성(availability of specific performance)이 지닌 한계와도 상응하는 내용이다(제9:102조 제2항 제a호 참조).

C. 해제조건

다음은 해제조건이 성취되지 않은 것으로 보는 사례이다.

> **사례 3**: S는 말 한 마리를 B에게 판매하는 계약을 체결한다. B는 그 말을 T에게 전매하려고 생각하고 있다. S와 B는, 만일 T가 일정한 날까지 말을 인수하지 않으면 계약에 따른 B의 의무는 종료되는 것으로 합의하였다. 그런데 B는 다른 판매자로부터 다른 말을 취득하여 이를 대신 T에게 판매하고, S로부터 구입한 말을 T에게 판매하려는 노력을 전혀 하지 않는다.

B가 신의에 반하여 T를 설득하여 말을 매수하도록 하는 노력을 하지 않은 행위로 인하여 T가 말을 인수하지 않은 경우, B는 말이 인수되지 않았다는 점을 원용할 수 없다. 이때는 해제조건이 성취되지 않은 것처럼, B로 하여금 그 말을 인수하고 (대금이 지급되지 않았다면) 대금을 지급하게 함으로써 정의를 가장 잘 실현할 수 있다. 이것이 B가 신의성실과 공정거래에 따라서 행위를 할 의무를 위반한 것에 대한 손해를 평가하려고 시도하는 것보다 낫다. 후자는 T가 말을 인수했을지 아닐지에 대한 추측에 근거한 평가를 요구하게 될 것이기 때문이다.

다음은 해제조건이 성취된 것으로 보는 사례이다.

사례 4: 농부 H가 트랙터를 도난당하였을 때, 그는 다른 농부인 O로부터 대체 트랙터를 임차하기로 한다. H에 대한 호의로, 그 임차료는 시장가격 이하로 하기로 한다. 트랙터를 사용하게 하여야 하는 O의 채무에는, H가 도난당한 트랙터를 대체할 새로운 트랙터를 취득하면 종료된다는 해제조건이 붙어 있다. 그런데 H는 유리한 임차료 혜택을 계속 누리기 위해 대체 트랙터에 관한 T의 매력적인 제의를 거절한다.

H가 T의 제의를 받아들였어야 할 시점에, 그 조건은 성취된 것으로 본다.

D. 조건에 부수적인 계약상 의무

제16:102조는 조건의 성취를 방해하지 않아야 한다는 어떠한 의무를 포함하고 있지 않다. 이는 신의성실과 공정거래에 따라 행동하고 계약의 완전한 효력을 위해 협력하여야 할 일반적인 의무에 맡겨져 있을 뿐이다(제1:201조 및 제1:202조). 물론 계약당사자는, 신의성실과 공정거래에 따라서 행동하고 협력할 일반적인 의무를 넘어서서, 명시적 또는 묵시적으로 조건 성취에 관한 의무를 부담할 수 있다. 실제로, 어떤 계약은 계약당사자가 조건에 부수적인 그와 같은 의무를 부담하는 경우에만 유효하게 작동할 수 있을 것이다.

사례 5: 본선인도조건(F.O.B.)에 따른 계약상 매도인의 인도 의무는 수출국 당국이 수출허가의 발급에 좌우된다. 허가는 신청에 따라 재량적으로 부여된다. 계약에서는 매도인 S를 신청인으로 명시하고 있다.

비록 계약에서 허가 신청 시 S에게 부과되는 의무의 성질에 관하여 명확히 규정하고 있지는 않으나, 이는 적어도 적절한 주의에 기해 신청해야 한다는 것일 것이고, 그 밖의 계약내용과 제반 사정에 따라 더 엄격할 수도 있다. 특정한 결과를 달성해야 하는 채무(결과채무)와 특정한 결과를 달성하기 위하여 합리적인 노력을 해야 할 채무(수단채무)의 구별에 관해서는, 제6:102조에 관한 해설 D 참조.

주 석

1. 조건과 당사자의 방해

프랑스, 벨기에, 룩셈부르크 법은 독일 법(민법 제162조)이 그러하듯이, 제16:102조와 유사한 규정을 두고 있다(민법 제1178조). 이탈리아 법은 제1항의 원칙을 인정하고 있고(민법 제1359조), 판례에서는 방해하는 당사자의 행위가 의무 위반이거나 또는 신의성실에 반할 것을 요구한다(Cass. 13 April 1985, n. 2464, in NGCC 1985, Ⅰ, 610, *Belfiore* 주석). 이탈리아 판례는 또한 제2항의 원칙도 인정하고 있고(Cass. 16 December 1991, n.13519, in Giust. Civ. 1992, Ⅰ, 3095) 민법 제 1358조는 신의성실에 반하여 행위한 당사자를 상대로 한 손해배상에 관해 규정하고 있다. 유사한 규정이 포르투갈 법(민법 제275조 제2항), 그리스 법(민법 제207조), 오스트리아 법(판례-OGH JBl 1996, 782; ÖBA 1996, 892; JBl 1991, 382; JBl 1990, 37), 그리고 핀란드 법(*Kivimäki & Ylöstalo* 295)에 있다. 제1항의 원칙은 또한 스페인 민법(제1119조)에서도 발견된다. 덴마크 법은 부당개입 금지의무를 인정하고 있지만, 경우에 따라 적절한 사안들에서만 성취 또는 불성취로 간주하고 있다(*Ussing*, Aftaler 448 ff.). 스코틀랜드 법에서는 당사자가 명시적 또는 묵시적 의무에 위배하여 조건성취를 방해하거나 발생시킨 경우에는 적절한 사안들에서 조건이 성취 또는 불성취된 것으로 간주한다(*Mackay v. Dick & Stevenson* (1881) 8R (H.L.) 37 참조). 잉글랜드 법에서는 종종 방해하는 당사자의 행위를 계약의 묵시적 내용 위반으로 취급할 수 있지만, 조건이 성취되거나 불성취된 것으로 보지는 않는다. 아일랜드 법은 잉글랜드 법과 유사한 접근방법을 취하고 있는 것으로 보이나, 법원은 일정한 행위를 하거나 하지 않을 명시적 또는 묵시적 의무가 있는 경우에만 개입한다(*Clark* 200-01 참조).

2. 조건에 부수적인 계약상 의무

계약당사자가 명시적 또는 묵시적으로 적절한 주의를 기울여서 정지조건의 성취에 조력하기로 약정하였는지 여부, 심지어 그것을 발생시키기로 약정하였는지는 계약해석 문제일 것이다. 예컨대, 잉글랜드 법에서 *Re Anglo-Russian Merchant Traders Ltd* [1917] 2 K.B. 679 *Pagnan SpA v. Tradax Ocean Transportation* [1987] 2 Lloyd's Rep 342 참조. 각국 법(national laws)은 일반적으로 구체적인 의무가 (신의성실에 따라 행위할 일반적 의무와는 달리) 법률에 의해 발생하도록 규정하고 있지 않다.

제16:103조 조건성취의 효력

(1) 당사자 사이에 다른 합의가 없는 한, 정지조건이 성취된 때 해당 의무의 효력이 발생한다.
(2) 당사자 사이에 다른 합의가 없는 한, 해제조건이 성취된 때 해당 의무가 소멸한다.

해 설

A. 장래효와 소급효

이 조항에 표현된 규칙은, 당사자 사이에 다른 합의가 없는 한 조건의 성취에 장래적(*ex nunc*) 효력이 있도록 하고 있다. 한편 일부 국가의 법체계에서는 조건의 성취에 때로는 소급적(*ex tunc*) 효력을 부여한다. 이러한 구분은 주로 조건의 성취에서 유래하는 재산권적 결과(proprietary consequences)에서 중요하다. 유럽계약법원칙은 재산권 이전에 관한 원칙을 포함하고 있지 않기 때문에, 보다 단순하게 여기에서 장래효 조항을 채택했다. 조건의 성취에 소급적 효력을 부여하는 규정은 중요한 예외 사안에서 적용될 수밖에 없었을 것이나, 그것을 공식화하여 표현하기는 어려웠을 것이다.

다음은 정지조건 사안에서 장래효의 예이다.

사례 1: 보르도 소재 주택의 매매계약은, 매도인의 매도 의무가 매도인이 정해진 일자까지 파리에서 고위 공무원에 임명되는 것을 조건으로 한다고 규정하고 있다. 매도인은 제 때에 임명되었다.

임명이 있는 때에 비로소 그 주택을 매도할 매도인의 의무가 무조건적인 의무로서 효력을 가지게 된다. 그 이전에는 조건부 의무가 있을 뿐이다.

다음은 해제조건 사안에서 장래효의 예이다. 조건에 의해 영향받는 의무가 무엇인지를 판별하는 것이 중요하다.

> **사례 2:** 어느 운송인이 농장주와 운송트럭으로 농장에 물을 4주 동안 공급하는 계약을 체결하였다. 그러나 이 채무는 그 기간 내에 그 지역의 가뭄이 끝나면 소멸한다. 그 계약에 기하여 농장주는 각 운송 시점 후 30일 내에 운송비를 지급한다.

4주의 기간 이내 가뭄이 끝나면 운송인의 채무도 소멸한다. 그렇지만 농부는 그 가뭄이 끝나기 전에 이루어진 운송에 대해서는 여전히 미납된 운송비를 지급하여야 한다. 이러한 운송비 지급의무는 조건에 의하여 영향을 받지 않는다. 해당 의무는 장래에 지급해야 하는 것일지라도, 각각의 운송에 의하여 발생하게 된다.

B. 금전과 재산의 회복

정지조건이 성취되지 않거나 해제조건이 성취된 사안에서, 계약당사자 중 한쪽이 재산이나 금전을 상대방에게 양도하였음에 따라, 금전을 반환하거나 재산을 회복하여야 하는 원상회복 의무가 발생할 수 있다. 예컨대, 사례 1에서 잠재적 매수인이 이미 계약금을 지급하였는데, 매도인이 파리에서 임명되지 못했을 수 있다. 사례 2에서 농부가 운송료를 미리 지급하였는데, 현시점에서 운송이 더 이상 이루어지지 않게 될 수 있다. 이러한 상황에서 원상회복은, 계약 자체에 의하여 규율되지 않는다면 부당이득법의 문제로 해결되어야 한다.

주 석

독일 법에서 조건의 성취는 소급적 효력이 없다. 소급적 효력을 가지도록 한 약정은 당사자 사이에만 효력을 가진다(민법 제158조 제2항 및 제159조). 또한 장래효는 그리스 법(민법 제203조 제1항 및 제2항)과 오스트리아 법(해제조건에 관하여 민법 제696조, 정지조건에 관하여 OGH SZ 55/109)에서의 원칙이기도 하다. 핀란드 법에서는 달리 약정하지 않은 한 조건은 장래를 향해서 효력이 있다(*Kivimäki & Ylöstalo* 296-97). 스코틀랜드 법도 마찬가지로 보인다(*Gloag & Henderson* 59). 덴마크 법에서 조건이 장래에 향하여 작용하는지 소급적으로 작용하는지는 잉글랜드 및 아일랜드에서와 마찬가지로 계약해석의 문제로 보인다. 조건성취의 소급효 원칙은 프랑스 법에서 확고히 인정되고 있다(민법

제1179조). 그러나 예컨대 반대약정(*Malaurie & Aynès* n. 184), 재정법(fiscal law) 및 위험의 이전(민법 제1182조 제2항) 관련 사례에서 발생하는 중요한 예외들이 있다. 동일한 소급효 원칙을 벨기에 법과 룩셈부르크 법(민법 제1179조)에서도 찾아볼 수 있는데, 여기에는 유사한 예외가 있다. 이탈리아 법(민법 제1360조)에서도 소급효의 원칙을 찾아볼 수 있으나, 반대약정이 있는 경우에 예외가 인정되고, 장기계약사안의 경우에는 반대의 효과를 인정하는 규정이 적용된다(민법 제1360조 제2항). 소급효는 포르투갈 법에서의 원칙이나(민법 제276조), 예외가 있다. 또한 스페인 법도 마찬가지로 소급효가 원칙이다(예외 있음)(민법 제1120조 제1항 및 제1123조 제1항).

제17장 이자의 원본 산입

제17:101조 이자를 원본에 산입하는 시점

(1) 제9:508조 제1항에서 정하는 바에 따라 지급해야 하는 이자는 매 12개월마다 원본 잔액(outstanding capital)에 산입된다.

(2) 본조 제1항은 당사자 사이에 지연이자의 지급에 관한 합의가 있는 때에는 적용되지 않는다.

해 설

A. 개념

단리(계약에 의하든지, 법률에 의하든지)는 그 산정 기준이 되는 원본에는 영향을 미치지 않는다. 즉, 원본은 불변한다. 그러나 이자의 원본 산입(또는 복리)이 합의되었거나 법률이나 관습에 의해 부과되는 경우, 합의된 기간[이자산정기간(rest period)] 동안 만기가 되고 미지급된 이자는 원본에 산입된다. 따라서 두 번째 이자산정기간에는 늘어난 원본에 이자가 붙게 되어 이자의 총액이 증가되고, 이후에도 마찬가지이다.

> **사례 1**: B은행은 L에게 2000년 12월 31일을 변제기로 하여 10,000유로를 대여하였다. 아무런 변제도 이루어지지 않는다. 만일 당사자들이 지연이자를 약정하지 않았다면, 제9:508조 제1항이 적용된다. 이 조항에 의한 이자율이 연 10%라고 가정하면, 2002년 1월 1일에 미변제된 지연이자 1,000유로는 원본 10,000유로에 산입되어 원본은 11,000유로로 증가하고, 2003년 1월 1일에는 총 1,100유로의 이자가 산입되어 원본은 12,100유로로 증가할 것이다. 이후에도 마찬가지이다.

B. 편제와 적용범위

유럽계약법원칙 총 3부의 향후 개정판에서 이 조항은 제9:508조(금전지급의 지연)의 한 부분으로 나올 것이다. 그 전까지는 앞장의 목차번호에 영향을 주지 않은 채 나중에 순서를 변경할 수 있도록 제3부의 끝에 배치하였다.

제17:101조는 이자의 지급을 지체하였을 때의 구제수단으로서 적용된다. 그러나 이자의 원본 산입 역시 지급 지체와 관련하여 의문의 여지없이 계약상 의무로 합의될 수 있음을 물론이다. 당좌계좌의 잔고가 양(positive) 또는 음(negative)인 경우의 이자의 원본 산입이 그 중요한 예이다. 이러한 유형의 계약상 합의는 본 규칙에 의해서 영향을 받지 않는다.

C. 정당화 사유

제17:101조는 채무자가 만기가 도래한 이자를 지급하지 못하면, 이자부 금전채무의 채권자에게 이자를 원본에 산입할 권리를 부여한다. 이는 제9:508조 제1항에서는 인정되지 않는 것이다(해설 B 참조). 이러한 확장은 금전채무의 채권자가 얻게 되는 이자는 자산이라는 사실에 의해 정당화될 수 있다. 채권자는 원본자체의 지급지체 못지않게 이자의 지급지체에 의하더라도 정당한 이익을 역시 박탈당하게 된다. 더구나 지급지체는 종종 채권자에게 대단히 해로운 영향을 미치게 되고, 특히 중소 사업체는 이로 인해 파산할 수도 있다. 따라서 연합 차원과 몇몇 회원국들 모두 지급지체에 대해 제재를 하려는 명백한 경향이 있다. 이자의 원본 산입은 점차적으로 효과가 증대된다는 점에서 효과적인 제재수단이 된다.

D. 지연이자에 대한 당사자의 합의

제17:101조는 일반원칙에 따라 당사자들이 지연이자의 지급에 관하여 명시적으로 또는 묵시적으로 합의한 경우에는 이자의 원본 산입에 관한 일반적인 규칙이 적용되지 않는다고 규정하고 있다. 당사자들이 이자 문제에 관하여 스스로 정하였다는 사실은 그들이 원할 경우 원본 산입 여부에 대해 정하는 것은 그들에게 달려 있다는 것을 뜻한다.

> **사례 2**: 당사자들이 '변제시까지' 연 7%의 이자에 합의한다. 이 조항은 신용이자와 지연이자에 모두 적용된다. 지연이자의 원본 산입은 제17:101조 제2항에 의하여 배제된다.

E. 기간의 산정

이자산정기간 12개월의 기산점을 결정하기 위하여, 언제 이자 지급채무가 만기가 되는지에 대한 계약적 합의를 검토하여야 한다. 당사자들이 그 시기에 대하여 합의하지 않았다면, 이행기에 대한 제7:102조에 따라 결정된다. 제9:508조 (금전지급의 지연)도 참고가 될 수 있다.

F. 손해배상과의 관계

지급지체에 따른 이자 지급의무는 기능적으로 손해배상 의무와 상응한다. 이자는 통상적 손해배상은 아니지만 추상적 손해배상(abstract damages)의 한 형태로 취급될 수 있다(제9:508조 해설 B 참조). 이자의 원본 산입은 이 구제수단을 확장하는 장점이 있다. 결과적으로 채권자는 이자의 지급으로 이미 보상받은 손실에 대해서는 손해배상을 청구할 필요가 없고, 청구할 수도 없다는 점에서 제9:508조 제2항의 적용범위(이자로 전보되지 않는, 금전지급의 지연으로 인한 손실에 대한 추가적 손해배상)는 줄어든다.

그러나 채권자는 보상받지 않은 어떠한 추가적 손해에 대하여도 배상을 청구할 권리가 있다. 하지만 이자의 원본 산입이 허용되는 경우 그리고 그러한 한도에서, 추가적 손해배상의 액수와 때때로 어려운 과제인 그 증명은 일반적으로 크게 제한될 것이다.

G. 소비자 보호

물론 관련된 1986년 유럽공동체 지침에 기초한 소비자 보호, 특히 소비자 신용에 관한 국내법 규정이 우선적으로 적용된다. 이 지침 자체는 이자의 원본 산입에 대하여 다루고 있지 않다.

주　　석

1. 일반

이자의 지급지체로 인한 이자에 관한 국내법 규정은 종교적, 이념적 개념의 차이에 영향을 받아 상당히 다양하다. 보상의 법적 형태로서 법률로 규정된 구제수단, 일방적 청구, 소제기, 명시적 합의, 당좌계좌와 관행 등 6가지 주요 정당화 사유가 인정되고 있다.

2. 보상의 법적 형태

네덜란드에서, 이자의 원본 산입은 이자의 지급지체에 대하여 법률이 정하고 있는 유일한 보상방법이다(민법 제6:119조 제2항). 이 규정은 법정이자(단리)가 총 금전채무의 지급지체에 대한 유일한 구제수단이라는 내용의 이에 상응하는 규정(유럽계약법 제6:119조 제1항)의 연장선상에서 이해되어야 한다. 당사자들은 보다 높은 이자율을 적용하도록 합의할 수 있다(제6:119조 제3항). 따라서 네덜란드 법에 따르면 이자가 원본에 산입된 경우 채권자는 해당 이자에 대해 이자로 아직 전보되지 않는 손해 부분에 관해서는 이자의 지급지체를 이유로 그 배상을 청구할 수 없다.

핀란드(*Wilhelmsson & Sevón* 73)와 스코틀랜드(*Wilson* 132)에서는 만일 원본이 상환되었으나, 이자는 상환되지 않은 경우 미지급된 이자에 대하여 이자가 발생하기 시작한다.

잉글랜드 법에서는 복리(또는 이자의 원본 산입)는 특별한 사정에서 부여될 수 있다. 그러한 사정 중에 하나는 당사자들이 채권자가 금원을 특정한 용도로 할당하여 두었고, 연체시 채권자가 해당 금액만큼을 빌려야 한다고 생각하는 것이다. 이때 채권자는 복리를 포함하여 대출 비용을 배상받을 수 있다(*Hartle* v. *Laceys* 28 February 1997 (C.A.), 미공간되었으나 LEXIS에서 검색 가능하다). 복리는 또한 그 금원이 사기에 의하여 얻은 것이거나, 수임인이 금원을 반환하지 않거나 엉뚱한 곳에 사용하였을 경우 법원의 재량에 따라 형평법상 지급될 수 있다(*President of India* v. *La Pintada Cia. Navigacion SA* [1985] A. C. 104, 116 참조).

3. 일방적 청구

벨기에서는 채권자에 의한 소제기를 요구하는 민법 제1154조(프랑스와 룩셈부르크에서도 마찬가지이다, 다음 문단 참조)를 최근 넓게 해석하여 소송 외의 청구도 가능하다고 한다. 그러나 민법 제1154조에 의하여 요구되는 바와 같이, 이자의 만기가 도래한 지 1년이 지나기 전에는 이러한 청구를 할 수 없다(Cass. 28 March 1994, Pasicrisie 1994. Ⅰ. 317 at 321-322).

4. 소제기

일부 다른 국가들에서 채권자는 형식을 갖추는 한 일방적인 소제기에 따라 이자의 원본 산입을 할 수 있다. 이러한 일방적인 권리는 채무자의 내재적인 기본적 법적 의무에 근거를 두어야 하고, 따라서 이자의 지급지체에 대한 보상의 법적 형태로서 네덜란드의 이자 원본 산입 제도와 관련된 것으로 보인다. 그러나 이 권리를 행사하기 위한 구체적인 요건은 네덜란드 법과도, 로마법계 국가들 상호간에도 상당히 다르다.

네덜란드와 벨기에의 제도와 가장 유사한 것은 포르투갈 법이다. 채권자가 만기가 도래했거나 도래할 이자의 원본 산입을 요구하기 위해서는, 채무자에 대한 사법적 통지만을 요청하는 것으로 충분하기 때문이다(민법 제560조 제1항).

오스트리아, 프랑스, 룩셈부르크, 그리스, 이탈리아와 스코틀랜드에서도 채권자는 채무자에 대하여 원본에 산입되거나 복리의 이자의 지급을 구하기 위하여 소를 제기하여야 한다. 그러나 개별 국가별로 그 요건은 상당한 차이를 보인다. 오스트리아(1868년 이자법(Law on interest of 1868) 제3조 제1항 제b호)와 스페인(민법 제1109조 제1항)에서는 원본에 산입된 이자는 소제기일부터, 또한 법정이율로만(비록 오스트리아에서 약정이율이 법정이율에 우선하지만) 청구할 수 있다.

다수의 로마법계 국가들에서는 이자가 만기이 도래한 지 적어도 1년 이상의 기간이 경과할 것을 요구하고 있다(프랑스, 벨기에, 룩셈부르크 민법 제1154조, 그리스 민법 제296조 제1항, 포르투갈 민법 제560조 제2문). 이탈리아에서는 일반적으로, 그리스에서는 상인 간의 채무에 대하여 그 기간이 6개월로 단축된다(이탈리아 민법 제1283조 그리고 Resolution of Interministerial Committee on Credits and Savings of 9 February 2000 (Banca, Borsa e Titoli di Credito 2000 Ⅰ 439) 제5조, 그리스 민법시행법(Introductory Law to the CC) 제111조 제2항).

그러나 프랑스와 룩셈부르크의 법조항은 위 국가들에서와 다르게 해석된다. 룩셈부르크 민법 제1154조는 1년 단위로 새로운 소제기를 요구하는 것으로 좁게 해석된다. 채권자가 장래를 위해 미리(*pro futuro*) 원본에 산입될 이자를 청구할 수는 없기 때문이다(룩셈부르크 Cass. 10 April 1908, Pas.Lux. Ⅷ 148). 이와는 대조적으로 프랑스에서는 연속적인 장래의 만기분에 대하여도 소를 제기할 수 있다(Cass.com. 20 October 1992, Bull.civ. 1992 Ⅳ no. 332; Cass.civ. 18 Feb. 1998, Bull.civ. 1998 Ⅲ no. 42).

5. 당사자들 사이의 합의

당사자들 사이의 합의는 비록 다양한 제한이 존재하기는 하지만 모든 국가에서 인정된다. 일부 국가들에서는 당사자들이 이자의 원본 산입에 대하여 자유롭게 합의할 수 있다(오스트리아에 관해서는 1868년 이자법 제3조 제1항 제a호, 덴마크에 관해서는 *Gomard*, Ⅲ 96, 핀란드에 관해서는 *Wilhelmsson & Sevón*, 74, 네덜란드에 관해서는 *Asser-Hartkamp*, Verbintenissenrecht Ⅰ, nr. 525, 스페인에 관해서는 *Díez-Picazo* Ⅱ, 4th edn. 287, 잉글랜드에 관해서는 *Chitty* para. 38-250, *Mann* 70).

다른 국가들은 이자가 만기에 도래한 이후에만 이자의 원본 산입에 대한 합의를 인정한다. 이는 독일(민법 제248조 제1항. 그러나 금융기관들은 제외된다. 제2항)과 스페인(상법 제317조)에서의 유일한 조건이다. 프랑스와 룩셈부르크, 이탈리아와 그리스에서는 이자가 만기가 도래한 지 1년이 지난 후에야 그와 같은 합의를 인정한다. 이와 같은 요건과 출처에 관한 서술은 주석 제4항에서 위 국가들에 관하여 살펴본 것과 같다. 이탈리아에서는 일반적으로 모든 경우에, 그리스에서는 상인들 간의 채무에 대하여, 그 기간이 6개월로 단축된다(이탈리아 민법 제1283조, 그리스 민법시행법 제111조 제2항). 최근 이탈리아는 당좌계좌의 경우를 제외하고 할부로 상환하기로 정하는 내용의 금융계약에 대하여 이자의 원본 산입에 대한 합의를 금지하였다. 반면, 선지급에 대한 계약은 선지급 기간의 종료시 만기가 도래하는 이자의 원본 산입을 규정할 수 있다(Interministerial Committee on Credits and Savings, Resolution of 9 February 2000 (Banca, Borsa e Titoli di Credito 2000 Ⅰ 439) 제3-4조). 이탈리아는 또한 최근에 여신과 예금 계약에 관하여 이자의 원본 산입 합의에 대한 특별한 투명성 규정을 획기적으로 도입하여, 합의된 이자산정기간과 이자율을 명시하도록 하였다. 만일 이자산정기간이 1년보다 짧다면, 원본 산입의 효과를 고려한 실질적인 이자율을 명시하여야 한다. 이자의 원본 산입 조항은 고객이 서면으로 명확하게 승인하지 않는 한 무효이다(위에 인용한 Resolution, 제6조).

6. 당좌계좌

당좌계좌는, 당사자의 합의에 기초한 것으로서, 모든 국가에서 이자의 원본 산입을 할 수 있는 묵시적 정당화 사유로서 인정되고, 위에서 설명한 제한들이 적용되지 않는다. 매번 정산이 이루어질 때마다 이자는 예금이자든 대출이자든 원본에 통합되고, 그때부터 이자가 발생한다.

독일과 오스트리아, 그리스와 이탈리아에서는 원본 산입에 대한 명시적인 법규정을 두고 있다(독일과 오스트리아 상법 제355조 제1항, 그리스 민법시행법 제112조 제1항, 이탈리아 Resolution of the Interministerial Committee on Credits and Savings 9 February 2000 (Banca, Borsa e Titoli di Credito 2000 Ⅰ 439) 제2조). 대부분의 다른 국가들에서는 확립된 판례를 통해 당좌계좌를 특별 취급하고 있다(프랑스 Cass. com. 11 Jan. 1984, Bull. civ. 1984 Ⅳ no. 15, 벨기에 Cass. 27 Feb. 1930, Pas. 1930 Ⅰ 129 (134), 룩셈부르크 Cour supérieure 13 March 1934, Pas. Lux. ⅩⅢ 240 (244), Cour d'appel 27 February 1986, Bulletin Droit et Banque 1986 no. 9 p. 76, 잉글랜드 *National Bank of Greece* v. *Pinios Shipping Co.* No. 1 [1990] 1A. C. 637(H.L.) at 683 ff., 이탈리아는 Cass. 30 May 1989, no. 2644, *Foro It.* 1989 Ⅰ 3127, Cian-Trabucchi (Zaccaria) art. 1283 no. Ⅳ, art. 1825 no. Ⅱ도 참조).

이탈리아에서는 각 당좌계좌마다 예금이자와 대출이자의 원본 산입을 위한 이자산정기간이 동일해야 한다는 것이 명시되어 있다. 나아가 당좌계좌가 폐쇄된 이후에도 당사자가 합의하였다면 최종 잔고에 이자가 가산될 수 있으나, 이는 명시되어야 한다고 여겨지고 있다. 한편 계좌 폐쇄 이후의 이자는 원본에 산입될 수 없다(위에서 인용된 Resolution of 9 February 2000, 제2조 제2항, 제3항).

7. 관행

이자가 원본에 산입되는 별도의 근거로서 관행은 몇몇 국가들에서는 심지어 법조항에 반하는 경우에도 명시적으로 인정된다(이탈리아 민법 제1283조, 포르투갈 민법 제560조 제3항, 또한 잉글랜드는 위에서 인용된 National Bank of Greece 사례 참조). 덴마크(*Gomard*, Ⅱ, 1995, 196)와 스웨덴(*Walin* 255)에서도 원본 산입의 정당화 사유로서의 관행이 인정된다.

이탈리아 파기원은 금융기관들과 그들의 고객들 사이에 이자의 원본 산입에 대하여 확립된 관행이 있다는 내용의 판결을 수차례 하였다(기본 판결: Cass. 15 December 1981, no. 6631, Riv.dir.comm. 1982 Ⅱ 89; 위 주석 5에서 인용된 Cass. 30 May 1989도 참조). 1999년에 법원이 위와 같은 입장에서 후퇴하자(특히 Cass. 16 March 1999, Banca e Borsa 1999 Ⅱ 389 참조), 입법자가 즉시 개입하였고, 법률로 이자의 원본 산입에 대한 계약조항을 유효하게 하였다. 이러한 정부 법령은 결국 수권법에 반한다는 이유로 위헌이라고 선고되었다(Const. Court 17 October 2000, Giurisprudenza Commerciale 2001 Ⅱ 179). 이에 따라 사실상 1999년 이래 파기원의 판례에 다시 따르게 되었지만, 학자들이 이 쟁점을 여전히 치열하게 논의하고 있다.

당좌계좌에 관한 표준 관행(위 주석 6 참조)은 중요하지만, 관행에 대한 하나의 예시에 지나지 않는다.

유럽계약법원칙 해제(解題)

김 재 형

Ⅰ. 유럽계약법원칙은 어떤 의미가 있는가?

유럽 각국은 대륙법과 보통법으로 나뉘어 각기 다른 법을 발전시켜 왔다. 대륙법은 1804년 프랑스 민법전 제정이나 1896년 독일 민법전 제정과 같이 법전편찬을 거쳐 체계화되었다. 이에 반해 보통법은 영국과 미국의 판례를 통해 발전해 왔다.

유럽 각국의 법학자와 법률가들로 구성된 유럽계약법위원회(The Commission on European Contract Law)는 1995년 유럽계약법원칙 제1부를 발표하기 시작하여 1999년 제2부, 2002년 제3부를 발표하였다. 유럽의 계약법을 통일하고자 제안된 이 원칙은 법학계에서 커다란 반향을 불러일으켰다. 대륙법과 보통법으로 나뉘어 영원히 존속할 것처럼 생각했던 법체계가 완전히 바뀔 수도 있다는 기대와 불안이 교차했다.

유럽계약법원칙 발표 이후 새로운 법전편찬의 시대가 열렸다. 2001년 독일 채권법의 현대화로 독일 민법이 전면적으로 개정되어 2002년 1월 1일부터 시행되었다. 2016년 프랑스 채권법이 대폭 개정되었다. 일본 채권법도 2017년에 전면 개정되었다. 2020년에는 중국 민법전이 제정되었다. 그 밖에도 여러 민법전이 개정되고 있다. 이와 같은 민법전의 대폭적인 개편에서 유럽계약법원칙은 중대한 영향을 미치고 있다. 유럽계약법원칙이 유럽연합 차원 또는 유럽 각국의 법률로 채택된 것은 아니지만, 유럽을 넘어 계약법의 조화에 기여하고 있다고 볼 수 있다.

우리나라에서도 유럽계약법원칙에 대한 소개와 연구가 활발하게 이루어져 왔다. 종전에는 독일 등 특정 국가의 민법을 소개하거나 이에 대한 비교법적 연구를 하는 경우가 많았다. 그러나 유럽계약법원칙이 발표된 이후 독일 민법이나 프랑스 민법은 여러 민법 중의 하나일 뿐이고 절대적으로 의존해야 하는 것이 아니라는 인식이 확산되었다. 특히 이 책은 계약법의 주요 쟁점에 관하여 유럽 각국의 법상황이나 국제규범을 일목요연하게 파악할 수 있도록 정리되어 있기 때문에, 비교법적 지평을 대폭 넓혀주었다.

유럽계약법원칙의 의미는 여기에 그치지 않는다. 유럽계약법위원회는 대륙법이나 보통법 또는 국제규범 중 어느 하나를 선택하기도 하고 하나의 결론에 도달하기 위해 조정과 타협을 하면서 계약법에 관한 이상적인 모델을 제시하고 있다. 따라서 이 원칙은 가장 합리적인 계약법 규범이 무엇인지에 관하여 생각할 수 있는 폭을 넓혀줄 수 있다.

Ⅱ. 유럽계약법원칙은 어떻게 만들어졌고, 그 체제와 구성에는 어떠한 특징이 있는가?

유럽계약법원칙은 덴마크의 Copenhagen Business School 교수였던 Ole Lando (1922-2019)를 빼놓고 설명할 수 없다. 란도 교수는 유럽계약법위원회를 설립·운영하는 데 주도적 역할을 하였다. 그가 위원장을 맡았기 때문에 이 위원회를 '란도 위원회'라고도 부른다. 유럽계약법원칙 제1 · 2부와 제3부에 있는 편집자 가운데 유일하게 두 권 모두 편집자 중 맨 앞에 기재되어 있다. 원래 국제사법학자였던 그는 국제사법에 관한 통일조약만으로는 국제거래를 촉진하는 데 한계가 있다고 보아 이미 1970년대에 민법, 그중에도 계약법을 통일하려는 구상을 하고 계획을 세웠다.

유럽계약법원칙 제1부는 이행, 불이행과 구제수단을 다루고 있다. 제2부는 계약의 성립, 유효성, 해석, 내용과 대리권을 다루고 있는데, 제2부를 작성하면서 종전의 제1부도 개정하여 제1부와 제2부를 9개의 장으로 통합하였다. 제3부는 다수 당사자, 채권양도, 채무인수와 계약이전, 상계, 시효, 위법성, 조건, 이자의 원본 산입을 다루고 있다. 다수 당사자, 채권양도, 채무인수, 상계, 시효는 계약·불법행위·부당이득에 공통된 주제이고, 위법성이나 조건 등은 제1 · 2부에서 다루지 못했던 부분이다.

유럽계약법위원회는 어떤 내용을 이 원칙에 포함할 것인지 정할 때 기능적 접근방식(functional approach)을 채택하였다. 이것은 용어와 개념의 차이를 무시하고 각각의 법체계가 다양한 상황에서 도달한 결과를 고려하는 방식을 말한다. 유럽계약법위원회는 법체계에 따라서는 불법행위법과 원상회복법에서 다루는 사항도 계약과 밀접한 관련이 있으면 이 원칙에 포함시키고 있다. 따라서 계약체결상의 과실을 불법행위에서 다루는 법체계도 있지만 이 원칙에서는 계약의 성립에 관한 제2장에서 다룬다. 이 원칙은 계약 취소에 따른 원상회복의 효과를 규정하고 있다. 계약을 취소하는 경우 부당이득반환이 문제되는데, 이에 관해서 계약의 유효성에 관한 제4장에서 원물반환과 가액반환에 관한 규정을 두고 있다.

이 책은 유럽계약법원칙에 관한 조문, 해설과 주석으로 구성되어 있다. 해설에서는 조문을 상세하게 설명하고 간단한 사례를 들어 이 조문이 실제로 어떻게 운영되는지를 보여준다. 주석에서는 유럽 각국의 관련 조문, 판례, 학설과 국제규범을 일목요연하게 정리하고 있다.

유럽계약법위원회의 위원은 소수를 제외하고는 학자들인데, 그중 많은 사람이 실무를 하는 법률가였다. 위원들은 소속 국가를 대변하는 것이 아니라 유럽을 위한 가장 적절한 계약법을 만든다는 공통목적을 추구하였다. 이 원칙을 작성할 때 미국 법조협회(ALI)의 계약법 리스테이트먼트(Restatement of the Law of Contract, 제2판, 1981)를 참고하였다. 리스테이트먼트는 미국 각주의 계약에 관한 보통법(Common Law)을 조문 형태로 정리하고 그 해설을 하고 각주를 덧붙이고 있는데, 유럽계약법원칙도 이러한 체제를 따른 것이다. 그러나 이 원칙과 리스테이트먼트 사이에는 중요한 차이가 있다. 유럽 연합에는 미국과 같은 보통법이 존재하지 않고 유럽계약법원칙은 특정 법체계를 기초로 하지 않았다. 위원회는 유럽연합 회원국의 법체계뿐만 아니라 여러 국제규범, 이를테면 국제물품매매계약에 관한 UN 협약('CISG'라는 약어를 사용하는데, '유엔통일매매법'이라고도 부른다)이나 UNIDROIT 국제상사계약법원칙(Principles of International Commercial Contracts: PICC) 등도 참고하였다. 이 원칙에는 특정 국가의 법에 없는 내용도 있다. 위원회는 비교법 연구를 토대로 유럽의 사회경제적 조건을 가장 잘 고려하고 있다고 판단되는 원칙을 만들려고 하였다.

Ⅲ. 유럽계약법원칙에는 어떤 내용이 담겨있는가?

유럽계약법원칙의 내용은 제1·2부의 개관과 제3부의 개관에 요약되어 있다. 국내외에서 유럽계약법원칙을 소개하거나 분석한 논문이 많이 나왔다. 2009년 2월 설치된 법무부 민법개정위원회는 2014년까지 민법개정안(이하 '2014년 법무부 민법개정안'이라 한다)을 작성하였다. 그러나 이 개정안은 국회에서 제대로 심의할 기회가 없었다. 그 후 2023년 6월 설치된 법무부 민법개정위원회는 2024년까지 계약법에 관한 민법개정안(이하 '법무부 민법개정안'이라 한다)을 작성하여 법무부가 2025. 2. 입법예고를 하였으며, 2025년에는 담보법에 관한 민법개정안을 작성하여 검토하고 있다. 이러한 민법개정작업에서 유럽계약법원칙은 주요한 참고자료가 되었다. 여기에서는 법의 조화와 통일이라는 관점에서, 그리고 우리나라 민법학의 관점에서 특히 중요하다고 생각하는 사항을 몇 가지 소개하고자 한다.

1. 계약법의 원칙

계약자유의 원칙은 유럽연합의 모든 회원국에서 인정된다. 다만 명시적인 규정을 두고 있는 나라와 그렇지 않은 나라가 있을 뿐이다. 유럽계약법원칙은 계약법의 원칙을 정하는 제1:102조에서 '계약의 자유'라는 제목으로 "당사자들은 계약을 체결하고 그 내용을 결정할 자유가 있다"(제1항 본문)라고 정하여 계약자유를 원칙으로 한다는 점을 명시하고 있다.

신의성실의 원칙이 인정되는지는 대륙법과 보통법을 구분하는 중요한 기준이다. 독일, 프랑스, 스위스, 네덜란드 등 대륙법계의 여러 국가에서 신의성실의 원칙을 인정하는 명문의 규정을 두고 있다. 이와 달리 보통법은 신의성실의 원칙을 인정하지 않고 예외적으로 이 원칙을 인정하는 것과 같은 결론을 도출하는 경우가 있다. 유럽계약법원칙은 신의성실과 공정거래를 중요한 원칙으로 정하고 있다(제1:102조 제1항 단서, 제1:201조 참조).

우리나라 민법에서는 계약자유의 원칙을 명시적으로 정하고 있지 않고 제2조에서 신의성실의 원칙을 중요한 원칙으로 정하고 있다. 계약자유의 원칙은 민법의 최고원리인 사적 자치가 계약법에서 발현되는 모습이라고 할 수 있고, 신의성실의 원칙 또한 민사관계의 다양한 국면에서 적용되고 있다.

2. 계약의 성립

(1) 계약을 준수해야 한다는 것은 보편적인 원칙이다. 그러나 어떠한 경우에 계약이 성립하는지, 대가나 원인(cause)이 없는 약속도 준수해야 하는지, 서면으로 작성되지 않는 계약도 효력이 있는지에 관해서는 법체계에 따라 다르다. 대륙법계에서는 대체로 의사이론에 따라 주관적 의사의 합치가 있어야 계약이 성립하고, 착오, 사기 등을 이유로 계약을 취소할 수 있다고 한다. 프랑스 민법에서는

일정한 액수 이상의 가치가 있는 계약에 대하여 서면 이외에는 계약의 증거로 인정하지 않고, 계약의 원인이 존재하고 오류가 없으며 적법해야 한다. 이에 반하여 보통법에서는 합리적 신뢰의 보호를 강조하고, 당사의 의사에 결함이 있다는 이유만으로 구제를 허용하지 않는다. 약속이 진지하고 상대방이 승낙하였다고 하더라도, 약속에 대한 대가가 없다면 계약의 구속력이 없다. 무상 약속은 구속력이 없다.

유럽계약법원칙은 계약이 성립하려면 구속되고자 하는 의사와 명확한 합의로 충분하다고 정한다(제2:101조, 제2:103조 참조). 계약이 서면으로 작성되지 않아도 구속력이 있다. 프랑스 민법에서 요구하는 원인도 필요하지 않고, 보통법에서 요구되는 약인(consideration)도 필요하지 않다. 우리나라 민법에서도 명문의 규정이 없지만 당사자의 의사합치로써 계약이 성립한다고 보고 있다. 법무부 민법개정안 제527조는 '계약의 성립'이라는 제목으로 "계약은 당사자가 법적 구속을 받을 의사로 그 내용을 확정할 수 있는 합의에 이르면 성립한다."라고 정한다. 이것은 계약의 성립에 관한 일반원칙으로서, 유럽계약법원칙 제2:101조와 유사한 내용이다.

(2) 계약이 체결되기 전에 계약 체결을 위한 청약을 철회할 수 있는가? 민법은 "계약의 청약은 이를 철회하지 못한다."라그 정함으로써(제527조), 청약의 구속력을 인정한다. 그러나 독일이나 북유럽국가를 제외한 대부분의 유럽연합 국가에서는 원칙적으로 청약의 구속력을 부정한다. 유엔통일매매법(CISG) 제16조도 마찬가지이다. 유럽계약법원칙은 원칙적으로 청약에 대한 승낙을 발송하기 전에는 청약을 철회할 수 있고, 청약에 철회할 수 없다고 표시된 경우 등 예외적으로 철회할 수 없는 사유를 정한다(제2:202조). 법무브 민법개정안에서는 제529조에서 청약의 구속력을 부정하고 예외적으로 청약의 구속력을 인정하는 것으로 전환하고 있다.

3. 대리권

유럽계약법원칙에서는 직접대리(제3장 제2절)와 간접대리(제3장 제3절)에 관한 규정을 두고 있다. 직접대리는 대리인이 본인을 대리하여 행위를 하는 경우를 가리키고 간접대리는 본인을 위하여 대리인의 이름으로 행위를 한 경우를 가리킨다.

직접대리의 경우 대리인이 명시적·묵시적 권한을 가지거나, 본인이 제3자로 하여금 대리인에게 권한이 있다고 믿게 한 경우에, 대리인의 행위는 본인과 제3자를 구속한다(제3:201조 참조). 대리행위를 하는 사람이 대리권이 있는 경우뿐만 아니라, 대리권이 없으나 그와 같은 외관을 갖춘 경우에도 그 행위가 본인에 대하여 효력을 가질 수 있다. 뒤의 것이 우리나라에서 말하는 표현대리 또는 외관대리라고 할 수 있다. 간접 '대리인'은 명시적, 묵시적 또는 외관상으로든지 본인의 이름으로 행위를 하지 않는다(제3:201조 참조). 그 차이를 드러내고자 간접 '대리인'이 아니라 '매개인'이라는 표현을 사용한다. 본인의 지시에 의한 경우(예컨대 중개대리) 혹은 사실 본인을 위해 행위를 한 경우라도, 매개인이 자신의 이름으로 행위를 한 것으로 보이는 때에는 일반적으로 제3자와 매개인이 서로에 대하여 구속되는 효과가 있다(제3:301조).

우리나라 민법은 대부분의 대륙법계 민법과 마찬가지로 직접대리에 관해서만 규정하고 간접대리에 관해서는 규정을 두고 있지 않다. 이 원칙을 보면, 간접대리에 관해서도 관심을 기울일 필요가 있음을 알 수 있다.

4. 계약의 해석

법률행위의 해석 또는 계약의 해석은 매우 중요한 문제이다. 실제 사건에서 계약의 해석이 문제되는 경우가 많다. 유럽계약법원칙은 유럽연합 회원국 대부분과 마찬가지로 계약해석에 관한 규정을 두고 있다. 먼저 주관적 해석과 객관적 해석에 관한 원칙적 규정을 두고(제5:101조 참조), 계약해석에서 고려해야 할 사항을 정하고 있다(제5:102조 참조). 나아가 작성자 불리의 원칙이나 유효 해석의 원칙에 관한 규정도 두고 있다(제5:103조, 제5:106조 참조).

우리나라 민법에서는 이에 해당하는 규정이 없었는데, 법무부 민법개정안은 유럽계약법원칙과 유사하게 주관적 해석(자연적 해석)과 객관적 해석(규범적 해석)에 관한 규정을 신설하고 있다(제106조).

5. 계약의 내용과 효력

(1) 제3자를 위한 계약

대륙법계 국가에서는 제3자를 위한 계약이 유효하다고 한다. 잉글랜드에서는 계약의 당사자성 원칙에 따라 이를 부정하였으나, 1999년 제3자를 위한 계약을 허용하였다. 유럽계약법원칙(제6:110조)은 제3자를 위한 계약을 허용하고 약정

당시 제3자를 특정할 필요가 없다고 정한다. 우리나라 민법은 제3자를 위한 계약을 허용한다. 또한 법무부 민법개정안은 제3자를 위한 계약은 장래에 특정될 수 있는 자를 위해서도 할 수 있다고 정한다(제539조 제2항).

(2) 사정변경의 원칙

유럽계약법원칙은 사정변경에 관한 포괄적인 규정을 두고 있다. 계약체결 후에 당사자들이 예견할 수 없는 사정변경으로 이행이 현저하게 곤란하게 된 경우에 당사자의 재교섭의무와 법원에 의한 계약의 해제, 해지 또는 수정 권한을 인정한다(제6:111조). 우리나라 민법에는 사정변경에 관한 규정은 없지만, 학설과 판례는 사정변경의 원칙을 인정한다(대법원 2007. 3. 29. 선고 2004다31302 판결; 대법원 2021. 6. 30. 선고 2019다276338 판결). 법무부 민법개정안은 학설과 판례를 반영하여 사정변경에 관한 규정을 신설할 것을 제안한다(제538조의2 참조). 민법개정안을 마련하는 과정에서 유럽계약법원칙을 중요하게 참고하였다.

6. 채무불이행

(1) 유럽계약법원칙은 불이행(non-performance)에 관하여 포괄적인 규정을 두고 있다. 이것은 보통법에서 말하는 계약위반에 대응한다. 당사자가 계약상 의무를 이행하지 않을 때 불이행이 발생하는데, 여기에는 이행에 결함이 있거나 이행기에 이행하지 못한 경우뿐만 아니라 비밀유지의무와 같은 부수적 의무 위반도 포함된다. 우리나라 민법 제390조에서 채무불이행으로 인한 손해배상책임의 요건으로 "채무의 내용에 좇은 이행을 하지 아니한 때"라는 일반규정을 둔 것과 유사하다. 독일 민법전에서는 제정 당시 이행지체와 이행불능을 규정하고 있었다. 그러나 2001년 독일 채권법 개정으로 의무위반이라는 포괄적 요건을 두는 것으로 전환하였다. 이로써 유럽계약법원칙이나 독일 민법은 우리나라 민법과 마찬가지로 채무불이행에 관한 일반조항주의를 채택하였다.

(2) 유럽계약법원칙은 채무불이행책임에 관하여 과실책임의 원칙을 채택하지 않고 있다. 그 대신 불가항력적이고 예견할 수 없었던 사건으로 당사자가 이행하지 못하는 경우에는 면책될 수 있다고 정한다(제8:108조 제1항 참조). 이와 같이 면책되는 경우에는 구제수단 가운데 이행이나 손해배상을 청구할 수 없고, 이행을 유보하거나 대금감액하거나 계약을 해제·해지할 수 있다(제8:101조 참조). 우

리나라 민법이 과실책임의 원칙을 채택하고 있는 것과 다르다. 법무부 민법개정안에서는 손해배상의 경우 과실책임의 원칙을 유지하고, 다만 당사자의 약정으로 무과실책임을 정할 수 있다는 조항을 도입하였다(제390조 참조). 한편 민법개정안에서 계약의 해제·해지의 경우에는 채무자의 고의 또는 과실 요건을 삭제하였다(제544조, 제546조 참조).

(3) 채무불이행의 경우 이행청구권이 인정되는가, 아니면 손해배상에 만족해야 하는가? 보통법에서 금전채무가 아닌 경우 특정이행(specific performance) 청구가 원칙적으로 허용되지 않고 손해배상이 부적절한 경우에만 예외적으로 허용된다. 이에 반하여 대륙법계 국가에서는 특정이행청구를 원칙적으로 허용한다. 이 점이 보통법과 대륙법의 중요한 차이 중의 하나이다. 유럽계약법원칙은 특정이행청구를 인정하고 예외적으로 이행이 불법적이거나 불가능한 경우 등 허용되지 않는 사유를 정한다(제9:102조). 우리나라 민법은 채무불이행의 경우 법원에 강제이행을 청구할 수 있는 권리를 인정하고 있는데(제389조), 원칙적으로 이행청구권을 인정하고 있다는 점에서 유럽계약법원칙과 기본적으로 유사하다고 볼 수 있다. 법무부 민법개정안은 이와 별도로 제387조를 신설하여 채권자는 채무자에 대하여 채무의 이행을 청구할 수 있다는 규정을 둔다.

(4) 유럽계약법원칙은 계약의 해제·해지 요건으로 본질적 불이행을 정한다(제8:103조와 제9:301조 참조). 이행기 전 불이행의 경우에 계약을 해제할 수 있다고 정함으로써(제9:304조), 이행거절 등의 경우에 계약해제권을 인정한다. 계약해제의 효과에 관해서는 소급효를 부정하고 장래효를 인정한다(제9:305조). 이러한 사항은 우리나라 민법과는 다르지만, 판례는 이행거절을 계약의 해제사유로 인정하고 있다(대법원 1992. 9. 14. 선고 92다9463 판결; 대법원 2021. 7. 15. 선고 2018다214210 판결). 법무부 민법개정안에서는 제544조 제1항 단서에서 “불이행이 경미하여 계약의 목적을 달성할 수 있는 경우”에는 해제할 수 없다고 정하여 본질적 불이행 개념을 부분적으로 수용하고 있다. 또한 이행거절의 경우에 해제할 수 있다는 명시적인 규정을 두었다(제544조 제2항 제3호). 그러나 계약해제의 효과에 관해서는 소급효를 인정하는 현행 민법을 수정하지 않았다.

(5) 대륙법은 손해배상액의 예정과 위약벌 조항을 허용한다. 그러나 보통법에서는 손해배상액의 예정은 허용하나 위약벌을 허용하지 않는다. 우리나라에서는 손해배상액의 예정이나 위약벌을 유효로 보되, 손해배상 예정액은 법원에 의

한 직권 감액을 인정하나 위약벌에 대해서는 법원에 의한 직권 감액을 인정하지 않는다(민법 제398조). 대법원 전원합의체 판결은 위약벌에 관해서도 손해배상액의 예정에 관한 민법 제398조 제2항을 유추하여 법원이 직권으로 감액할 수 있는지에 관하여 판단하였는데, 7:6으로 감액을 부정하는 판례를 유지하기로 하였다(대법원 2022. 7. 21. 선고 2018다248855·248862 전원합의체 판결). 유럽계약법원칙은 손해배상액의 예정이든 위약벌이든 법원의 감액권을 인정한다(제9:509조). 법무부 민법개정안은 위약금에 대해서 그것이 손해배상액의 예정이든 위약벌이든 법원에 의한 직권 감액을 인정한다(제398조 제3항).

7. 다수 당사자

유럽에서 대부분 연대채무와 분할채무에 관한 규정을 두고 있다. 그 밖에 불가분채무, 부진정연대채무, 공동채무를 인정하는 경우가 있다. 유럽계약법원칙은 다수 당사자의 채무에 관해서는 연대채무, 분할채무, 공동채무의 세 유형을 인정한다. 연대채무는 각각의 채무자가 채권자에게 전부에 대해 책임을 지는 채무이다. 분할채무는 각각의 채무자가 오직 부담부분에 대해서만 책임을 지는 채무이다. 공동채무는 모든 채무자들이 채무를 함께 제공할 의무를 부담하고 채권자는 채무자들 모두로부터만 그 이행을 요구할 수 있는 채무이다. 불가분채무가 이와 유사하지만, 동일한 것은 아니다. 그 가운데 다수 채무자가 있는 경우 채무의 기본 유형을 연대채무로 정한다(제10:102조 참조).

한편 유럽계약법원칙은 다수 채권자가 있는 경우에 다수 채무자가 있는 경우와 마찬가지로 세 유형, 즉 연대채권, 분할채권, 공동채권을 인정한다. 연대채권은 어느 채권자든 채무자에게 전부 이행을 청구할 수 있고 채무자는 어느 채권자에게든 이행할 수 있는 채권이다. 분할채권은 채무자가 각각의 채권자에게 의무를 지고 각각의 채권자는 전체 중 그 채권자의 부분에 대해서만 이행을 청구할 수 있는 채권이다. 공동채권은 채무자가 모든 채권자에게 동시에 이행할 의무를 지고 채권자 1인은 모든 채권자를 위해서만 이행을 청구할 수 있는 채권이다. 그러나 채권자가 다수인 경우에 연대채권을 원칙으로 하고 있지 않다. 계약에서 명시적인 약정을 두지 않는 한 계약의 해석을 통해 어느 채권인지를 정해야 한다.

우리나라 민법은 분할채권관계를 원칙으로 하고(민법 제408조), 그 밖에 불가분채권과 불가분채무, 연대채권과 연대채무, 부진정연대채무, 보증채무를 인정하고 있다. 다수당사자의 채권·채무관계가 지나치게 복잡하기 때문에, 이를 좀 더 단순화하고 무엇을 원칙으로 할 것인지에 관한 논의에 유럽계약법원칙이 참조가 될 수 있을 것이다.

8. 채권양도

유럽 각국에서 채권양도, 그중에서 장래 채권의 양도에 관하여 그 허용 여부나 요건이 나누어진다. 유럽계약법원칙은 채권양도를 넓게 허용하여 장래 채권도 채권의 발생시점 또는 당사자들이 합의한 어떤 다른 시점에 식별될 수 있으면 양도할 수 있다고 정한다(제11:102조). 우리나라 판례는 장래 채권에 관하여 특정가능성과 발생가능성이 있어야 양도할 수 있다고 한다(대법원 1991. 6. 25. 선고 88다카6358 판결; 대법원 2019. 1. 31. 선고 2016다215127 판결). 유럽계약법원칙에서는 발생가능성을 채권양도의 요건으로 정하고 있지 않다. 민법개정안에서 판례와 달리 장래 채권양도를 넓게 허용하는 방식으로 규정할 필요가 있다.

채권양도금지 약정 등이 있는데도 채권을 양도한 경우 양도는 원칙적으로 채무자에 대하여 효력이 없다(제11:301조). 그러나 이러한 경우에도 양도인과 양수인 사이에는 효력이 있다(제11:203조). 우리나라 판례는 양도금지특약을 위반하여 채권을 양도하면 원칙적으로 양도인과 양수인 사이에서도 효력이 없다고 한다(대법원 2019. 12. 19. 선고 2016다24284 전원합의체 판결). 이를 물권적 효력설이라고 한다. 그러나 양도금지특약의 당사자는 채권자와 채무자이므로 그 약정의 효력은 원칙적으로 채권자와 채무자만을 구속하고, 양도인과 양수인 사이의 채권양도에 따른 법률효과까지 부정해서는 안 된다. 이것이 위 전원합의체 판결에서 반대의견이 주장한 채권적 효력설이다. 유럽계약법원칙은 채권적 효력설과 같다. 민법개정에 반영하는 것이 바람직하다.

9. 상계

유럽계약법원칙은 상계의 의사표시를 해야 상계의 효력이 발생한다고 정하면서도(제13:104조 참조) 상계의 통지가 이루어진 시기에 상호 존재하는 당사자들의 채무는 상계로 소멸한다고 정하고 있다(제13:106조). 많은 국가에서 상계의 소급효를 인정하고 있으나, 유럽계약법원칙은 상계의 효력이 장래에 향하여 발생한다고 하여 장래효만을 인정한다. 이것이 간단하고 만족스러운 해결책이라고 한다. 우리나라 민법은 상계의 의사표시를 하면 '각 채무가 상계할 수 있는 때'에 대등액에 관하여 소멸한 것으로 본다고 정함으로써(제493조 제2항), 상계의 소급효를 인정하고 있다. 그 효력을 장래효로 전환할 것인지를 검토할 때 유럽계약법원칙은 좋은 참고가 된다.

10. 시효

유럽의 여러 나라에서 시효에 관한 규정은 복잡하고 장기간의 시효기간을 정하고 있었다. 유럽계약법원칙은 '소멸시효' 대신 '시효'라는 용어를 사용하면서, 단순하고 단기간의 시효기간을 정함으로써 명확하고 단기의 시효제도로 혁신적인 전환을 하고 있다. 즉, 판결에 따라 확정된 채권을 제외하고는 오로지 하나의 시효기간만을 두고 있다. 그 기간은 3년의 단기이다. 시효의 기산점은 채무자가 채무를 이행해야 하는 때 또는 손해배상채권의 경우 그 채권을 발생시키는 행위가 있었던 날이다. 그러나 채권자가 채무자가 누구인지 또는 채권의 발생 사실을 알지 못하며 합리적으로 알 수 없는 경우에는 시효기간의 진행이 중지된다. 이것은 시효기간의 진행에 관하여 인식가능성 기준을 채택한 것으로서, 이른바 주관적 체계라고 부른다. 또한 시효의 효과로서 채권이 소멸하는 것이 아니라, 채무자가 채무이행을 거절할 권리를 갖는다고 정하고 있다.

우리나라에서 시효기간은 1년, 3년, 5년, 10년 등으로 다양한 종류의 복잡한 시효기간을 정하고 있다. 소멸시효의 기산점에 관해서는 '권리를 행사할 수 있는 때'(민법 제166조)라고 정하여 객관적 체계를 채택하고 있다. 소멸시효의 효과에 관해서는 절대적 소멸설과 상대적 소멸설이 대립하고 있는데, 판례는 당사자가 시효를 원용하지 않더라도 시효완성으로 채무가 당연히 소멸한다고 함으로써, 원칙적으로 절대적 소멸설을 따른다(대법원 1966. 1. 31. 선고 65다2445 판결; 대법원 1979. 2. 13. 선고 78다2157 판결).

2014년 법무부 민법개정안에서는 현재 10년으로 되어 있는 일반 소멸시효기간을 5년으로 단축하고 단기 소멸시효 기간을 삭제하여 소멸시효기간을 단순하게 통일하였다(제162조 제1항. 다만 불법행위로 인한 손해배상청구권의 소멸시효기간을 연장하고 있다. 제766조). 그 대신 소멸시효기간의 기산점에 관하여 채권자의 인식을 기준으로 하는 주관적 체계로 변경하였다(제162조 제1항, 제2항). 유럽계약법원칙은 시효기간 진행의 중지에 관하여 인식가능성 기준을 채택한 데 비하여 법무부 민법개정안은 시효기간의 기산점에 관하여 채권자의 인식을 기준으로 하고 있으나, 객관적 체계에서 주관적 체계로 전환하였다는 점에서는 마찬가지이다. 현재 시효장애사유로서 정하고 있는 시효중단과 정지 개념을 폐기하고 시효정지·완성유예·재개시라는 개념을 도입함으로써(제168조부터 제178조의2까지의 규정) 시효장애사유를 새롭게 규정하였다. 또한 소멸시효 완성의 효과에 관하여 상대적 소멸설을 채택하였다(제183조 제1항). 이러한 개정안은 유럽계약법원칙과 동일하지는 않지만, 시효기간 단축, 주관적 체계 채택, 시효정지·완성유예·재개시라는 새로운 시효장애사유제도 채택, 상대적 소멸설 채택은 유럽계약법원칙의 영향을 받았다고 볼 수 있다.

11. 위법성

유럽계약법원칙은 근본원칙을 위반한 계약과 그 밖의 법률을 위반한 계약으로 구분하여 그 효력을 정한다. 근본원칙을 위반한 계약은 효력이 없으나, 그 밖의 강행규정을 위반한 계약은 법률에 다른 정함이 없는 한 법원에서 효력이 없다고 판단할 수 있다. 이때 법규정의 목적, 해당 규정이 보호하고자 하는 사람의 범주, 규정 위반 시 부과될 수 있는 제재, 위법성이 고의적인지 아닌지, 위법의 정도, 그리고 법령위반과 계약 간 관계의 밀접성 등을 고려하여 판단한다.

우리나라 민법은 강행규정을 위반한 계약의 효력에 관한 명시적인 규정이 없다. 판례는 금지규정을 위반한 법률행위의 효력에 관하여 법률에서 명확하게 정하지 않은 경우에는 규정의 입법 배경과 취지, 보호법익과 규율대상, 위반의 중대성, 당사자에게 법규정을 위반하려는 의도가 있었는지 여부, 규정 위반이 법률행위의 당사자나 제3자에게 미치는 영향, 위반 행위에 대한 사회적·경제적·윤리적 가치평가, 이와 유사하거나 밀접한 관련이 있는 행위에 대한 법의 태도 등 여러 사정을 종합적으로 고려해서 그 효력을 판단하고 있다(대법원 2010. 12. 23. 선고 2008다75119 판결; 대법원 2018. 10. 12. 선고 2015다256794 판결 참조). 유럽계약법원칙은 근본원칙과 그 밖의 강행규정을 구분하고 있는데, 근본원칙 이외의 강행규정을 위반한 계약의 효력을 판단하는 방법은 우리나라 판례가 금지규정을 위반한 계약의 효력을 판단하는 방법과 유사하다. 법무부 민법개정안은 강행규정과 임의규정에 관한 규정을 두고, 강행규정을 위반한 법률행위는 법령에 달리 정한 바가 없으면 무효라고 정하고 있다(제105조).

Ⅳ. 유럽계약법원칙은 어떠한 영향을 미치고 있는가?

란도는 법학자로서 초기에 국제사법 연구에서 시작하여 점차 사법의 통일에 주력하였다. 그는 PICC 실무그룹의 구성원으로 활동하였고, 유럽계약법원칙을 통해 유럽을 넘어 전세계의 사법을 통일하려는 꿈을 가지고 있었다. 19세기에 티보(Thibaut)가 독일 민법을 통일하기 위하여 법전편찬을 주창했다면, 20세기에 란도는 유럽계약법원칙을 통해 유럽 차원에서 계약법을 통일하고자 하였다. 이러한 의미에서 란도의 꿈은 아직 실현되지 못했다. 유럽계약법원칙 발표 이후인 2011년 유럽연합 차원에서 유럽공통매매법(Common European Sales Law)을 제정하여 계약법을 통일하고자 하였다. 2014년 유럽 의회가 다수의 수정안을 수렴하되 근본적 변경 없이 압도적 다수로 이 법을 채택하자는 제안을 승인하였지만, 영국 등의 강력한 반대에 부딪혀 제안이 철회되었다.

그럼에도 유럽계약법원칙은 여러 가지 측면에서 매우 성공적이었다고 말할 수 있다. 이 원칙은 전 세계적으로 널리 알려져 있다. 여러 나라에서 민법을 개정하면서 이 원칙을 참고하였다. 먼저 2001년 독일 채권법 개정에 이 원칙이 반영되어 있다. 단적인 예로 독일 민법에서 일반소멸시효기간이 30년이었는데, 위 개정으로 3년으로 단축되었다. 이와 같은 극적인 변화는 유럽계약법원칙의 영향으로 설명할 수 있다. 당시 제3부가 발표되기 전이었지만, 소멸시효에 관한 부분을 독일 채권법개정위원회에 제공하여 독일 채권법개정에 반영되었다.

최근의 중요한 예로는 프랑스 민법전 개정작업을 들 수 있다. 유럽계약법원칙은 유럽위원회의 계약법 행동계획(Action Plan on Contract Law)과 유럽공통참조기준(Common Frame of Reference)에 영향을 미쳤고, 이것은 다시 프랑스 민법전 개정작업에 영향을 미쳤다. 내용적으로 보더라도 유럽계약법원칙의 내용이 프랑스 민법전에 반영되었다. 그 결과 대륙법 국가들 사이에 점차 수렴이 이루어지고 있다.

나아가 유럽계약법원칙은 매우 다른 법적 전통을 가진 법률가들 사이에 공통된 언어, 즉 공용어를 제공해 주었다. 유럽계약법원칙은 원본에 해당하는 영어와 프랑스어는 물론 독일어, 일본어, 스페인어 등 여러 언어로 번역되었다. 라틴

아메리카 계약법원칙과 아시아 계약법원칙과 같이 다른 지역에서도 이와 유사한 작업이 시작되었다.

유럽계약법원칙은 계약법에 관한 비교법적 연구의 보물창고이다. 이 원칙은 계약법을 더 넓고 깊게 볼 수 있는 눈을 가질 수 있도록 하였다. 법적 전통이 다른 국가들이 계약법의 조화와 통일에 이를 수 있다는 영감을 주었다.

참고문헌(Bibliography)

주석(Note)에서 참고하고 있는 저서, 논문과 이와 유사한 자료는 총괄 목록과 국가별 참고문헌 양쪽에 기재되어 있다.

주석에서 저서는 일반적으로 저자의 이름을 이탤릭체로, 권수를 대문자 로마숫자(가령 Ⅰ)로, 개별 저작에 채택된 체제에 따라 면수, 단락, 조문 또는 그 밖의 번호로 표시된다. 그러나 독일 민법에 관한 Münchener Kommentar와 같이 여러 권으로 구성된 저작의 경우에는 저작물의 명칭을 쓰고, 괄호 안에 하이픈을 한 다음 특정 부분의 저자 이름을 기재한다. 주석에 한 저자의 저작이 두 개 이상 인용된 경우, 참고문헌 항목 뒤에 대괄호로 식별 단어를 표시하고 이를 주석에서 사용한다. 그리스 저자의 제명은 영어로 번역하고 있다.

주석에 있는 정기간행물 논문의 출처는 이탤릭체로 된 저자의 이름과 문헌 약칭의 형식을 취한다. 완전한 출처는 참고문헌에 나와 있다.

논문집 제목의 약어는 이 책 앞부분에 있는 약어표 참조.

총괄 목록(GENERAL LIST)

Alpa-Bessone, I contratti in generale, Ⅳ (1991); Aggiornamento 1991-1998, vol. Ⅰ, Ⅱ, Ⅲ (1999).

Andersen & Madsen, Aftaler og Mellemmænd, 4th ed. (2001).

Andrews, "Reform of Limitation of Actions: The Quest for Sound Legal Policy", (1998) 57 Camb. L.J. 589 ff.

Asser-Hartkamp, Mr. C. Asser's Handleiding tot de Beoefening van het Nederlands burgerlijk recht, vol. Ⅳ Verbintenissenrecht, Part Ⅰ, De verbintenis in het algemene, 11th ed. by *Hartkamp* (2000), Part Ⅱ, Algemene leer de overeenkomsten, 11th ed. by *Hartkamp* (2001) [Verbintenissenrecht Ⅰ or Ⅱ].

Aurejärvi & Hemmo, Velvoiteoikeuden oppikirja (1998).

Aubert, Cession de dette, Rep. Civ. Dalloz.

Aynès, La cession de contrat et les opèrations juridiques à trois personnes (1984) [Cession].

Aynès, Cession de contrat: nouvelles précisions sur le rôle du cédé, D. 1998, Chron 25 [Nouvelles précisions].

Balis, Law of Obligations, 3rd ed. (1961) reprint (1969).

Bar, von, Gemeineuropäisches Deliktsrecht, vol. I (1996).

Barbero, Condizione, in Noviss. Dig. It. Ⅲ, (1957).

Bärlund, Nybergh and Petrell (eds.), Finlands civil och handelsrätt (2000).

Bassi, "Factoring e cessione dei crediti d'impresa", in: Quaderni di Banca, borsa e titolidi credito (1993).

Bénabent, Le chaos du droit de la prescription extinctive, in: Mélanges dédiés à Louis Boyer (1996) 123 ff.

Berger, Der Aufrechnungsvertrag (1996).

Bianca, Diritto Civile, vol. Ⅲ, Il contratto; vol. Ⅳ, L'obbligazione (1993).

Björn, Factoring: A Comparative Analysis (1995).

Boele-Woelki, "De verjaring van vorderingen uit internationale koopovereenkomsten", in: Europees Privaatrecht (1996) 99.

Brady & Kerr, The Limitation of Actions, 2nd ed. (1994).

Briand, Élements d'une theorie de la cotitularité des obligations, Thèse, Nantes (2000).

Bundesminister der Justiz (ed.), Abschlußbericht der Kommission zur Überarbeitung des Schuldrechts (1992) [Abschlußbericht].

Bydlinski, "Die Aufrechnung mit verjährten Forderungen: Wirklich kein Änderungs-bedarf?", (1996) 196 AcP 276 ff.

Bydlinski, Die Übertragung von Gestaltungsrechten (1986).

Cashin-Ritaine, Les Cessions Contractuelles de Créances de Sommes d'Argent dans les Rélations Civiles et Commerciales Franco-Allemands (2001).

Chitty, Chitty on Contracts, vol. 1, General Principles, 28th ed. by *Beale* (1999).

Cian-Trabucchi, Commentario breve al codice civile, 5th ed. (1997).

Cian, Hundert Jahre BGB aus italienischer Sicht, (1998) 6 ZEuP 215.

Claessens & Counye, "De repercussies van de Wet van 10 juni 1998 op de structuur van het gemeenrechtelijke verjaringsregime", in: *Bocken, Boone, Claessens, Counye, de Kezel, de Smedt*, De Herherziening van de bevrijdende verjaring door de Wet van 10 Juni 1998-De gelijkheid hersteld? (1999) 63 ff.

Claeys, De nieuwe verjaringswet: een inleidende verkenning, 1998-99 R.W. 377 ff.

Clark, Contract Law in Ireland, 3rd ed. (1992).

Coing, Europäisches Privatrecht, vol. Ⅰ(1985), vol. Ⅱ (1989).

Cordeiro, Tratado de Direito Civil, Ⅰ(1999) [Tratado].

Cordeiro, Da boa fé no direito civil (1984) [Boa fé].

Cornelis, Bestendig handboek verbintenissenrecht (2000) [Handboek].

Cornelis, Algemene theorie van de verbintenis (2000) [Algemene theorie].

Dannemann, Karatzenis & Thomas, "Reform des Verjährungsrechts aus rechtsvergleichender Sicht", (1991) 55 RabelsZ 697 ff.

Deale, Circuit Court Practice and Procedure, 2nd ed. (1994).

De Nova, La cessione del contratto, in Trattato di diritto privato diretto da Pietro Rescigno, vol. Ⅹ (1994).

Derham, Set-Off, 2nd ed. (1996).

Dernburg, Geschichte und Theorie der Kompensation, 2nd ed. (1868).

Díez-Picazo, Fundamentos del derecho civil patrimonial, 3 vols, 5th ed., Madrid (1996).

Díez-Picazo & Gullón Ballesteros, Sistema de Derecho Civil (2001).

Di Prisco, La compensazione, in Trattato di diritto privato diretto da Pietro Rescigno, vol. Ⅸ/1, 2nd ed. (1999).

Dirix, "De vormvrije cessie", in: *Dirix, Peeters, van Haegenborgh & Verbeke*, Overdracht en inpandgeving van schuldvorderingen, in Voorrechten en hypotheken. Grondige studies (1995).

Dörner, "Anfechtung und Vertragsbeitritt", NJW 1986, 2916.

Dullinger, Handbuch der Aufrechnung (1995).

Enonchong, Illegal Transactions (1998).

Fabricius, "Vertragsübernahme und Vertragsbeitritt", JZ 1967, 144.

Fenet, Recueil complet des travuax préparatoires du Code civil (1836).

Ferid & Sonnenberger, Das Französische Zivilrecht, vol. Ⅰ/1, 2nd ed. (1994).

Ferri, Ordine pubblico, buon costume e la teoria del contratto (1970).

Furmston, (ed.) Law of Contract (1999).

Fusaro, La cessione del contratto, in *Alpa-Bessone*, I contratti in generale, vol. Ⅳ (1991).

Galgano, Diritto civile e commerciale, vol Ⅱ/l, Le obbligazioni e i contratti (1999).

Garcia Amigo, La cesión de contratos en el derecho español (1964).

Gazzoni, Manuale di diritto privato, 9th ed. (2001).

Georgiadis, Law of Obligations, General Part (1999).

Georgiadis & Stathopoulos, eds., Civil Code Commentary, vol. I (1978), vol. Ⅱ (1979).

Gernhuber, Die Erfüllung und ihre Surrogate (1994).

Ghestin, Traité de Droit Civil, Les Obligations: Les Effets du Contrat, 3rd ed. (2001) with *Billiau* and *Jamin*.

Gloag, The Law of Contract, 2nd ed. (1929).

Gloag and Henderson, Introduction to the Law of Scotland, 10th ed. (1995).

Gomard, Almindelig Kontraktsret, 2nd ed. (1996) [Kontraktsret].

Gomard, Obligationsret (1991-1994).

Goode, Commercial Law, 2nd ed. (1995) [Commercial Law].

Goode, "Inalienable Rights?", (1979) 42 MLR 553 [Inalienable Rights?].

Goode, Legal Problems of Credit and Security, 2nd ed. (1988) [Credit and Security].

Grothe, Fremdwährungsverbindlichkeiten (1999).

Haanappel & MacKay, Burgerlijk Wetboek, (English translation) (1990).

Halila & Ylöstalo, Saamisen lakkaamisesta (1979).

Hartlief, Verjaring, rechtszekerheid en billijkheid, 2001 NTBR 58 ff.

Hemmo, Sopimusoikeus I (1997).

Herbots, Contract Law in Belgium (1995).

Hondius (ed.), Extinctive Prescription: On the Limitation of Actions (1995).

Hörster, A parte geral do Código Civil (1992).

Jauernig (ed.), Bürgerliches Gesetzbuch, 9th ed. (1999).

Johnston, Prescription and Limitation (1999).

Kegel, "Verwirkung, Vertrag und Vertrauen", in: Festschrift für Klemens Pleyer (1986) 513 [Fs Pleyer],

Kegel, Probleme der Aufrechnung: Gegenseitigkeit und Liquidität rechtsvergleichend dargestellt (1938) [Aufrechnung].

Kerameus-Kozyris (eds.), Introduction to Greek Law, 2nd revised ed. (1993).

Kivimäki & Ylöstalo, Suomen siviilioikeuden oppikirja, 3rd ed. (1973).

Koopmann, Bevrijdende verjaring (1993).

Kötz, "Rights of Third Parties", in International Encyclopedia of Comparative Law, vol. Ⅶ, chap. 13 (1992) [IECL].

Kötz and Flessner, European Contract Law, vol. 1 (1997).

Koziol, Die Übertragung der Rechte aus Kreditverträgen, Fs Ostheim (1990).

Koziol-Weiser, Grundriß des bürgerlichen Rechts 11th ed. vol. Ⅰ: Koziol (2000), vol. Ⅱ: Welser (2000).

Krejci, Betriebsübergang und Arbeitsvertrag (1992).

Kruithof, de Ly, Bocken & de Temmerman, "Verbintenissen: Overzicht van rechtspraak" (1981-1992), TPR 1994, 171.

von Kübel, "Recht der Schuldverhältnisse", Part Ⅰ, in: Schubert (ed.), Die Vorlagen für die erste Kommission zur Ausarbeitung des Entwurfs eines Bürgerlichen Gesetzbuches (1980).

Lambert-Faivre, Droit du dommage corporel, 4th ed. (2000).

Larenz, Lehrbuch des Schuldrechts, vol. I, 14th ed. (1987).

Law Commission (England and Wales), Consultation Paper No. 151, Limitation of Actions (1998) [Limitation of Actions].

Law Commission (England and Wales), Consultation Paper No. 154, Illegal Transactions: The Effect of Illegality on Contracts and Trusts (1998) [Illegal Transactions].

Lima & Varela, Código Civil anotado, I 1987.

Lindskog, Preskription (1990) [Preskription].

Lindskog, Kvittning – Om avräkning mellan privaträtttsliga fordringar (1984) [Kvittning].

Lipstein, "Qualification", in: International Encyclopedia of Comparative Law, vol. Ⅲ, chap. 5 (2000).

Loubser, Extinctive Prescription (1996).

Macgregor, "Illegal Contracts and Unjustified Enrichment" 4 ELR (2000) 19 ff.

Macgregor, "Pacta Illicita", in: *Reid & Zimmermann*, below vol. Ⅱ ch. 5.

MacQueen & Thomson, Contract Law in Scotland (2000).

Malaurie & Aynès, Obligations, vol. Ⅲ, Régime général, 11th ed. (2001-2002).

Malderen, van, "De overdracht van verbintenissen ut singuli" in Bestendig handboek verbintenissenrecht.

Mancini, La delegazione, l'espromissione e l'accollo, in Trattato di diritto privato diretto da Pietro Rescigno, vol. Ⅸ/1, 2nd ed. (1999).

Mann, The Legal Aspect of Money, 5th ed. (1992).

Mariconda, Le cause di nullità, in *Alpa-Bessone*, I contratti in generale; Aggiornamento 1991-1998, Ⅲ, (1999).

Marty & Raynaud, Droit Civil: Les Obligations, vol. Ⅱ, Les effets par Raynaud et Jestaz, 2nd ed. (1989) [Obligations Ⅱ].

McBryde, The Law of Contract in Scotland, 2nd ed. (2001).

McCracken, The Banker's Remedy of Set-Off (1993).

McGee, Limitation Periods, 3rd ed. (1998).

McMahon & Binchy, The Law of Torts, 3rd ed. (2000).

Meijers, Toelichting, Eerste & Gedeelte, Ontwerp voor een nieuw burgerlijk wetboek, (Boek 1-4) (1954).

Mugdan, Die gesamten Materialien zum Bürgerlichen Gesetzbuch für das Deutsche Reich, vol. Ⅰ (1899).

Münchener Kommentar (Münchener Kommentar zum Bürgerlichen Gesetzbuch), 3rd ed., (1992 ff.) (참고문헌에서 괄호 안에 하이픈을 한 다음 저자 이름 기재).

Murdoch's Dict., Murdoch's Dictionary of Irish Law, 3rd ed. (2000).

Nörr, Scheying & Pöggeler, Handbuch des Schuldrechts, vol. Ⅱ, 2nd ed. (1999).

Oetker, Die Verjährung (1994).

Pantaléon, Prescripción, in: Enciclopedia jurídica básica, vol. Ⅲ (1995) [Prescripción].

Pantaléon, Cesión de Créditos, Anuario de Derecho civil, 1988, pp. 1033-1131 [Cesión].

Papantoniou, Transfer of contractual relationships (1962).

Parlementaire Geschiedenis, Parlementaire Geschiedenis van het Nieuwe Burgerlijk Wetboek, Boek 6 (*Van Zeben, Du Pon & Olthoff, eds.*) (1981).

Perlingieri, Della cessione dei crediti, in Commentario del codice civile diretto da A. Scialoja e G. Branca (1982) [Cessione].

Perlingieri, Dei modi di estinzione delle obbligazioni diversi dall'adempimento, in Commentario del codice civile Scialoja-Branca (1995) [Estinzione].

Peters & Zimmermann, "Verjährungsfristen", in: Bundesminister der Justiz, Gutachten und Vorschläge zur Überarbeitung des Schuldrechts, vol. Ⅰ (1981), 77.

Pichonnaz, "The Retroactive Effect of Set-Off (Compensatio)", (2000) 68 TR 541.

Pinto, Cessão da posição contractual (1970).

Preston & Newsom on Limitation of Actions, 4th ed. by John Weeks (1989).

Ramberg-Hultmark, Allmän avtalsrätt (1999).

Ranieri, "Bonne foi et exercice du droit dans la tradition du Civil Law", (1998) RIDC 1055.

Reid & Zimmermann (eds.), History of Private Law in Scotland (2000).

Reiterer, Die Aufrechnung (1976).

Rieg, Cession de contrat, Rep. Civ. Dalloz (1987) No. 1.

Ripert/Roblot, Traité de droit commercial, vol. Ⅱ, 16th ed. by *Delebecque & Germain*

(2000).

Rodhe, Obligationsrätt (reprint 1994).

Rojo Ajuria, La compensación como garantía (1992).

Roselli-Vitucci, La prescrizione e la decadenza, in Trattato di diritto privato diretto da Pietro Rescigno, vol. 20/Ⅱ (1998).

Routamo & Ståhlberg, Vahingonkorvausoikeus (2000).

Rubio Garcia-Mina, La declaración de quiebra y los créditos pendientes (1959),

Rummel (ed.), Kommentar zum ABGB, vol. Ⅰ, 3rd ed. (2000), vol. Ⅱ, 2nd ed. (1992) (괄호 안에 하이픈을 한 다음 저자 이름 기재).

Sacco-De Nova, Il contratto, in Trattato di diritto privato diretto da Pietro Rescigno, vol. Ⅹ/2, 2nd ed. (1995).

Sacco, Il contratto, vol. Ⅱ, in Trattato di diritto civile diretto da Sacco (1993).

von Savigny, System des heutigen Römischen Rechts, vol. Ⅴ (1841).

Schima, Betriebsübergang durch "Vertragsnachfolge", RdW (1996).

Scot. Law Com. 15, the Scottish Law Commission's Report on Reform of the Law relating to Prescription and the Limitation of Actions (Scot Law Com. No. 15, 1970).

Smit, The Convention on the Limitation Period in the International Sale of Goods: Uncitral's First-Born (1975) 23 AJCL 337.

Sourlas, Commentary to the Civil Code (ErmAK) vol. Ⅱ (1954).

Spiro, Die Begrenzung privater Rechte durch Verjährungs-, Verwirkungs- und Fatalfristen, vol. Ⅰ (1975) [Begrenzung].

Spiro, "Verjährung und Hausgemeinschaft", in: Festschrift für Friedrich Wilhelm Bosch (1976) 975 [Fs Bosch].

Spiro, Zur neueren Geschichte des Satzes "Agere non valenti non currit praescriptio", in: Festschrift für Hans Lewald (1953) 585 [Fs Hans Lewald].

Spiro, Zur Reform der Verjährungsbestimmungen, in: Festschrift für Wolfram Müller-Freienfels (1986) 617 [Fs Müller-Freienfels].

Stair, Institutions of the Law of Scotland (1693, new ed. by D. M. Walker 1981).

Stair Memorial Encyclopaedia, The Stair Memorial Encyclopaedia of the Laws of Scotland (Multiple volumes).

Starck, Roland & Boyer, Droit Civil, Obligations, vol. Ⅲ, 5th ed. (1997).

Stathopoulos, Law of Obligations, 3rd ed. (1999) [Obligations].

Stathopoulos, Contract Law in Hellas (1995) [Contract Law].

Staudinger, Kommentar zum Bürgerlichen Gesetzbuch, 13th ed. (1993 ff.) (참고문헌에서 괄호 안에 하이픈을 한 다음 저자 이름 기재).

Storme, "Constitutional Review of Disproportionately Different Periods of Limitation of Actions (Prescription)", (1997) 5 ERPL 82 ff.

Story, Commentaries on the Conflict of Laws, 8th ed. (1883).

Taisne, Jurisclasseur civil, Arts. 2251-2259, n. 14.

Telaranta, Sopimusoikeus (1990).

Terré, Simler, Lequette, Droit Civil, Les Obligations, 7th ed. (1999).

Trabucchi, Istituzioni di diritto civile, 38th ed. (1998).

Treitel, The Law of Contract, 10th ed. (1999) [Contract].

Treitel, Remedies for Breach of Contract (1988) [Remedies].

Ussing, Dansk Obligationsret: Almindelig Del, 4th ed. (1967), by Vinding Kruse [Alm. Del.].

Ussing, Aftaler paa Formuerettens Område, 3rd ed. (1950, reprinted 1962, 1974) [Aftaler].

Vaquer Aloy, "Importing foreign doctrines: Yet another approach to the Unification of European Private Law? Incorporation of the Verwirkung doctrine into Spanish case law", (2000) 8 ZEuP 301 ff.

Varela, Das obrigações em geral, Ⅱ, 7th ed. (1997).

Verhagen & Rongen, Cessie, Preadvies voor de Vereniging voor Burgerlijk Recht.

Walin, Lagen om skuldebrev (1997).

Wilhelmsson & Sevón, Räntelag och dröjsmålsränta (1983).

Wilson, The Scottish Law of Debt, 2nd ed. (1991).

Windscheid & Kipp, Lehrbuch des Pandektenrechts, 9th ed. (1906).

Wood, English and International Set-Off (1989).

Zimmermann, "Die Aufrechnung: Eine rechtsvergleichende Skizze zum Europäischen Vertragsrecht", in: Festschrift für Dieter Medicus (1999) 707 [Fs Medicus].

Zimmermann, "Extinctive Prescription in German Law", in: *Jayme* (ed.), German National Reports in Civil Law Matters for the XIVth Congress of Comparative Law in Athens, 1994 153 [Extinctive Prescription].

Zimmermann, The Law of Obligations: Roman Foundations of the Civilian Tradition, paperback edition (1996) [Obligations].

Zimmermann & Whittaker (eds.), Good Faith in European Contract Law (2000).

Zweigert & Kötz, An Introduction to Comparative Law, 3rd ed. (trans Weir) (1998).

국가별 참고문헌(National Bibliographies)

잉글랜드, 아일랜드, 미국 문헌은 보통법(Common Law)에 기재되어 있다. 비교법 및 일반적 문헌은 끝에 기재되어 있다.

AUSTRIA(오스트리아)

Bydlinski, Die Übertragung von Gestaltungsrechten (1986).

Dullinger, Handbuch der Aufrechnung (1995).

Koziol, Die Übertragung der Rechte aus Kreditverträgen, Fs Ostheim (1990).

Koziol-Weiser, Grundriß des bürgerlichen Rechts 11th ed. vol. Ⅰ: Koziol (2000), vol. Ⅱ: Welser (2000).

Krejci, Betriebsübergang und Arbeitsvertrag (1992).

Reiterer, Die Aufrechnung (1976).

Rummel (ed.), Kommentar zum ABGB, vol. Ⅰ, 3rd ed. (2000), vol. Ⅱ, 2nd ed. (1992) (괄호 안에 하이픈을 한 다음 저자 이름 기재).

Schima, Betriebsübergang durch "Vertragsnachfolge", RdW (1996).

COMMON LAW(보통법; 잉글랜드, 아일랜드, 미국)

Andrews, "Reform of Limitation of Actions: The Quest for Sound Legal Policy", (1998) 57 Camb. L.J. 589 ff.

Brady & *Kerr*, The Limitation of Actions, 2nd ed. (1994).

Chitty, Chitty on Contracts, vol. 1, General Principles, 28th ed. by *Beale* (1999).

Clark, Contract Law in Ireland, 3rd ed. (1992).

Deale, Circuit Court Practice and Procedure, 2nd ed. (1994).

Derham, Set-Off, 2nd ed. (1996).

Enonchong, Illegal Transactions (1998).

Furmston (ed.), Law of Contract (1999).

Goode, Commercial Law, 2nd ed. (1995) [Commercial Law].

Goode, "Inalienable Rights?", (1979) 42 MLR 553 [Inalienable Rights?].

Goode, Legal Problems of Credit and Security, 2nd ed. (1988) [Credit and Security].

Hondius (ed.), Extinctive Prescription: On the Limitation of Actions (1995).

Law Commission (England and Wales), Consultation Paper No. 151, Limitation of Actions (1998) [Limitation of Actions].

Law Commission (England and Wales), Consultation Paper No. 154, Illegal Transactions: The Effect of Illegality on Contracts and Trusts (1998) [Illegal Transactions].

Mann, The Legal Aspect of Money, 5th ed. (1992).

McCracken, The Banker's Remedy of Set-Off (1993).

McGee, Limitation Periods, 3rd ed. (1998).

McMahon & Binchy, The Law of Torts, 3rd ed. (2000).

Murdoch's Dict., Murdoch's Dictionary of Irish Law, 3rd ed. (2000).

Preston & Newsom on Limitation of Actions, 4th ed. by John Weeks (1989).

Story, Commentaries on the Conflict of Laws, 8th ed. (1883).

Treitel, The Law of Contract, 10th ed. (1999) [Contract].

Treitel, Remedies for Breach of Contract (1988) [Remedies].

Wood, English and International Set-Off (1989).

DENMARK(덴마크)

Andersen & Madsen, Aftaler og Mellemmænd, 4th ed. (2001).

Gomard, Almindelig Kontraktsret, 2nd ed. (1996) [Kontraktsret].

Gomard, Obligationsret (1991-1994).

Ussing, Aftaler paa Formuerettens Område, 3rd ed. (1950, reprinted 1962, 1974) [Aftaler].

Ussing, Dansk Obligationsret: Almindelig Del, 4th ed. (1967), by Vinding Kruse [Alm. Del.].

FINLAND(핀란드)

Aurejärvi & Hemmo, Velvoiteoikeuden oppikirja (1998).

Bärlund, Nybergh and Petrell (eds.), Finlands civil och handelsrätt (2000).

Halila & *Ylöstalo*, Saamisen lakkaamisesta (1979).

Hemmo, Sopimusoikeus I (1997).

Kivimäki & *Ylöstalo*, Suomen siviilioikeuden oppikirja, 3rd ed. (1973).

Routamo & *Ståhlberg*, Vahingonkorvausoikeus (2000).

Telaranta, Sopimusoikeus (1990).

Wilhelmsson & *Sevón*, Räntelag och dröjsmålsränta (1983).

FRANCE, BELGIUM, LUXEMBOURG(프랑스, 벨기에, 룩셈부르크)

Aubert, Cession de dette, Rep. Civ. Dalloz.

Aynès, Cession de contrat: nouvelles précisions sur le rôle du cédé, D. 1998, Chron 25 [Nouvelles précisions].

Aynès, La cession de contrat et les opèrations juridiques à trois personnes (1984) [Cession].

Bénabent, Le chaos du droit de la prescription extinctive, in: Mélanges dédiés à Louis Boyer (1996) 123 ff.

Briand, Élements d'une theorie de la cotitularité des obligations, Thèse, Nantes (2000).

Claessens & *Counye*, "De repercussies van de Wet van 10 juni 1998 op de structuur van het gemeenrechtelijke verjaringsregime", in: *Bocken, Boone, Claessens, Counye, de Kezel, de Smedt*, De Herherziening van de bevrijdende verjaring door de Wet van 10 Juni 1998-De gelijkheid hersteld? (1999) 63 ff.

Claeys, De nieuwe verjaringswet: een inleidende verkenning, 1998-99 R.W. 377 ff.

Cornelis, Bestendig handboek verbintenissenrecht (2000) [Handboek].

Cornelis, Algemene theorie van de verbintenis (2000) [Algemene theorie].

Dirix, "De vormvrije cessie", in: *Dirix, Peeters, van Haegenborgh* & *Verbeke*, Overdracht en inpandgeving van schuldvorderingen, in Voorrechten en hypotheken. Grondige studies (1995).

Fenet, Recueil complet des travuax préparatoires du Code civil (1836).

Ferid & *Sonnenberger*, Das Französische Zivilrecht, vol. Ⅰ/1, 2nd ed. (1994).

Ghestin, Traité de Droit Civil, Les Obligations: Les Effets du Contrat, 3rd ed. (2001) with *Billiau* and *Jamin*.

Herbots, Contract Law in Belgium (1995).

Lambert-Faivre, Droit du dommage corporel, 4th ed. (2000).

Malaurie & Aynès, Obligations, vol. Ⅲ, Régime général, 11th ed. (2001-2002).

Malderen, van, "De overdracht van verbintenissen ut singuli", in Bestendig handboek verbintenissenrecht.

Marty & Raynaud, Droit Civil: Les Obligations, vol. Ⅱ, Les effets par Raynaud et Jestaz, 2nd ed. (1989) [Obligations Ⅱ].

Rieg, Cession de contrat, Rep. Civ. Dalloz (1987) No. 1.

Ripert/Roblot, Traité de droit commercial, vol. Ⅱ, 16th ed. by *Delebecque & Germain* (2000).

Starck, Roland & Boyer, Droit Civil, Obligations, vol. Ⅲ, 5th ed. (1997).

Storme, "Constitutional Review of Disproportionately Different Periods of Limitation of Actions (Prescription)", (1997) 5 ERPL 82 ff.

Taisne, Jurisclasseur civil, Arts. 2251-2259, n. 14.

Terré, Simler, Lequette, Droit Civil, Les Obligations, 7th ed. (1999).

GERMANY(독일)

Berger, Der Aufrechnungsvertrag (1996).

Bundesminister der Justiz (ed.), Abschlußbericht der Kommission zur Überarbeitung des Schuldrechts (1992) [Abschlußbericht].

Bydlinski, "Die Aufrechnung mit verjährten Forderungen: Wirklich kein Änderungsbedarf?", (1996) 196 AcP 276 ff.

Dernburg, Geschichte und Theorie der Kompensation, 2nd ed. (1868).

Dörner, "Anfechtung und Vertragsbeitritt", NJW 1986, 2916.

Fabricius, "Vertragsübernahme und Vertragsbeitritt", JZ 1967, 144.

Gernhuber, Die Erfüllung und ihre Surrogate (1994).

Grothe, Fremdwährungsverbindlichkeiten (1999).

Jauernig (ed.), Bürgerliches Gesetzbuch, 9th ed. (1999).

Kegel, "Verwirkung, Vertrag und Vertrauen", in: Festschrift für Klemens Pleyer (1986) 513 [Fs Pleyer],

von Kübel, "Recht der Schuldverhältnisse", Part Ⅰ, in: Schubert (ed.), Die Vorlagen für die erste Kommission zur Ausarbeitung des Entwurfs eines Bürgerlichen Gesetzbuches (1980).

Larenz, Lehrbuch des Schuldrechts, vol. I, 14th ed. (1987).

Mugdan, Die gesamten Materialien zum Bürgerlichen Gesetzbuch für das Deutsche Reich, vol. Ⅰ (1899).

Münchener Kommentar (Münchener Kommentar zum Bürgerlichen Gesetzbuch), 3rd ed., (1992 ff.) (참고문헌에서 괄호 안에 하이픈을 한 다음 저자 이름 기재).

Nörr, Scheying & Pöggeler, Handbuch des Schuldrechts, vol. Ⅱ, 2nd ed. (1999).

Oetker, Die Verjährung (1994).

Peters & Zimmermann, "Verjährungsfristen", in: Bundesminister der Justiz, Gutachten und Vorschläge zur Überarbeitung des Schuldrechts, vol. Ⅰ (1981), 77.

Spiro, Die Begrenzung privater Rechte durch Verjährungs-, Verwirkungs- und Fatalfristen, vol. Ⅰ (1975) [Begrenzung].

Spiro, "Verjährung und Hausgemeinschaft", in: Festschrift für Friedrich Wilhelm Bosch (1976) 975 [Fs Bosch].

Spiro, Zur neueren Geschichte des Satzes "Agere non valenti non currit praescriptio", in: Festschrift für Hans Lewald (1953) 585 [Fs Hans Lewald].

Spiro, Zur Reform der Verjährungsbestimmungen, in: Festschrift für Wolfram Müller-Freienfels (1986) 617 [Fs Müller-Freienfels].

Staudinger, Kommentar zum Bürgerlichen Gesetzbuch, 13th ed. (1993 ff.) (참고문헌에서 괄호 안에 하이픈을 한 다음 저자 이름 기재).

Windscheid & Kipp, Lehrbuch des Pandektenrechts, 9th ed. (1906).

Zimmermann, "Die Aufrechnung: Eine rechtsvergleichende Skizze zum Europäischen Vertragsrecht", in: Festschrift für Dieter Medicus (1999) 707 [Fs Medicus].

Zimmermann, "Extinctive Prescription in German Law", in: *Jayme* (ed.), German National Reports in Civil Law Matters for the XIVth Congress of Comparative Law in Athens, 1994 153 [Extinctive Prescription].

GREECE(그리스)

Balis, Law of Obligations, 3rd ed. (1961) reprint (1969).

Georgiadis, Law of Obligations, General Part (1999).

Georgiadis & Stathopoulos, eds., Civil Code Commentary, vol. I (1978), vol. Ⅱ (1979).

Kerameus-Kozyris (eds.), Introduction to Greek Law, 2nd revised ed. (1993).

Papantoniou, Transfer of contractual relationships (1962).

Sourlas, Commentary to the Civil Code (ErmAK) vol. Ⅱ (1954).

Stathopoulos, Contract Law in Hellas (1995) [Contract Law].

Stathopoulos, Law of Obligations, 3rd ed. (1999) [Obligations].

ITALY(이탈리아)

Alpa-Bessone, I contratti in generale, Ⅳ (1991); Aggiornamento 1991-1998, vol. Ⅰ, Ⅱ, Ⅲ (1999).

Barbero, Condizione, in Noviss. Dig. It. Ⅲ, (1957).

Bassi, "Factoring e cessione dei crediti d'impresa", in: Quaderni di Banca, borsa e titolidi credito (1993).

Bianca, Diritto Civile, vol. Ⅲ, Il contratto; vol. Ⅳ, L'obbligazione (1993).

Cian-Trabucchi, Commentario breve al codice civile, 5th ed. (1997).

De Nova, La cessione del contratto, in Trattato di diritto privato diretto da Pietro Rescigno, vol. Ⅹ (1994).

Di Prisco, La compensazione, in Trattato di diritto privato diretto da Pietro Rescigno, vol. Ⅸ/1, 2nd ed. (1999).

Ferri, Ordine pubblico, buon costume e la teoria del contratto (1970).

Fusaro, La cessione del contratto, in *Alpa-Bessone*, I contratti in generale, vol. Ⅳ (1991).

Galgano, Diritto civile e commerciale, vol Ⅱ/l, Le obbligazioni e i contratti (1999).

Gazzoni, Manuale di diritto privato, 9th ed. (2001).

Mancini, La delegazione, l'espromissione e 1'accollo, in Trattato di diritto privato diretto da Pietro Rescigno, vol. Ⅸ/1, 2nd ed. (1999).

Mariconda, Le cause di nullità, in *Alpa-Bessone*, I contratti in generale; Aggiornamento 1991-1998, Ⅲ, (1999).

Perlingieri, Della cessione dei crediti, in Commentario del codice civile diretto da A. Scialoja e G. Branca (1982) [Cessione].

Perlingieri, Dei modi di estinzione delle obbligazioni diversi dall'adempimento, in Commentario del codice civile Scialoja-Branca (1995) [Estinzione].

Roselli-Vitucci, La prescrizione e la decadenza, in Trattato di diritto privato diretto da Pietro Rescigno, vol. 20/Ⅱ (1998).

Sacco-De Nova, Il contratto, in Trattato di diritto privato diretto da Pietro Rescigno, vol. Ⅹ/2, 2nd ed. (1995).

Sacco, Il contratto, vol. Ⅱ, in Trattato di diritto civile diretto da Sacco (1993).

Trabucchi, Istituzioni di diritto civile, 38th ed. (1998).

THE NETHERLANDS(네덜란드)

Asser-Hartkamp, Mr. C. Asser's Handleiding tot de Beoefening van het Nederlands burgerlijk recht, vol. Ⅳ Verbintenissenrecht, Part Ⅰ, De verbintenis in het algemene, 11th ed. by *Hartkamp* (2000), Part Ⅱ, Algemene leer de overeenkomsten, 11th ed. by *Hartkamp* (2001) [Verbintenissenrecht Ⅰ or Ⅱ].

Haanappel & MacKay, Burgerlijk Wetboek, (English translation) (1990).

Hartlief, Verjaring, rechtszekerheid en billijkheid, 2001 NTBR 58 ff.

Koopmann, Bevrijdende verjaring (1993).

Kruithof, de Ly, Bocken & de Temmerman, "Verbintenissen: Overzicht van rechtspraak", (1981-1992), TPR 1994, 171.

Meijers, Toelichting, Eerste & Gedeelte, Ontwerp voor een nieuw burgerlijk wetboek, (Boek 1-4) (1954).

Parlementaire Geschiedenis, Parlementaire Geschiedenis van het Nieuwe Burgerlijk Wetboek, Boek 6 (*Van Zeben, Du Pon & Olthoff, eds.*) (1981).

Verhagen & Rongen, Cessie, Preadvies voor de Vereniging voor Burgerlijk Recht.

PORTUGAL(포르투갈)

Cordeiro, Da boa fé no direito civil (1984) [Boa fé].

Cordeiro, Tratado de Direito Civil, Ⅰ (1999) [Tratado].

Hörster, A parte geral do Código Civil (1992).

Lima & Varela, Código Civil anotado, I 1987.

Pinto, Cessão da posição contractual (1970).

Varela, Das obrigações em geral, Ⅱ, 7th ed. (1997).

SCOTLAND(스코틀랜드)

Gloag, The Law of Contract, 2nd ed. (1929).

Gloag and Henderson, Introduction to the Law of Scotland, 10th ed. (1995).

Johnston, Prescription and Limitation (1999).

Macgregor, "Illegal Contracts and Unjustified Enrichment" 4 ELR (2000) 19 ff.

Macgregor, "Pacta Illicita", in: *Reid & Zimmermann*, below vol. Ⅱ ch. 5.

MacQueen & Thomson, Contract Law in Scotland (2000).

McBryde, The Law of Contract in Scotland, 2nd ed. (2001).

Reid & Zimmermann (eds.), History of Private Law in Scotland (2000).

Scot. Law Com. 15, the Scottish Law Commission's Report on Reform of the Law relating to Prescription and the Limitation of Actions (Scot Law Com. No. 15, 1970).

Stair, Institutions of the Law of Scotland (1693, new ed. by D. M. Walker 1981).

Stair Memorial Encyclopaedia, The Stair Memorial Encyclopaedia of the Laws of Scotland (Multiple volumes.).

Wilson, The Scottish Law of Debt, 2nd ed. (1991).

SPAIN(스페인)

Díez-Picazo, Fundamentos del derecho civil patrimonial, 3 vols, 5th ed., Madrid (1996).

Díez-Picazo & Gullón Ballesteros, Sistema de Derecho Civil (2001).

Garcia Amigo, La cesión de contratos en el derecho español (1964).

Pantaléon, Cesión de Créditos, Anuario de Derecho civil, 1988, pp. 1033-1131 [Cesión].

Pantaléon, Prescripción, in: Enciclopedia jurídica básica, vol. Ⅲ (1995) [Prescripción].

Rojo Ajuria, La compensación como garantía (1992).

Rubio Garcia-Mina, La declaración de quiebra y los créditos pendientes (1959),

Vaquer Aloy, "Importing foreign doctrines: Yet another approach to the Unification of European Private Law? Incorporation of the Verwirkung doctrine into Spanish case law", (2000) 8 ZEuP 301 ff.

SWEDEN(스웨덴)

Lindskog, Preskription (1990) [Preskription].

Lindskog, Kvittning – Om avräkning mellan privaträtttsliga fordringar (1984) [Kvittning].

Ramberg-Hultmark, Allmän avtalsrätt (1999).

Rodhe, Obligationsrätt (reprint 1994).

Walin, Lagen om skuldebrev (1997).

COMPARATIVE AND GENERAL WORKS(비교법 및 일반 저작)

Bar, von, Gemeineuropäisches Deliktsrecht, vol. Ⅰ (1996).

Björn, Factoring: A Comparative Analysis (1995).

Boele-Woelki, "De verjaring van vorderingen uit internationale koopovereenkomsten", in: Europees Privaatrecht (1996) 99.

Cashin-Ritaine, Les Cessions Contractuelles de Créances de Sommes d'Argent dans les Rélations Civiles et Commerciales Franco-Allemands (2001).

Cian, Hundert Jahre BGB aus italienischer Sicht, (1998) 6 ZEuP 215.

Coing, Europäisches Privatrecht, vol. Ⅰ (1985), vol. Ⅱ (1989).

Dannemann, Karatzenis & Thomas, "Reform des Verjährungsrechts aus rechtsvergleichender Sicht", (1991) 55 RabelsZ 697 ff

Kegel, Probleme der Aufrechnung: Gegenseitigkeit und Liquidität rechtsvergleichend dargestellt (1938) [Aufrechnung].

Kötz, "Rights of Third Parties", in International Encyclopedia of Comparative Law, vol. Ⅶ, chap. 13 (1992) [IECL].

Kötz and Flessner, European Contract Law, vol. 1 (1997).

Lipstein, "Qualification", in: International Encyclopedia of Comparative Law, vol. Ⅲ, chap. 5 (2000).

Loubser, Extinctive Prescription (1996).

Pichonnaz, "The Retroactive Effect of Set-Off (Compensatio)", (2000) 68 TR 541.

Ranieri, "Bonne foi et exercice du droit dans la tradition du Civil Law", (1998) RIDC 1055.

von Savigny, System des heutigen Römischen Rechts, vol. Ⅴ (1841).

Smit, The Convention on the Limitation Period in the International Sale of Goods: Uncitral's First-Born (1975) 23 AJCL 337.

Zimmermann, The Law of Obligations: Roman Foundations of the Civilian Tradition, paperback edition (1996) [Obligations].

Zimmermann & Whittaker (eds.), Good Faith in European Contract Law (2000).

Zweigert & Kötz, An Introduction to Comparative Law, 3rd ed. (trans Weir) (1998).

색　　인

[ㅊ]

역자 약력

김 재 형

서울대학교 법과대학 졸업
법학박사(서울대학교)
서울지방법원 등 판사
독일 뮌헨대학교와 미국 콜럼비아 로스쿨에서 법학연구
서울대학교 법과대학 · 법학전문대학원 교수
대법관
현 : 서울대학교 법학전문대학원 교수

주요 저서

민법론 Ⅰ, Ⅱ, Ⅲ, Ⅳ, Ⅴ(박영사)
근저당권연구(박영사)
언론과 인격권(제 2 판)(박영사)
민법판례분석(증판)(박영사)
계약법(제 4 판)(공저)(박영사)
민법총칙 〔민법강의 Ⅰ〕(제 9 판)(공저)(박영사)
물권법 〔민법강의 Ⅱ〕(제 9 판)(공저)(박영사)
채권총론 〔민법강의 Ⅲ〕(제 7 판)(전면개정)(공저)(박영사)
민법주해 제16권(분담집필)(박영사)
주석 민법 – 물권(4)(분담집필)(한국사법행정학회)
주석 민법 – 채권각칙(6)(분담집필)(한국사법행정학회)
기업회생을 위한 제도개선방향(대한상공회의소)
민법개정안 연구(공저)(박영사)
채무불이행과 부당이득의 최근 동향(공편)(박영사)
금융거래법강의Ⅱ(공편)(법문사)
도산법강의(공편)(법문사)
통합도산법(공편)(법문사)
한국법과 세계화(공편)(법문사)
판례민법전(편)(2025년판)(박영사)
유럽계약법원칙 제1 · 2부(번역)(박영사)

유럽계약법원칙(제3부)

초판 발행　2025년 11월 21일

편　자　란도 · 클라이브 · 프륌 · 짐머만
번　역　김재형(Kim, Jae Hyung)
발행인　안종만

편　집　김선민
기획/마케팅　조성호
표지디자인　벤스토리
제　작　고철민 · 김원표

발행처　(주) 박영사
서울특별시 금천구 가산디지털2로 53, 210호(가산동, 한라시그마밸리)
등록 1959. 3. 11. 제300-1959-1호(倫)
전　화　02)733-6771
f a x　02)736-4818
e-mail　pys@pybook.co.kr
homepage　www.pybook.co.kr
ISBN　979-11-303-2475-3　93360

정　가　34,000원